Gertraude Heyd

Deutsch lehren

Grundwissen für den Unterricht
in Deutsch als Fremdsprache

Verlag Moritz Diesterweg Frankfurt am Main

CIP-Titelaufnahme der Deutschen Bibliothek

Heyd, Gertraude:
Deutsch lehren : Grundwissen für den Unterricht in Deutsch als Fremdsprache / Gertraude Heyd. – 1. Aufl. – Frankfurt am Main : Diesterweg, 1990
(Handbücherei Sprachen)
ISBN 3-425-04373-0

ISBN 3-425-04373-0
1. Auflage 1990

Satz und Druck: Appl, Wemding
Bindung: Großbuchbinderei Monheim, Monheim

Inhaltsverzeichnis

Vorwort

Es muß jedem Lehrer zugemutet und durch das Studium ermöglicht werden, über seinen Unterricht, dessen Bedingungen und Folgen nachzudenken. Der Lehrer kann es nicht dem Theoretiker überlassen, über theoretische Fragen des Unterrichts nachzudenken, so wie der Theoretiker auch nicht auf die Reflexion des Praktikers verzichten kann, der ja die Theorie in der praktischen Unterrichtssituation verwirklichen soll.

Jeder Unterricht muß auf ein gewünschtes Ziel hin geplant und nach seiner Durchführung analysiert werden, die Ergebnisse der Analyse wiederum müssen in der Planung berücksichtigt werden. Nur so ist es auf die Dauer möglich, Schwachstellen des Unterrichts zu erkennen, zu beseitigen und den Unterricht zu verbessern, zu modernisieren und bessere Ergebnisse zu erzielen.

In den letzten 100 Jahren hat es viele Veränderungen in der Theorie und Praxis des Fremdsprachenunterrichts gegeben, die teils durch neue Entwicklungen innerhalb des Faches im weitesten Sinn, teils durch politische und gesellschaftliche Entwicklungen bedingt waren und oft zu entgegengesetzten Positionen führten. Diese Bewegungen werden zu Beginn kurz referiert.

Das Buch selbst durchzieht ein Vergleich der Vorschläge und Verfahren der audiolingualen/audiovisuellen Methode und der kommunikativ-pragmatisch orientierten Methode. Die kommunikativ-pragmatisch orientierte Methode ist eine Weiterentwicklung und Fortführung der audiovisuellen Methode, von der sie einen großen Teil des Übungsinventars übernimmt. Sie unterscheidet sich von ihr jedoch in vielen wichtigen Aspekten, z. B. dem Stellenwert, den sie formal-linguistischen Problemen und damit der Grammatik einräumt, und vor allem in der starken Beachtung des Lerners als Persönlichkeit mit eigenem Erfahrungshintergrund, mit Wünschen und Erwartungen an den Unterricht.

Daß wir die kommunikativ-pragmatisch orientierte Methode bevorzugen, geht wohl aus dem Vergleich hervor. Es ist jedoch nicht das Ziel dieses Buches, den Leser und zukünftigen oder bereits unterrichtenden Lehrer von einer bestimmten Methode zu überzeugen. Es muß vielmehr ihm überlassen bleiben, für sich und gemäß den Gegebenheiten seiner Zielgruppe zu entscheiden, welche Empfehlungen beider Methoden er jeweils akzeptiert und in die Praxis umsetzen will. Denn es sind durchaus Lernergruppen vorstellbar, die aufgrund ihrer Lerngewohnheiten und ihres persönlichen Hintergrunds ein etwas mechanischeres Vorgehen und stärkere Steuerung durch den Lehrer bevorzugen, da dies ihnen psychisch größere Sicherheit verleiht. Es wird also ganz bewußt ein eklektisches Vorgehen empfohlen, da keine Methode ›die beste‹ ist – die Geschichte des Fremdsprachenunterrichts lehrt diese Skepsis – und nicht die Verwirklichung der ›reinen Lehre‹ das Ziel des Fremdsprachenunterrichts sein kann, sondern dieser vielmehr höchstmögliche Effektivität anstreben muß.

Das Buch erhebt nicht den Anspruch, eigene neue Erkenntnisse der Autorin darzulegen, sondern versucht, die herrschenden Strömungen am Beispiel einiger ihrer führenden Vertreter aufzuzeigen.

Die vorliegende Einführung in das Fach ist für Studierende und Lehrende konzipiert, die ›Deutsch als Fremdsprache‹ unterrichten (werden); die angeführten Beispiele sind deshalb in deutscher Sprache gegeben. Der Inhalt und die dargestellten Theorien gelten jedoch ebenso für jede andere moderne Fremdsprache.

Aufbau des Buches

Nach der Begriffsbestimmung ›Didaktik und Methodik des Fremdsprachenunterrichts‹ und einer kurzen Darstellung zur Geschichte des Fremdsprachenunterrichts werden verschiedene Aspekte des Spracherwerbs aus psycholinguistischer Sicht angesprochen: Wie vollzieht sich der Fremdsprachenerwerbsprozeß? Wie beeinflussen ihn Unterrichtsmethoden? Können sie das überhaupt? Beeinflussen Alter und Muttersprache den Erwerbsprozeß? Auf diese Fragen versuchen Fremdsprachenerwerbstheorien eine Antwort zu geben. In Kapitel 1 werden die in den letzten Jahren meistdiskutierten Spracherwerbstheorien kurz dargestellt und aus der Sicht des gesteuerten Fremdsprachenerwerbs, des Fremdsprachenunterrichts, kurz gewertet. Sie beeinflussen viele der folgenden methodischen Überlegungen wie z. B. die zum Stellenwert der Grammatik im Fremdsprachenunterricht oder zum Wert von Fehlerkorrekturen, bestimmter Aspekte des Lehrerverhaltens wie auch zur Beurteilung von Lehrwerken bzw. Lehrmaterialien zum Einsatz im eigenen Unterricht.

Kapitel 2 bringt einen Methodenvergleich im Überblick (Grammatik-Übersetzungs-Methode, audiolingual/audiovisuelle Methode und kommunikativ-pragmatisch orientierte Methode), dann folgt das Buch in seinem Aufbau chronologisch den Schritten, die ein Lehrer bei der Planung und Durchführung seines Unterrichts vollzieht:
Zuerst muß er sich darüber klar werden, welche Gegebenheiten er vorfindet und als feste Größen in seine Planungen einbeziehen muß und zu welchen Feldern er andererseits selbst Entscheidungen treffen muß. Danach muß er das Lernziel auswählen und schließlich die einzelnen Unterrichtsphasen planen, das Material dazu bereitstellen bzw. bewerten und auswählen. Dazu gehört auch die Bewertung der vorgesehenen Texte und Übungen aus inhaltlicher, formaler und – nicht zuletzt - landeskundlicher Sicht.

Zu einem erfolgreichen Unterricht trägt der sinnvolle und optimale – nicht maximale – Einsatz von Medien bei. Die heute im Fremdsprachenunterricht üblichen Medien werden in Kapitel 10 dargestellt. In Tests und Prüfungen wird der Lehrer versuchen, den Erfolg seiner Unterrichtsmaßnahmen festzustellen, und gleichzeitig erkennen, wo noch Lücken zu schließen sind. Kapitel 11 befaßt sich mit Leistungskontrollen, Kapitel 12 setzt sich mit der Frage auseinander, ob und wie man Fehler korrigieren sollte.

Der Unterrichtserfolg hängt zu einem großen Teil von der Persönlichkeit des Lehrers und seinem Verhalten ab. Sehr wichtig für den Lehrer ist deshalb die Frage: wie verhalte ich mich angemessen im Unterricht, um die Motivation der Lerner zu erhalten und einen interessanten und effektiven Unterricht zu gestalten. Auf diese Fragen geht Kapitel 13 ein. Das letzte Kapitel gibt einige Kriterien zur Beurteilung von Lehrwerken für den Einsatz im eigenen Unterricht und gibt Hinweise für die Aufbereitung und Ergänzung von vorhandenem Lehrmaterial zum Einsatz im eigenen, kommunikativen Unterricht.

Das Buch enthält einen Anhang mit Erläuterungen zu Fachbegriffen.

Heidelberg, September 1987 Gertraude Heyd

Begriffsbestimmung: Didaktik und Methodik des Fremdsprachenunterrichts

Die heutige Forschung* bestimmt die Didaktik des Fremdsprachenunterrichts als eine verallgemeinernde pädagogische Lehr- und Forschungsdisziplin, die im Dienste der Lehrerausbildung und -weiterbildung steht. Sie beschreibt den Unterrichtsprozeß, seine Ziele, seinen Inhalt und seine Gestaltung unter dem Gesichtspunkt eines rationellen und effektiven Lehrens und Lernens.

Sie gehört zu den pädagogischen Disziplinen, weil sie Bildungs- und Erziehungsaufgaben und damit verbundene Lehr- und Lerntätigkeiten beim Erwerb von Fremdsprachen, in unserem Fall der deutschen Sprache, untersucht.

Die Fremdsprachendidaktik stützt sich auf die Erkenntnisse der allgemeinen Didaktik und der allgemeinen Sprachwissenschaft, speziell der germanistischen Linguistik sowie auf die Sprach- und Entwicklungspsychologie.

Unter Methodik versteht man die Lehre von einem planmäßigen, geschickten Unterrichten. Methode bedeutet demnach planmäßiges, folgerichtiges Vorgehen, Handeln.

Die Bezeichnung ›Unterrichtsmethode‹ wird in der Didaktik im engen und weiten Sinn gebraucht (Autorenkollektiv u. L. v. Desselmann et al. 1981: 38). Im engen Sinn wird sie als Vorgehen für das Lehren und Lernen aufgefaßt, um ein bestimmtes Ziel oder Teilziel zu erreichen, z. B. Methode zur Vermittlung lexikalischer Kenntnisse.

Im weiten Sinn handelt es sich um die didaktisch-methodische Konzeption, die der Planung und Gestaltung der Unterrichtsprozesse zugrunde liegt. Sie basiert auf grundlegenden schulpolitischen und pädagogischen Prinzipien und integriert sachliche, sprachliche und außersprachliche, politisch-ideologische und weltanschaulich-moralische Momente.

In der fremdsprachenmethodischen Literatur hingegen wird Methode oft im Sinne eines Prinzips verstanden. So wird der Ausschluß der Muttersprache z. B. als ›direkte Methode‹ bezeichnet oder die Einbeziehung von Medien audiovisueller Art im Unterricht als ›audiovisuelle Methode‹.

Fremdsprachendidaktik und Fremdsprachenmethodik sind eine untrennbare Einheit, denen gemeinsam ist, daß sie sich auf die Praxis beziehen. Damit ist vor allem Unterrichtsplanung und Unterrichtsbeobachtung gemeint (vgl. Wagner 1983: 60).

Zur Geschichte des Fremdsprachenunterrichts

Wenn man sich mit Fragen der Didaktik/Methodik beschäftigen möchte, ist es sehr nützlich, etwas über die Entwicklung des Faches zu wissen. Denn die Kenntnis der Geschichte des Faches trägt dazu bei, gegenwärtige und künftige Entwicklungen nüchterner zu betrachten und bewahrt vor naiver Fortschrittsgläubigkeit. Man erkennt, daß das Fach sich keineswegs stetig weiterentwickelte und sieht, daß manches ›neue Problem‹ sich auf altvertraute Beispiele zurückführen läßt, auch wenn inzwischen theoretische Verfeinerungen vorgenommen worden sind.

* Vgl. Autorenkollektiv u. L. v. Desselmann et al. 1981, an das diese Darstellung sich eng anlehnt.

Die Geschichte der Didaktik/Methodik ist in den einzelnen modernen Fremdsprachen mehr oder weniger gemeinsame Geschichte. Deshalb wollen wir im folgenden ganz allgemein von ›Fremdsprachenunterricht‹ und nicht speziell von ›Unterricht in Deutsch als Fremdsprache‹ sprechen.

Private Beschäftigung mit modernen Fremdsprachen läßt sich in Deutschland schon seit dem Beginn des hohen Mittelalters nachweisen. Schulmäßig organisierten Unterricht gab es bereits im 16. Jahrhundert. Als Gegenstände der Bildung geschätzt und darum an öffentlichen Schulen gelehrt wurden jedoch nur die alten Sprachen Latein und Griechisch. Moderne Fremdsprachen standen auf einer Stufe mit anderen gesellschaftlich wünschenswerten Fertigkeiten wie Musizieren, Reiten, Fechten, nicht würdig, als Schulfächer an öffentlichen Schulen unterrichtet zu werden. Die Gleichstellung der neuen mit den alten Sprachen wurde mühsam erkämpft und auch dann nur dadurch möglich, daß ihre Verfechter die neuhumanistische Tradition der formalen Bildung anerkannten. 1831 wurde Französisch, 1901 Englisch Pflichtfach an preußischen Gymnasien.

Das Konzept für den Fremdsprachenunterricht an öffentlichen Schulen, das praktisch bis heute gültig ist, entwickelte sich in den sieben Jahrzehnten zwischen 1830 und 1900. Es zeichnet sich durch zwei entgegengesetzte Haltungen aus: Einerseits durch Bildungsvorstellungen, die auf Wilhelm von Humboldt (1767–1835) zurückgehen und andererseits durch praktische Überlegungen im Zusammenhang mit der wirtschaftlich-technischen Entwicklung im Gefolge der Industrialisierung Europas. Der Humboldtianismus sah in Fremdsprachen Kräfte, die Wirklichkeit und ›Weltansicht‹ schaffen, er betrachtete sie als Ausdruck und Mittel von Nationalkulturen. Dementsprechend waren sie Gegenstände eines sog. ›allgemeinbildenden Unterrichts‹, der sich bemühte, junge Menschen sprachlich-künstlerisch-historisch zu bilden und zu erziehen (formale Bildung).

Andererseits waren die modernen Fremdsprachen praktische Verständigungsmittel, die aufgrund der Ausweitung von Verkehr und Handel ständig an Bedeutung gewannen. Ihr Unterricht war zugleich eine direkte Vorbereitung auf die Arbeitswelt. Dementsprechend unterschied man zwischen Allgemeinbildung und Berufsbildung. Es gab eine klare Wertehierarchie. Eine höhere Wertschätzung erfuhren

Texte	gegenüber	dem gesprochenen Wort,
schöngeistige Texte	gegenüber	Sachtexten,
Literaturästhetik	gegenüber	landeskundlichen Aspekten,
Vergangenheit	gegenüber	Gegenwart,
allgemeinbildendes Wissen	gegenüber	anwendbarem, berufsbezogenem Wissen und Können.

Den Fremdsprachenunterricht in den letzten hundert Jahren charakterisiert die ständige Spannung zwischen diesen beiden Konzeptionen. Niemals jedoch wurden Fremdsprachen in den letzten hundert Jahren *ausschließlich* als Bildungsgegenstände oder *ausschließlich* als praktische Verständigungsmittel unterrichtet. In der berühmten Reform von 1880 kam dieser Gegensatz zum ersten Mal linguistisch zum Ausdruck, in der sog. ›rationalistischen‹ und der ›sensualistischen‹ Haltung. Nach der rationalistischen Haltung ist Sprache gleich Ausdruck der Logik. Beim Spracherwerb erkennt der Lerner die logischen Beziehungen der Sprache und wendet sie an. Am deutlichsten wird dies bei Deduktionen: der Lerner wendet allgemeine Gesetzmäßigkeiten auf Einzelfälle des sprachlichen Ausdrucks an. Die Deduktion wurde damit – neben der

Übersetzung – zum entscheidenden Verfahren für das Lehren und Erlernen einer Sprache.

Die sensualistische Haltung dagegen interessiert sich nicht so sehr für die Sprache als System als für ihr empirisch nachweisbares und sozial bedingtes Vorkommen. Veränderungen sind für sie mehr ein Beweis für die Lebendigkeit der Sprache als eine Abweichung von der Norm.

Spracherwerb ist für sie Aneignung von Kommunikationsmitteln. Präsentieren bzw. Wahrnehmen und Üben bestimmen den Unterricht.

Wenn man die beiden Haltungen gegenüberstellt, kann man feststellen, daß die

rationalistische Theorie	*sensualistische Theorie*
mehr einer kognitiven Lernpsychologie	mehr einer behavioristischen Lernpsychologie
mehr einem elitären, auf ›Begabte‹ beschränkten Fremdsprachenunterricht	mehr der Auffassung: ›Fremdsprachen sind für alle da‹

zuneigt.

Diese Konstellation hat in den letzten hundert Jahren zu pendelartigen Bewegungen geführt, bei denen jeweils die eine oder die andere Haltung vorherrschend wurde. Politische Bedingungen haben diese pendelartige Entwicklung beeinflußt.

Der Erste Weltkrieg erschütterte das Selbst- und Weltverständnis der Deutschen. Es entstanden starke Strömungen gegen den Fremdsprachenunterricht überhaupt; man wollte ihn durch deutschlandkundlichen Unterricht ersetzen. Der Fremdsprachenunterricht blieb dann zwar erhalten, mußte aber zur Wiedergewinnung des erschütterten nationalen Selbstbewußtseins beitragen, in der sog. ›Kulturkundebewegung‹. Man suchte in den besten Zeugnissen der fremden Literatur das ›Wesen‹ der anderen Völker im Gegensatz zum eigenen zu ergründen. Die kommunikative Verwendung der Sprache war nicht mehr das Ziel des Fremdsprachenunterrichts.

Die Reformer von 1925 wollten Bildung, damit auch moderne Fremdsprachen, an mehr Menschen vermitteln. Sie entwickelten die ›Arbeitsschule‹, in der die Bildung des Charakters nicht durch Wissensübermittlung erreicht werden sollte, sondern durch die Selbsttätigkeit des Schülers und die Entwicklung seiner schöpferischen Fähigkeiten. Sprachen sollten möglichst durch Sprechen und praktisches Üben erlernt werden (sensualistische Haltung).

Nach dem Zweiten Weltkrieg griff man auf die Reformansätze der 20er Jahre und diese pädagogische Reformbewegung zurück.

In den 50er und 60er Jahren führten Wirtschaftswachstum, Weltmobilität und Demokratisierungsbestrebungen in der Gesellschaft zu einer Expansion im Bildungssektor und damit auch zu einer Ausweitung des Fremdsprachenunterrichts. In dieser Zeit wirkten – von den Vereinigten Staaten ausgehend – der Behaviorismus und der klassische Strukturalismus mit den aus diesen linguistischen Theorien entwickelten unterrichtsmethodischen Konzeptionen auf den Fremdsprachenunterricht ein. Sie propagierten den Fremdsprachenerwerb als ›learning by doing‹ (im Gegensatz zum ›learning by thinking‹), betrachteten den Fremdsprachenerwerb als eine Art Gewohnheitsbildung durch Konditionierung. Regelwissen, Einsicht in den Bau der Sprache wurden als störend bei der Gewohnheitsbildung abgelehnt.

Die jüngste deutsche Bildungsreform (1965) mit ihrem Ziel der ›Chancengleichheit‹ machte Fremdsprachen neuen Gruppen von Lernern zugänglich. Den traditionellen neuhumanistischen Bildungsbegriff lehnte man ab und ersetzte ihn durch ›Lernen‹. ›Kommunikationsfähigkeit‹ wurde zum Ziel des Fremdsprachenerwerbs. Mit dem Begriff ›Kommunikationsfähigkeit‹ lassen sich die Gegensätze, die sich in den Begriffen ›Gebrauchs-‹ und ›Bildungssprache‹ ausdrücken, überbrücken, denn dieser Begriff ist pragmatisch, ideologisch neutral und vielseitig interpretierbar.

Die Entwicklungen der letzten Jahrhunderte zeigen, daß

1. die Wertschätzung fremder Sprachen in erster Linie beeinflußt wird von politischen, gesellschaftlichen und wirtschaftlichen Entwicklungen und erst in zweiter Linie durch Bildungstheorien bzw. lernpsychologische und linguistische Theorien.
2. Reformbewegungen sehr schnell ›Tendenzwenden‹ folgen, zur Zeit etwa alle 5 Jahre. Man hofft jeweils auf die neueste linguistische Theorie und wird regelmäßig wieder enttäuscht – als Ergebnis lehnen viele erfahrene Unterrichtspraktiker Theorie überhaupt ab.

Es empfiehlt sich deshalb, Neuem wohl aufgeschlossen gegenüberzustehen, es aber nicht gleich zu dogmatisieren und sich an die Geschichte des Faches zu erinnern.

Daraus ergibt sich die Frage:
Ist eine Verbindung der bildungstheoretischen, rationalen, kognitiven Modelle mit den praktischen, empirischen, behavioralen Ansätzen möglich, so daß die Fremdsprachenmethodik endlich aus ihren unergiebigen Pendelbewegungen herauskommt? Das Ideal wäre ein Fremdsprachenunterricht, der einerseits zu direkter, praktischer Kommunikationsfähigkeit führte und andererseits auch der Reflexion über die Sprache als Mittel der menschlichen Vernunft einen angemessenen Platz einräumte.

Als weiterführende Lektüre wird empfohlen:
Hüllen 1981: 20–32.
Christ 1981: 230–235.

1 Einige Theorien des Zweitsprachenerwerbs

Darstellung und Überlegungen dazu unter dem Aspekt des gesteuerten Fremdsprachenerwerbs

Wie vollzieht sich eigentlich der Fremdsprachenerwerbsprozeß? Welche inneren und äußeren Faktoren müssen zusammenwirken, damit er optimal abläuft? Wie können Unterrichtsmethoden ihn beeinflussen? Können sie ihn überhaupt beeinflussen? Erwerben Lerner unterschiedlichen Alters eine Fremdsprache auf die gleiche Art und Weise und gleich schnell? Welche Unterschiede gibt es, worauf beruhen sie? Beeinflußt die Muttersprache den Fremdsprachenerwerb? Welchen Einfluß hat sie?

Diese Fragen kann man forschungsmethodisch aus zwei Perspektiven heraus untersuchen

- einmal aus der Vermittlungsperspektive: Welchen Einfluß haben unterschiedliche Lehrmethoden auf den Lernprozeß? Welche Lehrmethode erzielt unter welchen Bedingungen optimale Ergebnisse?
- zum andern aus der Erwerbsperspektive: Welche Bedingungen beeinflussen auf welche Art und Weise den Lern- bzw. Erwerbsprozeß? Wie wirken Faktoren, die der Lerner in den Lernprozeß einbringt, mit außerhalb des Lerners liegenden Faktoren zusammen? Welchen Einfluß hat dieser Zusammenhang auf die fremdsprachlichen Lern- und Kommunikationsprozesse?

Mit Fremdsprachenerwerb wollen wir hier jeden Spracherwerb bezeichnen, der sich simultan oder konsekutiv zum Muttersprachenerwerb vollzieht.

Wir unterscheiden sodann zwischen dem ungesteuerten Fremdsprachen**erwerb** und dem unterrichtsgesteuerten Fremdsprachen**lernen.** Während beim ungesteuerten Erwerb der Lerner die Fremdsprache auf ähnliche Art erwirbt wie das Kind seine Muttersprache, d. h. sie ›aufschnappt‹ und unbewußt lernt – der Prozeß wird durch inhaltsbezogene Kommunikation ausgelöst und linguistische Daten werden zu einer impliziten Grammatik verarbeitet, die in spontaner Rede wirksam wird –, wird dem Lerner beim gesteuerten Fremdsprachenlernen formales Wissen von der Sprache gelehrt, das er als explizites Regelwissen bewußt aufnimmt, einübt und abrufbar macht.

In den letzten fünfzig Jahren wurde eine nahezu unüberschaubare Menge von Einzeluntersuchungen und Projekten vor allem zum Problem des ungesteuerten Fremdsprachenerwerbs durchgeführt. Das Ergebnis dieser starken Forschungstätigkeit waren eine Reihe von Hypothesen zum Fremdsprachenerwerb, die uns neue Einblicke in die Vorgänge und Voraussetzungen des Fremdsprachenerwerbs eröffnet haben, z. T. auch das gesteuerte Fremdsprachenlernen mehr oder minder stark beeinflußten, aber noch weit davon entfernt sind, empirisch abgesicherte Erkenntnisse zu liefern, die sich auf Theorie und Praxis des gesteuerten Fremdsprachenlernens übertragen ließen.

Trotzdem lohnt es sich, sich einmal mit einigen dieser Theorien auseinanderzusetzen. Aus der Fülle der seit den vierziger Jahren, dem Beginn der neueren Fremdsprachenerwerbsforschung, aufgestellten Hypothesen sollen hier einige ausgewählt werden, auf die sich bis heute eine große Zahl von theoretischen und empirischen Arbeiten beziehen. Es sind dies: die Kontrastiv-Hypothese, die Lerntheorie Galperins, die Identitäts-, die Monitor-, die Input-, die Affective-Filter-Hypothese, die Interlanguage-Hypothese, das Competition- und das Complementation-Model.

1.1. Die Kontrastive Erwerbstheorie (Kontrastiv-Hypothese)/(Fries, Lado)

Die Kontrastive Erwerbstheorie, die behavioristischen Ursprungs ist, geht davon aus, daß die Muttersprache systematisch den Erwerb der Fremdsprache beeinflußt. Der Lerner transferiert ständig muttersprachliche Gewohnheiten auf den Fremdsprachenerwerbsprozeß.

Der zentrale Begriff dieser Hypothese ist der Interferenzbegriff: Elemente und Regeln, die in beiden Sprachen gleich sind, können leicht und fehlerfrei erlernt werden (man spricht von positivem Transfer); unterschiedliche Spracherscheinungen bereiten dagegen Schwierigkeiten und führen zu Fehlern (man spricht von negativem Transfer oder Interferenz). Aufgrund einer kontrastiven Analyse der beteiligten Sprachen kann man Fehler voraussagen. Da Fehler aus der Sicht behavioristischer Lerntheorie ›bad habits‹ sind, die es zu vermeiden gilt, versucht man im gesteuerten Fremdsprachenlernen durch entsprechende Anordnung des Lehrmaterials Fehler zu vermeiden.

Folgende Einwände sind u. a. gegen diese Hypothese erhoben worden:

- Es ist unzulässig, linguistische Unterschiede mit psycholinguistischen Prozessen gleichzusetzen. Man kann in der Praxis beobachten, daß kontrastierende Elemente oft relativ leicht gelernt werden, Kontrastmangel aber gerade zu Lernschwierigkeiten führt.
- Lernschwierigkeiten müssen nicht zu Fehlern führen. Der Lerner kann sie durch Vermeidungsstrategien umgehen.
- Die Voraussagekraft der Theorie ist gering, da sie nur interlingualen Transfer/Interferenz voraussagen kann, aber nicht intralingualen.
- Sie berücksichtigt nichtlinguistische Variabeln nicht (Einstellung und Motivation des Lerners, die Lernumgebung, kulturelle, unterrichtsabhängige Faktoren).

Die Kontrastiv-Hypothese, die seit den sechziger Jahren heftig angegriffen wurde, vor allem wegen ihrer ausschließlich linguistischen Basis, ihrer behavioristischen Ausrichtung und der starken Betonung des Transfer-/Interferenzbegriffs, kann inzwischen als widerlegt gelten.

1.2. Die Lerntheorie Galperins

Auf die osteuropäische Methodik und Didaktik hat die Lerntheorie Galperins großen Einfluß ausgeübt.

Nach Galperin steht der Mensch in ständiger Wechselwirkung mit seiner Umwelt.

Dabei muß er ständig in Form von materiellen oder geistigen Handlungen Aufgaben lösen. Geistige Handlungen sind ursprünglich aus materiellen Handlungen hervorgegangen und sind interiorisiert worden. Für die Spracherlernung bedeutet dies: man lernt eine Sprache nicht durch häufiges Üben, sondern durch Verallgemeinerung sprachlicher Handlungen und die Reduzierung ihres Orientierungsteils. Galperin stellt die folgende Lerntheorie auf:

Das gesteuerte Fremdsprachenlernen durchläuft fünf Phasen.

In der 1. Phase muß eine Orientierungsgrundlage geschaffen werden bezüglich der Art und des Ziels der auszuführenden Handlung. Diese Grundlage muß

- vollständig sein, so daß sie eine fehlerlose Ausführung erlaubt,
- vom Lerner selbständig (evtl. in Zusammenarbeit mit dem Lehrer) erarbeitet werden. Nur so kann er die Handlungsbedingungen allseitig erfassen, was Voraussetzung dafür ist, daß er später die Handlung auf andere Vorgänge übertragen kann. Wenngleich die theoretischen Vorarbeiten für den Lerner intensiv und zeitaufwendig sind, bringen sie doch den größten Lernerfolg, da sie ihn in die Lage versetzen zu verallgemeinern.

In der 2. Phase wird die Handlung als äußere Handlung vom Lerner auf der Grundlage von Modellen, Schemata, Diagrammen usw. durchgeführt und dabei ständig von ihm selbst kontrolliert, indem er während der Ausführung der Handlung die jeweiligen Merkmale, Bedingungen, Teiloperationen sprachlich formuliert. Auf diese Art entsteht eine Handlungsanweisung zur Lösung verschiedenartiger Aufgaben.

In der 3. Phase wird jede gegenständliche Stütze weggelassen und die Handlung mit Hilfe der äußeren Sprache vollzogen, die in dieser Phase als Kommunikationsmittel und gleichzeitig als Grundlage für die Ausführung der Handlung dient. Die Teilschritte werden noch formuliert und können kontrolliert werden.

In der 4. Phase tritt die äußere Sprache stark zurück. Der Lerner formuliert nur noch die Teilergebnisse laut (wodurch immer noch eine detaillierte Kontrolle des Handlungsablaufs möglich ist). Die Sprache ist in dieser Phase zu einem Mittel des Denkens geworden. Der Inhalt der Gedanken drückt sich in der äußeren Sprache in voll ausformulierten Äußerungen aus, während er in der »Sprache für sich« Bestandteil des Denkprozesses ist (Galperin 1974: 40).

In der 5. Phase schließlich verläuft die Handlung nur in der Form der inneren Sprache, und nur das Endergebnis wird laut formuliert. Die Handlung ist so stark reduziert und automatisiert, daß sie »wie von selbst« abläuft.

Lompscher stellt dazu fest: »Das Resultat dieses Prozesses ist eine verallgemeinerte, reduzierte, automatisierte geistige Handlung. Die Orientierungsgrundlage wird zum Wissen, der Handlungsablauf zum Können. Der Lernprozeß stellt eine Einheit von Aneignung und Anwendung dar: Die Schüler eignen sich Wissen und Können an, indem sie beides ständig anwenden.« (Lompscher 1972: 13–14, zitiert nach Schuster 1973: 173)

Folgende Einwände und Fragen ergeben sich zu dieser Lerntheorie:

- Wie sollte eine Beschreibung der Zielsprache aussehen, die als Orientierungsgrundlage für den Fremdsprachenunterricht dienen könnte? Erforderlich wäre eine pädagogische Grammatik, die eine Progression vom Inhalt zur Form erlauben würde.
- Für den Anfängerunterricht ist die Arbeit mit Algorithmen bei bestimmten kommunikativen Aufgaben sicher sehr brauchbar und sollte genutzt werden; für den Fortgeschrittenenunterricht ergeben sich jedoch aufgrund der Komplexität und Einmalig-

keit sprachlicher Äußerungen Probleme für den Übergang von äußerungsorientierten Absichten zu konkreten linguistischen Formulierungen.
- Die ständige kognitive Kontrolle der sprachlichen Handlungen, die vom Lerner verlangt wird, bereitet nur dem intellektuell eingestellten Lerner Freude. Die anderen Lerner, die die Mehrheit ausmachen, ermüden schnell und verlieren die Lust am Erlernen der Fremdsprache.
- Das ständige Nachdenken über Merkmale, Bedingungen, Teiloperationen zur Eigenkontrolle erfolgt fast immer in der Muttersprache. Dadurch wird die fremdsprachige Kontinuität, die eine Voraussetzung für die Automatisierung ist, unterbrochen.
- Die starke Fixierung auf die Korrektheit der sprachlichen Äußerung führt dazu, daß der Lerner nur sehr zögernd spricht, sich oft mitten in einer Äußerung selbst korrigiert, daß es ihm große Mühe bereitet, sich einigermaßen flüssig zu äußern. Dies stört die Kommunikation jedoch viel nachhaltiger, als es der eine oder andere Fehler tun würde. Dieser Einwand wird untermauert durch vergleichende Untersuchungen verschiedener methodischer Ansätze, die bei Lernern, die gemäß der Galperinschen Theorie unterrichtet wurden, eine Tendenz zur »Konstruktion gesprochener Texte« ohne jede Spontaneität feststellten (Baur/Grzybek 1985: 177–178).

1.3. Erklärungen des Zweitsprachenerwerbs auf der Grundlage psycholinguistischer Mechanismen/(Krashen)

Die folgenden vier Theorien von Krashen (Natural order-, Monitor-, Input- und Affective Filter-Hypothese) gehen davon aus, daß der Mensch mit einem mentalen Spracherwerbsmechanismus (›the learner's language acquisition device – LAD‹) ausgestattet ist, der den Lernprozeß automatisch steuert und, da er dem Menschen unbewußt ist, von außen nur sehr schwer zu beeinflussen ist.

Die Identitätshypothese (Natural Order Hypothesis)

Diese Hypothese postuliert die »Universalität aller Spracherwerbsprozesse«. Durch Aktivierung angeborener mentaler Prozesse erwirbt der Lerner – unabhängig von seinem Alter und seiner Muttersprache – eine Zweitsprache auf eine Art und deren Elemente und Regeln in einer Reihenfolge, die auffallende Ähnlichkeit mit dem Erwerb dieser Sprache als Muttersprache aufweist.

Das bedeutet nicht, daß alle Lerner z. B. die gleichen grammatischen Strukturen in derselben Reihenfolge erwerben, vielmehr, daß bestimmte Strukturen eher früh, andere eher spät erworben werden. Möglicherweise werden bestimmte Strukturen in Gruppen ungefähr gleichzeitig erworben. Innerhalb dieser Gruppen kann die Reihenfolge des Erwerbs bei den einzelnen Lernern variieren, es ist jedoch unwahrscheinlich, daß ein Lerner eine Struktur, die zu einer normalerweise spät erworbenen Gruppe gehört, vor einer Struktur einer normalerweise früher erworbenen Gruppe erwirbt.

Entscheidend für den Erwerb der Fremdsprache ist also deren Struktur selbst, nicht die Muttersprache des Lerners.

Die natürliche Reihenfolge zeigt sich aber nur unter bestimmten Bedingungen, wenn nämlich der Erwerber sich auf Kommunikation konzentriert, nicht dagegen in Grammatiktests.

Spracherwerb ist ein aktiver, kreativer, kognitiver Prozeß, Fehler sind deshalb keine ›bad habits‹, die es zu vermeiden gilt, sondern notwendige Entwicklungsstadien. Zentrale intralinguale Prozesse dabei sind:

(Über)Generalisierung:	* Wir laufen Schlittschuhe. (Pluralisierung zählbarer Substantive)
Simplifizierung:	* Der Vater rufen das Kind. (Verwendung des Infinitivs statt des konjugierten Verbs)
Regularisierung:	gehört – *geeßt (die Ersetzung »unregelmäßiger« Formen durch »regelmäßige« Formen).

Einige der Haupteinwände gegen diese Hypothese sind:

- Was ist eigentlich identisch: die Reihenfolge im Erwerb oberflächenstruktureller Erscheinungen (einzelner Morpheme, Strukturen usw.) oder der zugrundeliegende Prozeß?
- Es gibt eine große Menge von Fehlern, die nicht auf intralinguale Prozesse zurückgeführt werden können.
- Wenn – wie die Hypothese postuliert – Fremdsprachenerwerb ein kreativer, kognitiver Prozeß ist, bei dem der Lerner sein ganzes sprachliches und kommunikatives Wissen zum Aufbau des fremdsprachlichen Systems nutzt, dann ist es nicht zu begründen, warum er gerade seine Muttersprache, seinen am höchsten entwickelten kommunikativen Besitz, nicht zum Erwerb der Fremdsprache nutzen sollte.
- Vielleicht sind ähnliche Erwerbsprozesse und -sequenzen für den ungesteuerten Erwerb nachweisbar; man kann diese Ergebnisse jedoch nicht ohne weiteres auf das gesteuerte Fremdsprachenlernen übertragen. Diese Hypothese kann deshalb allenfalls für den ungesteuerten Fremdsprachenerwerb gelten, nicht jedoch für das gesteuerte Fremdsprachenlernen.

Die Monitor-Theorie

Man unterscheidet zwischen einer ›starken‹ und einer ›schwachen‹ Version der Identitäts-Hypothese.

Während die starke Version davon ausgeht, daß alle Lerner, unabhängig von ihrem Alter und ihrer Muttersprache, die Zweitsprache in derselben oberflächenstrukturellen Reihenfolge erlernen, weist die schwache Version der Hypothese nur noch auf den für alle gleichen zugrundeliegenden Prozeß des Fremdsprachenerwerbs hin.

Die schwache Version beschränkt ihre Hypothesen auf den ungesteuerten Fremdsprachenerwerb in natürlicher Umgebung. Hier wird die Unterscheidung zwischen ›ungesteuertem Fremdsprachenerwerb‹ und ›unterrichtsgesteuertem Fremdsprachenlernen‹ wichtig. Ungesteuerter Fremdsprachenerwerb verläuft nach dem Muster des kindlichen Muttersprachenerwerbs und ist für alle Altersstufen – unabhängig von ihrer Muttersprache – gleich. Demgegenüber ist das unterrichtsgesteuerte Fremdsprachenlernen ein bewußter Prozeß, der unter den spezifischen Bedingungen des Unterrichts abläuft. Dabei sammelt der erwachsene Lerner Regelwissen, das er im Gedächtnis speichert und bei der Reproduktion und Rezeption fremdsprachlicher Äußerungen als Information und Kontrollinstanz (als Monitor) zu Rate zieht. Bewußt Gelerntes ist damit auf die Funktion des Monitors beschränkt. Voraussetzung dafür, daß das Regelwissen aus dem Monitor abgerufen werden kann, ist:

1. daß der Lerner genügend Zeit dazu hat,
2. daß seine Aufmerksamkeit auf die sprachliche Form gelenkt wird,
3. daß er die Regel kennt.

Unter Bedingungen, unter denen der Monitor nicht zu Rate gezogen werden kann, produzieren Lerner unterschiedlicher Muttersprachen ähnliche Fehler. Dabei kommt muttersprachlicher Einfluß nur in der (unterrichtlichen) Lernsituation zum Tragen, während er im ungesteuerten Erwerb keine große Rolle spielt.

Das unterrichtsgesteuerte Fremdsprachenlernen ist ein Prozeß, bei dem der Lerner nach und nach sein muttersprachliches System neu anordnet, damit es sich immer mehr dem Ziel annähert. Der ungesteuerte Erwerb dagegen ist an einen Prozeß andauernden Neuschöpfens und fortschreitender Komplexierung gebunden, wie er sich beim Erwerb der Muttersprache vollzieht, und ohne Rekurs auf die Muttersprache. Die im Fremdsprachenunterricht und die im ungesteuerten Fremdsprachenerwerb erworbenen Sprachkompetenzen sind grundsätzlich unterschiedlicher Natur, d. h. im Fremdsprachenunterricht wird ein anderer Typus von Fähigkeiten aktiviert bzw. angesprochen als im natürlichen Spracherwerb. Wenn wir Äußerungen in der Fremdsprache produzieren, werden diese von dem erworbenen (nicht von dem erlernten) System initiiert. Erst dann kann der Monitor als Kontrollinstanz in Aktion treten und die von dem erworbenen System generierten Äußerungen ändern, bevor wir sprechen oder schreiben oder auch danach.

Die Geschwindigkeit, mit der wir sprachliche Äußerungen produzieren, hängt von dem erworbenen System ab. Unser formales Wissen kontrolliert und verbessert nur das, was wir mit Hilfe des erworbenen Systems produzieren.

Der Monitor funktioniert nicht bei allen grammatischen Phänomenen gleich gut. Er funktioniert besser bei Regeln, die einfache Permutationen erfordern als bei solchen, die kompliziertere Permutationen notwendig machen. Regeln können außerdem aufgrund semantischer Eigenschaften schwierig sein.

Der Monitor wird dann zu Rate gezogen, wenn die Regeln in beiderlei Hinsicht einfach und noch nicht erworben sind.

Die Input-Hypothese

Die Input-Hypothese postuliert, daß wir eine Fremdsprache erwerben (nicht lernen), indem wir input* verstehen, der ein wenig über dem jeweiligen Stand unserer erworbenen Kompetenz liegt. Wenn wir uns also auf der Stufe i befinden, müssen wir, um zur Stufe i + 1 zu gelangen, input verstehen, der i + 1 enthält. Dabei ist es nicht notwendig, daß der input nur i + 1 enthält. Notwendig ist nur, daß der Lerner versteht, was er hört oder liest. Wenn jemand sich mit Fremdsprachenerwerbern unterhält und diese ihn verstehen können, enthält der input automatisch i + 1, die grammatische Struktur, die der Fremdsprachenerwerber im gegebenen Augenblick zu erwerben imstande ist. Die Bedeutung der neuen, unbekannten Struktur erschließt er aus dem Kontext und aus außersprachlichen Informationen, d. h. er erwirbt die Sprache über ihre Bedeutung. Visuelle Verdeutlichungen und ein außersprachlicher Kontext erleichtern das Verstehen. Im ungesteuerten Fremdsprachenerwerb beginnt der Erwerb mit einer sog. stillen Periode, in der der Lerner höchstens einmal ganze Sätze in der fremden Sprache äußert, die er als Formeln im Gedächtnis behalten hat, deren Einzelteile er aber nicht versteht und auch nicht anwenden kann. In dieser stillen Periode baut der Lerner durch aktives Zuhören und Verstehen allmählich Kompetenz für das Sprechen auf.

Auf den gesteuerten Fremdsprachenunterricht angewendet, bedeutet dies nach Ansicht der Vertreter dieser Theorie, daß vor allem der input für den Spracherwerb

* das sprachliche Angebot

wichtig sei. Optimalen Unterricht bietet dabei nicht derjenige Lehrer, der den input auf die Stufe i + 1 feinabstimmt, sondern derjenige, der – wie ein Erwachsener Kindern gegenüber – eine vereinfachte Sprache, eine sog. Lehrersprache, einsetzt, die sich z. B. durch verlangsamtes Sprechtempo, Wiederholungen, Paraphrasierungen auszeichnet.

Wenn er mit seinen Lernern redet, dann gibt er – vorausgesetzt sie verstehen ihn – nicht einfach Sprachunterricht, sondern wahrscheinlich den bestmöglichen Sprachunterricht, da er input für den Spracherwerb seiner Lerner bereitstellt. Jeder Lerner kann aus einer so gearteten Lehrersprache den für ihn geeigneten input entnehmen. Die Stufe i + 1 wird durch diese Grobabstimmung auf jeden Fall abgedeckt und zwar für alle Lerner, auch wenn sie in ihrem Sprachniveau leichte Unterschiede aufweisen.

In einem Sprachprogramm muß die Entwicklung des Hör- und des Leseverstehens an erster Stelle stehen. Das Sprechen und Schreiben braucht nicht direkt im Unterricht gelehrt zu werden, da beide Fähigkeiten sich allmählich von selbst entwickeln, wenn der Lerner nur genug input aufnimmt und versteht. Deshalb sollte man den Lerner nicht zur Produktion sprachlicher Äußerungen zwingen, bevor er nicht von selbst dazu bereit ist.

Die bisher im Fremdsprachenunterricht eingesetzten Methoden sind alle unzureichend, da sie sich auf den Grammatikunterricht stützen – ihr Ziel ist ja in erster Linie Fremdsprachenlernen – und damit nicht genügend input für den Spracherwerb bereitstellen.

Die Affective-Filter-Hypothese

Im Zusammenhang mit der Input-Hypothese betont die Affective-Filter-Hypothese die Auswirkungen bestimmter Einstellungsvariabeln vor allem auf den unbewußten Fremdsprachenerwerb (nicht notwendigerweise auf das Fremdsprachenlernen). Dabei tragen bestimmte Motivationen, z. B. der Wunsch nach Integration, Selbstvertrauen und geringe gefühlsmäßige Hemmungen, ein niedriger ›affective filter‹, entscheidend zum Erfolg des Zweitsprachenerwerbs bei. Ein Lerner mit positivem Selbstverständnis bemüht sich, mehr input zu erlangen, mit Sprechern der Zielsprache in sprachlichen Kontakt zu treten und nimmt den input, den er auf diese Weise erhält, offener auf. Bei gleichem input nimmt der Lerner mit den geringeren gefühlsmäßigen Hemmungen mehr auf als der Lerner mit den größeren gefühlsmäßigen Hemmungen.

Die letztere Feststellung ist sehr wichtig für den unterrichtlichen Fremdsprachenerwerb. Es genügt nicht, daß der Lehrer optimalen input bereitstellt, er muß auch eine vertrauensvolle Atmosphäre schaffen, die geringe gefühlsmäßige Hemmungen ermöglicht.

Gegen alle vier Hypothesen, die sich auf den natürlichen Fremdsprachenerwerb beziehen, die Identitäts- mit der Monitorhypothese, die Input- mit der Affective Filter-Hypothese ist einzuwenden, daß sie Ergebnisse, die sie aus Untersuchungen des Zweitsprachenerwerbs vor allem bei Kindern beziehen, direkt auf den gesteuerten Fremdsprachenerwerb Erwachsener übertragen (vgl. Krashen 1983: 37–38; Rattunde 1982: 616 ff.), ohne die besonderen Bedingungen des gesteuerten Fremdsprachenlernens zu berücksichtigen (entwickeltes Abstraktionsvermögen der Lerner und Wunsch nach Einsicht in die Gesetzmäßigkeiten der Sprache, Beschränkung der zur Verfügung stehenden Zeit, Notwendigkeit guter Grammatikkenntnisse für die Entwicklung von Verstehensstrategien auf Satzebene usw.). Sie lassen den für den Fremdsprachenunterricht typischen Zwischenbereich des halbbewußten sprachlichen Zugriffs außer acht, denn auch bei spontanem Sprachgebrauch stellt die Bewußtheit einen Faktor des Spracherwerbs dar.

- Alle vier Theorien bestreiten den muttersprachlichen Einfluß auf den Fremdsprachenerwerb. Dazu stellt Butzkamm fest: »Wir sind gleichsam von unserer Muttersprache besetzt und können zunächst gar nicht anders, als fremde Sprachen durch die Muttersprache zu erfassen. Das kann sich nachteilig auf den Erwerb der phonologischen Ketten der Oberflächenstrukturen auswirken, ist aber überall da von unschätzbarem Vorteil, wo es sich um tieferliegende Gesetzmäßigkeiten handelt. ... Nach Newmark/Reibel ist die Muttersprache das Bezugssystem, auf das der Lernende zurückgreifen *muß*, falls er etwas sagen will, wofür ihm fremdsprachliche Kategorien noch fehlen. Meiner Ansicht nach erwirbt er diese Kategorien am besten, wenn ihm geholfen wird, diesen Bezug in angemessener Weise herzustellen.« (Butzkamm 1979: 88)
  So zeigen Tests nach grammatiklosem Unterricht, daß er gerade dort versagt, »wo die Muttersprache als still mitfunktionierender Kategoriemittler versagt, ...« wie für deutsche Lerner bei der englischen ›progressive form‹ (Butzkamm 1979: 88).

- Die Behauptung, das gesteuerte Fremdsprachenlernen entwickele in der Regel nur die »reproduktive Kompetenz«, »die sich auf die geistige Verarbeitung von Informationen im Sinne einer bewußten Ausführung von Operationen bezieht« (Felix 1977: 30), während der ungesteuerte Erwerb zu »kreativer Kompetenz« führe, die die Voraussetzung für kommunikativ angemessenes Handeln sei, berücksichtigt konkrete Erwerbssituationen und Lernstadien nicht. Daher ist eine so pauschale Aussage zu *dem* Fremdsprachenunterricht nicht gerechtfertigt. Aus der bewußten Ausführung einer Handlung kann man ja noch nicht auf ihre Reproduktivität bzw. Kreativität schließen. Ein Lerner kann eine Handlung bewußt wiederholen (= Reproduktion), er kann aber auch eine bekannte Operation bewußt mit neuem sprachlichen Material in neuen Situationen erproben (= Transfer), was eine kreative Handlung ist (Bausch/Kasper 1979: 14).

- Die eigentliche Ursache für die Problematik dieser Theorien sehen Nold/Dines darin, daß sie sich am Lehr-Lern-Vorgang orientieren und den Erwerbsprozeß nicht auf psycholinguistische Mechanismen, die auf geistigen Fähigkeiten des Menschen beruhen, zurückführen. Untersuchungen haben ferner gezeigt, daß man den Begriff ›input‹ nicht auf ›Suchen nach der Bedeutung‹ (ausschließlich kommunikative Bedeutung von Sprache) eingrenzen darf, denn Sprachbestände, die den Lernern nicht bewußt wurden, wurden von ihnen nicht oder nur unvollkommen erworben. Die Entwicklung scheint vom sprachlich bewußten zum spontanen Gebrauch der Sprache zu verlaufen. Was daher ›comprehensible input‹ ist, hängt vom Lerner und seinen psycholinguistischen Erwerbsmechanismen ab: auch formalsprachliche Hinweise können zu ›comprehensible input‹ werden – die vier Theorien können dies nicht widerlegen, da sie die Erwerbsmechanismen nicht klären (vgl. Nold/Dines 1985: 262–263).

1.4. Die Interlanguage-Hypothese (Interimsprachen)/(Selinker)

Beim Erwerb einer Fremdsprache bildet der Lerner ein spezifisches Sprachsystem, die Interlanguage, eine Lernersprache, die Merkmale sowohl der Zielsprache als auch der Muttersprache aufweist als auch ganz spezifische Merkmale, die den beiden Sprachsystemen nicht eigen sind. Man spricht auch von Interimsprache.

Die Interlanguage ist variabel – sie verändert sich in Richtung Zielsprache hin –, durchlässig, instabil und wird zunehmend komplexer, und sie ist zugleich systematisch, denn sie besitzt zu einem jeweiligen Zeitpunkt ›interne Konsistenz‹ ihres Regel- und Merkmalsystems.

In der Interlaguage wirken psycholinguistische Prozesse, von denen die wichtigsten Strategien des Zweitsprachenlernens (›strategies of second language learning‹) und Strategien der Zweitsprachenkommunikation (›strategies of second language communication‹) sind. Mit Hilfe der Lernstrategien bildet der Lerner hypothetische Regeln, überprüft und revidiert sie. Mit Hilfe der Kommunikationsstrategien erweitert er seine kommunikativen (Ausdrucks- und Verstehens-)Möglichkeiten in Situationen, in denen seine Interlanguage für seine Kommunikationsbedürfnisse noch nicht ausreicht, z. B. paraphrasiert er, strukturiert um, wechselt den Kode, prägt eigene neue Wörter bzw. erschließt ein unbekanntes Wort aus dem Kontext oder anhand vorhandenen Interlanguage- oder muttersprachlichen Wissens, oder er versucht mit Hilfe von Regeln der Zielsprache, die er bereits erlernt hat, eine zielsprachliche Äußerung zu verstehen.

Die Wirkungen und Zusammenhänge beider Strategien sind noch wenig erforscht. Beide können sie zu Fossilierungen führen, zweitsprachlichen Fehlern, bei denen der Lerner auf ein früheres Lernstadium zurückfällt und die auch durch gesteuerten Unterricht nicht überwunden werden können.

Auch diese These ist – wenngleich derzeit die fruchtbarste und differenzierteste – aus der Sicht des unterrichtgesteuerten Fremdsprachenlernens unbefriedigend, da sie dessen Spezifik nicht berücksichtigt.

Das statische Fossilierungskonzept steht im Widerspruch zur Dynamik des Fremdsprachenlernens im Unterricht, die einschließt, daß auch Merkmale, die über einen bestimmten Zeitraum hin als fossiliert erscheinen, durch unterrichtliche Maßnahmen ›aufgebrochen‹ werden können, solange sich der Lerner im Lernprozeß befindet.

1.5. Die Konkurrenz-Theorie (›Competition-Model‹)/(Felix)

Die Konkurrenz-Theorie von Felix geht von mentalen Spracherwerbsmechanismen aus. Er schreibt den Fremdsprachenerwerb nicht äußeren Einflüssen zu, sondern zwei angeborenen kognitiven Sprachverarbeitungsmechanismen. Die Hauptaufgabe fällt dabei einem sprachspezifischen Verarbeitungsmechanismus zu, durch den, wie beim Muttersprachenerwerb, auch beim Fremdsprachenerwerb natürliche Prozesse wirksam werden.

In der Pubertät tritt zu diesem primären Mechanismus als Konkurrenz ein Problemlösungsmechanismus hinzu, aber nur der erstere ist in der Lage, den Spracherwerb über Anfänge hinauszuführen. Der Problemlösungsmechanismus wird als ›falsches Instrument‹ (wrong tool) bezeichnet, das allerdings nicht ganz unterdrückt werden kann (Nold/Dines 1985: 263).

Gegen diese Theorie ist einzuwenden:

- Neurologisch gibt es keine Grundlage dafür, daß zwei Mechanismen, die mit der gleichen Sache (Sprache) zu tun haben, sich gegenseitig beeinträchtigen. Viel wahrscheinlicher ist, daß sie aufeinander angewiesen sind und sich gegenseitig unterstützen.

- Schon vor der Pubertät verfügt der Mensch über Problemlösungsstrategien. Warum sollten diese keinen Einfluß auf den Spracherwerb haben?
  Warum soll der Problemlösungsmechanismus Einwirkungen auf den Spracherwerbsprozeß haben, nicht aber die anderen kognitiven Entwicklungsstadien des Menschen?
- Daß die Sprachentwicklung bei Kindern und Erwachsenen unterschiedlich ist, liegt sicher nicht nur an entwicklungsbedingten Unterschieden, sondern auch an sozialpsychologischen und affektiven Faktoren. So sind Kinder in der Interaktion risikofreudiger als Erwachsene.
- Spracherwerb ist nicht gleichzusetzen mit dem Erwerb von Phonologie, Morphologie und Syntax. Der Wortschatz und seine Bedeutung werden in Verbindung mit allgemein-kognitiven Mechanismen erworben, die mit dem sprachspezifischen Mechanismus in Verbindung treten. Wahrscheinlich beschleunigt und verkürzt der Problemlösungsmechanismus den Spracherwerbsprozeß, zumindest dort, wo Einsicht zur Klärung führt. Das würde auch erklären, warum die Interimsprache als ein Kontinuum (zusammenhängende, ununterbrochene Reihe) anzusehen ist, bei dem der Spracherwerb sich entwickelt von der formbewußten Sprache zur spontanen Rede.

1.6. Die Ergänzungstheorie (›Complementation-Model‹)/(Nold/Dines)

Sie berücksichtigt die Kritik an den genannten Spracherwerbstheorien und entwirft ein neues Fremdsprachenerwerbsmodell.

Danach kommt im Fremdsprachenerwerb aufgrund der genetischen Anlage des Menschen zunächst ein sprachspezifischer Verarbeitungsmechanismus zum Tragen, durch dessen Wirken weite Teile der Phonologie, Syntax und Morphologie erworben werden.

Mit dem Heranwachsen des Menschen entwickelt sich – wieder genetisch bedingt – in Phasen ein nichtsprachenspezifischer allgemeiner Verarbeitungsmechanismus (dabei ist der Problemlösungsmechanismus von besonderer Bedeutung), der bis zur Pubertät steigenden Anteil am Spracherwerbsprozeß gewinnt. Er tritt mit dem Spracherwerbsmechanismus in Verbindung. Als Ergebnis dieser Verbindung kommt es beim Erwerb der Phonologie, Morphologie und Syntax zu Änderungen in der Aneignungsordnung (›natural order‹), falls eine solche natürliche Anordnung überhaupt generell vorausgesetzt werden kann. Gleichzeitig entstehen andere Fehlerquellen als beim Muttersprachenerwerb. Die psycholinguistischen Mechanismen ergänzen sich, wodurch die Sprache schneller angeeignet wird. Die entstehenden Interimsprachen weisen ein Interimsprachen-Kontinuum mit verschiedenen Sprachvarianten von formorientierter bis spontaner Rede auf. Der Erwerbsprozeß kann auch von der formorientierten Sprache her aufgenommen werden. Der Input muß dem jeweiligen Stand des Lerners angemessen sein. Die Unterschiede im Erwerbsprozeß zwischen verschiedenen Lernern (auch verschiedener Altersstufen) beruhen auf Unterschieden in der kognitiven Entwicklung sowie auf äußeren Faktoren sozialpsychologischer und affektiver Art (›affective filter‹) (Nold/Dines 1985: 264–265).

Aus dieser Theorie lassen sich für den Fremdsprachenunterricht folgende Schlußfolgerungen ziehen:

Im Gegensatz zu den Theorien von Krashen und Felix, die einen dem natürlichen Fremdsprachenerwerb angenäherten, vor allem kommunikativen Fremdsprachenunterricht rechtfertigen und gegen eine sorgfältige Progression des Sprachmaterials, kogni-

tive Hilfen und viele Übungsfolgen sprechen, lassen sich mit dem Ergänzungs-Modell kommunikativ und formalsprachlich orientierte methodische Verfahren im Fremdsprachenunterricht rechtfertigen und miteinander verbinden. Diese Theorie kennzeichnet es als einen Irrweg:
- formalsprachliche Lernziele zu vernachlässigen,
- dem Lehrer die verantwortliche Gestaltung des Lernprozesses abzunehmen,
- kognitive Lehrverfahren (z. B. Kognitivierung neuer sprachlicher Erscheinungen, formalsprachliche Übungsformen) dem sog. natürlichen kommunikativen Aneignungsprozeß zu opfern,
- die unterschiedlichen Aspekte der Sprache (Phonologie, Morphologie, Syntax, Lexik, Semantik, Pragmatik) im Unterricht gleich zu behandeln; nicht alles in einer Sprache ist gleichmäßig oder überhaupt regelgeleitet.

Sie weist auf die Bedeutung affektiver und sozialpsychologischer Faktoren hin (Nold/Dines 1985: 264–265).

Zusammenfassend können wir sagen, daß unser Wissen über die Vorgänge und Prozesse beim Fremdsprachenerwerb, über positive und negative Einflüsse darauf noch so gering ist, daß es uns nicht erlaubt, gültige Schlüsse für den Fremdsprachenunterricht zu ziehen. Die einzelnen Forschungsergebnisse und die daraus abgeleiteten Hypothesen, die sich zudem noch sehr oft auf Beobachtungen des ungesteuerten Fremdsprachenerwerbs beziehen, sind einander widersprechend, die zugrundeliegenden Untersuchungen oft zu einseitig ausgerichtet, als daß sich gültige Ergebnisse für den Fremdsprachenunterricht ableiten ließen.

Es scheint jedoch festzustehen, daß nicht nur Kinder und Jugendliche, sondern auch Erwachsene jenseits des 30. Lebensjahres noch mit Erfolg eine Fremdsprache erlernen können, auch wenn ab dem 30. Lebensjahr aufgrund biologischer Veränderungen bestimmte Lernschwierigkeiten auftreten. So scheint sich ab diesem Alter vor allem die Wahrnehmung von fremden Lauten und die Fähigkeit, sie zu imitieren, erheblich zu verschlechtern (Zabrocki 1966: 25). Nachlassende Spontaneität, Lerngeschwindigkeit und Merkfähigkeit des Kurzzeitgedächtnisses gleichen Erwachsene jedoch durch erhöhte Leistungsgenauigkeit aus.

Welche Methoden – imitative oder mehr kognitiv ausgerichtete – geeigneter sind, hängt einerseits vom Alter, andererseits aber weitgehend von der Lernbiographie des Lerners ab, d. h. von seinen Lerngewohnheiten, der Dauer des Schulbesuchs, der Art seiner Berufstätigkeit. So lernen Kinder, aber auch Erwachsene aus der Unterschicht z. B. weitgehend imitativ (Tietgens 1971: 85 ff.).

Auch vorausgegangene Lernerfahrungen spielen eine große Rolle. Viele Lerner haben bereits andere Fremdsprachen gelernt und vergleichen dann Lehrmethoden aus früherem Unterricht mit der Lehrmethode des neuen Kurses. Der Wunsch nach ›mehr Grammatik‹ läßt sich deshalb oft auf frühere Erfahrungen mit traditionellem Unterricht zurückführen und muß nicht unbedingt auf eine kognitive Lernhaltung hinweisen. So weist Wienold darauf hin, daß man sich fragen muß »ob der Einsatz kognitiver Fähigkeiten nicht primär bestimmte Bedürfnisse des Lernenden befriedigt, der auch in anderen als sprachlichen Lernprozessen kognitives Lernverhalten gewohnt ist« (Wienold 1973: 101); ». . . selbst wenn man sich vorstellt, daß Regelerläuterungen etwas dazu beitragen, Sprache zu erlernen, könnte der Zusammenhang ein recht indirekter sein, nämlich über die motivationelle Befriedigung verlaufen« (Wienold 1973: 14).

Schon aus motivationellen Gründen – man lernt besser, was einem mehr Spaß macht und was man als sinnvoller empfindet – wird der Lehrer dem Wunsch seiner

Lerner entgegenkommen und die Grammatik nicht ganz aus dem Unterricht verbannen. Er wird die Lerngewohnheiten seiner Lerner berücksichtigen und das Gewicht im Unterricht – je nach Lernergruppe – mehr auf imitative oder mehr auf kognitive Verfahren legen.

Weiterhin ist es ratsam, den Lerner nicht in einem zu frühen Stadium des gesteuerten Fremdsprachenerwerbs dazu zu zwingen, Äußerungen zu produzieren. Typische Fehler scheinen im Unterricht dadurch zu entstehen, daß der Lerner in dieser Zwangssituation willkürlich aus einem gegebenen Strukturenrepertoire Strukturen herausgreift und eine Äußerung produziert, auch wenn diese in der vorliegenden Situation falsch oder sinnlos ist, nur weil die Struktur semantisch und/oder syntaktisch Ähnlichkeit mit dem zu übenden sprachlichen Phänomen hat (vgl. Bahns 1985: 16–17).

Eine große Rolle fällt mit Sicherheit dem input zu. Ein guter Lehrer wird einerseits sich bemühen, optimalen input in Form geeigneten Lehrmaterials, einer entsprechenden Lehrersprache bereitzustellen, andererseits der Vermittlung von Einsichten in das grammatische System soweit wie nötig Raum zu geben.

Und nicht zuletzt wird er sich bemühen, in der Gruppe eine gelöste und offene Atmosphäre zu schaffen, die dem Lerner erlaubt, mit Selbstvertrauen und möglichst geringen gefühlsmäßigen Hemmungen die Fremdsprache aufzunehmen, zu verarbeiten und sich anzueignen.

Als weiterführende Lektüre wird empfohlen:
Bausch/Kasper 1979: 3–35.
Butzkamm 1976: 83–96.
Galperin 1974: 33–49.
Krashen/Terrell 1983.
Schuster 1973: 169–176.
Klein 1984: 35–42.
Nold/Dines 1985: 259–269.

2 Ein Methodenvergleich

Grammatik-Übersetzungsmethode, audiolinguale/audiovisuelle Methode, kommunikativ-pragmatisch orientierte Methode

Im 20. Jahrhundert kam es zu einer Reihe unterschiedlicher Entwicklungslinien der Fremdsprachenmethodik. Wir wollen uns drei der verbreitetsten Methoden zuwenden und ihre Unterschiede und Gemeinsamkeiten aufzeigen: der Grammatik-Übersetzungsmethode, der audiolingualen/audiovisuellen Methode und der kommunikativ-pragmatisch orientierten Methode.

Der Wandel der Methoden spiegelt sich wieder in drei Generationen von Lehrwerken, die es seit 1945 gab. Dabei wurde nicht nur der Lernstoff anders dargeboten und verarbeitet, sondern auch die Themen und Inhalte, wie auch die Sprache, die vermittelt werden sollte, änderten sich.

Durch die Zeit des Nationalsozialismus und den Zweiten Weltkrieg war Deutschland jahrelang von der übrigen Welt isoliert gewesen, und die Wissenschaft hatte neue Entwicklungen, z. B. in der Linguistik, nicht zur Kenntnis genommen. Deshalb knüpfte man nach dem Krieg in den 50er Jahren zuerst an die neuhumanistische Tradition einer formalen Bildung durch Fremdsprachen an, wie sie durch die Grammatik-Übersetzungs-Methode angestrebt wird.

2.1. Die Grammatik-Übersetzungs-Methode

Die Grammatik-Übersetzungs-Methode wurde vom altsprachlichen Unterricht (Latein, Griechisch) übernommen und auf den Unterricht moderner Fremdsprachen übertragen.

Linguistische Grundlagen

Das Deutsche wurde anhand der Kategorien der lateinischen Grammatik dargestellt, wobei es naturgemäß zur Auflistung vieler Ausnahmen kam, deren Erlernung dann im Unterricht oft großes Gewicht beigemessen wurde. Modell des Sprachunterrichts war die geschriebene Sprache der schöngeistigen Literatur. Die Sprache wurde als ›Gebäude‹ aufgefaßt, das nach logischen Regeln aus bestimmten ›Bausteinen‹ gefügt ist.

Lerntheorie

Die Lerner sollten die Konstruktionsregeln der Sprache verstehen und anwenden lernen. Das Lernkonzept war kognitiv. Sprachenlernen sollte die Entwicklung des logischen und ordnenden Denkens fördern.

Literatur und Kulturkunde

Gleichzeitig sollte die Beschäftigung mit der fremden Sprache und ihrer Literatur den Lerner mit den besten Zeugnissen der geistigen Kultur des anderen Volkes in Kontakt bringen.

Pädagogische Theorie

Er sollte diese geistigen Leistungen erfassen, verstehen und mit denen der eigenen Kultur vergleichen. So entwickelt sich die Persönlichkeit des Lerners, der die Bildungsgüter der fremden und der eigenen Kultur verstehen und schätzen lernt. Fremdsprachenlernen war einer ›höheren Bildung‹ vorbehalten.

Didaktische und methodische Prinzipien

Da es das Ziel der Grammatik-Übersetzungs-Methode war, die Baugesetze der fremden Sprache zu vermitteln, so daß der Lerner mit Hilfe von Regeln Sätze in der fremden Sprache bilden konnte, bestand ihr Übungsinventar aus:

- Regelanwendung zur Bildung korrekter Sätze,
- Ergänzen von Lückentexten,
- Umformung von Sätzen nach formalen Grammatikkategorien,
- Übersetzungen aus dem Deutschen in die Muttersprache und umgekehrt.

In den frühen sechziger Jahren wurde immer wieder der Versuch unternommen, den Fremdsprachenunterricht wirkungsvoller zu gestalten, aber auch auf tragfähigere theoretische Grundlagen zu stellen. So lösten in schneller Abfolge eine Reihe von Neuansätzen, aber auch von Rückgriffen auf ältere Positionen einander ab. Man lehnte eine nur auf Erfahrung gestützte sog. ›Meisterlehre‹ ab und forderte eine theoretisch begründete Fachdidaktik, die allein in der Lage sei, verläßliche Lehranalysen vorzunehmen und verbindliche Handlungsanweisungen zu geben.

2.2. Die audiolinguale/audiovisuelle Methode (AL/AV-Methode)

Die AL/AV-Methode entwickelte sich aus einer Reihe von Neuansätzen im Bereich der Pädagogik, Linguistik und Lerntheorie. Sie lehnte sich an die Reformpädagogik der 20er Jahre an und entwickelte die direkte Methode von M. Duve (*Umbruch und Aufbau*, 1934) in den 60er Jahren weiter.

Linguistische Grundlagen

Die AL-Methode erwuchs aus einer Verbindung von behavioristischer Lerntheorie und linguistischem Strukturalismus. In den USA hatte sich der Strukturalismus als linguistische Grundlage des Fremdsprachenunterrichts in den 40er Jahren durchgesetzt. Dabei wurden die Arbeitsweisen strukturalistischer Sprachforschung direkt als methodische Prinzipien auf das Fremdsprachenlernen übertragen.

Zu den Grundsätzen strukturalistischer Sprachbetrachtung gehören:
- die Analyse der jeweiligen Sprache nach den Gegebenheiten ihres eigenen Systems (im Gegensatz zur traditionellen Schulgrammatik, die die Kategorien des Lateinischen zur Beschreibung der jeweiligen Sprache verwendet);
- Klassifizierung der Redeteile einheitlich nach **formalen** Prinzipien der Grammatik, nicht nach ihrer inhaltlichen Bedeutung. Dabei werden komplexe sprachliche Einheiten in ihre einzelnen Teile zerlegt (= Segmentierung);
- Untersuchung der syntagmatischen (die Beziehungen, die zwischen den Satzteilen, z. B. Subjekt – Prädikat, bestehen betreffend) bzw. der paradigmatischen Beziehungen (d. h. der Beziehungen zwischen sprachlichen Elementen, die an einer Stelle eines Satzes austauschbar sind und sich dort gegenseitig ausschließen (z. B. ich sehe einen Stuhl/Tisch/Mann));
- Analyse der **gesprochenen** Sprache als Grundlage (zunächst nach phonologischen, dann nach morphologischen Gesichtspunkten);
- deskriptive und rein synchronische (= den Sprach**zustand** eines bestimmten (kurzen) Zeitraums beschreibende) Arbeitsweise. Das benutzte Verfahren ist induktiv, d. h. führt vom Einzelnen zum Allgemeinen;
- Betonung der **Form** gegenüber der Bedeutung sprachlicher Äußerungen.

Lerntheorie

Gefordert wird der natürliche Spracherwerb (man soll eine Fremdsprache so lehren, wie die Mutter ihr Kind die Muttersprache lehrt). Sprache gilt als ein Bündel von Sprechgewohnheiten (›set of speech habits‹ – Bloomfield), als ›verbales Verhalten‹ (Skinner), als Ergebnis von Konditionierungsprozessen im Sinne der Stimulus-Response-Theorie.

Das Fremdsprachenlernen wird nach den bekannten Methodikern Brooks und besonders nach Lado durch eine Reihe von **Unterrichtsprinzipien** gekennzeichnet.

Zu den wichtigsten Prinzipien gehören:
1. bevorzugte Stellung des Mündlichen;
2. Darbietung und Einübung von Sprache in typischen Situationen (Situativität des Fremdsprachenunterrichts); neues Sprachmaterial wird dialogisch in ›Alltagssituationen‹ eingeführt und eingeübt;*
3. Echtheit (Authentizität) der Sprachvorbilder; nur für den Gebrauch im Unterricht vom Lehrbuchautor künstlich erstellte Texte werden abgelehnt;*
4. pattern practice (Strukturmusterübungen) – Bildung von Sprechgewohnheiten durch ›Einschleifen‹ elementarer Satzstrukturen im Sprachlabor;
5. Einsprachigkeit des Fremdsprachenunterrichts (klare Trennung des mutter- und des fremdsprachlichen Systems);
6. stufenweise fortschreitende (= progressive) Darbietung der Sprachmuster (Grammatikprogression).*

Ziel ist die Entwicklung der Sprechfertigkeit durch Nachahmung und kontinuierliches Einüben von Satzstrukturen mit Hilfe von Analogieschlüssen.

* Zwischen den Forderungen unter 2) und 3) und der unter 6) besteht ein für die audiolinguale Methode charakteristischer Widerspruch. Die Folge war: man beachtete strikt die Forderung der Grammatikprogression und verzichtete auf die Echtheit der Sprachvorbilder.

Texttheorie/Landeskunde

Der Fremdsprachenunterricht soll praktisch verwertbares Alltagswissen vermitteln und den Lerner dazu befähigen, sich in alltäglichen Kommunikationssituationen verständlich zu machen.

Pädagogische Theorie

Die Lernvoraussetzungen und Lernbedingungen rücken in den Mittelpunkt des Interesses. Curricula werden eingehend diskutiert. Besonders im Bereich der ›Lernstoffe‹ werden Lernzieltaxonomien erstellt. Objektivierte Tests sollen das Lernergebnis kontrollieren.

Elemente des programmierten Unterrichts werden in den Fremdsprachenunterricht eingeführt. Die Möglichkeiten der Sprachspeicherung und -reproduktion (Schallplatte, Tonband), die die Technik inzwischen bietet, werden zur Erstellung von Sprachlehrprogrammen genutzt, die nach den Prinzipien der audiolingualen Methode angelegt sind und die Aussprache schulen wie auch elementare Satzmuster einschleifen sollen.

Mit Dias, Filmstreifen, Tageslichtprojektor wird das visuelle Element, das die Bedeutungsvermittlung in der Phase der Neueinführung und die Steuerung in der Übungs- und Transferphase erleichtert, in die audiolinguale Methode integriert und diese zur audiovisuellen Methode weiterentwickelt.

Kam in der Grammatik-Übersetzungs-Methode dem Lehrbuch die zentrale Rolle als Lese- und Übungsbuch zu, so entwickelt sich jetzt im Rahmen der audiovisuellen Methode ein System des Medienverbundes, in dem einzelne Medien funktional auf die Entwicklung einzelner Fertigkeitsbereiche abgestimmt werden können.

Bildungspolitische Auswirkungen

Die neuen technischen Möglichkeiten eröffnen allen Interessierten den Zugang zum Fremdsprachenunterricht. ›Der Fremdsprachenunterricht für alle‹ wird denn auch zu einer grundlegenden Forderung der 60er Jahre.

Noch in der Zeit des Strukturalismus kam die Angewandte Linguistik auf, deren Programm eine Brücke von der Theorie zur Praxis schlagen wollte. Schwerpunkte waren Studien zur Kontrastivität und zur Fehlerkunde. Da innerhalb der Angewandten Linguistik die verschiedensten sprachwissenschaftlichen Richtungen vertreten waren, kam es nicht zu der erhofften Fundierung der Fachdidaktik. Dazu war zuerst nötig, daß sich eine dieser Richtungen durchsetzte und als didaktisch verwertbar erwies.

Eine Zeitlang erregte die generative Transformationsgrammatik die größte Aufmerksamkeit, weil sie in ihrer Auseinandersetzung mit dem Strukturalismus den größten Bekanntheitsgrad erreicht hatte. Außerdem kam sie der deutschen Tradition entgegen, die den Grammatikunterricht und das bewußte Lernen hochschätzt.

Inzwischen ist sie jedoch in den Hintergrund getreten, da sie die Kommunikation nicht berücksichtigt und auch nicht die Tatsache, daß grammatische Kompetenz nicht isoliert von anderen sprachlichen Bereichen erworben werden kann.

Die generative Transformationsgrammatik führte den Kompetenzbegriff in die Linguistik und Didaktik ein. Hymes stellte der linguistischen Kompetenz das Konzept der kommunikativen Kompetenz gegenüber. Mit diesem Begriff kam die Pragmatik als neue Bezugswissenschaft ins Spiel. Eine wesentliche Rolle im Konzept der kommunikativen Kompetenz spielt die Sprechakttheorie; der Sprechakt wird als elementare Kommunikationseinheit aufgefaßt. Die pragmatische Orientierung unterstreicht, daß die Sprache nicht einfach ein mechanisch zu handhabender Kode ist und daß Kommunikation nicht allein Austausch sprachlicher Zeichen ist.

Mit der Pragmalinguistik oder der linguistischen Pragmatik entstand in den letzten Jahren eine neue wissenschaftliche Richtung. Aufgrund der vielen verschiedenen Disziplinen, die in ihr zusammenlaufen (u. a. Soziologie, Psychologie, Linguistik, Philosophie) und aufgrund der Forschungstraditionen, die sich mit Problemen der Pragmatik auseinandersetzen (transzendentalphilosophische, sprachanalytische, handlungstheoretische Ansätze) kristallisierte sich erst sehr spät eine nähere Bestimmung dessen, was Pragmalinguistik ist oder sein soll, heraus.

Anstelle einer genauen Definition von Pragmatik stellt Wunderlich einen programmatischen Fragenkatalog vor, der das gesamte Aufgabenfeld der Pragmatik besser abstecken soll:

> „Wir fragen vor allem: Wie stellt man mit Hilfe einer sprachlichen Äußerung eine Beziehung zu anderen Personen her? Wie hält man schon bestehende Beziehungen aufrecht? Wie kann man das Handeln und die Meinungen anderer Personen beeinflussen? Inwiefern lassen sich sprachliche Äußerungen als spezifische Arten von Handlungen verstehen? Welches sind die Bedingungen dafür, daß eine Sprechhandlung gelingt oder unter Umständen auch nicht gelingt? Welche Konsequenzen ergeben sich daraus jeweils für die Kommunikationspartner? Wie bezieht man sich in den Äußerungen auf den vorliegenden Situations- und Handlungskontext und wie auf die (durch Tradition, Erziehung, Erfahrung vermittelte) Realität von Natur, Gesellschaft und Arbeitsprozessen?« (Wunderlich 1974: 102)

Zur kommunikativen Kompetenz gehört nach Wunderlich also die Fähigkeit des Sprechers, seine Äußerungen so an eine Kommunikationssituation anzupassen, daß die Kommunikation erfolgreich verläuft. Nicht die grammatische Form der syntaktischen Kategorie ›Frage‹, ›Aufforderung‹, ›Behauptung‹ macht Kommunikation möglich, sondern eine sog. ›Handlungsgrammatik‹, die die Regeln der Sprechhandlungen angibt – darunter sind die für gesellschaftliche Normen und Konventionen allgemein geltenden Regeln zu verstehen –, die erst zu einem Gelingen oder Mißlingen der Handlung führen.

2.3. Die kommunikativ-pragmatisch orientierte Methode

Die Situation etwa seit 1975

Die kommunikative Methode möchte den schülerzentrierten Unterricht. »Nach einer Phase der Stoff-Faszination und der Konzentration auf objektivierbare und mit objektiven Testverfahren meßbare Lernziele im Bereich der sprachlichen Systeme« ist für den gegenwärtigen Stand der Diskussion »eine stärkere Hinwendung zum Lernenden als dem Subjekt des Lernprozesses und zum Lernprozeß selbst« (Neuner/Krüger/Grewer 1981: 13) kennzeichnend. Gleichzeitig hat sich das Interesse von der geistig-formalen Bildung durch die Fremdsprache weg- und der Fremdsprache als Mittel der Verständigung in Beruf und Freizeit zugewandt.

Das Lernziel ›kommunikative Kompetenz‹ wird gesehen in einer engen Verbindung von

- inhaltlich-kognitiver Kompetenz (Kenntnis der Elemente/Strukturen der fremden Kultur, der Ähnlichkeiten und Unterschiede zwischen der eigenen und der fremden Kultur),
- sozial-affektiver Kompetenz (Werthaltungen, die sich auf die Zielkultur hin entwikkeln: Toleranz, Aufgeschlossenheit; auf den eigenen kulturellen Raum hin: Entwicklung der eigenen Persönlichkeit und soziale Verantwortlichkeit);
- sprachlicher (linguistischer) Kompetenz (fremdsprachliche Mittel, die zum Kontakt mit Muttersprachlern notwendig sind).

Die Unterrichtsplanung geht nicht mehr vom Lernstoff aus, sondern vom Schüler als Subjekt des Erziehungsprozesses. Entsprechend werden die Lernziele nicht mehr von den sprachlichen Teilsystemen her definiert, sondern man geht von Themen aus, die den Schüler ›betroffen‹ machen und von Kommunikationssituationen, in denen der Schüler – jetzt oder später – die Fremdsprache gebrauchen muß. Das bedeutet auch, daß landeskundliche Stoffe so aufbereitet werden, daß sie von den Erfahrungen und Interessen des Schülers ausgehen und diese denen einer gleichartigen Gruppe des fremden Kulturkreises gegenüberstellen.

Kommunikative Fertigkeiten werden aus der Situations-, Rollen- und Textsortenanalyse abgeleitet, wobei der Aspekt der wechselseitigen Beeinflussung durch die Kommunikation besonders berücksichtigt wird (partnerbezogene bzw. medienbezogene Kommunikation). Daraus ergeben sich Übungsformen, die fremdsprachige Kommunikationsabläufe im Fremdsprachenunterricht simulieren.

Linguistische Grundlagen

Die Ergebnisse des Strukturalismus werden um die des Kontextualismus und der Pragmalinguistik erweitert. Da auch Zweck, Wirkung und Ablauf der Kommunikation, die Situation, in der sie stattfindet sowie die Rollen der Sprecher berücksichtigt werden, steht nicht mehr der fehlerfrei gebildete Satz im Mittelpunkt des Interesses, sondern die Verstehensleistung und der kontext- bzw. situationsangemessene Ausdruck.

Lerntheorie

Sprachliches Handeln gilt als geistige und kreative Tätigkeit. Ihr Umfang und ihre Qualität im Fremdsprachenunterricht hängen davon ab, wie weit der Lerner bereits Verstehensstrategien für fremdsprachige Texte entwickelt hat und über welchen Umfang an sprachlichen Mitteln er verfügt. Die muttersprachliche Kompetenz des Lerners wird im Fremdsprachenunterricht mit berücksichtigt.

Sprachliche Konditionierung im Sinne der behavioristischen Lerntheorie wird noch für die Festigungsphase akzeptiert, ansonsten aber in Frage gestellt.

Landeskunde

Sie will die Welterfahrung des Lerners erweitern. Sie geht von den Erfahrungen, die der Lerner im eigenen Kulturkreis gewonnen hat, aus und erweitert bzw. differenziert sie. ›Erziehung‹ zu den Normen und Werten der Zielkultur wird ebenso abgelehnt wie das Pauken von ›Fakten‹.

Dazu werden die Gegebenheiten der Zielkultur differenziert dargestellt und mit den Erfahrungen und Einstellungen des Lerners verglichen.

Literatur/Textwissenschaft

Pragmatisch-funktionaler Aspekt: Es werden verstärkt authentische Sachtexte verwendet.
Die Bedeutung globalen und selektiven Verstehens auch authentischer Hör- und Hör-/Seh-Texte wird erkannt, und es werden dem Lerner entsprechende Strategien vermittelt.
Pädagogischer Aspekt: Fiktionale (= literarische) Texte erhalten eine besondere Bedeutung im Unterricht; sie sollen zur Identitätsbildung des Lerners beitragen.

Pädagogische Theorie

Seit dem Ende der 60er Jahre wird der Aspekt der Identitätsbildung und -aushandlung im Lernprozeß stärker betont. Der Schüler soll seine eigene Persönlichkeit entwickeln und lernen, seine Wünsche andern gegenüber darzustellen und gegebenenfalls durchzusetzen (Identitätsdarstellung), er soll lernen, seine eigene Rolle zu durchschauen und gegebenenfalls abzulehnen, lernen, u. U. eine andere Rolle als die von anderen gewünschte auszufüllen (Rollendistanz), soll die Bereitschaft und Fähigkeit entwickeln, sich in die Einstellungen anderer Menschen einzufühlen (Empathie), soll lernen, daß Werte und Sachverhalte mehrdeutig sind und soll lernen zu erkennen und zu ertragen, daß die von ihm vertretene Wahrheit nicht unbedingt die einzige Wahrheit ist (Ambiguitätstoleranz).

Didaktische und methodische Prinzipien

Themenorientierung: Die behandelten Themen sollen den Lerner betroffen machen. Er soll zum Fremdsprachenlernen motiviert werden. Man geht von den Erfahrungsstrukturen des Lerners aus. Verstehensleistungen werden zum Ausgangspunkt des Fremdsprachenlernens. Medien werden in den Unterricht integriert.
Handlungsorientierung: Pragmatisch-funktionale Kategorien (Sprechabsichten) werden berücksichtigt, authentische Textsorten in den Fremdsprachenunterricht eingebracht. Als pädagogische Mittel werden Rollentraining, Simulation und Planspiel eingesetzt. Frontalunterricht wird weitgehend ersetzt durch Partner- und Gruppenarbeit. Die einzelnen Fertigkeiten werden nicht mehr isoliert, sondern in Verbindung miteinander geübt. Diskursives und partnerbezogenes Sprechen (›über etwas‹ und ›mit jemandem‹ reden) werden unterschieden. Es wird zwischen einer (umfassenderen) Verstehensgrammatik und einer (reduzierteren) Mitteilungsgrammatik unterschieden, und beide werden unterschiedlich entwickelt.

Übungsformen

Neuner (Neuner/Krüger/Grewer 1981: 15) stellt fest: »Es gibt keine ›kommunikativen Übungen‹ als solche: entscheidend ist die Zwecksetzung von Übungen im Hinblick auf die Entwicklung von Kommunikationsfähigkeit.

Unter pragmatischem und pädagogischem Aspekt werden deshalb Übungssequenzen gebildet, die Kommunikationsakte

- vorbereiten
- aufbauen
- strukturieren,
- simulieren, bzw. solche sind (classroom discourse).

Übungsketten beginnen – entsprechend den Phasen kommunikativen Handelns – bei Verstehensleistungen (Strategien des Textverständnisses) und zielen über die Stufen der Grundlegung und des Aufbaus der Mitteilungsfähigkeit auf die freie Äußerung.«

(Eine ausführliche Darstellung der Übungsformen dieser Methode finden Sie in den Kapiteln 8.6–8.7 sowie 9.2)

Um Ihnen den Überblick zu erleichtern, werden in der folgenden Tabelle noch einmal die einzelnen Aspekte der drei Methoden nebeneinandergestellt:

Methoden des Fremdsprachenunterrichts

Grammatik-Übersetzungs-Methode	*audiolinguale/audiovisuelle Methode*	*kommunikativ-pragmatisch orientierte Methode*
Linguistische Grundlagen		
Kategorien der lateinischen Grammatik; geschriebene, literarisch geformte Sprache; Sprache = Gebäude, aus Bausteinen systematisch gefügt, nach logischen Regeln ›konstruiert‹	strukturalistische Sprachbeschreibung; Analyse gesprochener Sprache, deskriptiv, synchronisch; Satz wird auf syntagmatische und paradigmatische Beziehungen hin untersucht; Form wird gegenüber Funktion betont	Erweiterung der strukturalistischen Sprachbetrachtung um Kontextualismus und Pragmalinguistik; funktionale Bedeutung betont; Zweck, Wirkung, Ablauf, Struktur von Kommunikationsabläufen werden mitbedacht; Schwerpunkt nicht mehr auf korrekt gebildetem Satz, sondern auf Verstehensleistung sowie kontext- und situationsangemessenem Ausdruck
Lerntheorie		
FS-lernen = Konstruktionsregeln verstehen und anwenden (kognitiv); FS-lernen = formale Geistesschulung, Erziehung zu ordnendem Denken	natürlicher Spracherwerb gefordert; FS-lernen über Konditionierungsprozesse (Behaviorismus); Sprechfertigkeit durch Nachahmung und Einüben von patterns	sprachliches Handeln = geistige, kreative Tätigkeit; Entwicklung von Verstehensstrategien auf der Grundlage muttersprachlicher Kompetenz; Konditionierung nur noch zur Festigung bestimmter Äußerungsmittel, sonst abgelehnt

Grammatik-Übersetzungs-Methode	*audiolinguale/audiovisuelle Methode*	*kommunikativ-pragmatisch orientierte Methode*
Literatur/Kulturkunde Literatur = Zeugnis geistiger Leistungen einer Sprachgemeinschaft – kulturelle Werte; diese gilt es zu erfassen, zu verstehen und mit den entsprechenden Leistungen des eigenen Volkes zu vergleichen	**Texttheorie/Landeskunde** im Vordergrund steht praktisch verwertbares Alltagswissen und die Beherrschung alltäglicher Kommunikationssituationen	**Landeskunde** erweitert Welterfahrung des Lerners, beginnt bei Erfahrungen im eigenen Kulturkreis; erweitert, differenziert diese (keine ›Erziehung‹ zu Normen, Werten, kein Pauken von ›Fakten‹); differenzierte Darstellung, Vergleich mit Eigenerfahrungen
		Literatur/Textwissenschaft *pragmatisch-funktionaler Aspekt* authentische Sachtexte; Vermittlung von Strategien globalen und selektiven Verstehens *pädagogischer Aspekt* Bedeutung literarischer Texte für Identitätsbildung
Pädagogische Grundlagen FS-lernen = geistig formaler Bildungsprozeß zur Formung der Persönlichkeit; Privileg ›höherer Bildung‹ und Eliteschulung	**Pädagogische Theorie** Reflexion der Lernvoraussetzungen, Curriculumdiskussion, Lernzieltaxonomien, objektivierte Tests; Integration von Medien in den FU; Weiterentwicklung von der audiolingualen zur AV-Methode	**Pädagogische Theorie** Aspekt der Identitätsbildung betont; Entwicklung von Rollendistanz, Identitätsdarstellung, Empathie, Ambiguitätstoleranz Ziel
Didaktische und methodische Prinzipien Einsicht nehmen in die Baugesetze der FS (auch durch Vergleich mit der Muttersprache); Rekonstruktion der FS durch Anwendung der Regeln	– Primat des Mündlichen – Situativität des FU – Authentizität der Sprachvorbilder – Einübung von patterns durch Imitation – Einsprachigkeit des FU – Progression durch systematischen Aufbau der patterns – Anschaulichkeit des FU	*Themenorientierung* Prinzip der Betroffenheit des Schülers durch die Themen; Motivation; Ausgehen von Erfahrungsstrukturen des Lerners; Verstehensleistungen als Ausgangspunkt; Integration von Medien *Handlungsorientierung* – Berücksichtigung pragmatisch-funktionaler Kategorien (Sprechabsichten) – authentische Textsorten – Rollentraining, Simulation, Planspiel – Partner- und Gruppenarbeit – Verbindung sprachlicher Fertigkeitsbereiche – Unterscheidung von diskursivem und partnerbezogenem Sprechen – Unterscheidung: Verstehens-, Mitteilungsgrammatik

Grammatik-Übersetzungs-Methode	*audiolinguale/audiovisuelle Methode*	*kommunikativ-pragmatisch orientierte Methode*
Übungstypen		
korrekte Sätze nach einer Regel bilden (Regelanwendung), korrekte Formen einfügen (Lückentext); Sätze nach formalen Grammatikkategorien umformen (Aktiv-Passiv); Übersetzen von der MuS ins Deutsche und umgekehrt als ›Krönung‹ der Übungen	- pattern drills - Satzschalttafeln - Substitutionsübungen - Ergänzungsübungen (Lückentexte usw.) - bildgesteuerte Einsetzübungen/Dialogübungen - Reproduktion und Nachspielen von Dialogen - Umformungsübungen - Satzbildung aus Einzelelementen	es gibt keine ›kommunikativen Übungen‹ als solche, entscheidend Zweck bei Entwicklung der Kommunikationsfähigkeit; Übungssequenzen, die Kommunikationsakte - vorbereiten, - aufbauen, - strukturieren, - simulieren bzw. sind; Übungsketten: von Verstehensleistungen über Grundlegung und Aufbau der Mitteilungsfähigkeit zur freien Äußerung

Als weiterführende Lektüre wird empfohlen:
Gutschow 1979: 400–423.
Pelz 1977: 114–137.
Neuner/Krüger/Grewer 1981: 10–16.

3 Strukturanalyse des Unterrichts – Unterrichtsplanung

Zu Beginn der 60er Jahre trat die Allgemeine Didaktik mit zwei Schulen hervor – Klafkis Marburger Konzeption und Heimanns Berliner Schule, die Schemata für Stundenplanungen lieferten, die inzwischen weithin bekannt wurden und auch hier als begriffliches Instrumentarium benutzt werden sollen. Wir wählen das Berliner Modell, da es für den Praktiker einfacher zu handhaben ist.

Das Modell geht von der Forderung aus, daß Unterricht ein theoretisch kontrolliertes Tun sein sollte: der Unterricht soll auf ein gewünschtes Ziel hin geplant, nach seiner Durchführung analysiert, die Ergebnisse der Analyse wiederum in die Planung einbezogen werden. Unterricht hängt damit nicht von der Laune des Augenblicks oder dem Zwang der Gewohnheit ab, sondern wird planbar, wiederholbar, korrigierbar.

In der Ausbildungswirklichkeit werden oft Auffassungen vertreten, die Unterricht vor allem als *Handwerk* lehren wollen oder als *Technik* oder als *Kunst.*

Handwerk: Der auszubildende Lehrer ahmt seinen ›Meisterlehrer‹ nach, beobachtet ihn, eignet sich dessen Verfahren an, akzeptiert dessen Erfahrungen.

Technik: Aus bestimmten Grundauffassungen werden Verfahrensregeln abgeleitet, z. B. für die Verwendung von Unterrichtsmitteln, für die Organisation der Klasse frontal oder in Gruppen, für die Bewertung von Kontrollarbeiten.

Kunst: Wichtig sind nach dieser Auffassung vor allem Originalität und Einfallsreichtum des Lehrers.

Es soll hier keinesfalls geleugnet werden, daß handwerkliche, technische und künstlerische Fertigkeiten für den Unterrichtenden notwendig sind; für den Anfänger stellen sie zudem eine Beruhigung dar, einen Weg zum funktionierenden Unterricht. Doch läßt sich erst von den Zielen her entscheiden, ob es zweckmäßig ist, sie einzusetzen. Nur wenn ein bestimmtes Ziel festgelegt ist, kann man die Argumente untersuchen, die für das Ziel sprechen sollen und sie hinterfragen nach den Interessen seiner Befürworter. Eine eindeutige Zielangabe erlaubt auch, das Geforderte mit dem Verwirklichten zu vergleichen.

3.1. Unterrichtsanalyse: Bedingungs- und Entscheidungsfelder

Das **Berliner Modell** hebt sechs »Strukturelemente« als formale Konstanten des Unterrichts hervor, deren inhaltliche Variation den konkreten Unterricht darstellt. Unterricht hat immer das Ziel, wie Heimann formuliert, »irgendwelche *Gegenstände* (Lernanlässe) in *bestimmter Absicht* (zu Lernzwecken) und in bestimmten *Situationen* in den Erkenntnis-, Erlebnis- und Tätigkeits-Horizont von *Kindern* oder *Jugendlichen* zu bringen, wobei man sich bestimmter *Verfahrensweisen* und *Medien* bedient« (zitiert nach Weber 1979: 280).

Bei den konstanten Faktoren stehen zunächst einmal vier *Entscheidungsfelder* zwei *Bedingungs- oder Voraussetzungsfeldern* gegenüber:

Jeder Unterricht verfolgt Absichten –	Intentionalität
hat einen Inhalt –	Thematik
verfolgt bestimmte Lernziele –	Methodik
und benutzt bestimmte Verständigungsmittel –	Medienwahl

Hier muß eine bestimmte Auswahl getroffen, müssen Entschlüsse gefaßt und durchgeführt werden. Dagegen müssen die [anthropogenen] und die [sozialkulturellen] [Voraussetzungen] bei der Unterrichtsplanung als *reale Gegebenheiten* berücksichtigt werden. Sie sind gleichzeitg Annahmen des Lehrers und Tatsachen. Gemeint ist mit

anthropogenen Voraussetzungen:	Vorgeprägtheit von Schülern und Lehrer durch Anlagen, Alter, Geschlecht, Milieu; ihre Erfahrungen, Kenntnisse, ihr Leistungsstand, auch die Beherrschung der Fremdsprache von seiten des Lehrers; die Aufgeschlossenheit der Schüler gegenüber der geplanten Unterrichtsform; die Klasse als Gruppe in Bezug auf ihr Herkunftsmilieu, ihre landsmannschaftliche Zusammensetzung, Freundschafts- und Rivalitätsverhältnisse in der Klasse.
sozial-kulturelle Voraussetzungen:	die betreffende Schulform als gesellschaftliche Institution (Realschule, Gymnasium, Gesamtschule); der normative Einfluß der Träger der Schulpolitik auf Unterricht und Erziehung, z. B. durch Richtlinien; die politischen, wirtschaftlichen und geistigen Kräfte der Öffentlichkeit; der Einfluß wissenschaftlicher Strömungen (z. B. auf Methoden, Lehrbücher).

Am stärksten differenziert in Heimanns Entwurf ist die Kategorie der *Intentionalität.* Er unterscheidet angestrebte Lernprozesse

kognitiver,	emotionaler,	pragmatischer
Art, d. h. der Lehrer muß sich überlegen, ob von/bei den Lernern		
Kenntnisse und Einsichten gewonnen werden sollen,	innere Bewegtheit angestrebt wird,	Fertigkeiten, Techniken, Gewohnheiten erworben, eingeübt, beherrscht werden sollen.
Das Unterrichtsmaterial soll kognitive, emotionale oder pragmatische Lernprozesse auslösen. Man könnte auch fragen: Was sollen die Lerner		
verstehen, intellektuell durchdringen?	erleben, was soll sie ›betroffen‹ machen, welche Gefühle sollen angesprochen werden?	tun, aktiv lösen, praktisch können?

So müssen z. B. neue Wörter verstanden, richtig ausgesprochen, adäquat benutzt, vielleicht definiert werden (kognitive und pragmatische Dimension). Pattern drills haben pragmatische Funktion; sie können aber auch emotionale Reaktionen auslösen: die Lerner machen gern oder ungern mit. Sie für kognitive Beschreibungen zu benutzen, wäre aber nicht angebracht.

Wichtig für die didaktische Interpretation ist weiterhin die Qualitätsstufe, die die unterschiedlichen Intensitätsgrade der angestrebten kognitiven, emotionalen oder pragmatischen Wirkungen bestimmt.

	kognitive	emotionale	pragmatische Dimension
Qualitätsstufen:			
Anbahnung Entfaltung Gestaltung	Kenntnis Einsicht Überzeugung	Berührtsein Erlebnis Gesinnung	Fähigkeit Fertigkeit Gewohnheit

Situationsübungen sind oft emotional getönte Anbahnungsschritte für spätere kognitive (vielleicht grammatische) Einsichten oder dienen der Ausbildung bestimmter Ausdrucksgewohnheiten. Der Lehrer muß sich bei der Unterrichtsvorbereitung über den Stellenwert entsprechender Unterrichtsschritte klar werden.

Das Strukturelement ›Intentionalität‹ steht in enger Beziehung zu den anderen fünf Elementen: zur **Thematik** (Abfassen von Zimmergesuchen); zur **Methodik** (Zusammenstellen der gewünschten Eigenschaften des Zimmers, Vergleich vorhandener Annoncen, Abfassen eigener mit deren Hilfe – Frontalunterricht, Gruppenarbeit, Einzelarbeit); zur **Medienwahl** (Annoncen; Folie zur Demonstration von Abkürzungen und deren Verständnis, Folien zur Beschriftung in Gruppenarbeit und Demonstration vor dem Plenum); zu den **anthropogenen Voraussetzungen** (einschlägige Erfahrungen im muttersprachlichen Bereich, Bereitschaft zur Gruppenarbeit), zu den **sozial-kulturellen Voraussetzungen** (Vorstellung vom gewünschten Zimmer, Üblichkeit des Wohnens in Privatzimmern oder in Studentenwohnheimen).

Die Thematik stellt erst in Verbindung mit einer Absicht ein eindeutiges Unterrichtsziel dar. Von dem Ziel hängt es wiederum ab, ob ein Thema (z. B. Verkehr) *vorfachlich* angeboten wird (Dienstleistungsgespräch: Fahrkartenkauf am Bahnhof), *fachlich* (Bestandteile und Arbeitsweise des Benzinmotors), *fachübergreifend* (die Bedeutung der Eisenbahn/des Autos für die moderne Wirtschaft).

Die Themen müssen als zukunftsbedeutsam angesehen werden (sozial-kulturellen Bedingungen entsprechen), in dieser Bedeutsamkeit aber auch dem Lerner dargestellt werden können (den anthropogenen Bedingungen genügen).

Methodik

Inhalte und Absichten bedingen sich nicht nur gegenseitig, sie beeinflussen auch die Methode. Pragmatisch gemeinte Festigungsübungen sind anders durchzuführen als die Bewußtmachung der grammatischen Regel, die einer eingeübten, aber noch nicht erklärten Struktur zugrundeliegt. Die Einführung eines Hörverständnistextes erfordert einen anderen Stundenaufbau, andere Verfahren, andere Aktivitäten von Lehrer und Lerner als etwa eine Diskussion in der Phase der freien Sprachanwendung.

Sozialformen des Unterrichts variieren das Verhältnis zwischen dem Lernen von etwas und dem Lernen mit anderen. Im **Frontalunterricht** haben es alle Schüler der Klasse mit dem gleichen Lernziel zu tun und zugleich mit allen Mitschülern. Die **Kreissituation** erleichtert gegenüber dem Frontalunterricht das Gespräch der Schüler untereinander. Im **Teilgruppenunterricht** muß der einzelne Lerner häufiger aktiv werden und hat mehr Kontakt mit anderen Lernern. Im **Einzelunterricht** entfällt der Kontakt mit anderen Lernern, aber auch Störungen durch diese. Im ersten wie im letzten Falle legt die Situation dem Lehrer eine dominierende Haltung nahe.

Urteilsformen verdienen eine gesonderte Erwähnung, weil durch sie der Lehrer gegenüber dem Lerner eine Wertung abgibt. Die Frage: »Hast du das allein gemacht?« kann – muß aber nicht – Lob und Tadel enthalten. Implizite und explizite Urteile können positiv oder negativ sein.

Auch die Methode steht in Wechselwirkung zu den übrigen fünf Momenten: Ein Thema wird in Gruppenarbeit in einem andern Umfang behandelt als es in der gleichen Zeit im Frontalunterricht geschähe. Gruppenarbeit entspricht mehr der Intention ›selbständige Erarbeitung‹ als der Intention ›Sicherung eines Mindestwissens‹. Anthropogene Voraussetzungen sind z. B. die Bereitschaft der Lerner mitzuarbeiten, sozial-kulturelle Bedingungen sind z. B. Mobiliar, das man für Gruppenarbeit umstellen kann (anstatt im Fußboden verschraubte Bankreihen, die eigentlich nur Frontalunterricht zulassen) und eine ausreichende Ausstattung mit Arbeitsmitteln.

Medienwahl

Ob das Unterrichtsmaterial in Form eines gebundenen Buches vorliegt oder zum Buch Tonbänder, Folien, Dias hinzutreten oder diese gar ersetzen, steht in enger Wechselwirkung mit Intentionen, Thematik und Methode. Hörverständnis kann ich nur sinnvoll mit Hilfe des Tonbandes entwickeln, zur Entwicklung des Leseverständnisses ist gedrucktes Material nötig, bei der Erläuterung landeskundlicher Sachverhalte sind Dias eine große Hilfe. Unterrichte ich nach der audiovisuellen Methode, werde ich Tonbänder und Dias nicht als sporadisch zu benutzende Auflockerungsmittel für den Unterricht betrachten, sondern als notwendigen Bestandteil meines Lehrprogramms.

Medien stehen auch in Wechselwirkung mit anthropogenen Voraussetzungen. Auf fernsehgewohnte Lerner werden Wandbilder anders wirken als auf Lerner vor hundert Jahren. Das Prestige der Medien in der Gesellschaft beeinflußt den Medieneinsatz. Sozial-kulturelle Voraussetzungen wie Medienarchive, spezielle Tonräume fördern oder hemmen den Mediengebrauch.

Die Strukturanalyse kann nicht zu dem Urteil ›richtig‹ oder ›falsch‹ führen. Sie führt vielmehr zu einer gedanklichen Ordnung, die Widersprüche aufdeckt und damit Probleme bewußt macht, die dann mit anderen Methoden weiter untersucht werden können.

Bedingungsprüfung
Wer seinen Unterricht reflektiert, wird auch nach den Bedingungen fragen, die die festgestellten anthropogenen und sozial-kulturellen Voraussetzungen mitgeprägt haben. Dabei müssen akzeptierte Normen (z. B die Jugend habe ein besonders enges Verhältnis zur Natur) von Fakten unterschieden werden (daß Vierzehnjährige in der Pubertät sind).

Er wird auch die Unterrichtsnormen dahingehend prüfen, ob sie eindeutig und miteinander vereinbar sind, ihre Folgen prüfen, nach der Herkunft und den möglichen Nutznießern dieser Normen fragen und sich überlegen, ob sie in einer pluralistischen Gesellschaft verbindlich sein können.

Ebenso interessieren ihn die Formen des Unterrichts: Sind sie noch aktuell? Organisieren sie den Unterricht optimal, den Normen und Fakten entsprechend? Wie weit haben sie sich praktisch bewährt?

3.2. Unterrichtsplanung: Hinweise und Prinzipien

Allgemeine Hinweise zur Planung
Der Anfänger ist froh, wenn er eine Stunde geplant hat. Und doch sollte er versuchen, sich über den weiteren Verlauf des Unterrichtsabschnitts klarzuwerden, da die Unsicherheit über den weiteren Verlauf ihn sonst bei der Einzelplanung behindert. Diese Unsicherheit führt dann auch dazu, daß der Anfänger an seinem Konzept festhält, wenn der Unterrichtsverlauf einen anderen Weg geraten erscheinen läßt.

Darf man überhaupt planen, wenn der Lerner auch aktiv am Unterrichtsverlauf beteiligt sein soll? Solange Lerner nicht nur Wissen übernehmen sollen, sondern auch als kritische und denkende Menschen akzeptiert werden sollen, wird der völlig gelenkte Lernprozeß fragwürdig bleiben. Aber auch sein Gegenteil, der ›natürliche Unterricht‹, der nur den wechselnden Interessen der Lerner folgt, wird die Ausnahme sein, da er nicht die Vermittlung wichtigen Wissens garantiert. Im Alltag der Unterrichtsplanung wird man versuchen müssen, die Mitwirkung der Lerner am Unterrichtsprozeß mit dessen ökonomischem Voranschreiten zu verbinden.

Drei Prinzipien der Planung:
Alle Momente, die Unterricht konstituieren, stehen in einer Wechselwirkung – man nennt dies das **Prinzip der Interdependenz.** Die Forderung nach Mitsteuerung des

Unterrichtsprozesses durch den Lerner führt zum **Prinzip der Variabilität.** Das dritte **Prinzip** ist das größtmöglicher **Kontrollierbarkeit** des Unterrichtserfolgs.

1. Das Prinzip der **Interdependenz** ist z.B. bei der Planung eines Picknicks mit ausländischen Freunden verwirklicht, wenn wachsende Selbständigkeit der Lerner (anthropogene Voraussetzungen) und die Planung von Picknicks als häufige Aufgabe eines Mitglieds dieser Gesellschaft (sozial-kulturelle Voraussetzungen) zusammenfallen mit der selbständigen Wahl (Reservierung) des Ortes und der Finanzierung durch die Teilnehmer (Intention), mit dem Thema (geselliges Beisammensein mit Picknick), mit arbeitsteiligen Verfahren und Medien wie Bereitstellung von Musik- und Theaterdarbietungen, Vorbereitung des Imbisses usw.
2. Das Prinzip der **Variabilität** bedeutet: der Unterrichtsplan wird erst unter Mitwirkung der Lerner fertig. Dazu werden Alternativen bereitgestellt, Variationen zugelassen; Unterrichtsziele werden nachträglich korrigiert, elastisch angesteuert. Auf diese Weise können unerwartete Erfahrungen verarbeitet werden.
3. Das Prinzip der **Kontrollierbarkeit** bedeutet, daß man die Unterrichtsplanung so genau aufschreibt, daß sie durch das praktische Unterrichtsgeschehen so genau wie möglich bestätigt bzw. korrigiert werden kann. So sollte man z.B. bei jedem Lehrschritt die geplante Zeit notieren und diese hinterher mit dem tatsächlichen Zeitverbrauch vergleichen.
   Unter diesen Planungsgrundsatz fällt auch die lang- oder kurzfristige Effektivitätskontrolle.

Eine systematisch betriebene Analyse und Planung des Unterrichts kann den Unterrichtenden sowohl davor bewahren, unreflektiert nur auf Erfahrung, Instinkt und natürliches Lehrgeschick zu vertrauen wie auch vor der ebenso naiven Auffassung, daß die fachwissenschaftliche Bewältigung eines Gegenstandes seine didaktische Erarbeitung überflüssig mache.

Als weiterführende Lektüre wird empfohlen:
Heiman/Otto/Schulz 1972: bes. 13–47.
Weber 1979: 269–287.

4 Lernzielbeschreibung

Verfolgt man die Entwicklung der Lehrpläne für Fremdsprachen an den Gymnasien, so kann man eine deutliche Verschiebung in der Zielsetzung feststellen. In den 50er Jahren wird das Lernziel deutlich unterschieden in: sprachliche, geistig-formale, kulturkundliche, erzieherische Teilziele. In den 60er Jahren wendet man sich dann von den bildungstheoretisch orientierten Zielsetzungen ab und fachspezifisch-sprachlichen Lerninhalten und dem pragmatisch-nützlichen Aspekt der Fremdsprachenbeherrschung zu. Der Lerner soll dazu befähigt werden, die Sprache als Kommunikationsmittel zu benutzen.

Ende der 70er Jahre wird das übergeordnete Lernziel *kommunikative Kompetenz,* das als zu vage empfunden wird, differenziert in *sprachliche (linguistische) Kompetenz, inhaltlich-kognitive Kompetenz* und *sozial-affektive Kompetenz* (vgl. S. 30). Die fremdsprachendidaktische Forschung wendet sich jetzt stärker dem Lerner und dem Lernprozeß zu: Lernen – so wird erkannt – hängt sehr viel stärker von den individuellen Lernvoraussetzungen und den Unterrichtsbedingungen ab als etwa vom Unterschied zwischen dem muttersprachlichen und zielsprachlichen System. Zu den Lernvoraussetzungen gehören etwa die Beherrschung der Muttersprache (und die Fähigkeit, diese zu reflektieren), die Lernbereitschaft, die kulturellen Erfahrungen des Lerners, die Art und Weise des vorhergehenden Unterrichts usw.

4.1. Sprachliche Kompetenz

Aus jüngster Zeit liegen eine Reihe von Versuchen vor, das Lernziel (Beherrschung der Sprache auf einem bestimmten Niveau) genauer und detaillierter zu erfassen und zu beschreiben. Hier soll vor allem auf die beiden Beschreibungen

- *Das Zertifikat Deutsch als Fremdsprache,* Hrsg. Deutscher Volkshochschul-Verband e. V. und Goethe-Institut (2., neubearbeitete und erweiterte Auflage 1977) sowie
- *The threshold level in a European unit/credit system for modern language learning by adults* by J. A. van Ek. Council of Europe. Strasbourg 1975

hingewiesen werden. Sie begnügen sich aber noch damit, Teilaspekte des globalen Lernziels in Listen isoliert zu beschreiben.

G. Neuner schreibt dazu: »Weil das Beherrschen einer Sprache sich auf jeder, auch bereits der untersten, Niveaustufe aus dem Beherrschen vieler Teilaspekte (Wortschatz, grammatische Strukturen, Sprechintentionen, Kommunikationssituationen, außersprachliche und parasprachliche Mittel, sprachliche Teilfertigkeiten: HV, Spr, LV, Schr) zusammensetzt und in dieser Hinsicht ein komplexes Ganzes bildet, ist es so schwierig, das global so leicht formulierbare Lernziel ›Beherrschen der deutschen Sprache‹ in seinen konstituierenden und aufeinander bezogenen Elementen zu erfassen: Denn dieses komplexe Lernziel ist noch nicht ereicht, wenn *nur* grammatische Strukturen kognitiv und/oder produktiv beherrscht werden oder *nur* Wortschatz beherrscht wird oder *nur* bestimmte Sprechabsichten kommuniziert werden können oder *nur* lesend verstanden werden kann oder *nur* hörend verstanden werden kann usf. Ja, es ist noch nicht einmal dann erreicht, wenn zwei oder mehrere oder alle diese Komponenten isoliert nebeneinander beherrscht werden. Es ist vielmehr erst dann erreicht, wenn alle Komponenten in einem interessegeleiteten und situationsadäquaten sprachlichen und aktionalen Verhalten *integriert* sind.« (Neuner et al. 1979: 118 (b))

Rollenanalyse

Die Integration aller Komponenten versucht Neuner durch ein Analyseinstrument, eine Rollenanalyse zu erreichen, mit deren Hilfe er entscheidet, was ›sinnvoll‹, ›weniger sinnvoll‹ und ›nicht sinnvoll‹ ist (Neuner et al. 1979: 120 (b); vgl. auch Anhang).

Er geht davon aus, daß das globale Lernziel ›Beherrschung einer Sprache‹ sich aus folgenden Teilen zusammensetzt:

- Beherrschung eines bestimmten Wortschatzes;
- (rezeptive, produktive, evtl. kognitive) Beherrschung grammatischer Strukturen;
- Beherrschung von Redemitteln, mit denen grundlegende Sprechabsichten ausgedrückt werden und auf höherem Niveau auch von Redemitteln, die die jeweilige Sprechabsicht differenzierter und nuancierter ausdrücken;
- Beherrschung von Kommunikationssituationen (die sich aus der Beherrschung vieler einzelner Sprechabsichten ergibt) und der entsprechenden Textsorten;
- Beherrschung parasprachlicher Ausdrucksmittel (Aussprache, Betonung) und außersprachlicher Ausdrucksmittel (Gestik, Mimik). Auch letztere müssen im Unterricht gelehrt werden, wenn sie deutlich von den in der Mutterspache üblichen abweichen und zu Mißverständnissen führen können (vgl. die unterschiedliche Bedeutung von erhobenem Daumen und Zeigefinger in der Fingersprache im Deutschen und im Chinesischen – ›zwei‹ bzw. ›acht‹);
- Beherrschung der Teilfertigkeiten Hörverstehen/Sprechen/Leseverstehen/Schreiben, denen bei jedem einzelnen Teillernziel unterschiedliche Bedeutung zukommt: Formulare z. B. muß der Lerner weniger selbst erstellen, als vor allem lesend verstehen und ausfüllen können; Wünsche muß er verstehen, aber vor allem mündlich und schriftlich ausdrücken können. (vgl. Neuner et al. 1979: 119 (b))

An den Rollen, die die Lerner jeweils ausfüllen müssen, sind alle diese Komponenten in verschiedener Weise beteiligt. Sie müssen also auch in entsprechenden Verbindungen gelehrt und eingeübt werden.

Nehmen wir die Sprechabsicht ›einen Wunsch äußern‹. Die Rollenanalyse zeigt, bei welchen Themen diese Sprechabsicht besonders wichtig ist. Außerdem zeigt sie Transfermöglichkeiten auf, d. h. in welchen Situationen und bei welchen Themen der Lerner auch die Sprechabsicht ›einen Wunsch äußern‹ realisieren kann.

Nach Neuner könnten folgende Rollen für den ausländischen Lerner relevant werden: »(R – = Rollen in bezug auf . . .)

1. Rollen gegenüber Freunden und Bekannten (als Freund und Bekannter)
2. Rollen gegenüber Fremden (vor allem Deutschsprechenden)
3. Rollen im Rahmen von Ausbildung und Beruf
4. Rollen in der Öffentlichkeit
   4.1. R – Massenmedien (als Hörer/Leser/Zuschauer)
      4.1.1. R – Zeitung/Zeitschrift
      4.1.2. R – Buch
      4.1.3. R – Rundfunk
      4.1.4. R – Film und Fernsehen
   4.2. R – Ämter und Behörden (als ›Bürger‹)
      4.2.1. R – Einwohnermeldeamt/Ausländeramt
      4.2.2. R – Arbeitsamt
      4.2.3. R – Polizeidienststelle/Polizist
      4.2.4. R – Zoll/Zöllner
5. Rollen gegenüber Dienstleistungseinrichtungen (als Benutzer dieser Einrichtungen)
   5.1. R – öffentliche Verkehrsmittel (als Benutzer)
      5.1.1. R – Bahn
      5.1.2. R – Flugzeug
      5.1.3. R – Bus/Straßenbahn/U-Bahn
      5.1.4. R – Taxi
   5.2. R – Post (als ›Kunde‹)
   5.3. R – Hotel (als Gast)
   5.4. R – Restaurant (als Gast)
   5.5. R – Handel/Geschäft (als Kunde/Käufer)
   5.6. R – Arzt/Krankenhaus (als Patient)
   5.7. R – Tankstelle und Werkstatt (als Kunde)
6. Rollen im Rahmen des Wirtschaftssystems
   6.1. R – Finanzamt (als Steuerzahler)
   6.2. R – Geldinstitute (als Kunde/Kreditnehmer/Kreditgeber)
   6.3. R – Wohnen (als Mieter)
7. Rollen im Rahmen von Freizeit/Spiel/Erholung
   7.1. R – Freizeit (als Initiator der Freizeitgestaltung)
   7.2. R – Urlaubsreise/Bildungsreise (als Tourist)
   7.3. R – ›praktizierte Geselligkeit‹ (als Gastgeber und als Gast).« (Neuner et al. 1979: 120–121 (b))

Aus dieser Rollenanalyse leitet Neuner zentrale Sprechabsichten ab, die in der folgenden Übersicht – strukturiert nach den drei grundlegenden Sprachfunktionen ›etwas erfragen‹, ›zu etwas auffordern‹, ›etwas aussagen‹ – zusammengestellt sind:

»Sprechabsichten
(R. = Reaktion)

(etwas) erfragen	(zu etwas) auffordern	(etwas) aussagen
1. Namen oder Bezeichnung	1. zum Nennen eines Namens (Bezeichnung) →R.: sprachlich 2. zur Wiederholung einer Aussage →R.: sprachlich	1. Namen (Bezeichnung) nennen
3. Wunsch oder Bedürfnis	3. zur Erfüllung eines Wunsches (Bedürfnisses) →R.: sprachlich oder außersprachlich	3. Wunsch oder Bedürfnis äußern

(etwas) erfragen	(zu etwas) auffordern	(etwas) aussagen
4. Besitz oder Verfügungsgewalt	4. zur ›Überlassung‹ eines Besitzes (einer Verfügungsgewalt) →R.: außersprachlich	4. über Besitz oder Verfügungsgewalt
5. räumliche Verhältnisse	5. zur Beschreibung räumlicher Verhältnisse →R.: sprachlich	5. über räumliche Verhältnisse
6. zeitliche Verhältnisse	6. zur Beschreibung zeitlicher Verhältnisse →R.: sprachlich	6. über zeitliche Verhältnisse
7. Eigenschaften, Beziehungen und Funktionen	7. zur Beschreibung von Eigenschaften, Beziehungen und Funktionen →R.: sprachlich	7. über Eigenschaften, Beziehungen und Funktionen
8. Sachverhalte	8. zur Darstellung von Sachverhalten (Geschehensabläufen) →R.: sprachlich	8. über Sachverhalte (Geschehensabläufe)
9. Stellungnahme (Meinung)	9. zur Stellungnahme (Meinungskundgabe) →R.: sprachlich	9. Stellung nehmen (Meinung äußern)
10. logische Zusammenhänge	10. zur Erläuterung logischer Zusammenhänge →R.: sprachlich	10. über logische Zusammenhänge
11. außersprachliche Verhaltensweisen	11. zu einem außersprachlichen Verhalten →R.: außersprachlich	11. über außersprachliches Verhalten (es beschreiben, erläutern)« (Neuner et al. 1979: 121–122 (b))

Die Rolle des Käufers verlangt nach Neuner etwa die Beherrschung folgender kommunikativer Fertigkeiten:

»– Kaufs- und Verkaufssituation gemäß eigenem Interesse beherrschen
  a) in einem Kaufhaus,
  b) in einem Einzelhandelsgeschäft
– ›Fernkauf‹ tätigen (Bestellung aufgeben, Waren und Termine reklamieren, Rechnungen begleichen).« (Neuner et al. 1979: 122 (b))

Die erstgenannte kommunikative Fertigkeit umfaßt vor allem folgende Sprechabsichten:

»– Kontakt aufnehmen/Kontaktaufnahme abweisen
– Wünsche äußern und präzisieren
– Angebote verlangen/ablehnen/akzeptieren
– Preis, Größe, Menge, Qualität erfragen
– Gefallen/Mißfallen äußern und präzisieren
– Kauf abschließen
– Kaufgespräch (bei nicht zustandegekommenem Kauf) beenden.« (Neuner et al. 1979: 122 (b))

Auf der rezeptiven Seite entspricht dem z. B.

»– Angebot zu Qualität, Größe, Menge, Preis verstehen;
– sachliche Information von Werbung unterscheiden.« (Neuner et al. 1979: 122 (b))

Als nächstes müssen den Sprechabsichten entsprechende sprachliche Mittel (Verbalisierungsmuster) zugeordnet und für den Lerner bereitgestellt werden, z. B. zu der Sprechabsicht ›Kontakt aufnehmen‹:

»Guten Tag, . . .«
»Entschuldigung, . . .«

Kontaktaufnahme abweisen:
»Nein, danke.«
»Nein danke, ich möchte mich nur (ein bißchen) umsehen.«
als Antwort auf die Frage des Verkäufers: »Kann ich Ihnen helfen?«

Die so gefundenen sprachlichen Muster erfüllen die gleiche kommunikative Funktion (sie drücken jeweils die gleiche Sprechabsicht aus), sind aber grammatisch u. U. sehr verschieden. Aus diesen Mustern wählt man dann die dem Sprachstand des Lerners angemessenen aus, um ihm später auch schwierigere zu vermitteln.

Die sprachliche Analyse dieser Muster zeigt dann, welche grammatischen Strukturen (imitativ) durch die Aneignung dieser Muster gelernt werden und welcher Wortschatz zur sprachlichen Bewältigung der jeweiligen Situation/des Themas nötig ist.

»Grammatische Strukturen und Wortschatz werden also nicht um ihrer selbst willen oder nur aufgrund einer hypothetischen Minimalgrammatik oder eines hypothetischen Minimalwortschatzes gelernt, sondern zunächst und vor allem aufgrund ihrer *Funktion,* die sie für die Realisierung bestimmter Sprechabsichten als Bestandteil kommunikativer Fertigkeiten haben.« (Neuner et al. 1979: 123 (b))

Bei Lernern, die es gewohnt sind, eine Fremdsprache kognitiv zu lernen, wird man neben dem funktionalen Aspekt auch den grammatisch-systematischen vermitteln.

Der zweite Teilaspekt des übergeordneten Lernziels *kommunikative Kompetenz* hieß *inhaltlich-kognitive* Kompetenz.

4.2. Inhaltlich-kognitive Kompetenz

Dazu gehört das Wissen um landes-/kulturkundliche Hintergründe und Gegebenheiten der Zielkultur, ohne die eine Sprache nicht angemessen gelernt werden kann. Zu Beginn seines Fremdsprachen-Studiums hat der Lerner immer schon bestimmte soziale, kulturelle Erfahrungen in seinem eigenen Kulturkreis, evtl. Vorurteile gegenüber den Vertretern der Zielsprache erworben. Dieser Vorgeprägtheit muß er sich bewußt werden und sich mit ihr auseinandersetzen. Er muß erkennen, daß seine Denkweise durch seine muttersprachliche Kultur geprägt ist.

Sprache ist niemals wertfrei. Landeskundliche Inhalte müssen deshalb mehrperspektivisch vermittelt, aus verschiedenen Blickwinkeln dargestellt werden.

4.3. Sozial-affektive Kompetenz

Der dritte Teilaspekt, die *sozial-affektive Kompetenz*, bedeutet nach der pragmatisch-kommunikativen Methode: Sprache wird nicht isoliert vermittelt, sondern als Teil verschiedener, u. U. alternativer Verhaltensmöglichkeiten. Lerner sollen dazu angeregt werden, nicht unkritisch eine zugeteilte Rolle zu akzeptieren (Rollenübernahme), sondern ihre Rolle zu reflektieren (Rolleninterpretation) und die Fähigkeit zu entwikkeln, nicht in bestimmten Rollen aufzugehen, sondern auch andere Rollen spielen zu können bzw. sich als verschieden zu wissen von jeweils gespielten Rollen und dies zu verdeutlichen (Rollendistanz).

Sozial-affektive Kompetenz bedeutet aber auch, daß man eine möglichst angemessene gefühlsmäßige Haltung, Gesinnung gegenüber dem zielsprachlichen Land und dessen Vertretern gewinnt.

Die Darstellung folgt Neuner et al. 1979: 118–125 (b).

Als weiterführende Lektüre wird empfohlen:
Neuner et al. 1979: S. 118–125. (b)
Neuner (ed.) 1979. (b) (Bes. Kap. 3: 95–113.)
Gutschow 1981: 62–68.
oder:
Mindt 1978: 340–356.

5 Landeskunde

Die sprachliche Kommunikation vollzieht sich jeweils unter ganz bestimmten gesellschaftlichen Bedingungen. Die Sprache spiegelt die objektive Realität im Bewußtsein der Menschen wieder. Daraus ergibt sich für den Fremdsprachenunterricht die Schlußfolgerung, daß die Sprache als Kommunikationsmittel nicht ohne Bezug zu der Gesellschaft, in der die Sprecher dieser Sprache leben, vermittelt und erlernt werden kann, daß der Lerner Informationen über die natürlichen Bedingungen und das Leben der Bewohner eines Landes, seine politischen, wirtschaftlichen, kulturellen Gegebenheiten und Entwicklungen benötigt. Man bezeichnet die Vermittlung dieses Wissens oft mit ›Landeskunde‹.

Landeskunde will u. a.

- Kenntnisse vermitteln,
  a. die der Lerner benötigt, um die fremde Sprache als Kommunikationsmittel angemessen verwenden zu können und sich im fremden Lande zu behaupten,
  b. die ihm erlauben, das fremde Land und seine Bewohner besser zu verstehen und sich mit dessen Gegebenheiten und Entwicklungen besser auseinanderzusetzen;
- sie will auch mit dem Verständnis des fremden Landes und seiner Bewohner die Motivation des Lerners zum Erwerb der Fremdsprache stärken.

Aus all dem folgt, daß Landeskunde untrennbarer Bestandteil des Fremdsprachenunterrichts ist.

Über das Wesen und die Aufgaben der Landeskunde ist in den letzten Jahren viel gesagt und geschrieben worden. Dabei liegen die Meinungen darüber, was in den Begriff der Landeskunde einzuschließen wäre und was Landeskunde eigentlich bezweckt, weit auseinander. Ja, nicht einmal über den Begriff selbst ist man sich einig. Auch über Vorschläge, den Begriff durch eine präzisere Bezeichnung zu ersetzen, konnte man sich nicht einigen.

Die Tatsache, daß in den letzten 50 Jahren der Begriff ›Landeskunde‹ ganz unterschiedlich und zum Teil gegensätzlich interpretiert wurde und daß man in der DDR z. B. ganz andere Vorstellungen mit der Landeskunde verband als in der Bundesrepublik, zeigt, daß sich ihr Gegenstand nicht quasi von selbst ergibt, nicht ›fachimmanent‹ bestimmbar ist, sondern – wie der Fremdsprachenunterricht selbst – das Ergebnis vorhergehender gesellschaftlicher und pädagogischer Entscheidungen.

Dem Lehrer fällt die Aufgabe zu, im Unterricht alle Möglichkeiten zu nutzen, um landeskundliches Wissen sinnvoll einzubeziehen. Der Lehrer steht dabei ständig vor dem Dilemma, daß zwischen dem geistigen Anspruch seiner Lerner und ihrem sprachlichen Können eine große Lücke klafft. Die Möglichkeit, sich differenziert über Gegebenheiten der fremden Kultur zu äußern, steht den Lernern erst auf der Fortgeschrittenenstufe zu Gebote. Man sollte deshalb nicht zögern, die Lerner auf der Anfängerstufe auch kurz in ihrer Muttersprache über landeskundliche Sachverhalte zu informieren und sie dazu Stellung nehmen zu lassen. Günstig ist es, wenn die Lerner aus anderen Fächern bereits über einige landeskundliche Informationen verfügen, wenn sie mit dem Erlernen der Fremdsprache beginnen.

Zukünftige Deutschlehrer, Dolmetscher und Übersetzer haben Landeskunde als selbständiges Fach in ihrem Studienprogramm (explizite Landeskunde). Aber auch schon in Alltagssituationen ist eine landeskundliche Komponente enthalten. So muß man z. B. lernen, welche Anredeformen man verwenden kann, welche Höflichkeitsfloskeln es gibt, wie man sich am Telefon meldet, was man sagt, wenn man eine Fahrkarte kaufen möchte (implizite Landeskunde).

Neben sprachlichem Wissen benötigt man aber auch das Wissen darüber, welches außersprachliche Verhalten angemessen ist (Begrüßt man sich mit Händeschütteln oder mit Kuß, oder einfach mit Kopfnicken, oder wie?). Man muß wissen, wann eine Einladung ernst gemeint ist und ob man pünktlich oder lieber etwas später kommen sollte; man muß die soziale Stellung des Gesprächspartners richtig einschätzen können; man muß Gestik und Mimik verstehen können (Bedeutet Kopfschütteln ›ja‹ oder ›nein‹, oder was bedeutet es?).

Kommunikation in Alltagssituationen setzt voraus, daß man über solche Einzelheiten Bescheid weiß, und die Forderung, in Lehrwerke auch ›Realia‹ aufzunehmen, beruht auf dem Wunsch, den Lerner auf Kommunikationssituationen im Ausland vorzubereiten.

Systematische kontrastive Analysen kommunikativen Verhaltens in Ausgangs- und Zielkultur, auf die der Fremdsprachenunterricht sich stützen könnte, gibt es bisher leider kaum. Das bedeutet jedoch nicht, daß man diesen Aspekt vernachlässigen und den Lerner seiner Tendenz überlassen darf, die Maßstäbe der eigenen Kultur auf die Fremdsprache zu übertragen.

Neben sprachlichem und außersprachlichem Wissen benötigen die Lerner aber auch Sachwissen, wenn sie mit Erfolg kommunizieren wollen. So dürfen sie beim Erlernen des Wortschatzes nicht einfach Vokabelgleichungen lernen, sondern müssen wissen, welche Bewußtseinsinhalte mit einem bestimmten Wort verbunden sind. Das gilt besonders für diejenigen Wörter, für die es in der Muttersprache keine Entsprechung gibt. Bei Deutsch als Fremdsprache erlangt das semantische Wissen eine besondere Bedeutung bei Lexik aus ideologisch relevanten Bereichen, in denen sich die unterschiedliche gesellschaftliche Entwicklung in der Bundesrepublik und der DDR widerspiegelte.

Zum Sachwissen gehören auch Informationen darüber, wie man in spezifischen Kommunikationssituationen angemessen reagiert und welche sprachlichen Mittel man verwenden kann, z. B.

- in Bezug auf die Absicht des Sprechers,
- in Bezug auf den Kommunikationspartner,
- in Bezug auf den Kommunikationsgegenstand.

In bestimmten Kommunikationssituationen müssen ganz bestimmte sprachliche Mittel verwendet werden. (Besonders ausgeprägt ist das in der Sprachverwendung vor Gericht, im diplomatischen Verkehr, in einigen wissenschaftlichen Disziplinen.)

Repräsentative Beispiele aus dem Leben des Zielsprachenlandes, die für den Lerner später Bedeutung gewinnen könnten, werden im Unterricht angeführt und verwendet.

Landeskundliche Informationen können schließlich dazu beitragen, die Motivation der Lerner zu erhöhen. Voraussetzung dafür ist, daß dabei

- die Interessen der Lerner berücksichtigt werden,
- die Texte altersgerecht sind,
- an das vorhandene Wissen der Lerner angeknüpft wird.

Man sollte sich allerdings nicht damit begnügen, nur vorhandene Interessen zu befriedigen, sondern vielmehr neue wecken, die wiederum motivationsfördernd wirken können.

Die verwendeten Texte sollten einen hohen Gebrauchswert besitzen und vielfältige Kommunikationsanlässe bieten. Ergänzend zu den Lehrbuchtexten wird der Lehrer aktuelle Texte und Bildmaterialien im Unterricht verwenden.

Die Auswahl und Darbietung der Themen und Situationen hängt jeweils ab von
- dem Lernziel (Allgemeinbildung, Berufsorientierung),
- den Voraussetzungen der Lerner (Alter, Interessen, bereits vorhandene Sprach- und Sachkenntnisse zur Landeskunde Deutschlands und des eigenen Landes),
- dem sozialen Milieu des Unterrichts und davon, ob er innerhalb oder außerhalb des Geltungsbereichs der Fremdsprache erteilt wird.

Man sollte beachten, daß das landeskundliche Wissen sich nicht verselbständigen darf, sondern Teil des Sprachunterrichts ist. An das Wissen des Lehrers werden dabei sehr hohe Anforderungen gestellt.

5.1. Landeskunde und die Entwicklung der Kommunikationsfähigkeit

Landeskundliches Wissen kann grundsätzlich immer in die Spracharbeit einbezogen werden. Besonders günstige Bedingungen dafür bietet die Entwicklung des stillen Lesens, des verstehenden Hörens und freien Sprechens sowie die Wortschatzarbeit.

Landeskunde und Wortschatzarbeit

Der Zusammenhang zwischen der Sprache und der Landeskunde wird besonders auf der Ebene der Lexik deutlich.

Bei der Aneignung neuen Wortschatzes, der sich auf landeskundliche Gegebenheiten bezieht, muß der Lerner sowohl die phonetische und graphische Form des neuen Wortes, seine Formenbildung und grammatische Verwendung lernen als auch vor allem seine Bedeutung. Der neue Wortschatz wird normalerweise bei der Textvorbereitung oder bei der Arbeit am Text behandelt. Texte mit landeskundlichem Inhalt enthalten eine große Menge Wörter, die gesellschaftlichen Bezug haben. Die entsprechenden Bereiche, aus denen diese Wörter stammen, sind vor allem Industrie, Handel, Bildung, Erziehung, Politik. In diesen Bereichen treten besonders viele Wörter auf, die mit neueren Entwicklungen der Gesellschaft zu tun haben wie – um willkürlich einige Beispiele zu nennen – ›Arbeitgeber‹, ›Arbeitnehmer‹, ›Versandhaus‹, ›Chancengleichheit‹, ›Emanzipation‹, ›Bundestag‹, ›Bundesrat‹, ›Grundgesetz‹. Solche Wörter können in ihrer spezifischen Bedeutung nur im gesellschaftlichen Kontext verstanden werden.

In diesem Zusammenhang muß erwähnt werden, daß im Deutschen gleichlautende Wörter unterschiedliche Bedeutung in den deutschsprachigen Ländern haben können (so bedeutet ›Bundesrat‹ in der Schweiz ›Regierung der Schweiz‹, in der Bundesrepublik ›die zweite Kammer des Parlaments der Bundesrepublik, in der die Vertreter der Länder sitzen‹).

Nach einer Untersuchung des Instituts für deutsche Sprache in Mannheim wurden 1980 bereits 24000 Wörter in der DDR unterschiedlich zur Bundesrepublik Deutschland benutzt (*Guinness-Buch der Rekorde* 1983, zitiert nach DIE ZEIT (2. 12. 1983): 8). Der Lehrer muß solche Wörter eindeutig erklären und möglichst Vergleiche mit dem Heimatland bringen.

Manchmal kann der Lehrer an Wortverbindungen anknüpfen, die zu einem Benennungssystem gehören, das international ist. Das gilt z. B. für Wörter wie ›UNO‹, ›Wettrüsten‹, ›Weltraumflug‹; oft genügt hier die Übersetzung.

Meist genügt die Übersetzung jedoch nicht. Wenn fremde Sozialformen und Bezugssysteme erfaßt werden sollen, ist meist eine Gegenüberstellung mit den Begriffen der eigenen Sprache notwendig. Das erkennt man schon, wenn man scheinbar leicht zu übersetzende Begriffe wie ›Gewerkschaft‹, ›Tarifvertrag‹ oder ›Demokratie‹ betrachtet. Sie können nicht einfach mit dem entsprechenden Wort der anderen Sprache belegt werden, sondern müssen vergleichend interpretiert werden, da die Wirklichkeit des anderen Landes oft anders geartet ist.

Aber auch schon mit ganz alltäglichen Begriffen wie ›Wohnen‹, ›Haus‹, die in jeder Kultur vorkommen, verbindet man in verschiedenen Ländern jeweils ganz andere Vorstellungen. In einem solchen konkreten Fall ist es günstig, bei der Wortschatzvermittlung auch Bildmaterialien einzusetzen, da sie die Vorstellungskraft des Lerners stärken und muttersprachliche Interferenzen zum Teil zurückdrängen können.

Der Prozeß der Aufnahme und Erfassung des neuen Begriffes ist kompliziert und langwierig. Bereits vermitteltes landeskundliches Wortmaterial wird auf den weiteren Unterrichtsstufen immer wieder aufgegriffen, und in dem Maße, in dem die landeskundlichen Kenntnisse wachsen, werden die Begriffe immer exakter erfaßt.

Landeskunde und die Entwicklung des stillen Lesens

Texte zum stillen Lesen sorgen für eine anschauliche Vorstellung vom Leben der Menschen im Land der Zielkultur. Der Lehrer hilft den Lernern bei der Erschließung des vollen Sinngehalts eines Textes und vermittelt ihnen neue landeskundliche Informationen, indem er

- an das landeskundliche Vorwissen der Lerner aus anderen Fächern anknüpft,
- sie zum selbständigen Erschließen landeskundlicher Lexik (evtl. mit Hilfe von Nachschlagewerken) anhält,
- Textstellen, die die Lerner nicht selbständig erschließen können, selbst erläutert, im Anfängerunterricht auch in der Muttersprache,
- sie die fremdkulturellen Gegebenheiten mit denen im eigenen Land vergleichen läßt.

Zusätzlich zu den im Lehrbuch vorhandenen landeskundlichen Texten stellt der Lehrer weiteren Lesestoff aus Zeitungen, Zeitschriften, Büchern bereit, die aktuell sind und die Lerner interessieren. Auch literarische Texte sollten in diesem Zusammenhang nicht vergessen werden, spiegeln sie doch das Leben einer Gesellschaft künstlerisch wieder. Man kann einen literarischen Text auch mit einem Sachtext verbinden, der die entsprechenden landeskundlichen Informationen liefert. Für die weitere Beschäftigung mit literarischen Texten kann man auf einer Stufe, auf der der Lerner noch nicht fähig ist, das Original zu lesen, die Lektüre von Übersetzungen in der Muttersprache empfehlen.

Für die unteren Stufen bietet sich die Behandlung von Gedichten und Liedern unter landeskundlichen Gesichtspunkten an. Auch wenn man das Gedicht noch in der Muttersprache interpretieren muß, so vermittelt das Lesen und Verstehen eines Gedichtes doch ein Erfolgserlebnis. Ein sprachlich einfaches Gedicht mit anspruchsvollem Inhalt bietet durch seine Behandlung auf einer niedrigen Sprachstufe die Möglichkeit, eine Brücke zwischen dem geistigen Anspruchsniveau der Lerner und ihrem Sprachvermögen zu schlagen.

Neben der Behandlung von Gedichten ist die Arbeit mit Liedern, Märchen, Sprichwörtern zu empfehlen.

Aber auch schriftliches Informationsmaterial aus den verschiedensten Lebensbereichen der Zielsprache sollte im Unterricht verwendet werden, z. B. Formulare, Prospekte usw. Der Lehrer sollte sich eine Sammlung solcher Materialien anlegen.

In dem Maße, in dem sich die Lesefähigkeit entwickelt, ist der Lerner in der Lage, sich landeskundliche Informationen selbständig einzuholen. Besondere Bedeutung hat für ihn die Lektüre von Zeitungen und Zeitschriften. Schon auf niedriger Sprachstufe kann ihn der Lehrer Überschriften von Artikeln sowie Bildunterschriften erschließen lassen. Besonders geeignet sind dafür Berichte über aktuelle Ereignisse, die auch in der muttersprachigen Presse veröffentlicht werden (vgl. dazu auch Kapitel 8.5: Entwicklung der rezeptiven Fähigkeiten und Fertigkeiten).

Aber auch besondere Techniken des Erschließens unbekannter Lexik versetzen den Lerner in die Lage, auf einem relativ niedrigen Sprachniveau bereits Originalzeitungstexte zu lesen (vgl. auch Kapitel 8.4: Entwicklung des selbständigen Erschließens unbekannter Wörter).

In der Mittel- und in der Oberstufe kann man die Lerner ausgewählte Zeitungsartikel referieren lassen. In der Oberstufe sollte man die Lerner regelmäßig über aktuelle Ereignisse (in der Bundesrepublik, international, im eigenen Land) berichten lassen. Dazu sollte den Lernern eine Tageszeitung der Bundesrepublik zur Verfügung stehen.

Landeskunde und die Entwicklung des Hörverständnisses

Als Grundlage für die Vermittlung landeskundlicher Informationen eignen sich
- speziell für diesen Zweck gestaltete Hörtexte zu landeskundlichen Gegebenheiten,
- Radio- und Fernsehsendungen wie Tagesnachrichten, Kommentare, Interviews,
- Reden, Lesungen bekannter Schriftsteller,
- Hörspiele.

Das Hören muß vom Lehrer vor- und nachbereitet werden. Unterstützend und lenkend wirken
- schriftliche orientierende Fragen,
- das Notizenmachen durch den Lerner. Die Notizen dienen als Gedächtnisstütze für die Wiedergabe oder Diskussion des Gehörten;
- nachbereitendes stilles Lesen des Hörtextes, bei Hörspielen evtl. vorbereitendes Lesen bestimmter Abschnitte des Hörspiels.

Das Hören ist dabei eng mit anderen Sprachtätigkeiten wie Sprechen und Schreiben verbunden.

Landeskundliches Bildmaterial (Dias, Filme, Fernsehsendungen usw.) unterstützt das Hören entscheidend und schafft genaue Vorstellungen von landeskundlichen Gegebenheiten.

Landeskunde und die Entwicklung des Sprechens

Bereits mit der Entwicklung des Hörens und auch des Lesens anhand von landeskundlichen Texten geht eine Entwicklung des Sprechens einher, da die Inhalte der Texte den Lerner oft zur Stellungnahme veranlassen.

Bei der Entwicklung des freien Sprechens soll der Lerner die Fähigkeit erwerben, sich über landeskundliche Sachverhalte zu informieren, sich an Gesprächen darüber zu beteiligen und sich in Alltagssituationen mühelos zu verständigen.

Bereits im Anfängerunterricht wird der Lerner mit Alltagssituationen konfrontiert (Einkauf, Auf dem Bahnhof, Beim Arzt), die in vielen Fällen von den im Heimatland gewohnten abweichen und die der Lehrer ihm erklären muß. Auf der Fortgeschrittenenstufe kann er sich dann bereits an Diskussionen über landeskundliche Probleme, die ihn interessieren, beteiligen.

Eine Sammlung von Materialien verschiedenster Art kann als Grundlage für Sprechübungen dienen: Landkarten, Stadtpläne, Darstellungen von Festen, Fotos von typischen Landschaften und Städten.

Das verwendete Bildmaterial muß so ausgewählt sein, daß es nur das veranschaulicht, was der Lerner auch sprachlich bewältigen kann, da der Lehrer sonst zu viel neue Lexik einführen muß und das Stundenziel nicht erreicht wird. Deshalb sind für niedrige Sprachstufen Zeichnungen besser geeignet als Fotos, da sie entsprechend dem Sprachvermögen gestaltet werden können.

Bei der Arbeit mit Bildmaterial bietet sich auch eine gute Gelegenheit für den Lerner, etwas über sein eigenes Land zu berichten, etwa in Form eines Dia-Vortrags über seine Heimatstadt, eine besonders bekannte oder interessante Gegend seines Heimatlandes. Eine solche Arbeit macht dem Lerner Freude und regt seine Motivation zum Erlernen der fremden Sprache an.

Landeskunde und die Entwicklung des schriftlichen Ausdrucks

Im Vordergrund steht hier der fremdsprachige Briefwechsel. Landeskundliche Bedeutung haben bereits die Gestaltung der Anschrift und des Absenders, die Anrede im Brief, die Grußformel, die bestimmte feste Formen haben und deshalb dem Lerner mitgeteilt werden müssen. Der Lerner muß wissen, wen er mit ›Du‹ oder ›Sie‹ anzusprechen hat, ebenso, daß die Anredeformen ›Du‹, ›Dir‹, ›Dein‹ usw. im Brief ausnahmsweise großgeschrieben werden. Zunächst erfährt der Lerner, wie man einen persönlichen Brief schreibt, auf höherer Stufe wird er dann auch mit dem offiziellen Briefstil bekanntgemacht.

Das Briefeschreiben kann im Unterricht zuerst simuliert werden; ein echter Briefaustausch ist jedoch fraglos anregender, und man kann seine motivierende Wirkung nicht hoch genug einschätzen. Den Lerner interessiert, wie seine Brieffreunde leben, wie sie arbeiten oder ihre Freizeit verbringen, welche Vorstellungen sie vom Land des Schreibers haben. Da die rezeptiven Fähigkeiten oft weiter entwickelt sind als die produktiven, kann auf der Anfängerstufe jeder Brieffreund in seiner eigenen Sprache schreiben und die Mitteilungen des anderen lesend verstehen.

Auf der Fortgeschrittenenstufe sind dann bestimmte Gebrauchsformen zu erlernen, die im Zielland eine feste Form haben, wie Berichte und Beschreibungen, das Abfassen eines Antrags, einer Bitte, einer Entschuldigung. Studenten müssen außerdem für ihr Studium lernen, wie man ein Protokoll, ein Referat abfaßt oder einen wissenschaftlichen Artikel für eine Zeitschrift.

5.2. Inhalte und Auswahlkriterien

Die Auswahl landeskundlicher Inhalte hängt von der Definition der kommunikativen Lernziele ab, andererseits aber auch von allgemeinpädagogischen Zielsetzungen des Fremdsprachenunterrichts, die wiederum gesellschaftlich bedingt sind. Da, wie bereits ausgeführt, eine Fremdsprache immer nur in Bezug zu der zielkulturellen Gesellschaft erworben werden kann, ergibt sich, daß im Fremdsprachenunterricht weit mehr vermittelt wird als nur Fertigkeiten und Kenntnisse. Beim Erlernen einer Fremdsprache werden in ganz besonderem Maße Haltungen/Einstellungen/Wertorientierungen ausgebildet und die Persönlichkeitsbildung des Lerners beeinflußt, d. h. der Fremdsprachenunterricht ist pädagogisch orientiert.

Traditionell gehört zu den pädagogischen Aufgaben des Fremdsprachenunterrichts, einen Beitrag zur Völkerverständigung zu leisten, indem er beim Lerner Verständnis für die fremde Kultur erweckt und die eigene relativiert.

Gegen Ende des vorigen Jahrhunderts tritt eine utilitaristische Realienkunde in den Vordergrund, die sich im Zuge der imperialistischen Politik Deutschlands in eine deutsch-nationale Wesens- und Kulturkunde wandelt. Die Niederlage Deutschlands im ersten Weltkrieg verschärft den bildungstheoretischen Nationalismus noch. Man will jetzt die Schüler zu einem ›vertieften Deutschtum‹ erziehen, das sich einerseits die fremden Kulturen zum Beispiel nehmen, ihnen andererseits aber durch diese Erziehung überlegen werden soll. Von da bis zur Kulturkunde im Nationalsozialismus ist es nicht mehr weit: Kulturkunde soll zum nationalbewußten Menschen erziehen, Vergleiche fallen immer zuungunsten der fremden Kultur aus.

Als Gegenreaktion zu dieser Haltung bemüht man sich nach dem zweiten Weltkrieg, durch Landeskunde Vorurteile abzubauen. Man versucht jetzt, dem Lerner Vorurteile und ›Stereotype‹ bewußt zu machen und das Gemeinsame hervorzuheben. Gleichzeitig weist man den Lerner auf die Vorurteile hin, die die Mitglieder der Zielsprachenkultur über sein eigenes Volk haben. Anekdotenhafte Texte werden abgelehnt, da sie Klischees eher verfestigen als abbauen. Denn es ist ein »Trugschluß, daß das Ausklammern bestimmter gesellschaftlicher Phänomene kein politischer Akt sei« (Mohr 1973). Bekanntlich bedeutet jede Informationsauswahl bereits eine Bewertung der entsprechenden Information aufgrund von Interessen, die man (notwendigerweise) hat. So wie der Historiker die geschichtlichen Zusammenhänge nicht so berichten kann, wie sie wirklich gewesen sind (Ranke), sondern nur seine Wertung darlegen kann, so kann der Landeskundler auch nur *seine* Sicht der Dinge darlegen. Sich dessen bewußt zu sein, heißt perspektivisch denken (vgl. Engel/Krumm/Wierlacher 1979: 27).

Die audiolinguale/audiovisuelle Methode, die großen Wert auf die formale Seite der Sprache legt und Sprachgewohnheiten durch das Einschleifen von Sprachmustern ausbilden will, strebt auch im kulturellen Bereich die Nachahmung zielsprachlicher Verhaltensgewohnheiten an. Der ausländische Lerner soll lernen, sich in typischen Alltagssituationen (Am Bahnhof, Im Supermarkt) wie ein typischer Deutscher zu verhalten. Er muß die Lehrbuchdialoge auswendig lernen und nachspielen. Daraus ergeben sich für ihn, so Neuner, »... die für diese Art von Fremdsprachenunterricht typischen Verfremdungserscheinungen der neuen Sprache gegenüber: Er soll nicht nur in eine irreale Rolle schlüpfen (Deutscher) und Alltagsverhalten in einer Situation simulieren, die ihm außerordentlich fern (in Deutschland!) liegt. Er soll dabei auch noch Sachverhalte bezeichnen oder erfragen lernen, die für ihn im Kindergarten- oder Grundschulalter bedeutsam waren! Bei dieser Art von Unterricht lernt er für sich selbst eigentlich nichts dazu.« (Neuner et al. 1979: 127–128 (b)) Neuner schlägt deshalb vor, zuerst einmal danach zu fragen, welche Qualifikationen der ausländische Lerner braucht, der sich in deutscher Umgebung behaupten will und ihn dann mit Hilfe authentischen Sprachmaterials in den entsprechenden Fähigkeiten zu schulen (vgl. Neuner et al. 1979: 128 (b)).

Gegen Ende der 60er Jahre wird unter dem Einfluß der politischen Entwicklung das allgemeine Lernziel ›Emanzipation‹ oder ›Fähigkeit zur Selbstbestimmung und Mitverantwortung‹ aufgestellt. Dies führt in der Landeskunde zu der Auffassung, ihre Aufgabe sei, ›kritisch-emanzipativ‹ zu wirken. Durch die Auseinandersetzung mit sozialen und politischen Problemen des Landes der Zielsprache soll der Lerner sein Bewußtsein für die eigene soziale und politische Lage entwickeln. (Jegliches Pauken von Fakten oder ›Erziehung‹ zu Normen oder Werten der Gesellschaft werden abgelehnt.) Die neue Sicht der eigenen Kultur führt dann auch zu einem neuen Verhältnis zur fremden Kultur. Landeskunde wird vor allem auch als politische Bildung verstanden; sie soll Emanzipation durch Konfliktbewußtsein fördern und zeigen, wie Konflikte in anderen Ländern gelöst werden.

Heute ist man mit solchen Ansprüchen sehr viel zurückhaltender geworden. 1979 erschien das ›Mannheimer Gutachten 2‹ (Engel/Krumm/Wierlacher 1979), das eine Kritik der gängigen Deutschlehrbücher (Deutsch als Fremdsprache) vornahm und eine Kriterienliste aufstellte, nach der die Lehrwerke beurteilt wurden. Von den landeskundlichen Inhalten der Lehrwerke wird verlangt, sie sollten die Lerner dazu befähigen, »... sich mit Hilfe verschiedener Techniken der Verständigung in einer fremden Welt zurechtzufinden, welches Ziel man zumeist mit dem Robinsohn'schen Kriterium als ›Bewältigung von Lebenssituationen, Bewährung in Lebenssituationen‹ ausgibt« (Engel/Krumm/Wierlacher 1979: 26). Und es wird festgestellt: »... zur Konfrontation des Lernenden mit den zu bewältigenden Situationen [gehört] immer auch eine inhaltliche Stellungnahme, eine Bewertung der Situation selbst ... Mit anderen Worten: die didaktischen Prinzipien der ›Bewältigung von Lebenssituationen‹ sind defizient, solange sie die Kritikfähigkeit des Lernenden übergehen und Kritik der Situationen gar nicht erst aufkommen lassen.« (Engel/Krumm/Wierlacher 1979: 26) Dabei verstehen die Autoren unter Kritikfähigkeit die Kompetenz, »sich zu Sachverhalten differenziert zu äußern, differenziert Stellung zu nehmen« (Engel/Krumm/Wierlacher 1979: 26). Wenn nun die Situationen nicht nur ›bewältigt‹, sondern auch ›bedacht‹ werden sollten, dann müsse die Landeskunde auch zur Ausbildung dieser Kritikfähigkeit beitragen.

Die wichtigste Konsequenz daraus ist die Forderung, daß die Inhalte differenziert vorgetragen, d. h. perspektivisch vermittelt werden.

Zu dieser Mehrperspektivität gehört erstens die Berücksichtigung der Einstellungen und Vorstellungen, die der Lerner bereits in seiner eigenen Kultur erworben hat. Gleichzeitig muß dem Lerner bewußtgemacht werden, daß er diese Vorgeprägtheit besitzt.

Diese Bewußtmachung darf sich dabei nicht erschöpfen in Fragen wie ›Was ist bei Ihnen anders?‹, sondern dem Lerner muß deutlich werden, daß Vergleichen eine Methode der Erkenntnisgewinnung ist und daß zum Verständnis des anderen eine ›Perspektivenübernahme‹ notwendig ist, daß er also quasi in die Haut des anderen schlüpfen muß, wenn er ihn verstehen will. B.-D. Müller spricht vom Lernziel ›interkulturelle Empathie‹ (Müller 1986: 51). Vergleichen als Lernstrategie muß zum Unterrichtsthema gemacht werden.

Zweitens müssen ihm die fremdkulturellen Inhalte selbst mehrperspektivisch dargestellt werden: z. B. aus der Sicht verschiedener Rollen, sozialer Positionen, historischer Stellungen. Es muß dem Lerner bewußt werden, daß die Mitteilung eines Textes eine unter vielen möglichen ist und damit die Folge einer vorausgegangenen Bewertung. Dabei sollen die Themen bzw. Situationen so problematisiert werden, daß die Lerner zum Vergleich zwischen den eigenen entsprechenden Gegebenheiten und den fremdkulturellen herausgefordert werden. Dabei dürfen die Menschen der jeweiligen Kulturen nicht vergessen werden, d. h. der Vergleich darf sich nicht auf eine Institutionenkunde beschränken.

Die Autoren des Mannheimer Gutachtens verstehen Landeskunde also als Umfeldkunde, die den Lerner über die »sozioökonomischen Umfelder einschließlich seiner kulturell bedingten Bewertungsschemata [aufklärt]« (Engel/Krumm/Wierlacher 1979: 28) und ihn zum selbstbewußten Argumentieren befähigt. Die Güter der jeweiligen Kultur sollen perspektivisch gesehen werden.

Landeskunde soll also vermitteln:
1. Tatsachen, 2. die Bedeutung dieser Tatsachen in der fremden Kultur, 3. ihre didaktische Bedeutung für den Lerner.

Mit Robinsohn formulieren sie: »die landeskundlichen Inhalte (Gegenstände) sind nach ihrer ›Leistung für das Weltverstehen, d. h. für die Orientierung innerhalb einer Kultur und für die Interpretation ihrer Phänomene‹ auszuwählen.« (Engel/Krumm/Wierlacher 1979: 29)

Die Forderung nach Mehrperspektivität ist in neueren kommunikativen Lehrwerken erfüllt. Sie wählen landeskundliche Stoffe aus nach Kategorien:

- wie Leute wohnen,
- wie sie arbeiten,
- wie sie sich erholen,
- wie sie sich bilden,
- wie sie miteinander in Kontakt treten,
- wie sie am öffentlichen Leben teilnehmen.

Beispiel: Wie Leute wohnen:
Wie wohnen die Deutschen? – Was ist ›typisch‹? – Was geben die Deutschen für ihre Wohnungen aus? – Gibt es so etwas wie eine ›typisch deutsche‹ Wohnung? – Wer hat in Deutschland ein eigenes Haus? – Wie kommt man zu einem eigenen Haus? – Warum entvölkern sich die Stadtkerne?

und arbeiten mit dem Mittel der Kontrastierung:

Wie ähneln oder unterscheiden sich die Erfahrungen, die mit ›Wohnen in Deutschland‹ zusammenhängen, von den Erfahrungen der Lerner im eigenen Land? Wo gibt es Unterschiede? Welche Gründe gibt es für die Unterschiede? (vgl. Neuner et al. 1979: 129 (b))

Die deutschen Verhältnisse werden oft vielfältig und differenziert dargestellt, um einen intrakulturellen Vergleich zu ermöglichen. Das erlaubt dem Lerner wiederum den Vergleich mit den Verhältnissen in seinem eigenen Land (interkultureller Vergleich).

Die weitergehende Forderung, den Vergleich als Lernstrategie zum Unterrichtsthema zu machen, ist bis jetzt aber nur in einem einzigen DaF-Lehrwerk erfüllt, das einer ›kognitiven Progression der Einsichtnahme in die andere Kultur‹ (Müller 1986: 51) folgt, nämlicht *Sichtwechsel* (Hog/Müller/Wessling 1984 (a)).

Aus lernpsychologischer Sicht empfiehlt Krusche dem Autor regionaler Lehrwerke, in einer Art dialogischen Kontrastierungsverfahrens derjenigen Elemente der kennenzulernenden und der eigenen Kultur, in denen sich die Besonderheiten der jeweiligen Kultur am stärksten kristallisieren, die Punkte prominenter Fremde des Deutschen zu gewinnen, aus denen er die darzustellenden Inhalte und Themen ableitet. So empfiehlt er z. B. für ein Deutschlehrwerk für japanische Lerner die Thematisierung von Komplexen wie: Begrüßung und Abschied, Höflichkeit in der Sprache und Gestik, Besuchs- und Geschenkwesen, die Trennung von Arbeit und Freizeit in Deutschland (Krusche 1983: 254). Solche Themen sind besonders dazu geeignet, den Lerner seine Andersheit erkennen zu lassen und ihn dazu zu veranlassen, sich aktiv damit auseinanderzusetzen und die Unterschiede zu formulieren. Das so entstehende Spannungsfeld fördert das Interesse an der fremden Kultur und treibt den Sprachlernprozeß voran, denn fremde Kultur wird immer von der Position der eigenen aus begriffen und ›angeeignet‹. Dabei wird die eigene Sprach- und Kulturerfahrung auch in Frage gestellt, ja bedroht, so daß auch beträchtliche Hoffnungen und Ängste diesen Aneignungsprozeß begleiten, die jedoch zugleich die stärkste Motivation beim Lernen und Kennenlernen von Fremdkultur sind (vgl. Krusche 1983: 251).

Als weiterführende Lektüre wird empfohlen:
Weber (ed.) 1976.
Engel/Krumm/Wierlacher 1979: 25–29.
Neuner/Ortmann/Schmidt/Wilms 1979: 126–129. (b)
Schmidt 1975: 16ff.
Krusche 1983: 248–258.

6 Lese- und Schreibschulung (Vermittlung des lateinischen Alphabets)

Nicht alle Lerner sind mit dem lateinischen Alphabet vertraut. Wer aus einer Kultur kommt, die eine andere Schrift verwendet und nicht bereits eine moderne westliche Fremdsprache erlernt hat, muß sich zuerst die lateinische Schrift aneignen, bevor er mit dem eigentlichen Erlernen der deutschen Sprache beginnen kann. Für einen solchen Lerner besteht nicht nur die Schwierigkeit, bekannten Buchstaben neue Laute zuordnen zu müssen, er muß zuerst die Buchstaben selbst, ihre Bedeutung, Lautung und Schreibweise, mithin eine neue Schrift lesen und schreiben lernen.

6.1. Schrift als visuelles Zeichensystem

Die Schrift ist ein visuelles Zeichensystem, das Laute ersetzen muß oder kann.

- Eine Schrift kann den Inhalt, also die gesamte lexikalische Einheit nachbilden. Wir sprechen dann von einer Bilderschrift. In vielen Bereichen unseres täglichen Lebens, z. B. im Verkehrswesen, Handel, in der Technik gibt es Bildzeichen, die jeder, unabhängig von seiner Muttersprache, verstehen kann, vorausgesetzt, das Abgebildete ist ihm ein Begriff, z. B.:

  Diese Bildzeichen sind stark konventionalisiert, d. h. durch allgemeinen Brauch in ihrer Bedeutung festgelegt. Jeder, der sie verstehen will, muß daher die Konvention kennen.
- Neben der Bilderschrift gibt es ein Schriftsystem, bei dem man aus den Signalen nicht mehr unmittelbar auf den Inhalt schließen kann. Den Zusammenhang zwischen Zeichen und Inhalt muß man erst erlernen. Hierbei gibt es besonders zwei Gruppen:

1. die *sprachunabhängige Konventionsschrift*
   In dieser Schrift sind bestimmte Inhalte bestimmten Zeichen zugeordnet, unabhängig davon, wie sie lautlich ausgedrückt werden, z. B. in mathematischen Formeln, der Notenschrift der Musik, in chemischen Formeln. Mit wenig graphischem Aufwand kann man hier umfangreiche Informationen festhalten. Allerdings sind theoretisch unendlich viele solcher Einzelzeichen vorstellbar. Ihr Lesen und Schreiben ist daher schwierig und aufwendig zu erlernen. Eine Schrift aus solchen Zeichen wird deshalb nur in wenigen Kulturkreisen (etwa China und Japan) verwendet.
2. die *lautorientierte Konventionsschrift.*

Eine Schrift, die sich auf ein bereits vorhandenes Zeichensystem, die Lautsprache, bezieht, hat dagegen den großen Vorteil, alles, was durch Laute ausgedrückt werden kann, auch in graphischen Zeichen festhalten zu können. Die Frage ist nur, welche graphischen Zeichen man welchen Lauten zuordnet.

Da Phonologen die Anzahl der möglichen Einzellaute einer Sprache für unendlich halten und jeder Laut durch vorausgehende oder nachfolgende Laute seinen besonderen Charakter erhält, wäre es unökonomisch, für jeden Laut ein graphisches Zeichen festzulegen. Man hat daher das phonetische Lautsystem auf ein ›brauchbares Maß‹ beschränkt und den so ›festgelegten Lauten‹ bestimmte graphische Zeichen zugeordnet. Im Laufe der Zeit wurden bestimmte Schreibweisen für Wörter, d. h. Schreibkonventionen, festgelegt, an die sich jeder halten muß und die jeder erlernen muß. Eine Schrift dieser Art ist keine echte Lautschrift, sondern eine lautorientierte Konventionsschrift.

Nach der Lautschrift müßte es z. B. möglich sein, ›Vogel‹ als Fogel, Fohgel, Foogel, Voogel usw. zu schreiben. Nach der Konvention ist jedoch ›Vogel‹ die richtige Schreibweise, an die man sich halten muß (Sirch 1975: 42–46).

Ein Lerner aus einer fremden Kultur, die über eine (andere als die lateinische) Buchstabenschrift verfügt, kann in seiner Schrift (vorausgesetzt er beherrscht sie) theoretisch auch deutsche Äußerungen festhalten und wieder in Laute umsetzen, auch wenn er den Inhalt der Äußerungen nicht versteht. Allerdings kann es Laute in der Fremdsprache geben, die in der eigenen nicht vorkommen und deshalb keine Entsprechung im Schriftsystem haben.

Das erwähnte Verfahren ist jedoch auf die Dauer unbefriedigend, da es keinen Zugang zu schriftlichen Informationsmöglichkeiten wie z. B. Hinweisschildern, Wörterbuch, Lehrbuch usw. erlaubt. Der Lerner muß deshalb das fremde Schriftsystem erwerben.

6.2. Zielgruppen

Zu dem Personenkreis, der vor Beginn des eigentlichen Sprachkurses zuerst unser graphisches Zeichensystem erlernen muß, gehören Lerner mit und ohne Schulbildung im Heimatland.

Die Vermittlung der Lese- und Schreibtechnik ist für beide Zielgruppen grundsätzlich dieselbe und unterscheidet sich nur im Tempo der Vermittlung. Mit einer an schulisches Lernen gewohnten Gruppe ist ein schnelleres Vorgehen möglich als mit einer Gruppe ohne diese Vorerfahrung.

Für beide Personenkreise bietet sich an, vor dem eigentlichen Sprachkurs einen Lese- und Schreiblernkurs durchzuführen. Was ist dabei zu beachten? Wie sollten Inhalte, Lernziele und Verfahren aussehen?

6.3. Inhalte

Die Inhalte sollten lebensnah sein, die Interessen und Erfahrungen der Lerner unmittelbar betreffen, wichtig für ihr Leben im fremden Land sein.

6.4. Lernziele

Lesen und Schreiben sollten in einem solchen Vorkurs nur auf der Basis der gesprochenen Sprache gelernt bzw. vermittelt werden. Vor dem Lesen und Schreiben steht hier das verstehende Hören und das Sprechen. Ein Lese- und Schreiblernkurs sollte im Fremdsprachenunterricht deshalb nur zusammen mit Sprachunterricht stattfinden. Bereits während des Vorkurses arbeitet man deshalb mit fremdsprachigen Wörtern und kleinen Sätzen, aus denen die zu lernenden Silben bzw. Buchstaben herausgeschält, bewußtgemacht und eingeübt werden.

Die Lerner sollen die fremden Buchstaben lesen und schreiben lernen und gleichzeitig einen ersten Einstieg in die fremde Sprache gewinnen, d. h. einen Grundbestand an Wörtern und Sätzen eines Grunddeutschs erwerben.

Die Lernziele für Hörverstehen und Sprechfertigkeit unterscheiden sich bei einem solchen Kurs nicht wesentlich von den für den Anfängerunterricht üblichen. Wichtig sind akustische Hörübungen zur Unterscheidung von Buchstaben, z. B.: »Wo hören Sie den Vokal? Am Anfang, am Ende, in der Mitte des Wortes? Mit welchem Buchstaben beginnt das Wort? . . .«

Zum Lernziel Leseverstehen gehört:
die Lerner sollen
- graphische Wortgestalten sowie Buchstaben unterscheiden, auf ein akustisches Signal beziehen und verstehen können,
- häufig vorkommende Wortteile ohne lautes Lesen erkennen können,
- die Buchstabenfolge von Wörtern geläufig vorlesen können,
- gelernte Wörter und Buchstaben in unterschiedlichen typographischen Gestaltungen erkennen können. (vgl. Frenzel 1986: 397–399)

Das Lernziel Schreibfertigkeit
umfaßt die direkte, orthographisch korrekte Reproduktion der gelernten Wörter.

6.5. Verfahren

Die Vermittlung der Lesefertigkeit

Beim Lesenlernen müssen die Lerner drei Teilziele erreichen:

- den Lesemechanismus verstehen, d. h. Zeichen und Laut zuordnen können;
- die in der jeweiligen Sprache benutzten geschriebenen Zeichen kennen (und die korrespondierenden Laute);
- den Sinn der geschriebenen Einheiten (Wörter, Sätze, Texte) verstehen können.

Lesen heißt, diesen drei Anforderungen gleichzeitig gerecht zu werden.

Bei der Vermittlung der Lesefertigkeit kann man entweder
- von den besonderen psychischen Fähigkeiten des Menschen ausgehen (z. B. dem Erkennen von Beziehungen: am Warenzeichen das Produkt erkennen, vom Titelbild eines Buches auf den Inhalt schließen) und über verschiedene Zwischenstufen zum eigentlichen Lesen kommen,

  oder

– sich die vom geübten Leser angewandten Strategien zum Ziel setzen und diese durch entsprechende Übungen Schritt für Schritt zu entwickeln suchen.*

Meist wird man eine sinnvolle Synthese der beiden Verfahren finden müssen (vgl. Sirch 1975: 54).

Wenn das Lesen beim geübten Leser ganzheitlich erfolgt und der Erwerb seiner Strategien das Ziel eines Leselernkurses ist, dann empfiehlt es sich, vom sinntragenden Wort auszugehen. Silben können bereits sinntragende Wörter sein. In jeder Unterrichtseinheit (die – je nach Lernergruppe – von unterschiedlicher Länge ist) werden ein oder mehrere neue Buchstaben präsentiert und im Gebrauch von Silben, Wörtern und kleinen Sätzen eingeübt. Silben werden also nicht isoliert präsentiert, sondern im Wortzusammenhang, Wörter wiederum im Satzzusammenhang.

Man kann dabei z. B. mit Silbenkärtchen arbeiten: zuerst läßt man einzelne Silben üben, um dann Silben zu Wörtern zusammenlegen und lesen zu lassen.

Der Lerner konzentriert sich beim Lesen auf das Wort. Er entdeckt, welche Silben er schon kennt, also bereits lesen kann, welche neu für ihn sind. Der Lehrer liest das neue Wort vor, gibt dem Lerner Zeit, es zu betrachten und nachzulesen, läßt es ihn evtl. auch schreiben, um ausgehend von Silben die Zusammensetzung des Wortes zu zeigen. Wenn ein Wort im Satzzusammenhang präsentiert wird, wird der Satz als Ganzes nachgelesen.

Jeder neu erlernte Buchstabe erlaubt die Bildung einer zunehmenden Anzahl von Silben bzw. Buchstabenkombinationen.

Über dem globalen Erfassen von Silben darf die Analyse der Silbe/des Wortes nicht vergessen werden. Man sollte mit der Analyse nicht zu spät beginnen, da andernfalls beim Lerner der Eindruck entstehen könnte, daß er wieder von vorn beginnen muß, daß alle bisherige Mühe umsonst war, was zur Demotivierung beitragen könnte.

Um den Lerner nicht zu überfordern und das bereits vermittelte Sprachmaterial gut zu automatisieren, werden in Abständen Sitzungen eingeschoben, in denen nur mit neuen Sätzen und kleinen Texten geübt wird, die sich aus bereits gelernten Buchstaben und Silben zusammensetzen.

* Der geübte Leser kennt die meisten gedruckten und geschriebenen Wörter und erfaßt ihren Inhalt beim Lesen direkt, d. h. er setzt beim Lesen nicht Buchstaben zusammen, sondern liest in ganzen Wörtern, Wortgruppen oder Sätzen; er liest ganzheitlich. Dieses direkte Lesen wird unterstützt durch die Leseerwartung. Mit einem bestimmten Thema verbinden sich für den Leser bestimmte Assoziationen, die mit seiner Erfahrung zusammenhängen. Daneben hat er syntaktische Vorerwartungen: nach bestimmten Verben folgen bestimmte Präpositionen; bestimmte Satzkonstruktionen sind ihm geläufig: z. B. nach ›er glaubt‹ erwartet er eine durch ›daß‹ eingeleitete nähere Erklärung.
Für das Lesen bedeutet dies, daß der geübte Leser
– viele Wörter gar nicht exakt fixieren muß, weil er sie inhaltlich erwartet,
– viele Einzelwörter überfliegt, weil sie sich aus sprachlichen Erwartungen ergeben.
Jeder sprachliche Vorgang, auch das Lesen, wird ständig vom Bewußtsein überprüft. Die verschiedenen Muster (Vorstellungen, Klangbilder, Wortbilder) werden ständig miteinander verglichen und ihre Richtigkeit überprüft. Wenn ich lese
»Das Kind fiel in den Tisch.«
stutze ich. Meine Leseerwartung sagt mir, daß ich mich verlesen haben muß oder ein Druckfehler vorliegt. Es kann nur heißen
»in den Teich« oder »vom Tisch.«
Die Vorgänge beim Hören und Lesen und die entsprechenden Strategien sind grundsätzlich die gleichen. Ein eigener Leselernprozeß wird nur dadurch notwendig, daß anstelle der phonetischen Zeichen (gesprochene Wortklangbilder) graphische Zeichen (Wortbilder) treten (Sirch 1975: 48–53).

Man kann mit Wortlisten arbeiten, aus denen die Lerner selbst die für sie jeweils interessanten Wörter auswählen, nicht mehr als zehn pro Sitzung. Sie müssen gut verstanden sein, bevor mit ihnen detaillierte Leseübungen vorgenommen werden.

Die Wortlisten können zur besseren Unterscheidung der Wortart in Kolumnen dargeboten werden, etwa in der Reihenfolge: Namen, Substantive, Adjektive, Verben, Adverbien. Der Lehrer kann die gewählten Wörter an die Tafel schreiben, sie von den Lernern lesen, evtl. auch abschreiben lassen.

Nach den Leseübungen mit den Einzelwörtern stellt der Lehrer aus ihnen kleine Texte zusammen, die sich auf das Leben der Lerner beziehen und in ihrer Länge dem erreichten Niveau ensprechen. Man kann stattdessen auch von den Lernern selbst kleine Texte zusammenstellen und diese lesen lassen (vgl. collectif d'alphabétisation 1975).

Auf diese Art erwerben die Lerner auf der Basis von Silben (oder Buchstabenkombinationen) innerhalb des Wortes langsam den Mechanismus des Lesens. Mit der Zeit und durch andauerndes Üben lernen sie, ein Wort mit einem Blick zu erfassen, Wortgruppen zu überblicken und entwickeln damit langsam Strategien des geübten Lesers.

Das Wichtigste ist, daß das jeweilige Programm die Aufnahmefähigkeit der Lerner berücksichtigt.

Es empfiehlt sich, bei der Vermittlung der Buchstaben eine bestimmte Progression einzuhalten. So kann man von der Häufigkeit des Vorkommens der einzelnen Buchstaben in deutschen Texten ausgehen. Nach Hörmann machen die Buchstaben »e, n, r, i, s, t, d, a« mehr als die Hälfte eines Textes aus (Hörmann 1977 zit. nach Frenzel 1986: 391). Deshalb sollte man mit diesen Buchstaben beginnen. Das »w« ist weniger häufig, wird aber zur Bildung der Fragewörter benötigt und muß deshalb auch schon zu Beginn vermittelt werden.

In dem Kurs von Frenzel (Frenzel 1986) lernen die Teilnehmer in den beiden ersten Lektionen die Buchstaben »a, ch, d, e, g, h, i, n, s, t, u, w, ei« in Wörtern kennen. (Frenzel arbeitet mit Wörtern und Buchstabenkombinationen, nicht mit sinntragenden Silben. Bei ihm ist deshalb von Anfang an mit dem Lesen eine Analyse der Wörter verbunden.) Damit können sie sich begrüßen: »Guten Tag«, sich nach dem Namen erkundigen: »Wie heißen Sie?« und nach der Bezeichnung von Gegenständen fragen: »Was ist das?« Der für Teilnehmer aus dem arabischen Raum konzipierte Kurs führt danach Namen ein.

Namen nimmt man als solche zur Kenntnis, ohne das Bedürfnis, sie zu übersetzen, d. h. mit der Zuordnung von Laut- und Schriftsignal ist der Lesevorgang abgeschlossen. Der Lerner kann sich voll auf das Entziffern konzentrieren.

An Namen kann deshalb gut die Zuordnung Laut-Buchstabe erklärt und geübt werden. Die Personen werden mit dem Tageslichtprojektor vorgestellt und die Aussprache phonetisch korrekt eingeübt. Die Namen werden an die Tafel geschrieben und die neuen Buchstabenkombinationen aus den Namen heraus abgeleitet:

```
        NIKOLAUS
           O AU
    KAU   KO      usw.
```

Konsonanten werden immer nur zusammen mit einem Vokal präsentiert, um zu zeigen, daß im Deutschen der Konsonant keine Vokalqualität hat.

Mit den Namen werden zugleich die Großbuchstaben eingeführt:

NIKOLAUS.

In derselben Lektion werden später Groß- und Kleinbuchstaben einander zugeordnet:

NIKOLAUS Nikolaus
AU eu
au
ei

Es schließen sich Leseübungen von Wörtern an, die aus Kombinationen der erlernten Buchstaben bestehen und diese in unterschiedlicher Umgebung präsentieren:

Nikolaus
wohnen
Rom
Bonn
...

Die Anordnung von links oben nach rechts unten demonstriert die Leserichtung.

Kleine Dialoge stellen die Verbindung zum kommunikativen Sprachkurs her und unterscheiden sich nicht von vergleichbaren Texten in Sprachkursen für Anfänger.

Das Gelernte wird grammatisch bewußtgemacht und eingeübt und die richtige Intonation durch Intonationsbögen verdeutlicht. Eine Zusammenstellung von Firmenzeichen zeigt die bisher gelernten Buchstaben in unterschiedlichen Schrifttypen (vgl. Frenzel 1986).

Das Verfahren zeigt, wie man kommunikative (Dialoge) und formale (Grammatik) Übungen in ein Lese- und Schreiblernprogramm einbeziehen kann. Der Lerner erwirbt neue Buchstaben und Kombinationen von Buchstaben und verwendet die neuen Wörter gleichzeitig formal korrekt im kommunikativen Zusammenhang. Damit leitet der Vorkurs direkt zu dem folgenden Sprachkurs hinüber.

Die Vermittlung der Schreibfertigkeit

Der Schreiblernprozeß setzt erst nach dem Leselernprozeß ein und benötigt einen viel längeren Lernzeitraum als dieser:

- Das Schreiben verlangt eine detaillierte graphische Darstellung, während beim Lesen viele graphische Komplexe nur überflogen werden.
- Beim Schreiben überprüft das Bewußtsein die Präzision (die Übereinstimmung von Vorstellung, Klangbild und Wortbild) strenger als beim Lesen und benötigt dadurch mehr Zeit.
- Beim Schreiben ist der motorische Apparat mitbetroffen. Die Bewegungsabläufe müssen erlernt und durch ständige Wiederholung automatisiert werden, wenn Flüssigkeit beim Schreiben erreicht werden soll (vgl. Sirch 1975: 71).

Der Umfang des Wortschatzes, den ein Lerner direkt niederschreiben kann (sein graphischer Kode) vergrößert sich im Laufe des Lernprozesses und wird vor allem durch Schreiben erworben, weniger durch Sprechen über die Schreibung. Dabei prägen sich häufiger vorkommende Wörter schneller ein als seltener benutzte. Der Übergang vom Lesen zum Schreiben ist fließend. Beides sollte daher miteinander verbunden werden.

Zum Erwerb einer ungewohnten Schrift benötigt man zunächst eine gewisse Fingerfertigkeit. Vor der Einführung der ersten Buchstaben empfehlen sich daher Schreibübungen zur Lockerung des Handgelenks und der Finger (bei schreibungewohnten Lernergruppen auch zum rechten Gebrauch des Schreibwerkzeugs und dessen fließenden Gleitens über das Papier). So kann man auf weißes, unliniertes Papier Bögen, Linien, Kringel usw. malen lassen:

Damit soll der Lerner ein Raumgefühl in Bezug auf ein Blatt Papier, ein Schreibgefühl (von links nach rechts für das Deutsche) entwickeln und die eigentliche Schreibbewegung (Rotation usw.) entdecken. Es schließen sich die Entdeckung der horizontalen Linie, unterschiedlicher Höhen

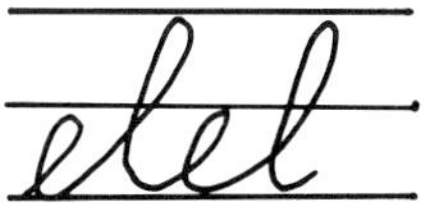

usw. an. Aus diesen Bögen und Kringeln werden dann die einzelnen Buchstaben abgeleitet, z. B. aus den Bögen

 das i oder aus  das e (vgl. collectif d'alphabétisation 1975: 227–231).

Auch die Zahlen müssen dabei berücksichtigt werden. Oft stellt man bei fremdsprachigen Lernern auch eine ungewöhnliche Reihenfolge im Auf und Ab der Schreibung von Buchstaben fest. Frenzel gibt seinen Lernern daher bei den einzelnen Buchstaben die Stiftführung an:

K•  B•  (Frenzel 1986: 413).

Bei der Einführung der Schreibschrift muß beim Schreiben von Wörtern auf die Verbindung zwischen den einzelnen Buchstaben geachtet werden.

Druck- oder Schreibschrift?

Da bei der Schreibschrift die Buchstaben unmittelbar ineinander übergehen, ist es für einen Anfänger oft schwierig, die Buchstaben gegeneinander abzugrenzen. Deshalb empfiehlt es sich, beim Lesen und beim Schreiben mit der Druckschrift zu beginnen und erst bei relativ sicherer Beherrschung der beiden Techniken auch die Schreibschrift einzubeziehen.

Denn nicht nur beim Lesen entstehen bei der Verwendung der Schreibschrift Probleme. Auch die Schreibrichtung bildet eine Schwierigkeit. Wer es, wie Araber, gewohnt ist, von rechts nach links zu schreiben, dem fällt es schwer, die Schreibrichtung zu ändern. Besonders schwierig ist es, bei Richtungsänderung die einzelnen Buchstaben miteinander zu verbinden, wie es in der Schreibschrift üblich ist. Auch diese Tatsache spricht deshalb für eine anfängliche Bevorzugung der Druckschrift.

Der fremdsprachige Lerner wird ohnehin fast ausschließlich mit Druckschrift konfrontiert (vgl. Frenzel 1986: 395–397).

Als weiterführende Lektüre wird empfohlen:
Ebert et al. 1985.
Frenzel 1986: 391–438.
Fuchs-Brüninghoff/Kreft/Waldmann 1985.
Sirch 1975.
Volkmar 1984.

7 Ausspracheschulung

7.1. Ziel der Aussprachesschulung

Beim Erlernen einer Fremdsprache wird man mit einer neuen Lautsprache konfrontiert. Die Fähigkeiten, lautsprachliche Zeichen zu verstehen und selbst zu erzeugen, sind eng miteinander verbunden. Bei jedem Menschen bilden sich im Verlauf seiner individuellen Entwicklung Hör- und Sprechgewohnheiten in der Muttersprache heraus und verfestigen sich.

Jede Sprache hat ihre eigenen Artikulationsmerkmale – die Artikulationsbasis – und darauf aufbauend ihr eigenes Sprechbewegungsinventar. Der fremdsprachige Lerner muß deshalb lernen, die Sprechbewegungsabläufe neu zu koordinieren und muß neue hinzulernen. Dies ist – besonders für Erwachsene – schwierig.

Parallel zum Bewegungsinventar muß er sich auch neue Hörgewohnheiten aneignen, weil er Laute und Lautverbindungen durch den phonetischen ›Filter‹ seiner Muttersprache wahrnimmt.

Nun muß eine nahezu perfekte, normgerechte Aussprache keineswegs das Ziel des Fremdsprachenunterrichts sein. Unter dem Gesichtspunkt der kommunikativen Kompetenz genügt es durchaus, wenn die Aussprache des Lerners ungefähr den Normen der Zielsprache entspricht. Die Aussprache muß verständlich sein und darf den Kommunikationspartner nicht dazu zwingen, sich übermäßig darauf zu konzentrieren. Sonst würde seine Aufmerksamkeit vom Inhalt des Gesagten abgelenkt und damit die Kommunikation nachhaltig gestört. Erstrebenswert ist, daß die Aussprache des Lerners oberhalb der Verständlichkeitsgrenze liegt und eine ungestörte Kommunikation erlaubt.

Die Phonetik als die Wissenschaft von der lautsprachlichen Kommunikation muß diese Verständlichkeitsgrenze feststellen und bestimmen, wie eine Aussprachesschulung aussehen soll.

Die Phonetik ist allerdings ein in der Fremdsprachendidaktik ziemlich vernachlässigtes Gebiet, obwohl gerade von ihr um die Jahrhundertwende wesentliche Impulse für eine Reform des Fremdsprachenunterrichts ausgingen.

Zu diesem Randdasein hat die Fachrichtung jedoch selbst beigetragen, indem sie Fragen des Lautsprachenerwerbs bei ihren experimental-phonetischen Untersuchungen wenig Beachtung schenkte. Zu dem Forschungsdefizit tritt in der Praxis des heutigen Ausspracheunterrichts noch die unzulängliche Anwendung phonetischer Forschungsergebnisse hinzu.

7.2. Aktueller Stand des Ausspracheunterrichts

Der Ausspracheunterricht ist daher noch stark traditionell ausgerichtet und vor allem von den Vorurteilen geprägt, daß

1. die Aussprache des Lerners möglichst der eines Muttersprachlers gleichkommen solle. Dies ist ein unrealistisches und unnötiges Ziel, das einen nicht vertretbaren Zeit- und Mittelaufwand bedeutet, da auch ein fremder Akzent eine gute Verständigung möglich macht. (Dieser Aufwand ist nur für einen bestimmten Personenkreis zu rechtfertigen, etwa zukünftige Deutschlehrer, Rundfunksprecher.)
2. man sich am Phonem orientieren müsse.
   Der Begriff wurde meist unkritisch aus der Linguistik übernommen. In der Ausspracheschulung interessiert weniger der abstrakte Begriff des Phonems; vielmehr gilt es, seine konkreten Realisationen zu erlernen. Dazu braucht man eine konkrete Bezugsgröße, die eine von der Sprachgemeinschaft in einem bestimmten Kontext als vorbildlich empfundene Lautung darstellt und sich nicht auf das System der Sprache beziehen muß. Diese Größe wird auch als Orthophon bezeichnet. Es ist die vom Muttersprachler als mustergültig empfundene Lautung.
3. man durch die Ausspracheschulung das korrekte Sprechen lernt. Eine Voraussetzung für korrektes Sprechen ist jedoch das korrekte Hören. Nur das, was man richtig gehört hat, kann man auch korrekt wiedergeben. Hörübungen sind daher notwendige Bestandteile jeder Ausspracheschulung.
   Dabei sind neben der Standardlautung auch die Umgangslautung mit leichter dialektaler Färbung und die Bühnenhochlautung zu berücksichtigen.
4. man bei der Ausspracheschulung Laute lernt.
   Laute sind nur ein Teil des Sprechens. Eine wichtige Rolle spielen die Intonation (das Auf und Ab der Tonhöhe), die Akzentuierung (das Stärker- und Schwächerwerden des Tondrucks), die Rhythmik (die langsamere oder schnellere Folge der Silben).
   Wenn Kommunikationsfähigkeit das Ziel des Unterrichts ist, müssen auch parasprachliche Signale einbezogen werden.
5. der Lerner die Aussprache vor allem durch Imitation, besonders im Sprachlabor, lernt. Imitation ist wichtig, garantiert aber nicht den Erfolg, ebensowenig wie dies Informationen über das Artikulationsgeschehen tun. Ein wesentliches Problem ist das fehlerhafte Hören, denn der Lerner neigt dazu, fremdsprachige Laute mit muttersprachigen zu identifizieren. Deshalb muß der Ausspracheschulung eine Schulung im unterscheidenden Hören vorangestellt werden.

Im praktischen Unterricht wurden und werden Verfahren eingesetzt, die nur zu einem geringen Teil wissenschaftlich hinterfragt worden sind. In letzter Zeit wird sowohl der Wert phonetischer Übungen bezweifelt (Vorwurf: sie lösen Wörter aus dem Kontext) als auch der Nutzen einer Vermittlung der phonetischen Umschrift an die Lerner. Denn einerseits gibt die im Unterricht gebräuchliche breite Umschrift nicht die phonetische Feinstruktur wieder, andererseits wurde sie durch die elektronischen Wiedergabemöglichkeiten im Klassenzimmer weitgehend überflüssig, stellt somit nur eine unnötige Lernbelastung dar.

Auch phonetische Vorkurse vor Beginn des eigentlichen Sprachkurses werden heute eher kritisch gesehen, da sie die Lerner demotivieren können, besonders wenn sie sich über einen längeren Zeitraum erstrecken.

Bei allen Meinungsdifferenzen herrscht jedoch weitgehend Einigkeit darüber, daß

- eine gründliche Ausspracheschulung erstrebenswert sei,
- der Lerner wissen muß, wie sich Aussprache und Schreibweise zueinander verhalten,
- die Transkription nur rezeptiv beherrscht zu werden braucht, etwa für die Arbeit mit dem Wörterbuch.

7.3. Arbeit an Lautung und Intonation

Das Laut- und Intonationssystem der Fremdsprache wird am Beispiel von Wörtern, Wortgruppen, Sätzen und u. U. ganzen Texten behandelt. Es wird normgemäß dargeboten durch den Lehrer oder vom Tonband. Da in der Kommunikation Laute nie isoliert auftreten, geht der Lehrer vom Satz aus. Zur Übung wird das Wort aus dem Satz und – falls erforderlich – der Laut aus dem Wort isoliert. Durch Hören und Nachahmen gewinnt der Lerner eine erste Vorstellung von den Lauten. Der neue Laut wird isoliert und bewußt gemacht durch akustisch-artikulatorischen Vergleich, z. B. [ɑ:] und [a] oder durch optisch-artikulatorischen Vergleich, wobei die Lautphysiologie dargestellt wird. Dazu wird die Stellung und Bewegung der Artikulationsorgane anhand von schematischen Darstellungen, Dias oder Folien aufgezeigt. Der Lerner gewinnt damit Einsicht in Sprechbewegungsabläufe, was wiederum bewußtes Üben ermöglicht. Anschließend wird der Laut wieder ins Sinnganze eingegliedert und in Wörtern und Sätzen geübt.

Auch die Phonem-Graphem-Beziehung muß bewußtgemacht und die Orthographieregeln müssen erklärt werden:

[ɑ:] – ɑ Tafel
[ɑ:] – ɑɑ Staat
[ɑ:] – ɑh Sahne

[a] – ɑ Mann

Der Vorkommenshäufigkeit der phonetischen Elemente wird insofern Rechnung getragen, als man Wörter und Sätze übt, die für die Kommunikation wichtig sind und nicht etwa Nonsensmaterial oder für phonetische Übungen extra konstruierte Verbindungen. Nur so können Lauterscheinungen wie Lautübergänge, Akzentmuster, rhythmische Strukturen geübt werden, die für das Deutsche typisch sind.

Es gibt keine feste Reihenfolge für die Behandlung der Erscheinungen der Lautsprache. Bei einsprachigen Gruppen wird man kontrastiv vorgehen. Man wird zuerst Lauterscheinungen und Intonationsmuster nehmen, die auch in der Muttersprache des Lerners vorkommen, danach solche, die nicht vorhanden sind und neu aufgebaut werden müssen. Da die meisten Schwierigkeiten bei Erscheinungen auftreten, die ähnlich sind, wird man diese als letzte behandeln.

Zur Artikulationsbasis

Die für jede Sprache eigentümlichen Einstellungen und Bewegungen der Sprechorgane bezeichnet man als Artikulationsbasis.

Die deutschen Vokale unterscheiden sich vor allem nach Quantität (lang/kurz: [ɑ:] – [a]: Staat – Stadt; [i:] – [ɪ]: bieten – bitten) und Qualität (geschlossen/offen: [o:] – [ɔ]: Ofen – offen; usw.) und zeichnen sich durch Neueinsatz der Vokale und Diphthonge im Anlaut aus.

Bei den Konsonanten stehen sich die Merkmale »fortis« (gespannt und stimmlos) und »lenis« (ungespannt und in bestimmten Positionen stimmhaft) gegenüber ([p] – [b]: Paar – Bar; [t] – [d]: Tier – dir; [s] – [z]: reißen – reisen. Für die stimmlosen Explosivlaute ([p], [t], [k]) kommt noch das Merkmal ›aspiriert‹ hinzu. Den phonetischen Unterschied fortis/lenis gibt es nicht bei Nasalen ([m], [n], [ŋ]) und Liquiden ([l]).

Ein Charakteristikum der deutschen Artikulation ist, daß die Zungenspitze meist lockeren Kontakt mit den unteren Schneidezähnen hat, daß die Öffnungsweiten eine wichtige Rolle spielen und daß die Lippen die Laute intensiv ausformen. Das kann man besonders gut mit den Vokalen der vorderen Reihe ([i], [e], [a]) üben. Deshalb beginnt man am besten mit ihnen. Gleichzeitig übt man die Verschlußlaute (oft auch die Engelaute) und ihre Verbindungen. Dann folgen die Hinterzungenvokale und die schwierigeren Konsonanten. Am Ende stehen der ŋ-Laut und die Umlaute [ö] und [ü].

Auch Erscheinungen der Koartikulation müssen geübt werden, damit sie nicht später den Redeablauf behindern. Man versteht darunter Erscheinungen wie

- vokalisiertes R (Ersetzung des -er durch [ɐ] in Vater [fɑ:tɐ];
- Ausfall des e in der Endsilbe -en, z. B. geben [ge:bn̩], sagen [zɑ:gn̩].

Intonation

Für die sachlich neutrale Intonation gelten für das Deutsche folgende Grundmodelle:

- relativ monotoner Vorlauf,
- Hoch- und Tiefbetonung,
- Fallton, Steigton, Fortlauf auf gleicher Tonhöhe,
- terminaler (fallender), interrogativer (ansteigender) und progredienter (auf gleicher Tonhöhe bleibender) Nachlauf.

Bei emotionaler Äußerung ändert sich die Intonation. Der Satzakzent ist frei und hauptsächlich von der Intensität abhängig.

Die Arbeit an der Intonation beginnt meist mit dem Aussagesatz (terminal), Fragesatz ohne Fragewort (interrogativ) und Aufzählungen (progredient). Es folgen

terminal: reiner Aussagesatz, Fragesatz mit Fragewort, Aufforderung, Ausruf, zweite Glieder von Doppelfragen, indirekte Rede und Frage;
progredient: direkte Rede und Frage, Aufzählungen, Satzgefüge, Satzverbindungen;
interrogativ: Entscheidungsfragen, Bestätigungs- und Rückfragen, Ermahnungen.

Zur sachlichen Ebene tritt traditionell nach und nach die emotionale Ebene. Bufe empfiehlt, schon im Anfängerunterricht die emotionale Ebene miteinzubeziehen. Gerade dem Anfänger mit seinem lexikalisch und grammatisch noch begrenzten Inventar eröffnet die emotionale Intonation größere Ausdrucksmöglichkeiten (Bufe 1984: 294).

Aussprache und Intonation werden über den speziellen Ausspracheunterricht hinaus bei der Entwicklung und Ausübung von Sprachtätigkeiten gefestigt und automatisiert.

7.4. Hauptverfahren

Hören

Als entscheidende Voraussetzung für eine korrekte Aussprache betrachtet man heute das richtige Hören der Lauterscheinungen der Fremdsprache. Da das muttersprachige System das Hören in der Fremdsprache sehr stark beeinflußt, muß als erstes die Wahrnehmung und Unterscheidung zwischen den entsprechenden Erscheinungen der Mutter- und der Fremdsprache geschult werden.

Bufe empfiehlt, nicht zu früh auf Sprachproduktion zu drängen, sondern dem Lerner eine längere Beobachtungsphase an authentischem Material zuzugestehen. (In dieser Phase können sich im Unterbewußtsein bereits induktiv erste Intonationsschemata herausbilden.) Viele Fehler in Rezeption und Produktion gehen darauf zurück, daß die rezeptive Phase zu kurz bemessen war (Bufe 1984: 273).

Besonders geeignet für diese Phase sind Fernseh- bzw. Videoaufzeichnungen authentischer Sprachdokumente, da sie neben der Intonation das extraverbale Verhalten wie Gestik und Mimik von Muttersprachlern sinnfällig aufzeigen und zahlreiche Gelegenheiten bieten, Lautsprache und die sie begleitenden körperlich-psychologischen Verhaltensweisen zu beobachten. Bufe hält einen so gearteten Einsatz von Medien lernpsychologisch für erfolgversprechender als die elektronische Sichtbarmachung von Intonationskurven, die überdies vor allem produktionsorientiert ist (Bufe 1984: 306).

Hören und Nachsprechen

Nach der Bewußtmachung muß der Lerner die neuen Intonationsverläufe und Lautmuster einüben und automatisieren.

Das einfachste Vorgehen ist das ständige Vorsprechen des Lehrers und das Nachsprechen der Lerner im Chor oder einzeln. Dabei können die Lerner die Artikulation des Lehrers, besonders seine Lippenbewegung, genau beobachten. Handbewegungen des Lehrers können die Melodieführung unterstreichen. Bei Silben oder isolierten Lauten unterstützen oft noch taktile Hilfen die Lippenarbeit, die Kieferöffnung, die Kontrolle des Explosionsdruckes. Dabei kann auch ein Spiegel helfen.

Wichtig in dieser Lernphase sind Kontrolle und Korrektur der Sprechleistung, auch die Eigenkontrolle und -korrektur z. B. mit Hilfe von Tonbandaufnahmen von Nachsprechübungen.

Für die Eigenkontrolle gibt es einige erprobte Kontrollhilfen:

- Stimmhaftigkeit ruft im Kehlkopf ein Vibrieren hervor;
- ein Blatt Papier oder eine brennende Kerze vor dem Mund weisen Behauchung nach;
- der Neueinsatz der Vokale und die sog. Auslautverhärtung lassen sich durch Gegensatzpaare feststellen: vereisen – verreisen; Weg – Wege [we:k – we:gə].

Bei der Arbeit mit Lauten kann man Gegensatzpaare einsetzen: [i:] – [ɪ]: bieten – bitten oder mit Wortreihen: Bad [ɑ:], Boot [o:], bieten [i:], böse [ø:], Beet [e:], Buch [u:], mit Wortblöcken, Redewendungen, Sätzen üben.

Die Arbeit mit Gegensatzpaaren ist allerdings umstritten. Es sollen hier nur einige Einwände dagegen aufgezählt werden:

- Die Gegenüberstellung von Lauten geht von deren Funktion in der Zielsprache aus, d. h. die Opposition ist intralingual. Die meisten Aussprachefehler beruhen aber auf Interferenzen der muttersprachigen Laute oder dem Fehlen der entsprechenden Laute in der Muttersprache; d. h. ihr Ursprung ist interlingualer Natur.
- Wohl führt eine falsche Aussprache (Beet – bɛt) zu einer Bedeutungsveränderung, im normalen Kommunikationsprozeß geht aber die richtige Bedeutung meist aus dem Zusammenhang hervor, und zwar klarer als in der ›Laborsituation‹.
- Beim Üben isolierter Gegensatzpaare werden außerdem Fehler nicht berücksichtigt, die erst im Zusammenhang des Sprechens auftreten.
- Das Nachsprechen von Wortreihen führt zu falschen Intonationsmustern.

Wenn man mit Gegensatzpaaren arbeitet, sollten sich die Beispiele daher nach der Ursache der Fehler richten. Diese ist die mangelnde Wahrnehmung der psycho-physiologischen Unterschiede zwischen den Lauten. Man sollte sein Augenmerk also auf die Gründe für die Fehler richten, nicht auf die semantischen Unterschiede, die durch falsche Aussprache produziert werden (vgl. Dufeu 1977: 156–159).

Man darf nicht beim Laut stehenbleiben; Silbe, Wort und Satz sind die entscheidenden Einheiten, deren Aussprache, Rhythmus und Intonation unterschieden und geübt werden müssen. Rhythmus und Intonation bestimmen die Gliederung und Verständlichkeit des Gesagten und übermitteln die Untertöne, die eine Äußerung als sachlich, erregt, höflich oder erstaunt markieren.

Der Rhythmus läßt die Äußerung fließend oder abgehackt klingen. Schwere Rhythmusstörungen (Überbetonung einzelner Silben, Pausen an den falschen Stellen) können das Gesagte so verzerren, daß es unverständlich wird.

Wegen der bedeutungstragenden Funktion des rhythmisch-intonatorisch korrekten Sprechens und aus motivationalen Gründen bietet es sich deshalb an, bei der Ausspracheschulung mit intonatorischen Ganzheiten zu beginnen anstatt mit der Lautung. Schematische Darstellungen der Intonationskurven können dem Lerner die Satzmelodie einsichtig machen:

terminal: Das kannst du nicht.

interrogativ: Haben Sie schon gegessen?

progredient: Ich bring dich nach Hause, weil es schon spät ist.

Bei Schwierigkeiten sollte man den Satz von hinten aufrollen, damit die natürliche Intonationskurve beim Nachsprechen erhalten bleibt:

ge gess en?

schon ge gess en?

Haben Sie schon ge gess en?

Der Lehrer muß immer wieder unterstützend eingreifen. Er kann auch mit den Lernern zusammen die Intonationskurve aufzeichnen und sie Vorschläge machen lassen, wo ihrer Ansicht nach die Akzente liegen.

Nach Bufe läßt die Präsenz der Intonation im Unterricht auf die Qualität der gesprochenen Sprache und ihren didaktischen Stellenwert im Fremdsprachenerwerb ganz allgemein schließen (Bufe 1984: 301). Sie macht die Grammatik der mündlichen Rede erst lehrbar (Bufe 1984: 267), sie öffnet den Zugang zur eigentlichen Information, die der Hörer entschlüsseln und begreifen möchte (Bufe 1984: 268). Die Intonation gehört unverzichtbar zum Kernbereich einer oralen Didaktik (Bufe 1984: 269).

Redegliederungsphänomene wie Pausen, Akzentsetzung, Tonhöhe erleichtern das Verstehen. (Man faßt diese Phänomene unter der Bezeichnung Prosodie zusammen.)

Der Satzakzent kann grundsätzlich als Basis für die Intonierung genutzt werden. Bei sachlicher Sprache sind die Akzentuierungsregeln im Satz komplex. Der fremdsprachige Lerner muß erkennen: der Hauptakzent liegt im Deutschen bei sachlicher Sprache am Ende. Nicht das Bekannte (das Thema) wird hervorgehoben, sondern das inhaltlich Neue (das Rhema*). Diese Sinneinheit trägt die Tonsilbe:

Wir sprachen über das 'Kino. Ich 'liebe historische Filme.

* vgl. auch S. 124.

Bei Aufzählungen trägt der letzte Teil den Hauptakzent.

In der emotionalen Sprache kann jedes Wort betont werden. Der Lerner hat hier die Freiheit, den Informationsschwerpunkt und damit den Akzent gemäß seiner Redeabsicht zu setzen (Eggers 1984: 243).

Man kann zwar Intonationsverläufe an Einzelsätzen erläutern, jedoch ihre kommunikative Wirkungsweise nicht recht aufzeigen. Das Üben an Einzelsätzen muß deshalb abgelöst werden durch die Arbeit an größeren Texteinheiten. Diese sollten unbedingt authentische Sprachdokumente sein (nicht didaktisch aufbereitetes Material, auch wenn es von Muttersprachlern gesprochen ist), da nur an authentischem Material dem Lerner das Zusammentreffen verschiedener Intonationsmuster und die kommunikative Wirkungsweise der Intonation erfahrbar und lernbar gemacht werden können (Bufe 1984: 282–283).

Dabei sollte die emotionale Ebene miteinbezogen werden. Emotionale Intonation weist auf menschliche Nähe und Betroffenheit hin. Daß der Einbezug dieser Ebene schon in den Anfängerunterricht möglich ist, zeigen die ›Aufnahmen von Dialogen und Hörtexten‹ des Lehrwerks *Themen 1* (Aufderstraße et al. 1983).

Lautes Lesen

Beim Lesen werden die Hör- und Sprechgewohnheiten zu dem Schriftsystem in Beziehung gesetzt. Das Wissen über diesen Zusammenhang ist Voraussetzung für Lesen und Schreiben.

Ob man Lautung und Schreibweise eines Wortes gleichzeitig oder getrennt – zuerst die Lautung, später die Schreibweise – einführt, hängt davon ab, inwieweit die Beziehungen der Muttersprache sich negativ auf die Fremdsprache auswirken können.

Unter lautlichem Aspekt bedeutet Lesen immer zuerst lautes Lesen. Aber auch das stille Lesen setzt artikulatorisch-intonatorische Fähigkeiten voraus, denn es wird stets vom sog. inneren Sprechen begleitet.

Auf der Grundstufe übt man am gleichen Sprachmaterial, das zur Vermittlung und Festigung der Lautung und Intonation benutzt wird. Optische Hilfen für Wort- und Satzbetonung, für Tonhöhenverhältnisse und Satzanschlüsse erleichtern dem Lerner das laute Lesen.

Danach kann man – vom Wortakzent ausgehend – die Gliederung in Akzentgruppen und Sinnschritte üben.

Schreiben

Beim Schreiben müssen Laute und Buchstaben nicht nur in Beziehung gesetzt, sondern die Buchstaben müssen auch graphomotorisch festgehalten, d. h. geschrieben werden. Sind die Schriftsysteme von Mutter- und Fremdsprache verschieden, muß zuerst das neue Schriftsystem angeeignet werden.

Bei einem Laut-Schriftzeichen-Lehrgang läßt man zuerst als Hausarbeit Abschreibübungen durchführen und im Unterricht – vom Lehrer kontrolliert – von der Tafel abschreiben. Dann tritt das Diktat hinzu. Später wird durch Notieren mündlicher Informationen die Umsetzung von Gehörtem in Schriftform geübt. Sie spielt bei der Entwicklung des verstehenden Hörens eine große Rolle.

Als weiterführende Lektüre wird empfohlen:
Autorenkollektiv 1981, besonders Kapitel 4.3.: 187–197.
Henrici 1986: 239–252.
Hirschfeld 1986: 297–302.
Eggers 1984: 235–247.
Bufe 1984: 249–314.

8 Arbeit mit Texten im Fremdsprachenunterricht

8.1. Texte: Ihre Rolle im Fremdsprachenunterricht – geforderte Eigenschaften

Neue sprachliche Zeichen werden mit Hilfe von Texten erworben. Es ist die Hauptaufgabe des Fremdsprachenunterrichts, den Lerner dazu zu befähigen, selbst Texte zu erzeugen. Wenn dem aber so ist, dann kommt den Texten und der Arbeit mit Texten eine zentrale Rolle im Fremdsprachenunterricht zu.

Ein Text ist eine größere, semantisch-syntaktisch zusammenhängende sprachliche Äußerung zu einem Thema bzw. in einer bestimmten Situation.

Ein Text kann geschrieben oder gesprochen vorliegen.

Ein Text muß sich an einen Hörer/Leser wenden, ihm etwas Neues, Interessantes, Wissenswertes mitteilen wollen. Ein fremdsprachiger Text muß dazu den Reiz der Fremde, der Andersartigkeit der Fremde in sich tragen. Lernpsychologische Gründe lassen es wünschenswert erscheinen, daß die Fremde im Prozeß des Fremdsprachenlernens erhalten bleibt, da die Auseinandersetzung mit dieser Fremde zu einer fruchtbaren Spannung führt, die zum Lernen und Kennenlernen der fremden Sprache und Kultur motiviert und den Sprachlernprozeß vorantreibt. Viele sogenannte Lehrbuchtexte bringen die Besonderheit der fremden Kultur um der leichten Verstehbarkeit willen auf dem niedrigsten, trivialsten, unanschaulichsten Niveau. Solche Texte wirken nur so weit stimulierend, wie die Freude über das Verstehen von Sätzen als Spracheinheiten anhält. Unmittelbar dahinter aber beginnen Öde und Langeweile (Krusche 1983: 252). So entsteht die »für den Sprachunterricht äußerst fatale Situation . . ., [daß] die fremde Sprache den Reiz ihrer Fremdheit verliert, ehe sie hinreichend gelernt worden ist. Eine Sprache aber, von der man sich nichts Neues, nichts Überraschendes, nichts Beängstigendes mehr erwartet, die gleichsam nur noch unbekannt und zu lernen ist, stellt lernpsychologisch gesehen ein Unding dar.« (Krusche 1983; 252) (vgl. auch Kap. 5 ›Landeskunde‹, S. 53 ff.).

Im Fremdsprachenunterricht stellt der Text ein Modell für den Lerner dar. Das bedeutet, daß der Text so beschaffen sein muß, daß die wesentlichen Textmerkmale – der über den Satz hinausgehende Textzusammenhang – zum Ausdruck kommen. Dem Lerner sollen durch die Textarbeit die Regeln für die Textkonstitution vermittelt werden; also müssen die Texte als Produkte solcher Regeln erkennbar sein. (Dabei ist an die Ausdrucksmittel für den Zusammenhang von Äußerungen zu denken, z. B. Pro-Formen, Demonstrativpronomen, Konjunktionen, in Dialogen zusätzlich an partnerbezogene Merkmale.)

Oder umgekehrt gesagt: Für den Fremdsprachenunterricht abzulehnen ist der sog. ›Allzwecktext‹, der speziell für Lehrbuchzwecke hergestellt ist, sich streng an die Progression hält und damit ein hölzernes, unnatürliches Deutsch produziert, wie es kein Deutscher jemals verwenden würde. Solche Texte finden sich in vielen älteren Lehrbüchern und auch in Lehrwerken nach der audiovisuellen Methode, die ja die Progression streng beachtete. Ebenso abzulehnen sind Texte, die so stark adaptiert, d. h. bearbeitet wurden, daß von ihrem ursprünglichen Stil, ihrer Textsortenspezifik nichts mehr zu erkennen ist.

8.2. Das Phasenmodell von Zimmermann

Wie sieht die Arbeit mit Texten aus?

Günther Zimmermann hat dazu eine vielbeachtete Phasenlehre entwickelt (Zimmermann 1974). Er geht davon aus, daß es nicht ausreicht, einen Lehrbuchtext durchzunehmen, einige Übungen dazu zu machen und zu hoffen, daß die Lerner das neugelernte Material bei neuen Sprechgelegenheiten schon richtig verwenden werden. Er unternimmt daher eine Charakterisierung der Verlaufsformen und der chronologischen Abfolge erforderlicher Übungen als gegliederter und fest in den Unterricht eingeplanter Phasen.

Zimmermann gliedert Unterrichtsabläufe in drei Phasen:

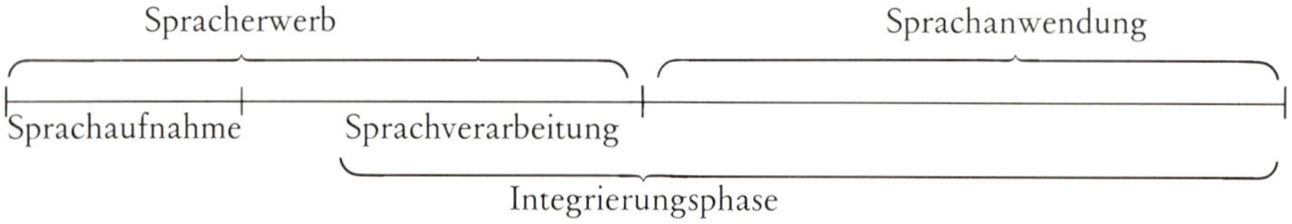

Er unterscheidet zwischen der Phase der Sprachaufnahme, in der der Lerner neues Sprachmaterial kennenlernt und der Integrierungsphase, in der er es verarbeitet und anwendet und dadurch in seinen bereits vorhandenen Sprachbesitz integriert.

In der Phase der Sprachaufnahme versucht der Lerner, aus Zusammenhängen heraus (mehr global) zu hören und zu verstehen, in der Integrierungsphase reproduziert bzw. produziert er vor allem Äußerungen. Zimmermann betont: nur durch Sprachverarbeitung *und* Sprachanwendung gelingt es, das Neue in den Sprachbesitz des Schülers zu integrieren, so daß es produktiv angewendet werden kann. Er weist darauf hin, daß die beiden Phasen der Sprachverarbeitung und der Sprachanwendung sich teilweise überlappen und daß die Sprachverarbeitungsphase immer auch Elemente der Anwendung enthält.

Der Unterschied zwischen den beiden Phasen besteht darin, daß in der Verarbeitungsphase das Sprachmaterial im Mittelpunkt steht; die Lerner sind vor allem reproduktiv tätig. Sie üben vor allem Formen, auch wenn das Üben in Situationen erfolgt. In der Anwendungsphase dagegen stehen Situation und Kommunikation im Vordergrund; die Lerner sind produktiv tätig.

Die Integrierungsphase

In der Sprachverarbeitungsphase, die am Beginn der Integrierungsphase steht, soll der Lerner mit dem neuen Material arbeiten, das er in der Phase der Sprachaufnahme kennengelernt hat. Dazu muß er es aber zuerst einmal verstehen. Am Anfang der Verarbeitungsphase wird also die Bewußtmachung der neuen sprachlichen Phänomene: Lexik und Grammatik stehen. Früher stand hier die Grammatik im Vordergrund. Die Reflexion und Einübung der Grammatik ist sehr wichtig für die Spracherlernung; man darf aber nicht übersehen, daß es andere, ebenso wichtige Phänomene für die Spracherlernung gibt. Dazu gehören das umfangreiche Gebiet der syntagmatischen Strukturen und Kollokationen (so nennt man die Beziehung zwischen Wörtern, die systematisch und konventionell im Satz miteinander verknüpft sind: wie ›blond‹ und ›Haar‹, ›fahren‹ und ›Auto› oder feste Wortverbindungen wie ›hin und her‹, ›ein Kräutlein Rührmichnichtan‹), weiterhin die Idiome, die eine besondere Lernschwierigkeit darstellen (wie z. B. ›die Schwarze Kunst‹, ›ins Gras beißen‹), das Konzeptuelle (die Vorstellung, die mit einem Wort verbunden ist) im Bereich der Lexikarbeit und die kontextuellen Beziehungen.

Idiome und syntagmatische Strukturen

Unter Idiom versteht man eine Gruppe oder Aufeinanderfolge von Wörtern, die als Ganzes gelernt werden müssen, weil ihre Bedeutung sich nicht mehr aus der Bedeutung der Wörter ableiten läßt, aus denen sie zusammengesetzt sind. Idiome sind feste Wortverbindungen. So kann man im Deutschen wohl sagen:

ins Fettnäpfchen treten, aber nicht **in den Fettopf treten;* oder:
ins Gras beißen, aber nicht **in den Rasen beißen.*

Daneben gibt es den großen Bereich der syntagmatischen Strukturen oder Kollokationen, die sprachtypisch und damit für den ausländischen Lerner schwierig sind, z. B.:

den Koffer packen	sich an die Arbeit begeben
keinen Finger rühren	am Abend, in der Nacht
kurz und gut	bei Wind und Wetter
meiner Meinung nach	an Ort und Stelle.

Schließlich sind in diesem Zusammenhang noch Wörter zu erwähnen, deren Benutzung eine bestimmte Einschränkung erfährt. Es sind dies Wörter wie ›essen‹, ›trinken‹ (von Menschen), ›fressen‹, ›saufen‹ (von Tieren), ›hoch‹ (nicht für Menschen) usw. Solche Erscheinungen bereiten dem Lerner meist große Schwierigkeiten, da in diesem Bereich vielfältige Übereinstimmungen, Überlappungen und Abweichungen zwischen den verschiedenen Sprachen bestehen, die immer wieder zu Fehlern führen.

Es kann deshalb nicht genug betont werden, wie wichtig es ist, solche Wörter in typischen Kontexten anzubieten und zu üben.

Das Konzeptuelle

Die Wortinhalte zweier verschiedener Sprachen weichen oft voneinander ab. Jede Sprache verbindet mit einem Begriff bestimmte Assoziationen, die typisch für die betreffende Sprache sind. So besteht die Gefahr, daß der Lerner den Wortinhalt seiner

Sprache mit dem fremden Wort verbindet und dieses dann im Sinne der Verwendungsweise seiner Muttersprache benutzt. Er möchte z. B. sagen ›we went by train‹. Er weiß, ›to go‹ heißt im Deutschen ›gehen‹. Also übersetzt er * ›Wir sind mit dem Zug gegangen‹, anstatt ›Wir sind mit dem Zug gefahren‹. Ebenso fallen einem Deutschen bei dem Begriff ›Frühstück‹ ganz andere Nahrungsmittel ein als einem Engländer bei dem Wort ›breakfast‹ oder einem Chinesen bei dem Wort ›zǎofàn‹.

Es kann bei der Wortschatzarbeit also nicht nur darum gehen, dem Lerner die Wortbedeutung zu vermitteln. Der Lerner muß vielmehr allmählich in das Begriffssystem der Fremdsprache eindringen, die Wortinhalte erfassen und den richtigen Wortgebrauch lernen. Der Zugang zum Begriffssystem ist aber nur über ein – und sei es noch so bescheidenes – Verständnis der fremdsprachlichen Kultur möglich.

Der Kontext

Da das Wort nur durch den Kontext seine genaue Bedeutung erhält, sollte man nie mit isolierten Sprachelementen arbeiten. Kontextfaktoren können satzintern, aber auch satzübergreifend wirken;

satzintern:

›eben‹: Das Flugzeug ist eben gelandet. (in dieser Minute)
Ich brauche eben eine neue Jacke. (Das ist nun mal so.)

satzübergreifend:

›Du wirst das tun.‹ – Dieser Satz ist – wenn man von der Intonation absieht – ohne Nennung der Gebrauchsbedingungen zweideutig: Zukunft oder aber ein ausdrücklicher Befehl.

Oft wird die Bedeutung einer Äußerung nicht aufgrund der sprachlichen Umgebung deutlich, sondern nur im Zusammenhang mit situativen Faktoren. So ist der Satz: ›Er ist ein Musterschüler.‹ situationsabhängig. Er kann vom Lehrer lobend, von einem Mitschüler hingegen, der neidisch ist oder Musterschüler nicht leiden kann, abwertend geäußert werden.

Die Stufen der Integrierungsphase

In der Aufnahmephase versteht der Lerner das neue Material zuerst einmal ganzheitlich aufgrund der Situation, der Intonation. Er kann aber diese Ganzheiten noch nicht funktional und semantisch durchschauen. Deshalb werden in der Sprachverarbeitungsphase zuerst einmal die Ganzheiten segmentiert. Der Lerner lernt damit die Teile einer Äußerung kennen, die für die Struktur und die Bildung eines Satzes wichtig sind.

Die vier Die Kinder Die Leute Die Räuber	fielen	über die Speisen über den Kuchen über den Esel über die Beute	her.

Die vier Sätze dieser Tafel sind nach demselben Strukturmuster (pattern) aufgebaut: Subjekt, ›fielen ... her‹ und Präpositionalobjekt mit ›über‹ + Akkusativ. ›fielen ... her über+A‹ sind also hier die für den Lerner interessanten Konstituenten, die das Strukturmuster bilden, nach dem man viele struktural gleiche, wenn auch inhaltlich verschiedene Sätze bilden kann. Diese Strukturmuster werden in sog. ›Strukturmusterübungen‹ (pattern drills) gehört und häufig rhythmisch und intonatorisch exakt gesprochen.

Die Segmentierung des Sprachmaterials und die Variation beim pattern drill hat nach Zimmermann für den Lernprozeß eine Reihe von Vorteilen:

1. Der Lerner erfährt, welche Bestandteile eines Satzes sein Strukturmuster ausmachen, welche ersetzbar sind, welche zusammengehören und welche Satzstellung sie einnehmen, was eine entscheidende Voraussetzung für die Sprachbeherrschung ist.
2. Schwierigkeiten treten nicht gehäuft auf.
3. Der Schüler braucht nicht nach Regeln zu konstruieren.
4. Er lernt, die wesentlichen Merkmale eines pattern zu beherrschen.
5. Die Strukturen werden automatisiert. Dies aber ist die Voraussetzung für freies Sprechen; denn wer sich beim Sprechen nicht auf den Inhalt seiner Äußerung konzentrieren kann, sondern immer noch an die Regeln zur Konstruktion seines Satzes denken muß, wird in seiner Kommunikation behindert sein und stockend, konstruierend sprechen.

Innerhalb dieser Grenzen lassen sich Sprechfertigkeit und Sprechgeläufigkeit durch den pattern drill nachweislich erheblich verbessern, weil durch das häufige variierende fließende Sprechen beim pattern drill eine sensorisch-motorische Fixierung erreicht wird, die zum geläufigen Sprechen innerhalb eines Leitschemas führt. Strukturmusterübungen dienen also der Automatisierung von Strukturen und der Erhöhung der Sprechgeläufigkeit. Man darf jedoch nicht erwarten, daß sie den Lerner dazu befähigen, die gelernten Strukturen bei anderen Anlässen, etwa in einer Sprechsituation, frei zu verwenden. Dazu sind weitere und andere Schritte nötig.

Die oft geäußerte Unzufriedenheit mit dem pattern drill rührt aus zu hoch gespannten Erwartungen her.

Der pattern drill ist eine ›Erfindung‹ des Behaviorismus, welcher Gewohnheitsbildung durch Konditionierung, durch mechanisches Einschleifen, erreichen wollte und damit Ergebnisse von Tierversuchen im Labor ungerechtfertigterweise auf das Fremdsprachenlernen übertrug. Man propagierte, der Fremdsprachenlerner könne eine Fremdsprache erlernen wie das Kind seine Muttersprache erlernt: durch Wiederholung, Versuch und Irrtum (trial and error), Gewöhnung. Man bedachte dabei nicht die grundlegenden Unterschiede zwischen dem Erwerb der Muttersprache und dem der Fremdsprache:

Zu Beginn der Erlernung der

Muttersprache	Fremdsprache (in der Schule)
1. hat das Kind noch keinerlei sprachliche Erfahrungen.	ist das muttersprachliche Netz bereits fest verankert.
2. Das Kind lernt mit sehr starker Motivation (Primärmotivation) und Intensität, da für es die Sprache ein Mittel darstellt, der Umwelt seine Gefühle, Wünsche darzustellen.	Der Schüler lernt eine Fremdsprache oft nur, weil Schule, Elternhaus, die Gesellschaft dies von ihm erwarten/verlangen (Sekundärmotivation).

3. Die sprachliche und intellektuelle Entwicklung des Kindes erfolgt als Einheit auf der Grundlage des muttersprachlichen Spurensystems.	Der Schüler besitzt bereits umfassende Sprach- und Denkerfahrungen im muttersprachlichen Kulturbereich, mit dessen Vorstellungswelt er beim FS-lernen ständig konfrontiert wird (negative Interferenz).
4. Zum Erlernen der Muttersprache steht dem Kind täglich unbegrenzte Zeit zur Verfügung, ebenso eine unbegrenzte Zahl von möglichen Gesprächspartnern.	Die zur Verfügung stehende Zeit (meist nur ein paar Stunden in der Schule) und die Zahl möglicher Kommunikationspartner sind stark begrenzt.
5. Der Verstand des Kindes ist noch nicht entwickelt.	Der Schüler verfügt bereits über Abstraktionsvermögen. Wird dieses ungenutzt gelassen (pattern drill), entstehen Unlusterscheinungen.

Man neigt heute zunehmend zu der Ansicht, daß das Sprachenlernen von einem kontrollierenden Bewußtsein begleitet sein sollte. »Denn Spracherlernung ist nicht allein das Einprägen mechanistisch wiederholter patterns, sondern auch die Einsicht in den Regelapparat einer Sprache.« (Köhring/Beilharz 1973: ›kognitives Lernen‹) (Wird der Lerner hier alleingelassen, bildet er sich seine eigenen Regeln in einem langwierigen trial-and-error-Prozeß.)

»Die bewußte Erkenntnis und Sprachgestaltung mit Hilfe von Regeln [wirkt] lernerleichternd und lernbeschleunigend. ... Die Wirksamkeit von Drills kann gesteigert werden, wenn ihnen ein bestimmtes Regelwissen vorausgeht, da Schüler mit kognitiven Fähigkeiten den Regelmechanismus schnell durchschauen.

Weitere Vorteile des kognitiven Lernens sind: Wiederholbarkeit der Lösung in anderen, abweichenden Situationen (Transfer), Verbesserung der Behaltensleistung, d.h. die Lernresultate werden nicht so leicht vergessen« (Köhring/Beilharz 1973: ›kognitives Lernen‹), Möglichkeit der Eigenkontrolle.

Unter Regel verstehen wir:

– die mit Worten formulierte Gesetzmäßigkeit

(z.B. »Das Perfekt wird gebildet mit dem Präsens von ›haben‹ oder ›sein‹ und dem Partizip Perfekt.«)

– die Zuordnung zu einem System mit Hilfe einer Tabelle

(z.B.:

	m	n	f	Pl.	
N	der	das	die	die	
A	den	das	die	die	
D	dem	dem	der	den	– n)

– ein Schema, eine formelhafte Verallgemeinerung
(z.B. ein Schema, das Symbole mit formalen und semantischen Merkmalen verbindet:

Perfektbildung

Sprachmodell:	Hilfsverb	+	Part.	=	Perfekt
Schema:	haben / sein	+	ge-		-t / -en).

Eine schematische Darstellung kann oft das Erfassen erleichtern, da sie übersichtlicher ist und auf das Wesentliche aufmerksam macht. Wichtig ist, daß die Bewußtmachung nicht formal-grammatisch erfolgt, sondern aus dem Sprachvollzug heraus, und zwar systemgerecht.

Nach der *Systemtheorie* (van Parreren) existieren im menschlichen Gedächtnis Spuren, die dort durch Lernen hinterlassen werden, sog. Gedächtnisspuren. Sie führen durch wiederholte Benutzung und assoziative Verbindung zu sprachlicher Geläufigkeit. Die Gedächtnisspuren schließen sich zu verschiedenen Spurensystemen zusammen, von denen jedes einzelne zwar aus vielen eng miteinander verbundenen Spuren besteht, aber nur selten in Verbindung mit anderen Spurensystemen tritt. Die Wirksamkeit einer Spur ist davon abhängig, ob sie in das System eingebettet ist, das gerade aktiv ist; d.h. die Aktivierung einer Spur ist schwierig, wenn sie zu einem System gehört, das nicht gerade aktiv ist. Die Gedächtnisspuren, die sich durch grammatische Regeln bilden, gehören aber zu einem System, das normalerweise beim Sprechen oder Schreiben nicht aktiviert und deshalb der sprachlichen Äußerung nicht nutzbar gemacht wird.

Wie aber kann man dem Lerner dazu verhelfen, grammatisch einwandfrei zu formulieren? Van Parreren schlägt vor, zuerst durch Bewußtmachung einer grammatischen Regel eine kognitive Handlungsstruktur aufzubauen und diese durch häufig wiederholten Drill allmählich in eine nichtkognitive zu überführen.

Üben in (Minimal-)Situationen

Da der pattern drill nur die Festigung innerhalb fester Schemata gewährleistet und man nicht erwarten kann, daß der Lerner die geübten Strukturen auch frei verwenden wird, stellt sich die Frage, wie man einen solchen Transfer erreichen kann.

1. Für den Transfer sind äquivalente Situationen von besonderer Bedeutung. Im Unterricht sollte ein Sprachmittel in möglichst vielen verschiedenen Situationen geübt werden, damit die Lerner erkennen, daß das betreffende Sprachmittel in allen diesen Situationen gleichwertig verwendet werden kann.

   Beispiel: A: Es regnet stark.
   B: Dann solltest du besser hierbleiben.

   Übung: A: Ich glaube, ich bekomme die Grippe.
   B: Dann solltest du besser zum Arzt gehen.

   A: Mein Zug fährt in 20 Minuten.
   B: Dann solltest du jetzt besser gehen.

   Die Gleichwertigkeit (Äquivalenz) der Situationen liegt hier in einer Unannehmlichkeit, der durch einen Rat abgeholfen werden soll.
2. Das Zustandekommen eines Transfers setzt weiter voraus, daß das neugelernte Material ein Bestandteil des Wissens und Könnens des Lerners wird, dadurch daß
   - der Lerngegenstand das besondere Interesse des Lerners erweckt,
   - der Lerner sich bewußt aktiv verhält, selbsttätig und eigenständig die Aufgaben löst, statt nur auswendig zu lernen.
3. Als wichtigste Voraussetzung für den Transfer betrachtet Zimmermann das Über-

lernen (overlearning)*, d. h. das Lernen durch Üben über den Zeitpunkt hinaus, da der Schüler eine sprachliche Form beherrscht; denn Gedächtnisspuren sind dynamische Spuren, die auch wieder verlöschen können, wenn sie nicht ständig aktiviert werden.
Überlernen wird erreicht durch regelmäßige systematische Wiederholungen (in wachsenden Abständen); viele Sprachmittel werden jedoch automatisch ständig im Sprachgebrauch wiederholt, weil sie sehr häufig vorkommen.
(Wichtig in diesem Zusammenhang wäre auch eine strengere Scheidung zwischen aktivem und passivem Wortschatz, um häufiges Wiederholen zeitlich zu ermöglichen.)

4. Transfer kommt nicht automatisch zustande, sondern nur, wenn der Lerner erkennt, daß ein Sprachmittel in gleichwertigen Situationen gleichwertig zu verwenden ist. Um das neue Sprachmaterial von seiner Verwendung im behandelten Text zu lösen und seine Übertragbarkeit zu lehren, muß es auf der zweiten Stufe der Integrierungsphase also möglichst breit geübt werden.

Gestaltung von Situationen

Auf der dritten Stufe der Integrierungsphase tritt der Inhalt der Mitteilung in den Vordergrund. Auf dieser Stufe soll der Lerner zunehmend frei sprechen und schreiben. Der Lehrer gibt nur noch das Thema vor, überläßt die Wahl der sprachlichen Mittel jedoch dem Lerner. Dieser hat eine bestimmte Situation vor Augen oder äußert seine eigenen Gedanken zu einem Thema, löst sich vom Inhalt des Originaltextes. Dabei ist es oft von Vorteil, wenn er sich an bekannte Themen anlehnen kann, damit er einen Rahmen hat für das, was er zum gegebenen Zeitpunkt überhaupt in der Lage ist zu formulieren.

Es empfiehlt sich, dieser Phase möglichst viel Zeit einzuräumen. (Der russische Didaktiker I. D. Salistra empfiehlt, 60% der zur Verfügung stehenden Unterrichtszeit auf diese Phase zu verwenden (Salistra 1962: 75).) Denn einerseits ist in dieser Phase wieder umfangreiches Üben notwendig. Man kann nicht erwarten, daß der Lerner nach der Phase geleiteter Übungen plötzlich zum freien Ausdruck in der Lage ist. Die Überforderung des Lerners zeigt sich dann darin, daß er wieder viel primitivere sprachliche Formen benutzt als die vorher so ausgiebig geübten.

Leider vernachlässigen viele Lehrbücher diese Phase, indem sie entweder sehr wenige oder gar keine Aufgaben zur freien Anwendung stellen oder aber sofort nach der Sprachverarbeitungsphase sehr schwierige freie Aufgaben stellen.

Der Lerner benötigt andererseits für diese Phase nicht nur sprachliches Können, sondern auch Phantasie, Flüssigkeit der Gedanken, geistige Beweglichkeit. Soweit es möglich ist, sollte man im Fremdsprachenunterricht auch schöpferisches Denken fördern und entwickeln. Auch aus diesem Grund empfiehlt es sich daher, dieser letzten Stufe der Integrierungsphase im Unterricht möglichst viel Zeit zu widmen.

Als weiterführende Lektüre wird empfohlen:
Zimmermann 1974: 90–107.

* Lernpsychologisch ist diese Theorie, die den Festigungsgrad als direkte Funktion der kontinuierlich angebotenen Übungsmenge betrachtet, umstritten. Foppa bezeichnet das so definierte Überlernen deshalb als eine Fehlinvestition von Zeit und Energie, da der Aufwand an Mehrarbeit in keinem Verhältnis zum erzielten Nutzen stehe (vgl. Foppa 1970: 154).

8.3. Die Phase der Sprachaufnahme

In der Phase der Sprachaufnahme nimmt der Lerner den Text hörend oder lesend auf.

Die Sprachaufnahme erfolgt unter verschiedenen Zielsetzungen – sowohl im Unterricht wie später im Leben.

1. Wir möchten den Inhalt in allen Einzelheiten verstehen und die Absicht des Sprechers/Autors differenziert erfassen, z. B. bei einer Unterredung, die für unser Leben wichtig ist, bei der Lektüre eines Lexikonartikels, der Informationen sehr komprimiert darstellt, beim Lesen eines literarischen, juristischen, philosophischen Textes.
   In allen diesen Fällen streben wir Detailverständnis an (totales Verstehen).
2. Bei anderen Gelegenheiten genügt es, wenn wir das Wesentliche, die Hauptinformationen eines Textes erfassen, z. B. bei einer Festansprache, einer locker geführten Unterhaltung, bei der Lektüre eines Zeitungsberichtes. Nebensächliches oder Detailinformationen interessieren uns hier nicht. Wir sprechen von globalem Verstehen.
3. Dann wieder möchten wir nur erst einmal einen allgemeinen Überblick darüber gewinnen – uns orientieren –, worum es geht und ob das Thema uns überhaupt interessiert. Wir sprechen von orientierendem Verstehen.
   Dieses kann suchend oder vorbereitend sein.
   - Wir suchen ganz bestimmte Informationen (z. B. Ortsangaben, Daten, bestimmte Sachverhalte) (selektives Verstehen) oder
   - wir wollen uns kurz orientieren, welches das Thema des Textes ist, welche Punkte der Thematik behandelt werden, um festzustellen, ob der Text für uns von Interesse ist oder nicht. Dabei versuchen wir, den Text oder bestimmte Teile davon komplex zu erfassen.
     Man nennt diese Art des orientierenden Verstehens vorbereitend, weil es die weitere Art der Informationsaufnahme bestimmt:
     Angenommen, der Nachrichtensprecher im Radio sagt: ›Es folgt jetzt ein Bericht über die Bundestagswahlen.‹ Wenn uns dieser Bericht interessiert, hören wir weiter zu und nehmen die Informationen selektiv, global oder detailliert auf; andernfalls hören wir nicht zu oder schalten das Gerät ab.
     Oder wir suchen Material für ein Referat. Wir finden einen Artikel, lesen die Überschrift, ein paar Untertitel und einen kurzen Abschnitt des Textes, um festzustellen, ob der Artikel für unser Referat wichtig sein kann oder nicht. Wenn ja, dann lesen wir selektiv, global oder detaillierend weiter.

Der kompetente Hörer/Leser kombiniert die verschiedenen Verstehensstrategien und setzt sie nach- oder nebeneinander bei demselben Text ein, je nachdem es die Gegebenheiten (Inhalt des Textes, seine Form, Einstellung und Verstehensintention des Hörers/Lesers) erfordern.

Die Tatsache, daß auch er diese Verstehensstrategien in seiner Muttersprache einsetzt, muß dem Lerner zu Bewußtsein gebracht werden, um bei ihm die Einsicht zu wecken, daß er sie zum Aufbau seiner fremdsprachigen Kompetenz in die Fremdsprache übertragen, entwickeln und anwenden sollte. Denn in seiner Unsicherheit der fremden Sprache gegenüber neigt der Lerner dazu, nur Detailverständnis anzustreben. Er ist unglücklich, wenn er einen Text nicht Wort für Wort versteht und greift bei Schwierigkeiten sofort zum Wörterbuch.

Es ist deshalb wichtig, ihm die Bedeutung der Verstehensstrategien einsichtig zu machen und ihm die notwendigen Strategien an die Hand zu geben.

Das erstere ist oft nicht einfach, da hier alte, oft tief verwurzelte Lerngewohnheiten überwunden und neue, ungewohnte aufgebaut werden müssen.

Zwei Modelle der Texteinführung

Wir wollen uns zunächst mit zwei Modellen der Texteinführung beschäftigen, in denen Detailverständnis angestrebt wird: der Einführung eines Textes zum Hörverständnis sowie der Einführung eines Lesetextes.

Einführung eines Textes zum Hörverständnis

Im folgenden finden Sie eine tabellarische Aufstellung von sechs Unterrichtsschritten, die dem Inventar des audiolingualen/audiovisuellen Unterrichts entnommen sind. Die Numerierung der Unterrichtsschritte 1–6 bedeutet nicht auch gleichzeitig ihre chronologische Abfolge. Vielmehr finden Sie darunter drei Modelle unterschiedlichen Vorgehens, die danach unterscheiden, ob der Wortschatz überwiegend bekannt, bekannt bzw. erschließbar ist, oder ob der Text viel neuen Wortschatz enthält.

Modelle zur Texteinführung – Hörtext*

Unterrichtsschritte:

1. Hören des Textes
   Lehrer liest vor
   Tonband — + visuelle Elemente (Graphik, Bild, Dia usw.)
   Fernsehen/Video
   Film
2. Übersichtsfragen – Globalverstehen
   mündlich, Fragen durch den Lehrer
   schriftlich
   - Auswahlantworten
   - Ja/Nein-Antworten
   - freie Fragen
3. Detailfragen – Detailverstehen
   mündlich
   schriftlich (s. 2)
4. Erklären der Lexik
   textbezogen (mit 3.1.) — + visuelle Elemente
   textunabhängig (s. Modell C) — + Wortschatz: Tafel
   Tageslichtprojektor
   Arbeitspapier
5. Nachsprechen – Mitsprechen
   Nachsprechen einzelner Textsegmente
   Nachsprechen mit Erweiterung vom Kern
   Mitsprechen

* Dieses Modell geht zurück auf meinen Kollegen Franz Lambert.

6. Lesen
   stilles Mitlesen (mit 1)
   Nachlesen (nach Modell)
   Vorlesen/Rollenlesen

Modell A, überwiegend bekannter Wortschatz
1 – 2 – 5 – 3 (4) – 1 – 6

Modell B, überwiegend bekannter oder erschließbarer Wortschatz
1 – 2 – 1 – 1 (Abschnitte) – 3/4 – 1 – 5 – 6

Modell C, viel neuer Wortschatz
4 – 1 – 2 – 1 – 3 (4) – 5 – 6

Im folgenden werden die einzelnen Unterrichtsschritte erklärt sowie die Modelle A–C erläutert:

1. Hören (S = Lerner; L = Lehrer)

	Vorteile	*Nachteile*
Lehrer liest vor	erleichtert das Verstehen, da Stimme vertraut; Mimik und Gestik einsetzbar	S gewöhnen sich nicht daran, auch andere Stimmen zu verstehen; mögliche Aussprache- und Intonationsfehler des Lehrers, falls er kein Muttersprachler ist; Neigung mancher Lehrer, zu stark zu betonen, zu langsam zu sprechen; Intonation ist bei jedem Durchgang verschieden; bei mehreren Durchgängen sehr anstrengend für die Lehrerstimme
Tonband	S wird unabhängig von der Lehrerstimme; Intonation und Geschwindigkeit sind bei mehreren Durchgängen immer gleich; S hört nur Muttersprachler; auch für Hausaufgaben verwendbar; Intonation und Geschwindigkeit entsprechen in der Regel normalen Sprechgewohnheiten	Hilfen entfallen
Fernsehen/Video	Atmosphäre echt, da landeskundliche Umgebung; verwendbar vor allem im Unterricht für Fortgeschrittene; Videoaufnahmen sind wiederholt vorführbar	für Anfänger oft zu schwierig, wenn nicht spezielle Programme
Film	wie Fernsehen; bei AV-Methode werden kleine Filmstrips mit Zeichnungen eingesetzt, bei denen auf bestimmte Punkte besondere Aufmerksamkeit gelenkt wird	wie Fernsehen; dazu umständliche Handhabung, schwerer zu beschaffen

Visuelle Elemente tragen beim Lehrervortrag bzw. der Textpräsentation vom Tonband zum Verständnis bei, wenn sie sich auf Wichtiges konzentrieren und nicht nur als ›schmückendes Beiwerk‹ gedacht sind.

2. Übersichtsfragen

Ziel: Sie sollen prüfen, wie weit nach 1–2maligem Hören der Text verstanden wurde und stellen gleichzeitig eine Hilfe für schwächere Schüler dar, deren Gedanken durch die korrekten Antworten der besseren Schüler in die richtige Richtung gelenkt werden.

	Vorteile	*Nachteile*
mündliche Lehrerfragen	beanspruchen weniger Unterrichtszeit	nur wenige Lerner werden gefordert
schriftliche Lehrerfragen	alle Lerner müssen antworten	beanspruchen mehr Zeit
– Auswahlantworten (multiple choice) meist sind 3–4 Antworten vorgegeben; S kreuzt die richtige an	prüft nur rezeptive Fähigkeiten (Hören/Verstehen und Lesen/Verstehen der Auswahlantwort)	Raten, damit Zufallstreffer möglich; relativ arbeitsaufwendig für den Lehrer/Lehrbuchautor (bei Richtig-falsch-Antworten mit nur zwei Möglichkeiten Gefahr der Zufallstreffer noch größer)
– freie Fragen	sind beweglicher, falls sie mündlich gestellt werden	verlangen vom S auch produktives Können, falls er nicht in seiner Muttersprache antworten darf.

3. Detailfragen

Ziel: Sie sollen das Detailverständnis prüfen.
Neben den unter 2. aufgeführten Frageformen werden oft noch Zuordnungsübungen eingesetzt, bei denen S z. B. zwei Hälften eines Satzes einander zuordnen oder die zu einem Bild passenden Sätze finden oder Bilder bzw. Sätze in der richtigen Reihenfolge anordnen. Man kann auch Raster vorgeben, in denen gehörte Informationen notiert werden sollen, oder unvollständige Aussagen ergänzen lassen.

Beispiele für das Überprüfen des Verständnisses:

freie Fragen (zu Raissa Orlowa: *Ich war hilflos, stumm und taub.* Seite 90–91)

Übersichtsfragen:
1. Wer spricht hier?
2. Wovon erzählt sie?
3. Was ist der Grund für ihre Probleme?

Detailfragen:
1. Konnte die Frau schon Deutsch, als sie von Moskau abreiste?
2. Womit kam die Frau beispielsweise nicht zurecht?
3. Warum war das Einkaufen schwierig?
4. Welche Ratschläge geben ihr die Leute?
5. Was findet sie bei den Preisen so schwierig?
6. . . . . . .

Richtig-falsch-Antworten

Kreuzen Sie die richtige Antwort an!

Die Aussiedlerin hatte Probleme in den folgenden Bereichen:			
mit Freunden		mit dem Essen	
beim Einkaufen		mit dem Wohnen	
mit Verkehrsmitteln		mit der Sprache	
mit dem Geld		mit den Preisen	
in Geschäften/Läden			

Multiple-choice

Was ist richtig? Kreuzen Sie an!

Frau Orlowa ist erst vor kurzer Zeit aus der UdSSR in die Bundesrepublik gekommen. Sie sagt, sie braucht einen Bärenführer.	
– Sie hat einen Bären mitgebracht, der ausgeführt werden muß.	A
– Sie braucht jemanden, der ihr beim Einkaufen und in der U-Bahn hilft.	B
– Sie sucht ein Buch mit Informationen über Bären.	C

Zuordnungsübung

Verbinden Sie die folgenden Satzteile. Die richtigen Sätze sind Aussagen im Text, den Sie gehört haben.

1. Die Sprachbarriere war nicht das einzige Hindernis, →	a) wo ich am besten und billigsten einkaufen kann.
2. Ich kam beim Einsteigen	b) was ich haben möchte.
3. Ich kann nicht richtig erklären	c) mit dem ich zu kämpfen hatte.
4. Ich kann nicht verstehen	d) daß der gleiche Gegenstand mal teurer und mal billiger ist.
5. Ich werde mit Ratschlägen überschüttet	e) was man mir auf mein Gestammel antwortet.
6. Ich kann mich nicht daran gewöhnen	f) mit der Automatik nicht zurecht.

(vgl. Drochner/Föhr 1985: 16–17 (a))

Ausfüllen eines Rasters:

Hören Sie den Text und notieren Sie, inwiefern Frau Orlowa Probleme hat mit

Sprache	Verkehrsmitteln	Einkaufen	Preisen

Ergänzen von unvollständigen Aussagen:

Hören Sie den Text! Ergänzen Sie dann die Sätze:

Ein deutscher Begleiter beim Einkaufen reicht nicht aus, denn ...
Eine russische Freundin ist eine größere Hilfe, weil ...
Preise für den gleichen Gegenstand sind unterschiedlich hoch je nach ...

4. Erklären der Lexik

Für das Textverständnis unbedingt notwendige Lexik oder Sach- und Hintergrundinformationen, ohne die der Textinhalt unverständlich würde, sollten vor der Textpräsentation vermittelt werden, die übrige neue Lexik kann im Zusammenhang mit den Detailfragen vermittelt bzw. erschlossen werden. (vgl. auch Kapitel 8: »Wortschatz und Wortschatzvermittlung«, Abschnitt »Verfahren der Bedeutungsvermittlung«)

textbezogen

Eine textbezogene Erklärung empfiehlt sich erst nach der Textpräsentation, evtl. in Zusammenhang mit der Klärung von Detailfragen oder bei Fachtexten. Eine textbezogene Erklärung vor der Textpräsentation würde den Textinhalt vorwegnehmen, das Interesse am Textinhalt ebenso wie die Verstehensleistung mindern.

textunabhängig

Neue Lexik, die vor der Textpräsentation vermittelt wird, sollte in derselben Bedeutung, die sie im Text hat, aber in anderen Zusammenhängen erklärt werden, um den Textinhalt nicht schon bei der Lexikvermittlung vorwegzunehmen.
Die neue Lexik sollte anhand von mindestens zwei Beispielen erklärt werden, um das Verständnis sicherzustellen. Anhand von Kontrollfragen wird sich der Lehrer vergewissern, ob das neue Wort verstanden wurde.

Beispiel: *Pech*

Erklärung durch ein Kontextbeispiel:

s Pech, Ø Ich habe einen Studienplatz bekommen. Ich hatte Glück. Aber meine Freundin hat keinen Studienplatz erhalten. Sie hatte *Pech.*

Erklärung durch Antonym:

s Glück / s Pech (kein Plural)
Kontrollfrage: Was sagen Sie? So ein Glück! oder: So ein Pech!
Ich habe mein Geld verloren. So ein ...!
Ich habe die Prüfung bestanden. So ein ...!
Ich bin krank geworden. So ein ...!

Beispiel: *vor/lesen*

vor/lesen, liest ... vor,	Definition: laut für jemanden lesen
las ... vor, vorgelesen	Kontextbeispiel: *Lesen* Sie den Text bitte laut und deutlich *vor!*

Kontrolle: Feststellen, ob der Lerner dieser Aufforderung Folge leistet.

Es empfiehlt sich, die neuen Wörter in ihrer jeweiligen Grundform (Substantive mit Artikel und Pluralendung, Verben im Infinitiv (+Stammformen bei unregelmäßigen Verben)) übersichtlich neben den Beispielen zu notieren. Das im Laufe der Unterrichtsstunde entwickelte ›Tafelbild‹ muß übersichtlich sein und sollte während der gesamten Unterrichtsstunde stehenbleiben, damit die Lerner die neue Lexik während der ganzen Zeit vor Augen haben. Es muß deshalb bei der Unterrichtsvorbereitung sehr genau geplant werden.

Tafel, Tageslichtprojektor, Arbeitspapier

	Vorteile	Nachteile
Tafel	ständige Verfügungsbereitschaft, leicht zu handhaben, billig	staubt, wenn Kreide zum Anschreiben verwendet wird, (wird deshalb in Räumen mit technischen Geräten durch Kunststofftafeln für Filzschreiber ersetzt); Anschrieb benötigt (Unterrichts-)Zeit; wird nach der Stunde abgewischt und muß bei Bedarf erneut erstellt werden;
	S schreiben von Tafel ab, üben dabei graphische Form	S schreiben evtl. fehlerhaft ab
Tageslichtprojektor	Lehrer kann Beschriftung zu Haus in Ruhe vorbereiten (erspart Unterrichtszeit), Folien sind wiederverwendbar, können	relativ teuer, stromabhängig, Schrift (›Tafelbild‹) verschwindet, wenn Projektor abgeschaltet wird

	Vorteile	Nachteile
	beliebig ergänzt, übereinandergelegt, getrennt werden; Handhabung des Gerätes bietet auch dem technisch Unbegabten keine Schwierigkeiten	
Arbeitspapier	S erhält das Material der gesamten Stunde fehlerfrei, kann es mit nach Hause nehmen und dort nachbereiten; S kann sich im Unterricht auf Erklärungen des L konzentrieren, wird nicht durch Abschreiben abgelenkt	Üben der graphischen Form durch Abschreiben entfällt (falls S dies nicht zu Haus gesondert übt); lenkt Aufmerksamkeit des S von Erklärungen des L ab, falls er es zu Beginn des Unterrichts erhält und während der Erklärungen des Lehrers liest.

Am besten kombiniert man die drei Möglichkeiten. Während des Unterrichts projiziert der Lehrer die Grundformen der neuen Lexik sowie Beispiele und notiert gleichzeitig die Grundformen an der Tafel, damit diese den S vor Augen bleiben, wenn der Tageslichtprojektor ausgeschaltet wird. Am Ende der Unterrichtsstunde erhalten die Lerner das Arbeitspapier mit der neuen Lexik (Grundformen und Beispiele) zur häuslichen Nachbereitung.

5. Nachsprechen – Mitsprechen

Nachsprechen: Der Lerner hört und wiederholt.
Mitsprechen: Der Lerner hört und spricht gleichzeitig mit.

Nachsprechen einzelner Textsegmente	Beispiel: Sie geben also zu, daß sie mehr als zwanzigmal ohne Fahrkarte nach Augsburg gefahren sind.

dient meist der Einübung von Aussprache und Intonation.

Nachsprechen mit Erweiterung vom Kern	Beispiel: Sie sind nach Augsburg gefahren. Sie sind ohne Fahrkarte nach Augsburg gefahren. Sie sind zwanzigmal ohne Fahrkarte nach Augsburg gefahren. Sie sind mehr als zwanzigmal ohne Fahrkarte nach Augsburg gefahren.

Der Kernsatz wird durch Hinzufügen immer neuer Satzglieder fortlaufend erweitert. Dies bewirkt eine Automatisierung des entsprechenden Satzes unter gleichzeitiger
a. Festigung der richtigen Aussprache,
b. Erhöhung der Sprechgeläufigkeit,
c. Vertiefung des Einblicks in die Baugesetze der deutschen Sprache,
d. Vertiefung des Verständnisses aufgrund des stufenweisen Aufbaus des Satzes.

6. Lesen

Lautes Lesen bedeutet die Umsetzung der graphischen Zeichen in Laute, ist eine rezeptiv-reproduktive Tätigkeit und kann im Fremdsprachenunterricht nicht als Ziel-, sondern nur als Mittlertätigkeit begriffen werden, sieht man von einer Spezialausbildung

wie der von Deutschlehrern ab. Die Motorik ist am Verstehen beteiligt, und es kann als gesichert gelten, daß das stille verstehende Lesen, eine Zielfähigkeit des Fremdsprachenunterrichts, von einem inneren Artikulieren begleitet wird. Dies ist besonders beim Anfänger stark ausgeprägt. (Man kann es z. B. daran erkennen, daß er beim stillen Lesen die Lippen bewegt.)
Lautes Lesen hat im Anfängerunterricht seinen Sinn, tritt auf der Fortgeschrittenenstufe aber mehr und mehr zurück.
Es ist, zumindest auf der Anfängerstufe, nicht sinnvoll, einen Text, nachdem er gehört/verstanden sowie wiederholt nachgesprochen wurde, anschließend sofort laut vorlesen zu lassen. Das graphische Bild wird mit Sicherheit Aussprache und Intonation negativ beeinflussen. Daher sollte das laute Lesen stufenweise vorbereitet werden über das

stille Mitlesen: der Lerner hört den Text und liest mit den Augen mit; dabei identifiziert er das Gehörte mit den graphischen Zeichen;

Nachlesen: der Lerner hört den Text ab/satzweise und liest ihn anschließend laut, wobei der Lehrer darauf achten sollte, daß der Lerner wirklich liest und nicht aus dem Gedächtnis wiederholt; aus diesem Grund dürfen die Abschnitte nicht zu kurz sein. Der Lerner identifiziert jetzt das Gehörte mit den graphischen Zeichen und setzt anschließend die graphischen Zeichen in Laute um;
schließlich folgt das

Vorlesen: der Lerner hat jetzt nur noch das graphische Bild vor Augen und erhält keine Hilfe mehr über das Ohr; dabei setzt der Lerner die graphischen Zeichen in Laute um.

Die Modelle A–C geben – abhängig vom Anteil neuer Lexik im Text – die Reihenfolge an, in der die einzelnen Unterrichtsschritte einander folgen sollen, also z. B. bei Modell C – angenommen, der Text enthält viel neue Lexik –:

4 = Erklären der (für das Textverständnis notwendigen) Lexik,
1 = Hören des Textes (mindestens zweimal),
2 = Übersichtsfragen,
1 = (erneutes) Hören des Textes,
3 (4) = Detailfragen mit gleichzeitiger Vermittlung der übrigen neuen Lexik,
5 = Nachsprechen, Mitsprechen,
6 = Lesen.

Bei den Modellen A und B folgt nach dem Schritt 3 (4) noch einmal 1 (Hören), damit die Lerner den Text noch einmal im Zusammenhang hören, nachdem er im vorhergehenden Schritt in allen Einzelheiten besprochen wurde und sie dadurch vielleicht den Überblick verloren haben.
Das Nachsprechen ist ein Schritt, der typisch ist für die AV-Methode.

Die drei vorgeschlagenen Modelle zur Einführung eines Hörtextes sind an die audiovisuelle Methode angelehnt, legen jedoch mehr Wert auf die Erklärung des neuen Materials, vor allem die Erklärung vor dem Nachsprechen, als dies bei audiovisuellen Kursen normalerweise der Fall ist*. Wir folgen damit dem Prinzip der Einheit von Imitation und Bewußtheit, welches besagt, daß alle Übungen, in denen mechanisch nachgeahmt oder geübt wird, ohne daß die Lerner die Bedeutung eines Wortes oder einer entsprechenden Struktur kennen, auszuschließen sind.

* Eine genaue Beschreibung einer audiovisuellen Texteinführung finden Sie bei Ludger Schiffler (Schiffler 1976: 64 ff.).

Einführung eines Textes zum stillen verstehenden Lesen

In Anlehnung an L. Pohl (Autorenkollektiv u. L. v. Pohl et al. 1978: 264ff.) möchten wir folgendes Vorgehen empfehlen, das hier überblickhaft dargestellt werden soll:

Lerner-(Schüler)-aktivität	*Lehreraktivität*
S erfassen Aufgabenstellung	L erläutert Zielstellung: stimmt S auf die zu lösende Aufgabe ein, weckt ihr Interesse, ihre Wißbegierde, schafft eine Leseerwartung; sagt S die Aufgabenstellung: – vollständiges Erfassen oder – Erfassen des wesentlichen Inhalts; teilt S die Form der Auswertung mit, gibt S Hinweise zum Arbeitsweg (Schritte, Hilfsmittel, Notizen ...)
S lesen den Text still a) vollständig erfassend oder b) im Überblick; a) S verstehen bei erstmaligem Lesen den Text vollständig; der Text ist sprachlich einfacher, nicht so lang b) S erfassen zunächst nur die wesentlichen Züge des Textes; dieser ist anspruchsvoller, länger	L läßt S still lesen
1. Lesephase	L kann zwei Lesephasen ansetzen (zur Isolierung der Schwierigkeiten und stärkeren Konzentration der S auf den Kontext beim Erschließen unbekannter Lexik):
kursorisches Lesen (globales Lesen) S erfassen das allgemeine Anliegen des Textes, erkennen, wo sie Hilfsmittel brauchen, ziehen das Wörterbuch jedoch nur bei Schlüsselbegriffen zu Rate S erschließen mit Hilfe ihrer Sprachkenntnisse und analytischen Fähigkeiten möglichst viele Informationen aus dem Kontext, einschließlich unbekannter rezipierbarer oder vergessener Lexik (das wirkt einer schülerhaften Lesehaltung entgegen; die Lesezeit ist deshalb begrenzt) S üben sich damit in rationellem Lesen und den Grundschritten wissenschaftlichen Arbeitens	– kursorisches Lesen des Gesamttextes

Es folgt eine Phase der Auswertung und Einschätzung, welche Maßnahmen zu treffen sind, um das Ziel ›vollständiges Erfassen des Textinhalts‹ zu erreichen.

S beantworten die Fragen des L, zeigen, daß/ob sie das allgemeine Anliegen des Textes erfaßt haben	L stellt allgemeine Fragen, die nicht auf Einzelheiten eingehen; d. h. stellt fest, ob S die Gliederung des Textes, wesentliche Abschnitte und das allgemeine Anliegen erfaßt haben

Lerner-(Schüler)-aktivität	*Lehreraktivität*
2. Lesephase statarisches Lesen	– statarisches (verweilendes) Lesen des Gesamttextes oder von Abschnitten
S entnehmen dem Text jetzt genauere Informationen, suchen Antworten auf Fragen, ziehen das Wörterbuch zu Rate, machen Notizen	L lenkt evtl. durch orientierende Fragen (MuS oder FS, Tafel, Tageslichtprojektor); die Fragen lenken die Aufmerksamkeit der S und orientieren sie auf die Lexik hin, die sie im Wörterbuch nachschlagen müssen (evtl. notiert der L an der Tafel ausgewählte Lexik, um übermäßiges Nachschlagen zu vermeiden)
Kontrollphase S weisen Verständnis nach (FS oder MuS) S übersetzen evtl. Problemstellen	L kontrolliert Verständnis und wertet erzieherisch aus; klärt offene Fragen; läßt bei problemhaltigen Texten evtl. kurze Diskussion führen
Wenn die Lektüre umfangreicherer Texte in die häusliche Arbeit verlegt werden muß:	
S lesen Text grundsätzlich 2mal (wie oben ausgeführt)	L gibt vorher methodische Hinweise zur Hausarbeit
S ziehen Zwischenbilanz, wieweit sie den Text nach dem 1. Lesen verstanden haben; formulieren Fragen, setzen so selbst Schwerpunkte für das 2. Lesen	L wertet gelesenen Text in Klasse aus L nutzt von S formulierte Fragen und Notizen für Auswertung
S machen Notizen S fertigen evtl. Exzerpte an	L gibt evtl. zusätzliche Informationen, z. B. über Leben des Autors, seine Stellung zu dem aufgeworfenen Problem, Informationen, die zur gedanklichen Verarbeitung beitragen L wertet das Exzerpt aus

In einsprachigen Kursen kann mit dem stillen Lesen evtl. das Übersetzen einzelner sprachlich schwieriger Stellen und/oder inhaltlich wichtiger Abschnitte verbunden werden. Dem Lehrer dient es zur Verständniskontrolle, der Lerner übt sich darin, Textabschnitte inhaltlich und sprachlich genau zu erfassen und stilistisch angemessen wiederzugeben. Dies entspricht auch einer Anforderung in vielen Berufen, besonders bei der Auswertung von wissenschaftlichen Veröffentlichungen, wo genaues Verstehen notwendig ist.

Das Übersetzen im Unterricht sollte sich aber stets auf einzelne Stellen bzw. Abschnitte beschränken.

Raissa Orlowa
Ich war hilflos, stumm und taub

Für uns galt es nun, in einer fremden Welt leben zu lernen: Ich war hilflos, stumm und taub. Erst zwei Wochen vor unserer Abreise aus Moskau hatte ich begonnen, systematisch Deutsch zu lernen. Aber die Sprachbarriere war bei weitem nicht das einzige Hindernis, mit dem ich zu kämpfen hatte. Da waren die unzähligen kleinen Alltagsdinge: Ich kam beispielsweise mit der Automatik beim Einsteigen in Straßenbahn, Bus oder U-Bahn nicht zurecht. Sie gehorchte mir ganz einfach nicht. Zu Hause brauchte ich bloß meinen Fünfer in den Schlitz zu werfen und dann – fahr, wohin du willst und so lange du willst!
Und dann das Einkaufen! Ich kann nicht richtig erklären, was ich haben möchte; und ich kann nicht verstehen, was man mir auf mein Gestammel antwortet. Ich brauche einen Bärenführer. Ein deutscher Bärenführer, so hilfreich er ist, reicht nicht aus, denn er kann

sich überhaupt nicht vorstellen, was ich alles nicht weiß. Da half mir eine russische Freundin, die zwei Jahre vorher selber diesen »Anpassungsschock« erlebt und überstanden hatte.

Ich werde mit Ratschlägen überschüttet: »Lebensmittel bloß im Supermarkt kaufen.« ». . . Bei Aldi gibt's die besten Nährmittel.« ». . . Nein, nicht in den Laden da! Das ist ein Einzelhandelsgeschäft und daher viel teurer.«
Ich seufze. Noch immer kann ich mich nicht daran gewöhnen, daß ein und derselbe Gegenstand mal teurer und mal billiger ist: Das kann ein Brotkasten, ein Teeservice, eine Hose oder was auch immer sein. Der Preis hängt von der Art des Geschäfts, von der Herstellerfirma, vom Stadtteil, von der Jahreszeit ab. Die Unterschiede sind erheblich, bis zu 100 Prozent.
(aus: Drochner/Föhr 1985: 6–7 (b) (gekürzt))

8.4. Wortschatz und Wortschatzvermittlung

Der Wortschatz umfaßt die Gesamtheit der Wörter einer Sprache (das Deutsche hat 300 000 bis 500 000). Man unterscheidet die offene Klasse der Inhaltswörter (Substantive, Verben, Adjektive) – offen, da sie sich in ständiger Entwicklung befindet, indem sie sich neuen Kommunikationsbedürfnissen anpaßt, wodurch laufend neue Bedeutungen und neue Wörter entstehen – und die geschlossene Klasse der Strukturwörter (Pronomen, Artikel, Konjunktionen, Präpositionen usw.) – geschlossen deshalb, weil heute keine neuen Wörter dieser Klasse mehr entstehen und ihre Zahl begrenzt ist.

Weiter unterteilt man in primären (oder Grund-) Wortschatz und sekundären (oder abgeleiteten) Wortschatz. Zum sekundären Wortschatz zählt man die Wörter, die mit Hilfe von Wortbildungsregeln vom Grundwortschatz abgeleitet sind.

Im Fremdsprachenunterricht unterscheidet man zwischen dem aktiven, dem passiven und dem potentiellen Wortschatz. Der aktive Wortschatz umfaßt die Wörter, die der Lerner produktiv zu verwenden in der Lage ist, der passive umfaßt die Wörter, die er einmal gelernt hat, aber nicht produktiv beim Sprechen und Schreiben verwenden kann, sondern die er nur wiedererkennt und versteht, wenn er sie hört oder liest. Zum potentiellen Wortschatz eines Lerners zählt man alle abgeleiteten und zusammengesetzten Wörter, die dem Lerner vollkommen neu sind, die er aber aufgrund ihrer Bildung erschließen kann, wenn er Grundwort und entsprechende Wortbildungsregeln kennt. Dieser potentielle Wortschatz ist für den Lerner von großer Bedeutung, da von ihm das Niveau seines Hör- und Leseverständnisses abhängt. (Leider wird die Vermittlung und das Üben eines so wichtigen Gebietes im Fremdsprachenunterricht noch sehr vernachlässigt.)

Darüber hinaus gibt es noch die sog. Internationalismen, Wörter, die in gleicher Bedeutung und gleicher oder ähnlicher Form in verschiedenen Kultursprachen vorkommen und die der Lerner erschließen kann, weil sie in seiner Muttersprache ähnlich oder gleich ausgesprochen oder geschrieben werden (z. B. Radio, Telefon, Telegramm).

Weiter kann man unterscheiden nach lokalen Varianten (Dialekte), sozialen Varianten (Hochsprache, Umgangssprache, Slang), nach verschiedenen Sprachstilen (formale, familiäre, poetische, Prosasprache).

Nach der Art der Sprachverwendung spricht man von Schriftsprache und von gesprochener Sprache.

Wortschatzbeschränkung

Niemand, auch nicht der Muttersprachler, beherrscht den Gesamtbereich einer Sprache. Im Fremdsprachenunterricht ist es schon aus zeitlichen Gründen erforderlich, einen Teilbereich der fremden Sprache auszuwählen und zu vermitteln, der trotz dieser Beschränkung noch funktionsfähig ist. Das geschieht meist in Form sog. ›Grundwortschätze‹. Innerhalb solcher Teilsysteme kann man dann wieder zwischen aktivem und passivem Wortschatz unterscheiden.

Die Funktionswörter müssen in einem Grundwortschatz vollständig enthalten sein, sonst ist er nicht funktionsfähig. An Inhaltswörtern hat man lange Zeit solche ausgewählt, die häufig vorkommen, in vielen Situationen und Texten verwendbar sind, wichtig für die Wortbildung und relativ leicht erlernbar sind. Dabei war das Kriterium der Häufigkeit das wichtigste, weil man davon ausging, daß ein sehr häufig vorkommendes Wort auch einen breiten (neutralen) Anwendungsbereich hat. Die Häufigkeit des Vorkommens sagt aber noch nichts aus über die Bedeutung/den Nutzen eines Wortes für einen bestimmten Lerner. Deshalb muß man bei der sinnvollen Auswahl eines Wortschatzes immer auch die Lernziele berücksichtigen. Aus diesem Grund zieht man heute lernzielorientierte Sprachminima den Grundwortschätzen vor. Zu den Lernzielbestimmungen der neueren Curricula (z. B. Volkshochschul-Zertifikat) liegen Listen von Situationen, Themen, Sprechintentionen und Notionen vor (DVV/GI 1977). Diesen Listen wird dann entsprechend dem Lernziel sprachliches Material zugeordnet (Baldegger/Müller/Schneider 1982).

Anschließend müßten mit dem so gewonnenen sprachlichen Material lernzielorientierte Häufigkeitszählungen durchgeführt werden. Wegen des damit verbundenen hohen Aufwandes verzichtet man jedoch neuerdings darauf und läßt sich in der Praxis eher von subjektiven Entscheidungen leiten.

Darbietung des Wortschatzes

Dem Lerner müssen drei Komponenten eines jeden Wortes vermittelt werden: seine Aussprache, seine Orthographie, seine Bedeutung. Alle drei sollten zusammen angeboten werden. Im Anfängerunterricht ist allerdings darauf zu achten, daß der Lerner zuerst mit dem Lautbild und der Bedeutung vertraut gemacht wird, bevor auch das Schriftbild präsentiert wird. Andernfalls kann das Laut- durch das Schriftbild negativ beeinflußt werden, weil das Schriftbild zur falschen Aussprache verleiten kann. Im Anfängerunterricht ist es am günstigsten, wenn kurz hintereinander das Wort gehört, gesprochen, gelesen und geschrieben wird. Vor allem im Anfängerunterricht sollte man pro Unterrichtsstunde nicht mehr als 8–12 neue Wörter einführen. Ein neues und unbekanntes Wort sollte immer nur in der Bedeutung erklärt werden, die es im vorliegenden Kontext hat, denn nur im Kontext ist die Bedeutung eines Wortes eindeutig zu erschließen; außerdem würde die Vermittlung weiterer Bedeutungen des neuen Wortes den Lerner nur verwirren und zu Fehlern verleiten.

Man kann neue Wörter vor der Behandlung des Textes einführen oder aber während der Arbeit am Text. Im Anfängerunterricht und bei lexikalisch schwierigen Texten generell empfiehlt sich der erste Weg, weil damit Schwierigkeiten vor der Behandlung des Textes beseitigt werden können. Die neuen Wörter werden dabei nicht in der Reihenfolge ihres Auftretens im Lektionstext erklärt, sondern innerhalb eines kleinen Gesprächs oder eines schriftlichen Einführungstextes miteinander in Beziehung gesetzt. Dadurch werden Assoziationen gestiftet, die das Behalten erleichtern. Dieser Einführungstext sollte nicht zu lang sein und die neuen Wörter anschaulich und eindeutig erklären. Ein Satz darf höchstens *ein* unbekanntes Wort enthalten. Alle anderen Wörter müssen dem Lerner bekannt sein. Natürlich müssen die neuen Wörter im Einführungstext die gleiche Bedeutung haben wie im Lektionstext.

Ausschnitt aus einem *Einführungstext* zu einem Dialog über das Gutenberg-Museum in Mainz

r Ton, Ø	Vor der Erfindung des Papiers benutzte man andere Materialien zum Schreiben. Im alten Babylon schrieb man auf **Ton**täfelchen, kleine Tafeln aus **Ton,** einer bestimmten Erdsorte.
r Papyrus, Papyri	Die alten Ägypter benutzten **Papyrus,** den sie aus der gleichnamigen Pflanze gewannen.
s Pergament, -e prachtvoll e Prachthandschrift, -en vollendet zeitgenössisch	Im Mittelalter schrieb man auf getrocknete Tierhaut, das **Pergament.** Die Bücher wurden damals mit der Hand geschrieben und **prachtvoll,** also sehr reich und kostbar, ausgemalt. Es dauerte oft Jahre, bis eine solche **Prachthandschrift vollendet** war. **Zeitgenössische** Bücher, also Bücher, die heute entstehen, werden gedruckt.

(Heyd/Szelényi 1973: 61)

Beispiel für ein *einführendes Klassengespräch*

s Verkehrszeichen, -	Sind Sie Autofahrer? Nein? Aber Sie kennen sicher einige **Verkehrszeichen.**

	Das sind einige Verkehrszeichen.
	Dieses Verkehrszeichen bedeutet: Parken verboten!
parken ab/stellen	Hier darf man sein Auto nicht **parken.** Man darf es hier nicht **abstellen.** Hier ist Parkverbot.
r Strafzettel, -	Sie parken Ihr Auto trotzdem hier? Dann bekommen Sie eine Strafe. An Ihrem Auto ist ein **Strafzettel.** Sie müssen 20 DM Strafe zahlen.
r Parkplatz, -"e	Hier darf man sein Auto abstellen. Das ist ein **Parkplatz.**

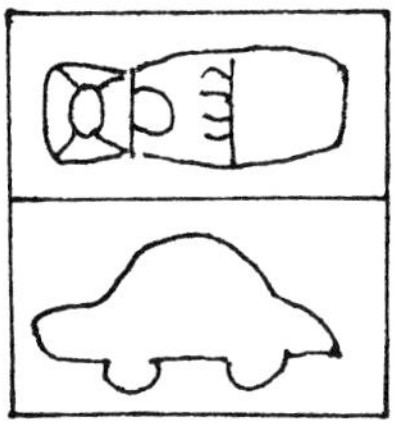

Neue Wörter können auch in Form eines *advance organizer* erklärt werden:

Advance organizer
zu »Haus«

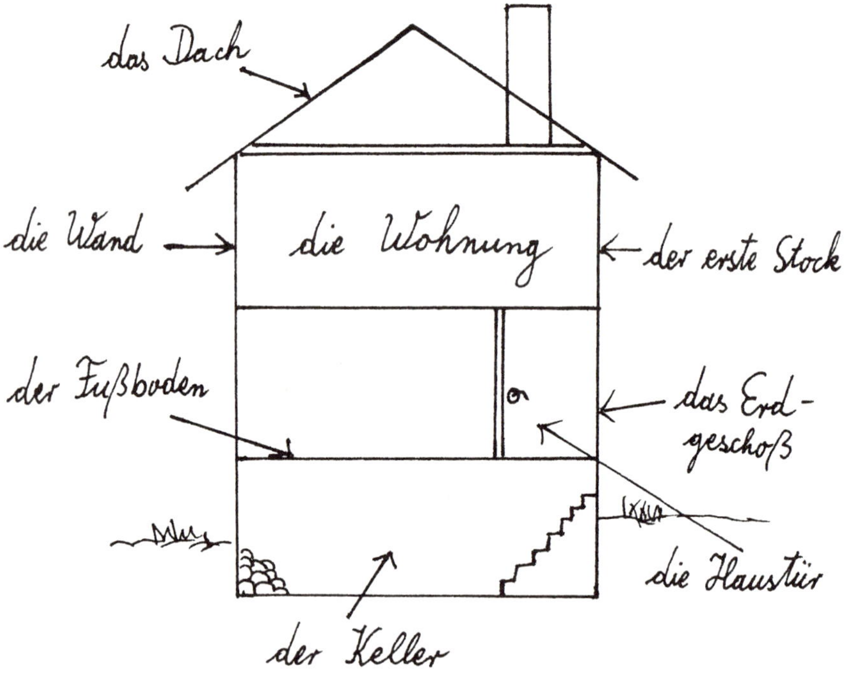

Advance organizer
zu »Geburtstag«

s Geschenk, -e
schenken

feiern — Der Geburtstag — einladen
s Fest, -e — r Gast, -"e

gratulieren
r Glückwunsch, -"e

Dabei werden alle Assoziationen, die den Lernern zu einem Thema einfallen, in Stichwörtern an der Tafel (bzw. auf Folie) gesammelt und zu Themenbereichen, sog. Assoziationenbündeln, geordnet. Neues Wortmaterial wird erklärt und bereits Bekanntem zugeordnet.

Dieses Vorgehen kann unterstützt werden durch graphische Darstellungen zum Thema, Bilder, Collagen (zu Collagen vgl. auch Aufderstraße et al. 1983 und 1984).

Auswahl des zu vermittelnden Wortschatzes

Auf der Anfängerstufe kann man alle unbekannten Wörter in einem Einführungstext einführen, später wird man sich auf die wichtigen und schwierigen Wörter – vor allem die schwierigen Schlüsselwörter – beschränken. Die anderen neuen Wörter kann man bei der Arbeit am Text erschließen.

Der Lehrer wird sich bei der Unterrichtsvorbereitung also überlegen, welche Wörter er erklären soll. Bereits im Unterricht auf der Stufe ›fortgeschrittene Anfänger‹ könnte er wie folgt verfahren.

Er markiert alle seiner Klasse unbekannten Wörter und ordnet sie in die folgenden Gruppen ein:

zum Textverständnis notwendige Lexik,
zum Textverständnis nicht unbedingt notwendige Lexik

und beide Gruppen jeweils wieder in:

vom Lerner selbständig erschließbare Lexik,
vom Lerner nicht selbständig erschließbare Lexik.

Die notwendige, aber vom Lerner nicht selbständig erschließbare Lexik wird vor der Textpräsentation semantisiert, da sonst wichtige Teile des Textes unverstanden bleiben; die nicht erschließbare, aber auch nicht unbedingt notwendige Lexik kann während der Arbeit am Text erklärt oder nachgeschlagen werden. Die vom Lerner selbständig erschließbare Lexik sollte jedoch nicht vom Lehrer erklärt werden. An ihr sollten vielmehr Erschließungsverfahren aufgezeigt und eingeübt werden.

Die Aufbereitung könnte etwa wie folgt aussehen:

Seltsamer Spazierritt
Johann Peter Hebel

Ein Mann reitet auf seinem Esel nach Haus und läßt seinen Jungen zu Fuß nebenher laufen. Da kommt ein Wanderer und sagt: »Das ist nicht recht, Vater, daß du reitest und deinen Sohn laufen läßt; du hast stärkere Glieder.«
Da stieg der Vater vom Esel ab und ließ den Sohn reiten.
Wieder kommt ein Wandersmann und sagt: »Das ist nicht recht, Junge, daß du reitest und deinen Vater zu Fuß gehen läßt. Du hast jüngere Beine.« Da saßen beide auf und ritten eine Strecke zusammen.
Kommt ein dritter Wandersmann und sagt: »Was ist das für ein Unfug, zwei Kerle auf

einem schwachen Tier? Man sollte einen Stock nehmen und euch beide hinunterjagen. Da stiegen beide ab und gingen zu dritt zu Fuß, rechts und links Vater und Sohn und in der Mitte der Esel.

Kommt ein vierter Wandersmann und sagt: »Ihr seid drei kuriose Gesellen. Ist's nicht genug, wenn zwei zu Fuß gehen? Geht's nicht leichter, wenn einer von euch reitet?« Da band der Vater dem Esel die vorderen Beine zusammen, und der Sohn band ihm die hinteren Beine zusammen, sie steckten einen starken Ast hindurch und trugen den Esel auf der Achsel heim.

So weit kann es kommen, wenn man es allen Leuten recht machen will.

(aus: Johann Peter Hebel: *Kalendergeschichten*)

neue Lexik

zum Textverständnis notwendig	nicht notwendig	
Esel zu Fuß laufen das ist recht aufsitzen Tier hinunterjagen kurioser Geselle vorder hinter so weit kommen	reiten nebenher Wanderer, Wandersmann Glieder absteigen eine Strecke für ein Unfug Kerl schwach	Stock binden Ast auf der Achsel
vom Lerner selbständig erschließbar ja	nein	
reiten zu Fuß laufen nebenher Wanderer, Wandersmann das ist recht absteigen aufsitzen Tier kurios (hängt von Muttersprache des Lerners ab) binden vorder hinter	Esel Glieder eine Strecke für ein Unfug Kerl schwach Stock hinunterjagen Geselle kurios (hängt von Muttersprache des Lerners ab)	Ast auf der Achsel so weit kommen

Um die Selbständigkeit der Lerner zu fördern, sollte man auf fortgeschrittener Stufe mehr und mehr dazu übergehen, die Lerner zunächst den Text still lesen, dabei die nicht erschlossenen Wörter unterstreichen zu lassen und diese dann mit ihnen gemeinsam in der Klasse zu erschließen. Auf der Oberstufe erschließen die Lerner den Text selbständig mit Hilfe des Wörterbuchs. Dazu muß ihnen allerdings gezeigt werden, wie man sinnvoll mit dem Wörterbuch arbeitet und auch, woran man die Qualität eines Wörterbuchs erkennt.

Das Verstehen eines neuen Wortes muß jeweils kontrolliert werden, da es eine wesentliche Voraussetzung für das Einprägen, Wiedererkennen und Verwenden desselben ist.

Verfahren der Bedeutungsvermittlung

Bevor man sich entscheidet, wie man fremdsprachige Wörter vermittelt, muß man verschiedene Vorüberlegungen anstellen, z. B.: Welche Methoden der Wortschatzvermittlung kennt man? Eignen sie sich für alle Wörter und für alle Lerner gleich gut? Welche Hilfen für die Worterklärung gibt es im Lehrbuch? Gibt es ein Wörterverzeichnis, ist es einsprachig oder zweisprachig? Wie bringt es die neuen Wörter – als Vokabelgleichungen oder in ihren häufigsten Kollokationen und Anwendungsbereichen? Wie viele neue Wörter enthält die Lektion? Werden sie auch wiederholt und immer wieder verwendet? Wie wird der Wortschatz eingeübt, und soll er auch in möglichst realen Kommunikationssituationen angewendet werden?

Auch bei der Wortschatzarbeit unterscheiden wir nach dem Phasenmodell: die Einführungs- oder Vermittlungsphase, die Übungs- bzw. Festigungsphase und die Anwendungsphase.

Dieses Kapitel soll einige Verfahren der Wortschatzeinführung darstellen.

Bei der Bedeutungsvermittlung unterscheidet man nichtsprachliche (Demonstration = visuelle oder Zeigeverfahren) und sprachliche Verfahren. Die sprachlichen Verfahren gliedern sich in einsprachige und zweisprachige.

Man kann fünf Klassen von Erklärungsmöglichkeiten unterscheiden:
1. Demonstration,
2. Verwendung in einem typischen Kontext,
3. Herstellung eines logischen Bezugs,
4. Erklärung durch einzelne bereits bekannte Wörter,
5. Übersetzung.

1. Demonstration
Sie macht schon im Anfängerunterricht einsprachige Kommunikation möglich.

Das ist ein Fenster, das ist eine Tür.	(Der Lehrer zeigt auf den betreffenden Gegenstand.)
Das sind Verkehrszeichen.	(Der Lehrer veranschaulicht bildlich durch Folie, Bild, Tafelzeichnung.)
Ich schreibe an die Tafel. Ich schreie.	(Der Lehrer führt die entsprechende Tätigkeit aus.)

Man muß sich allerdings auch über die Grenzen dieses Verfahrens im klaren sein. Nicht jede Bedeutung kann demonstriert werden (z. B. nicht bestimmte Abstrakta), die Bedeutung kann aber auch unklar bleiben. Wenn Sie z. B. das Wort ›Blume‹ erklären wollen, wäre es falsch, nur eine Rose zu zeigen. Erst wenn Sie mehrere Blumenarten zeigen (eine Rose, Tulpe, Nelke ...), kann sich die verallgemeinernde Bedeutung ›Blume‹ einstellen, was sich aber als ein umständliches Verfahren erweisen kann.

Zwei Schlußfolgerungen lassen sich daraus ziehen: Erstens sollte man nicht jedes Wort optisch veranschaulichen wollen (wie es manche audiovisuellen Kurse tun), und zweitens muß man gerade bei Demonstrationsverfahren durch Kontrollfragen sicherstellen, ob und inwieweit die Bedeutung verstanden ist.

Auch Zahlen, Farben und einige Präpositionen kann man auf diese Art erklären.

in (Akk.)
in (Dat)
aus
durch
um

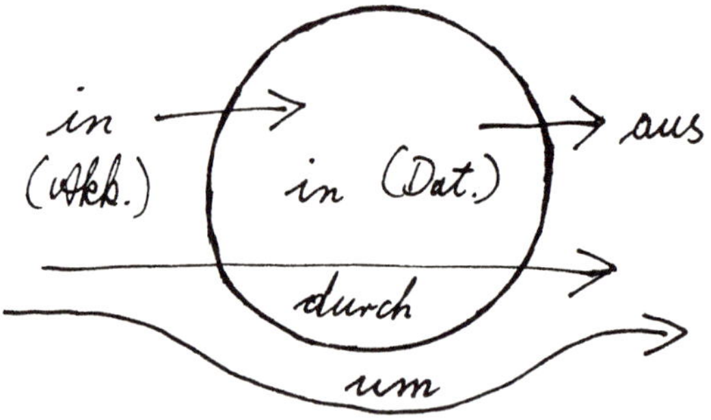

Die wichtigste Art der Bedeutungsvermittlung stellen wohl die einsprachigen Verfahren dar. Bei ihnen werden die neuen Wörter in typischen Situationszusammenhängen und in gebräuchlichen sprachlichen Kontexten dargestellt.

2. Verwendung in einem typischen Kontext
Die Bedeutung des neuen Wortes muß eindeutig aus dem sprachlichen Zusammenhang hervorgehen. Dazu müssen alle anderen Wörter und die in der Erklärung herangezogenen Sachverhalte bekannt sein:

Kolumbus *entdeckte* Amerika. (Die Lerner müssen wissen, wer Kolumbus war, sonst ist die Erklärung für sie wertlos.)

Die Eignung eines Kontextes hängt von verschiedenen Bedingungen ab:

a. Der Kontext muß genügend erklärende Bestimmungen enthalten. Je mehr Bestimmungen er enthält, desto eindeutiger wird das Wort.
b. Je konkreter diese Bestimmungen sind, desto klarer wird die Bedeutung.

Das soll an einem Beispiel gezeigt werden. Das Beispiel enthält das Unsinn-Wort ›blirren‹. Seine Bedeutung wird umso klarer, je mehr Bestimmungen und je konkretere Bestimmungen der Satz enthält.

zu a:

Die Bankräuber blirrten.
Die Bankräuber blirrten ihn.
Die Bankräuber blirrten ihn an die Heizung.
Die Bankräuber nahmen ein Seil und blirrten ihn an die Heizung.
Dann blirrten sie seine Arme auf seinem Rücken zusammen.

zu b:

Es hat zwei Blirren. Ich benutze die kleinere, wenn ich abends davor sitze.
Es hat zwei Blirren. Ich benutze die kleinere, wenn ich abends vor dem Fernseher sitze.
Mein Zimmer hat zwei Blirren. Ich benutze die kleinere, wenn ich abends vor dem Fernseher sitze.
Mein Zimmer hat zwei Blirren. Ich knipse die kleinere an, wenn ich abends vor dem Fernseher sitze.

Bei der

3. Herstellung eines logischen Bezugs

ordnet man in der

Definition das neue Wort einem Oberbegriff zu und gibt seine unterscheidenden Merkmale an:

Der **Wecker** ist eine Uhr, die zu einer bestimmten Zeit, die man vorher einstellt, klingelt oder rasselt.

oder erklärt den Oberbegriff durch mehrere untergeordnete:

Angabe untergeordneter Begriffe, die als Beispiele dienen:

Blume: Rosen, Tulpen, Nelken sind Blumen.

oder läßt das neue Wort durch einen

Analogieschluß ableiten:

Atelier: Die Sekretärin arbeitet im Büro.
Der Maler arbeitet im Atelier.

Der vom Lerner verlangte Schluß ist der: ›Sekretärin‹ verhält sich zu ›Büro‹ wie ›Maler‹ zu ›Atelier‹, also ist ›Atelier‹ für ›Maler‹ das, was ›Büro‹ für ›Sekretärin‹ darstellt.

Gleichung:

Wochenende = Samstag und Sonntag
8 = acht

Die Erklärung durch eine Gleichung ist die einfachste Form des logischen Bezugs, allerdings auch die am seltensten vorkommende.

Eine Erklärung durch eine Definition setzt ein hohes Sprachniveau des Lerners voraus. So müssen z. B. die zur Erklärung erforderlichen Oberbegriffe bekannt sein.

Bei der

4. Erklärung durch Hinweis auf einzelne bekannte Wörter

vermittelt man die neuen Wörter mit Hilfe ihrer

Synonyme, d. h. bedeutungsgleicher oder -ähnlicher Wörter:

Geschwindigkeit	–	Schnelligkeit
deuten auf	–	zeigen auf
töricht	–	dumm,

Antonyme, d. h. Wörter mit entgegengesetzter Bedeutung:

groß/klein
Ankunft/Abfahrt
alt/neu
jung
schließen/öffnen,

durch Ableitung von bekannten Grundwörtern:

arbeiten	–	Arbeiter	möglich	–	unmöglich
hoch	–	Höhe	essen	–	eßbar

oder durch ihre *akustische:*

Englisch – Deutsch: shoe – Schuh, fish – Fisch, mouse – Maus

oder *graphische Ähnlichkeit* mit Wörtern der Muttersprache:

Englisch – Deutsch: theatre – Theater, cathedral – Kathedrale, minute – Minute.

Bei der Arbeit mit Synonymen und Antonymen muß beachtet werden, daß es Bedeutungsgleichheit oder -gegensatz immer nur in bestimmten Kontexten gibt. Dies muß dem Lerner bewußt gemacht werden:

ein altes Haus – ein neues Haus	mein alter Freund	– mein neuer Freund
		– mein junger Freund.

Bei der Erklärung mit Hilfe von Wortbildungsmitteln muß deren Bedeutung erklärt und geübt werden.

Ist es nicht möglich, mit Hilfe der aufgezeigten Verfahren die Bedeutung eines Wortes eindeutig zu klären, oder ist dies zu zeitraubend, und stimmen die Inhalte beider Wörter weitgehend überein, dann bietet sich das zweisprachige Verfahren der

5. Übersetzung an.
(Nachdem lange Zeit die Übersetzung als Verfahren der Bedeutungsvermittlung vollkommen verpönt war, gibt es heute sogar Stimmen, die für die Übersetzung als alleiniges Verfahren der Worterklärung (und Einübung durch wiederholtes Hin- und Herübersetzen) plädieren.

Butzkamm, einer der Vertreter dieser ›aufgeklärten Zweisprachigkeit‹, gibt an, durch dieses Vorgehen erleichtere er seinen Lernern die Arbeit, steigere ihre Motivation, so daß sie in kurzer Zeit zu sehr guten Ergebnissen kämen (Butzkamm 1980).

Es ist klar, daß die beschriebenen Verfahren sich nicht für alle Wörter und jede Stufe gleich gut eignen. Auf der Anfängerstufe wird man mehr mit Demonstration und Kontextbeispielen arbeiten. Definitionen wären hier zu schwierig. Fortgeschrittene Lerner sollten sich jedoch daran gewöhnen, Definitionen zu verstehen, da sie ja auch mit einsprachigen Wörterbüchern arbeiten, die Wörter meist definierend erklären. In der Praxis wird man ohnehin versuchen, mehrere Verfahren heranzuziehen, um Eindeutigkeit zu gewährleisten, aber auch um den verschiedenen Lernertypen unter den Schülern gerecht zu werden.

Verständniskontrolle

Es genügt jedoch nicht, unbekannte Wörter zu erklären; der Lehrer muß sich vielmehr auch vergewissern, daß die Bedeutung richtig verstanden worden ist.

Denn das Verstehen ist, wie Butzkamm (Butzkamm 1979: 135 ff.) ausführt, von vielen verschiedenen Faktoren abhängig. Das unserem Bewußtsein innewohnende ständige »Verlangen nach Sinnhaftigkeit in allem, was aufgefaßt und erlebt wird« (Butzkamm 1973: 48), führt dazu, daß wir alles, was wir aufnehmen, miteinander in einen für uns sinnvollen Bezug zu setzen versuchen. Ein gutes Beispiel dafür sind die sog. Volksetymologien. So wurde aus ahd. ›sintfluot‹ = große Flut ›Sündflut‹ oder die Sauerkirschenart ›Chateau Morel‹ zu ›Schattenmorellen‹ (Butzkamm 1979: 134). Ausländische Studierende wundern sich über deutsche Verkehrsdurchsagen, die bei ›sehr flüssigem‹ (zähflüssigem!) Verkehr empfehlen, eine Umleitung zu fahren.

Im Fremdsprachenunterricht muß beachtet werden, daß der erfolgreiche Lerner ständig auf der Suche nach Sinn und Bedeutung ist. Dabei stoßen wir auf das Phänomen der ›spontanen Sinngebung‹. Es stellt sich plötzlich eine Assoziation ein, die irgendwie Sinn ergibt, der Lerner glaubt, bereits verstanden zu haben und fragt nicht mehr weiter, so daß auch weitere Beispiele ihm nicht mehr helfen, seine Fehlinterpretation zu erkennen (Butzkamm 1979: 138 ff.).

Der Lehrer muß deshalb durch Kontrollfragen das Verständnis überprüfen. Im Anfängerunterricht könnte er etwa so vorgehen: Er hat ein neues Verb erklärt und läßt zur Kontrolle die entsprechende Handlung ausführen. (Beispiel: ›vorlesen‹ – Der Lehrer gibt dem Lerner ein beschriebenes Blatt und fordert ihn auf: »Lesen Sie mir das bitte vor!« Tut der Lerner etwas anderes mit dem Blatt – er liest es still, steckt es weg, sagt danke ... – dann zeigt dies, daß er das Wort nicht verstanden hat.) Oder der Lehrer hat das Wort ›Pech‹ erklärt; ›Glück‹ war schon bekannt. Die Lerner sollen sinngemäß mit »So ein Glück!« oder »So ein Pech!« auf die Kontrollfragen antworten: »Was sagen Sie? – Sie haben Ihre Fahrkarte verloren. – Sie haben im Lotto gewonnen. – Sie haben die Prüfung bestanden.«

Derartige Kontrollfragen sind – vor allem für den Anfängerunterricht – empfehlenswerter als die Aufforderung: »Bilden Sie mit dem neuen Wort einen Beispielsatz.« Denn abgesehen davon, daß zu diesem Zeitpunkt erst einmal das Verständnis kontrolliert werden soll und noch nicht die Fähigkeit, das neue Wort auch produktiv zu verwenden, setzt diese Aufforderung auch genügend Phantasie und geistige Wendigkeit beim Lerner voraus, in einer vertretbaren Zeitspanne eigene Beispiele zu finden. Wichtig ist, daß die Kontrollfrage ein eindeutiges Ergebnis sicherstellt.

Erweisen sich die angegebenen Verfahren bei einem Wort oder einer Wendung als zu umständlich oder zu unsicher, kann man die Bedeutung auch vom Lerner in der Muttersprache erklären lassen.

Festigung der neuen Lexik

Die neuen Wörter sollten in der Integrierungsphase in sinnvollen Zusammenhängen von Texten und Übungen gefestigt werden. Viele Lerner lernen jedoch lieber ›Vokabeln‹ auswendig. Es ist deshalb sehr wichtig, daß Wörterverzeichnisse nicht einfach zweisprachige Gleichungen isolierter Wörter sind, sondern neue Wörter in ihrer typischen Verwendungsweise anführen, so daß zugleich die Anwendungsbedingungen der neuen Wörter mitgelernt werden können.

Bitte lernen Sie diese Verben im Kontext

essen	Die Kinder essen. Die Dame ißt Spaghetti. Pizza esse ich gern.
möchten	Was möchtest du? Der Herr möchte eine Tasse Kaffee. Ich möchte einen Whisky trinken.
nehmen	Ich nehme eine Apfeltorte. Nimmst du Zucker?
trinken	Ich trinke Bier. Fräulein Kirsch trinkt Tee.
wünschen	Bitte, was wünschen Sie? Ich wünsche Ihnen einen schönen Tag.

(Häussermann et al. 1978: 8)

Einen nützlichen Hinweis für das Einprägen von Wortschatz geben A. und K. Vorderwülbecke. Sie empfehlen die Anlage einer Wortschatzkartei. Das neue Wort/die neue Wendung wird auf der Vorderseite einer Karteikarte zusammen mit vom Lehrer gegebenen Synonymen, Antonymen und einem Beispielsatz eingetragen. Zu Hause ergänzt der Lerner auf der Rückseite die muttersprachliche Bedeutung.
Die Kartei besteht aus drei Blöcken: dem Lernblock, dem Wiederholungsblock und dem alphabetischen Registerblock.

Die neuen Karten werden zunächst in den Lernblock gestellt. Sobald der Lerner die Bedeutung des Eintrags weiß, wandern sie in den Wiederholungsblock und werden dort alle zwei bis drei Tage überprüft. Sind sie dreimal erfolgreich überprüft worden (das wird auf der Karte jeweils durch einen Strich vermerkt), werden sie in den Registerblock gestellt.

Bei der Einordnung einer Karte in den Registerblock werden dort jeweils einige Karten vor und nach der neuen Karte wiederholt. Stellt sich dabei heraus, daß eine Bedeutung vergessen wurde, wandert die betreffende Karte zurück in den Wiederholungsblock.

Einige Vorteile dieses Vorgehens sind: die neue Lexik prägt sich durch Schreiben besser ein; die neuen Wörter werden mindestens fünfmal wiederholt; die Lernportionen bleiben überschaubar; der Lerner selbst überblickt, welchen Wortschatz er beherrscht; die Einträge auf den Karten können jederzeit ergänzt werden, wobei Zusammengehöriges zusammenbleibt (Vorderwülbecke/Vorderwülbecke 1987: 27–28).

Aber auch dieses Lernen *einzelner* Wörter, wenngleich im Zusammenhang ihrer typischen Verwendungsweise, entspricht nicht unbedingt der besonderen Natur der menschlichen Intelligenz, denn es bedeutet, die Wörter losgelöst von ihrem aus Erfahrung gewachsenen Beziehungsgeflecht, mithin ungeordnet zu lernen.

Nach den Erkenntnissen der Gedächtnisforschung lernt der lernerwachsene Mensch aber so, daß er einer Äußerung das vermeintlich Gemeinte entnimmt und Erkanntes in bereits existierende stabile Beziehungsgeflechte bzw. Schemata einordnet.

Wenn das zutrifft, sollten für das Wortschatzlernen Verfahren eingesetzt werden, die sinnvolles und geordnetes Denken verlangen. Das bedeutet, Wortschatzlernen und Wortschatzübungen sollten basieren auf

- begrifflichem Denken nach der Fragestellung:
  Was haben Sachen gemein?
  Welche Sachen gehören zusammen?
  Woraus bestehen Sachen?

Beispiel: Welche Sachen gehören zusammen? (bzw.: Was paßt nicht?)

Handtuch – Wolldecke – Pflaster – Bettuch
Visum – Paß – Ausweis – Fahrplan
Licht – Öl – Gas – Benzin

(Aufderstraße et al. 1986: 78)

- Klassifizierung durch Über-, Neben-, Unterordnung:
  Beispiel:

Überordnungsbegriff
(Gewichtsabnahme)

Klassifikator (Abmagerungskost)	Klassifikator (Bewegung)
Beispiel (Spargel)	Beispiel (Dauerlauf)
Beispiel (Mineralwasser)	Beispiel (Tanzen)

Eine Variante dazu sind Ganzes-Teil-Beziehungen:

Ganzes
(Mensch)

Teil
(Körper)

Teil
(Arme)

Teil
(Beine)

- assoziativem Denken in Themenbereichen:
  Was fällt mir zu einer Sache ein?

Assoziative Verknüpfungen sind eine wichtige Technik unseres natürlichen Gedächtnisses. Wenn ich z. B. WASSER denke, kann mir dazu: kühl, blau, Durst oder Urlaub einfallen. Diese Assoziationen sind nur scheinbar zufällig und ungeordnet, in der Regel besteht ein beschreibbarer Zusammenhang:
A kommt vor in B: Fisch – Wasser
A hat Ähnlichkeit mit B: Nebel – Schleier
A wird zu B: Eis – Wasser
A ist Gegenbegriff zu B: Wasser – Land
A kommt vor in Form von B: Wasser – Tropfen.
Wir stellen solche Bezüge her aufgrund unserer Vorerfahrungen. Es liegt nahe, assoziative Verknüpfungen für das Wortschatzlernen zu nutzen, z. B. durch die Erstellung von Assoziationenbündeln:

kühl		Meer
blau	— Wasser —	See
naß	|	Fluß
...	Urlaub	...
	Baden	
	Schwimmen	
	...	

(vgl. auch ›advance organizer‹ S. 94)

Man kann bis heute nicht mit Bestimmtheit sagen, ob vorgegebene Kontexte lernwirksamer sind, z. B.:

Ich wohne in einer Großstadt.
a) Straßenbahnen
b) U-Bahn
c) Hochhäuser
d) Verkehrslärm

oder die dem Lerner überlassene Bildung impliziter Kontexte aufgrund von Einzelwörtern. Grundsätzlich allerdings kann man sagen, daß unser Gedächtnis Abstraktionen, Implikationen, vor allem Schemata besser behält als Konkretes, Explizites, da es aus Gründen der Ökonomie das subjektiv Wesentliche herausfiltert und für unwichtig Gehaltenes ›vergißt‹.

Der größte Behaltenseffekt ist sicher damit zu erzielen, wenn man den Lerner dazu bringen kann, den neu gelernten Wortschatz nach den hier genannten Techniken zu ordnen und selbst Übungen zu entwerfen (vgl. auch Rohrer 1985).

Beispiel: Was paßt zusammen?

Aufzug – Beamter – Briefumschlag – Bus – Gas – Kasse – Lebensmittel – Öl – Wohnung – Päckchen – Paket – Paß – Stock – Straßenbahn – Strom – U-Bahn – Verkäufer – Zoll

Grenze	Heizung	Hochhaus	Post	Supermarkt	Verkehr
	Gas			Kasse	Bus

(Aufderstraße et al. 1986: 90)

Entwicklung des selbständigen Erschließens unbekannter Wörter

Zur Wortschatzarbeit gehört auch die Entwicklung der Fähigkeit, unbekannte Wörter in einem Text selbständig zu erschließen. Dem Leser und Hörer werden in fremdsprachigen Originaltexten immer unbekannte Wörter begegnen. Müßte er jedes unbekannte Wort im Wörterbuch nachschlagen, würde er bald die Lust an der Fremdsprache verlieren, da das Nachschlagen mühsam und zeitraubend ist. Der Lehrer muß dem Lerner deshalb möglichst früh Erschließungsmöglichkeiten aufzeigen, die ihm ein ökonomisches Arbeiten erlauben.

Viele neue Wörter kann der Lerner selbständig erschließen, wenn er mit den wichtigsten und produktivsten Wortbildungsregeln vertraut ist. Diese Kenntnis ermöglicht ihm in vielen Fällen auch erst den sinnvollen Gebrauch des Wörterbuchs. Allerdings sind nicht alle Wortzusammensetzungen oder Ableitungen gleich einfach und gleich eindeutig zu erschließen. Löschmann unterscheidet nach dem Grad der Erschließbarkeit, wie aus der folgenden Übersicht zu ersehen ist:

Erschließbarkeit von Substantiven, Verben, Adjektiven
aufgrund von Wortbildungsregularitäten

		leicht	mittelschwer	schwer	nur mit Hilfsmitteln
zusammengesetzte Wörter	1) Bedeutung ergibt sich aus konstituierenden Teilen 2) semantische Beziehung der Teile	1) vollständig 2) attributiv	1) weitgehend 2) durch Sachsteuerung erkennbar	1) nur zu einem bestimmten Teil	1) nicht mehr, da Bedeutungsisolierung
		Briefmarkensammlung	Großstadtverkehr Holzbrücke (Brücke aus Holz) Regenschirm (Schirm gegen den Regen)	Lesebuch (Buch mit geeignetem Lesestoff, meist für die Schule)	Baumwolle
suffigierte und präfigierte Wörter	3) Stammmorphem 4) Bedeutung durch Affigierung	3) unverändert 4) eindeutig	3) durch Ableitung verändert 4) verschieden, aber klar abgrenzbar	4) sehr verschieden, schwer faßbar	4) Bedeutungsisolierung
		Lehrer- Lehrerin drehen–drehbar	verbieten-Verbot Angst-ängstlich schön-verschönern	bemannen bebauen	bekommen
substantivierte Wörter		laufen-das Laufen	–	–	–

(vgl. Löschmann 1971)

Die Arbeit mit der Wortbildung wird sich meist auf die rezeptiven Fertigkeiten beschränken. Nur wenn eine völlig regelmäßige Reihe in Bezug auf Form und Bedeutung vorliegt, sind auch produktive Übungen gerechtfertigt. Ihre Aufgabe besteht darin, die Regelmäßigkeit bewußt zu machen. Durch entsprechende Hinweise muß der Lerner aber auf die Grenzen solcher Regelmäßigkeiten aufmerksam gemacht werden:

Telefon – telefonieren
Transport – transportieren
aber: Musik – musizieren.

Eine weitere Erschließungsmöglichkeit bieten die sog. *Internationalismen.* Sie sind meist aus dem Lateinischen oder Griechischen entlehnt und sind auch in der besonderen Form, die sie in einer anderen (europäischen) Sprache angenommen haben, leicht zu erkennen:*

lat. inter esse, dt. Interesse, e. interest, f. interêt, span. interés;
griech. tele + phone; dt. Telefon, e. telephone, f. téléphone, span. teléfono.
(fern) (Laut)

Eine dritte Erschließungsmöglichkeit ergibt sich schließlich aus dem *Kontext* und *aufgrund der Leseerwartung.*

Sehr oft kann an einer bestimmten Stelle im Kontext ein Wort logischerweise nur eine ganz bestimmte Bedeutung haben, oder aber man erwartet aufgrund seines sachlichen und sprachlichen Vorwissens ein bestimmtes Wort oder ein Synonym davon. Dies soll an zwei Beispielen aufgezeigt werden. An den Stellen, die aufgrund des Kontextes und der Leseerwartung erschließbar sind, wurde jeweils eine Lücke gelassen, die Sie sicher leicht ergänzen können. Wenn Sie jedoch dazu in der Lage sind, könnten Sie an der betreffenden Stelle auch ein Ihnen unbekanntes Wort erschließen.

Zeitungsnotiz

Auch im nächsten Jahr möchten britische Abiturienten vor ...... 1) ihres Studiums ein sechsmonatiges Betriebspraktikum in der Bundesrepublik ...... 2) und ...... 3) dafür noch Arbeitsplätze. Sie sollen dabei ihre Deutschkenntnisse ...... 4) und einen .... 5) von unserer Arbeits- und Berufswelt erhalten. Die jungen ...... 6) bringen bereits gute Deutschkenntnisse mit und sind ..... 7) dieses halben Jahres tarif- und sozialversicherungsrechtlich deutschen Arbeitnehmern ...... 8).
Beginn des .... 9): 1. März 1974. Die Betreuung .... 10) Carl-Duisberg-Gesellschaft (Anfragen: Zentralstelle für Arbeitsvermittlung, Auslandsabteilung, 6 Frankfurt, Feuerbachstr. 42.)
(DIE ZEIT, 19. 10. 1973)

Erfolgreicher Unternehmer

Elmar Pieroth ...... a) aus einer Winzerfamilie aus Burg Layen. Nach dem Abitur ...... b) er in den väterlichen Betrieb ...... c). Bald kam es jedoch zu ...... d) mit dem Vater über die Verkaufsstrategie. Elmar Pieroth verließ die ...... e) Firma und ...... f) von Hamburg aus auf eigene Faust einen Weinhandel ...... g), um dem Vater zu ...... h), daß sich seine Verkaufsidee in der Praxis bewähren würde.
Nach Michael Jungblut: »Wie Arbeitnehmer am Gewinn beteiligt werden.« (DIE ZEIT, 9. 6. 1972)

* Für Lerner, deren Muttersprache solche Internationalismen nicht enthält, entfällt natürlich diese Erschließungshilfe.

Lösung:

1) Beginn, 2) absolvieren, 3) suchen, 4) vervollkommnen,
5) Eindruck, 6) Briten, 7) während, 8) gleichgestellt,
9) Praktikums, 10) ist die Aufgabe der
a) stammt, b) trat, c) ein, d) Meinungsverschiedenheiten,
e) väterliche, f) baute, g) auf, h) beweisen

Als weiterführende Lektüre wird empfohlen:
Doyé 1975: 39–53.
Löschmann 1971: 93–99.
Butzkamm 1979: 133–141.
Rohrer 1985: 35–59.

8.5. Die Entwicklung rezeptiver Fähigkeiten und Fertigkeiten

Die quantitative Bedeutung rezeptiver Fähigkeiten und Fertigkeiten

Im audiolingualen/audiovisuellen Unterricht, der vor allem die Sprechfertigkeit fördern wollte und – besonders im Anfängerunterricht – die Progression streng beachtete, wurden rezeptive Fähigkeiten und Fertigkeiten kaum entwickelt. Hören und Lesen wurden nur mitgeübt anhand der Sprechdialoge und mit Hilfe von beschreibenden Texten, die die jeweils neue Grammatik oder Lexik anwandten. Die Texte waren entweder von den Lehrbuchautoren selbst verfaßt oder so stark adaptiert, daß sie nur sehr wenig oder gar kein unbekanntes Material enthielten. Dadurch verstand der Lerner die Lehrbuchtexte zwar ohne größere Schwierigkeiten, er lernte aber nicht, authentische Texte zu verstehen, denn diese unterliegen ja gerade keiner grammatischen oder lexikalischen Beschränkung.

Nun kommt aber den rezeptiven Fähigkeiten und Fertigkeiten allein schon quantitativ eine große Bedeutung zu, wie aus einer Analyse möglicher Rollen des Fremdsprachenlerners hervorgeht. Die folgende Übersicht über mögliche Verwendungsbereiche zeigt ein Vorherrschen der rezeptiven Tätigkeiten:

HV	Sprechen	LV	Schreiben	Rollen
X	X	X	(X)	Auslandsreisender
		X	X	Korrespondent mit Ausländern
		X		Konsument von Gütern ausländischer Herkunft
X		X		Konsument von literarischen Produktionen (+Theater)
X		(X)		Konsument von Rundfunk- und Fernsehsendungen
X	X	X	X	Im Ausland Lernender
X	X	X	(X)	Im Ausland Arbeitender
X	X	(X)	(X)	Im Inland mit Ausländern Kommunizierender
[X]	[X]	[X]	[X]	Im Inland mit/ in der FS Arbeitender

[] abhängig von der jeweiligen Tätigkeit (Reisener 1979: 140)

Nach Untersuchungen im muttersprachlichen Bereich (vgl. Evans/Pastor 1972) verhalten sich heutzutage Hören zu Lesen zu Sprechen zu Schreiben wie:

8 : 7 : 4 : 2.

Daraus ergäbe sich:
- die rezeptiven Tätigkeiten verhalten sich zu den produktiven wie 15:6 oder 5:2,
- wir lesen etwa 3½mal so viel wie wir schreiben,
- das im Fremdsprachenunterricht so bevorzugte Sprechen steht in der kommunikativen Umwelt an dritter Stelle und rangiert *hinter* dem Lesen,
- wir nehmen hörend und lesend ungefähr viermal so viel auf wie wir sprechen.

Reisener zieht daraus die Schlußfolgerung: Diese Zahlenverhältnisse gelten für Muttersprachler, wieviel mehr gelten sie für Fremdsprachenlerner, die außerhalb des Klassenzimmers ihre Fremdsprachenkenntnisse nur über Medien (Radio, Fernsehen, Video-Aufnahmen, Druckwerke) anwenden können (Reisener 1979: 138 ff.).

Nun kann man das Ergebnis dieser Untersuchungen sicher nicht so direkt auf den Fremdsprachenunterricht übertragen. Ganz so unbedeutend, wie man aus diesen Zahlen schließen könnte, ist die Sprechfertigkeit für den ausländischen Lerner sicher nicht (selbst wenn man von Berufen wie Fremdsprachenlehrer und Dolmetscher absieht), denn Sicherheit im Gebrauch der Fremdsprache wird in hohem Maße über das Sprechen erworben.

Trotzdem muß man Reisener zustimmen, daß es nicht gerechtfertigt ist, weiterhin die Verstehensleistungen zu vernachlässigen.

Die Entwicklung rezeptiver Fähigkeiten und Fertigkeiten an authentischen Texten

Rezeptive Fähigkeiten und Fertigkeiten wird der Lerner aber kaum anhand von unechten, künstlich erstellten, außerhalb der Lehrbuchrealität nicht existierenden Texten gewinnen können, da sie nicht typisch für die Kommunikation/Textverflechtung sind und dadurch Übungsabläufe, die für das hörende oder lesende Verstehen typisch sind, erst gar nicht ermöglichen.

Wenn andererseits, wie immer wieder festgestellt wird, landeskundliche Informationen so wichtig für das Fremdsprachenlernen sind, dann wird man auch aus diesem Grund versuchen müssen, den Lerner so früh wie möglich an authentische Texte heranzuführen, denn nur sie können ihm die gewünschten Informationen liefern.

Nun bedeutet ›authentisch‹ nicht unbedingt, daß der Text dokumentarisch sein muß. Er kann für den Unterricht adaptiert werden, muß aber weiterhin die typischen Merkmale authentischer Texte aufweisen:

- er muß etwas mitteilen wollen (und zwar nicht nur situativ verpackte Grammatik),
- er muß sich an einen Hörer/Leser wenden,
- er muß die seiner Textsorte entsprechende Form aufweisen.

Da, wie bereits festgestellt, in der audiovisuellen Methode das Sprechen im Vordergrund stand, wurden zur Entwicklung von Verstehensleistungen wenig Übungsformen entwickelt. Daher lehnen auch viele Lehrer authentische Texte für den Anfängerunterricht als zu schwierig ab.

Dazu stellt Neuner fest: »Nicht jeder authentische Text ist für den Unterricht geeignet. Nicht jeder Text wirkt allein schon dadurch motivierend, daß er ›echt‹ ist. Andererseits ist aber auch kein authentischer Text zu schwer. Die Frage ist, *was* der

Schüler an einem Text lernen soll (globales Verstehen des inhaltlichen Zusammenhangs; einzelne Details; jede Einzelheit?) und *wie* man ihm hilft, die gesteckten Ziele zu erreichen. ... Für Textarbeit entscheidend ist nicht, daß Sie den Text durch die Angabe aller unbekannten Wörter ›vorentlasten‹ (meist sind die unbekannten Wörter auch nicht die für das Textverständnis und den Sprachgebrauch wichtigen!), sondern daß die Lernenden allmählich *Strategien des Sich-Zurechtfindens in neuen Texten* lernen. Denn das ist es, was sie später, wenn Sie als Lehrer im ›Ernstfall‹ des Sprachgebrauchs nicht mehr dabei sind, können müssen!« (Neuner/Krüger/Grewer 1981: 153)

Wenn man die sprachlich-geistigen Vorgänge überdenkt, die beim Verstehen eines Textes ablaufen, erhält man Hinweise für Übungen zur Entwicklung von Verstehensstrategien.

Bei den rezeptiven Vorgängen des Lesens und Verstehens sowie des Hörens und Verstehens handelt es sich um die äußerst aktiven Tätigkeiten des Auswählens, Ordnens und Interpretierens von Informationen. Wie laufen diese Vorgänge ab?

Neuner stellt dazu folgende Vorüberlegungen an:

Man sollte sich zuerst überlegen, wie das Verstehen eines Originaltextes beim muttersprachlichen Hörer/Leser abläuft. Daraus kann man dann evtl. Möglichkeiten für Verstehenshilfen ableiten.

Beim Muttersprachler verläuft das Verstehen eines Originaltextes etwa wie folgt:

1. *Auswählen*
   Der Muttersprachler erstellt sich praktisch eine vereinfachte Textstruktur, indem er sich beim Hören/Lesen auf die Schlüsselinformationen konzentriert. Syntaktische Gefüge entschlüsselt er nicht von ihrer grammatischen Struktur her, sondern über Signalwörter (›weil‹ = Begründung; ›wenn‹ = (meist) Bedingung) und setzt in dieses Gefüge die bedeutungstragenden Inhaltswörter ein.
2. *Ordnen*
   Der Muttersprachler hat eine bestimmte Erwartungshaltung gegenüber einem Text, er erwartet ganz bestimmte Informationen von ihm, denn er stellt sich auf die Textsorte ein (Nachricht, Reportage usw.). Dadurch erwartet er im Text eine bestimmte Art der Informationsdarbietung, bestimmte Wortfelder, bestimmte grammatische Strukturen.

Das wird am Beispiel ›Kochrezept‹ gezeigt.

An Informationen erwartet man:
1. Angabe der benötigten Zutaten bzw. Geräte,
2. Angabe der Arbeitsschritte (zeitliche Abfolge),
   Wortfelder: Bezeichnung der Eßwaren bzw. Arbeitsgeräte, Mengenangaben, Zeitangaben.

An grammatischen Formen können auftreten:
1. Signalwörter, die eine zeitliche Abfolge anzeigen: zuerst, dann, danach, gleichzeitig, nach ... Minuten;
2. Infinitivsätze (auf Verpackungen): unpersönlich, oder
3. Konjunktive (man nehme ...): veraltet, oder
4. Imperative (nehmen Sie ...): in Rezepten in Zeitschriften, wo jemand seine Erfahrungen an den Leser weitergibt, oder
5. Modale Fügungen (Zuerst mußt du ...): typisch für mündliche Erläuterungen eines Rezepts.

3. *Interpretieren*
Das, was der Hörer/Leser dem Text entnommen hat, setzt er nun in Beziehung zu seinem Vorwissen, seinen Erfahrungen und seiner Voreinstellung zum Inhalt des Textes, die durch seinen kulturellen Hintergrund vorgeprägt sind. (Neuner et al. 1979: 130–131 (b))

Übungsformen zur Entwicklung von Verstehensleistungen

Entwicklung des Leseverständnisses

Aus diesen Vorüberlegungen leitet G. Neuner nun Übungsformen zur Entwicklung von Verstehensleistungen ab:

1. Vereinfachung,
2. Verkürzung,
3. Aufgliederung,
4. Außersprachliche Verdeutlichung,
5. Aktivierung des Vorwissens,
6. Verwendung der Muttersprache.

Entsprechend entwickelt er Paralleltexte zu authentischen Texten. Der Lerner arbeitet zunächst mit diesem vereinfachten, verkürzten oder aufgegliederten Paralleltext bzw. überlegt, welche Informationen ihm die außersprachliche Verdeutlichung gibt. Damit erfaßt er den Textinhalt global. Erst dann wendet er sich dem Originaltext zu und versucht, nun auch Einzelheiten bzw. die sprachliche Form des Textes zu verstehen.

Einige Beispiele aus *Deutsch Aktiv* (Neuner et al. 1979 (a)) und anderen Lehrwerken sollen das Vorgehen aufzeigen:

Als Möglichkeiten der **Vereinfachung** schlägt Neuner vor:

1.1. Unterstreichung von Schlüsselstellen durch den Lehrer/Lehrbuchautor

Die Lerner erarbeiten die Schlüsselstellen in Gruppenarbeit mit Hilfe des Lexikons und des Lehrers; wer sie verstanden hat, weiß was im Text steht, denn zusammen mit der Überschrift, die das ›Thema‹ des Textes angibt, liefern sie die wichtigste Information zum Text.
Anschließend wird der Text gemeinsam mit Hilfe des Lexikons erarbeitet, diskutiert und ggf. zusammengefaßt. (vgl. auch Neuner et al. 1979: 127 (a) bzw. Neuner et al. 1979: 131–132 (b) und Hajny/Wirbelauer 1984: 23)

1.2. Vereinfachung unter Veränderung der Textsorte

Ein ›trockener‹ und syntaktisch relativ schwieriger Text wird szenisch vorentlastet; die Aussagen im Text werden durch Hervorheben der Schlüsselinformationen verdeutlicht.
Die Situation wird durch den Lehrer erläutert, evtl. vorgespielt.
Ein vereinfachter Text wird erlesen.
Unter einem entsprechenden Stichwort zum Text werden – bei gleichzeitiger Erschließung der unterstrichenen Schlüsselinformationen – Verhaltensmöglichkeiten gesammelt und von den Lernern ggf. ein einfacher Text erstellt.
Die Arbeit mit dem authentischen Text schließt sich an. (vgl. Neuner et al. 1979: 92 (7E4) (a) und Neuner et al. 1979: 133–134 (b))

1.3. Stichwortartige Zusammenfassung

> Stichwörter mit angedeutetem inhaltlichem Bezug (Diskursstruktur)
> Die Aussage der Überschrift wird diskutiert, wo nötig, in der Muttersprache. Die Stichwörter – die Pfeile geben die Argumentationsstruktur an, die Querstriche markieren die Sinnabschnitte – werden in Gruppenarbeit mit Hilfe des Lexikons erschlossen, anhand der Stichwörter ein kurzer Text erstellt.
> Anschließend werden die Ergebnisse verglichen, ggf. ein gemeinsamer Text erstellt. Danach wird der authentische Text mit Hilfe des Lexikons erarbeitet, ggf. zusammengefaßt – auf Deutsch oder in der Muttersprache.
> (vgl. Neuner et al. 1979: 132–133 (b))

Bei der **Verkürzung** steht neben dem authentischen Text ein verkürzter Paralleltext, der vor diesem erarbeitet wird (Neuner et al. 1979: 134–135 (b)).

Wird mit der **Aufgliederung** eines Textes gearbeitet, dann wird entweder dieser selbst optisch aufgegliedert, d. h. in Sinnabschnitte eingeteilt, oder neben dem Originaltext steht eine Tabelle, die die Informationen aufgliedert; die Schlüsselinformationen können aber auch in ein Flußdiagramm eingeordnet werden, das den inhaltlichen Aufbau des Textes nachzeichnet. Tabelle bzw. Schlüsselinformationen werden erschlossen, bevor man sich dem eigentlichen Text zuwendet (Neuner et al. 1979: 135–136 (b)).

Als Möglichkeit der Arbeit mit **außersprachlicher Verdeutlichung** schlägt Neuner vor:

> Koppelung eines Situationsbildes (z. B. Kunde am Fahrkartenschalter) mit zur Situation gehörender Textsorte (Fahrplan) und
> beschreibendem Text: »Der Herr will nach Frankfurt.
> Er will morgen früh fahren.
> Er kann schon um 7.55 Uhr fahren,
> aber das ist ihm zu früh.
> ...« (Neuner et al. 1979: 80 (7A2) (a))

Als Vorgehen wird empfohlen:

> »a) Besprechung des Situationsbildes (Wer? Wo? Was wollen die Personen? Was tun sie?);
> b) Erläuterung des Fahrplanes;
> c) Lesen des Textes;
> d) Erstellung des Dialogs zwischen dem Herrn und dem Schalterbeamten (ggf. nachspielen).« (Neuner et al. 1979: 137 (b); vgl. auch Aufderstraße et al. 1983: 74–75; Häussermann et al. 1978: 124–125)

Zur **Aktivierung des Vorwissens** kann das jeweilige Sachfeld erarbeitet und systematisiert werden oder ein Schlüsselbegriff in Form eines ›advance organizers‹ erarbeitet werden. Vielfältige Möglichkeiten bieten hier auch Collagen (vgl. Aufderstraße 1983).

Die **Verwendung der Muttersprache** erfolgt durch einen zusammenfassenden Paralleltext neben dem Originaltext oder indem wichtige Begriffe in der Muttersprache erklärt werden, z. B. durch Fußnoten.

Neuner et al. setzen eine Gebrauchsinformation in verschiedenen Sprachen (für Halstabletten) ein, die suchend gelesen wird: Welches sind die Anwendungsgebiete der Arznei, wie soll sie dosiert und wie lange eingenommen werden? (Neuner et al. 1986: 52)

Nicht alle vorgeschlagenen Verstehenshilfen eignen sich gleich gut für alle Textsorten. Manchmal bietet sich eine Kombination von Verstehenshilfen an (z. B. Foto plus Textstrukturskizze).

Es geht bei allen aufgezeigten Verfahren darum, die Schlüsselinformationen bzw. die vereinfachte Textstruktur und damit schnell die wesentlichen Informationen des Textes zu verstehen. Das ermöglicht dem Lerner, bereits bei noch stark eingeschränktem Wortschatz Originaltexte global zu verstehen.

Alle vorgeschlagenen Verfahren sind Möglichkeiten, die der Lehrer einsetzt, um dem Lerner das Textverständnis zu erleichtern und bei ihm Lesestrategien in der Fremdsprache auszubilden.

Lesestrategien

Wenn der Lerner einen fremdsprachigen Text verstehen will, muß er gleichzeitig vier Analyseebenen aktivieren:

- die Wortebene,
- die Satzebene,
- die Textebene (Textstruktur und Textumfeld),
- die Ebene der Deutung kultureller Unterschiede vor dem Hintergrund eigenkulturell geprägter Erfahrung.

Er verwendet dabei – bewußt oder unbewußt – folgende Strategien:
auf der Wortebene

- Wiedererkennen aller bereits gelernten Wörter und Wortstämme;
  von Internationalismen;
- Feststellung von Wortstämmen durch Weglassen von Präfixen und Endungen
- Entschlüsselung von Komposita durch Erschließung der Teile von rechts nach links (das Grundwort steht rechts)
- Erkennen der großgeschriebenen Wörter als ›Hauptwörter‹

auf der Satzebene

- Erkennen der Bedeutung der Satzzeichen (Punkt = Ende eines Gedankens; Doppelpunkt: ein Gedanke wird durch ein Beispiel veranschaulicht, es folgt eine Aufzählung usw.)
- Beachtung besonders markierter oder hervorgehobener Teile des Satzes: drucktechnisch (Fettdruck, Schrägdruck, Unterstreichung ...)
  Zahlen, Namen, Ortsangaben,
  Verneinung,
  Anführungszeichen
- Suchen des Verbs, das an seiner Endung als Wortart zu erkennen ist, und der Ergänzungen, die vom Verb abhängig sind
- Ausklammerung unwichtiger Teile des Satzes (alle Ad-jektive, Ad-verbien, Relativsätze usw.)
- Feststellung der Nebensätze (sie beginnen mit einem Verbindungswort – Konjunktion bzw. Relativpronomen –, das konjugierte Verb steht hinten) und ihrer Bedeutung anhand ihres Verbindungswortes, das als Signalwort fungiert: ›weil‹ = Begründung, ›wenn‹ = (meist) Bedingung

auf der Textebene

Text und Textumfeld:
- Überlegung, woran die Textsorte zu erkennen ist, welche Funktion sie hat, in welchen Bereichen sie zu finden ist

Textstruktur

- Überlegung, ob die äußere Form des Textes (z. B. Anordnung eines Fahrplans, einer Gebrauchsanweisung) auf seine Funktion schließen läßt
- Feststellung, ob aus der Überschrift/den Überschriften und den fettgedruckten Teilen schon der Hauptgedanke des Textes hervorgeht
- Suchen und Bestimmen der Konnektoren im Text, die seine Struktur zeigen (»Dennoch ...«; »wenngleich ...«, »einerseits ...« usw.)
- Erkennen und Interpretieren der Verweiswörter (»Der Fahrer. ...«. »Er ...«)
- Erkennen stilistischer Abweichungen im Text (z. B. Fachsprache, Jugendjargon, Dialektausdrücke usw.)

auf der Ebene der kulturellen Zeichen

- Erkennen von ›falschen Freunden‹ (ein Wort sieht so aus wie in der Muttersprache oder einer dem Lerner bekannten anderen Fremdsprache, hat im Deutschen aber eine andere Bedeutung)
- Erkennen und Ermitteln von unterschiedlichen Konnotationen in Mutter- und Fremdsprache
- Sich erinnern, daß themengleiche Texte in Mutter- und Fremdsprache Unterschiede im Aufbau oder der Verwendung syntaktischer und stilistischer Mittel aufweisen können (z. B. Bedienungsanleitungen: im Deutschen Infinitiv »Batterie einsetzen«, Englisch: Imperativ »insert battery«). (vgl. auch Koenig/Neuner 1984: 361–362)

Diese Strategien müssen dem Lerner vermittelt, in ihrer Bedeutung einsichtig gemacht und geübt werden.

Erkennen von Schlüsselwörtern

Die Vermittlung und Einübung dieser Strategien wird jedoch geraume Zeit in Anspruch nehmen, sie werden somit dem fortgeschrittenen Anfänger noch nicht oder nur teilweise zur Verfügung stehen.

Wie aber könnte man dem Lerner helfen, der trotz begrenzten Wortschatzes auf einem niedrigen Sprachstand schon Originaltexte lesen möchte?

Was dieser Lerner braucht, sind Informationen darüber, wie man Schlüsselwörter erkennen kann, mit deren Hilfe man dann dem Text die Hauptinformationen entnehmen kann. Gibt es solche Erkennungsmerkmale, solche Signale überhaupt?

Dazu gibt es interessante Vorschläge von Christiana Bechtel und Elisabeth Simson, die Strategien der Satz- und der Textebene miteinander verbinden.

Sie gehen von der folgenden Hypothese aus:
Schlüsselinformationen eines Textes sind enthalten in

- der Überschrift,
- Zahlen, Orts- und Zeitangaben,
- werden besonders hervorgehoben,
- werden manchmal auch durch den Druck besonders kenntlich gemacht.

Sie schlagen deshalb vor:

(1) – Versuchen Sie zuerst, die Überschrift zu verstehen.
(2) – Stellen Sie fest, welche im Text vorkommenden Wörter Synonyme oder Antonyme der Titelwörter sind, etwas Ähnliches bezeichnen oder zu demselben Themenbereich gehören.
(3) – Welche Negativ-Informationen werden gegeben? Wird gesagt, daß etwas
nicht ist oder geschieht?
aufhört oder abgeschafft wird?
als falsch, schlecht oder ungünstig zu betrachten ist?
(4) – Welche Informationen werden besonders hervorgehoben (auch drucktechnisch)?
(5) – Welche Angaben zu Ort und Zeit und welche Zahlenangaben enthält der Text?
(6) – Lesen Sie den Anfang der einzelnen Abschnitte besonders aufmerksam, denn:
- Der erste Satz enthält oft in gedrängter Form den wichtigsten Inhalt des Abschnitts.
- Manchmal greift der erste Satz den Inhalt des vorangehenden Abschnitts auf und faßt ihn zusammen. Die Thematik des neuen Abschnitts wird dann meistens im zweiten Satz eingeführt.
- Konjunktionen am Beginn eines Abschnitts sind oft besonders wichtig.
(vgl. Bechtel/Simson 1980: 4 sowie Simson/von der Handt: 1974)

Wenn man die Vorschläge anwendet auf den Text ›*Jugendarbeitslosigkeit 1980*‹, ergeben sich die folgenden Unterstreichungen:

Jugendarbeitslosigkeit 1980
Was ist dran an dem Schreckgespenst (3) von der steigenden Jugendarbeitslosigkeit? (2) »Überhaupt nichts« (3), sagt die Bundesanstalt für Arbeit in Nürnberg. »Zur Zeit (5) sind in der Bundesrepublik (5) ganze 77 336 (5) junge Arbeitnehmer (2) unter 20 Jahren (5) arbeitslos (3). Das macht einen Anteil von 3,4 Prozent (5) dieser Altersgruppe aus. Das ist sehr (4) wenig.«
Die Berufsberater empfehlen Mädchen und Jungen, auf jeden Fall (4) eine Ausbildung zu machen. Wer keinen (3) Beruf hat, wird schneller (4) arbeitslos (3, 2), haben sie festgestellt. Niemand (3) sollte sich darauf verlassen, daß er mit Gelegenheitsjobs durchs Leben kommt.
»Offene Lehrstellen gibt es überall (4), und sollte es auch nicht (3) immer der Traumberuf (4) sein: jede (4) Ausbildung ist besser als (4) keine (3) Ausbildung!«
(aus: DIE BUNTE vom 11. 9. 1980: S. 64)

═══════ = Bezugswort der Negativinformation, Hervorhebung usw.

Damit hat der Lerner die Textstruktur mit den Schlüsselinformationen markiert. Markierte Wörter, die ihm noch unbekannt sind, muß er im Lexikon nachschlagen. Um auf die gezeigte Art verfahren zu können, muß sich der Lerner allerdings noch die wichtigsten sprachlichen Mittel aneignen, mit denen Negativ-Informationen ausgedrückt werden und solche, die der besonderen Hervorhebung dienen.

Für Übungen auf der Textebene und der Ebene der kulturellen Zeichen in der Mittelstufe schlagen Koenig/Neuner Folgendes vor:

- Bei einem Text die Konnektoren zur inneren Gliederung tilgen und von den Lernern wieder so einfügen lassen, daß der Text einen Sinn ergibt;
- einen Text zerschnippeln und wieder zusammensetzen lassen;
- in einen Text einen Satz oder eine Passage einfügen, die inhaltlich, aber nicht im Register paßt. Die Lerner sollen die Passage/den Satz herausfinden, dem Register des Textes gemäß umformulieren und über die Kriterien sprechen;
- alles Unwesentliche aus einem Text streichen;
- das außersprachliche Umfeld eines Textes und Bilder vorgeben. Die Lerner raten lassen, was wohl im Text steht; mit dem Text vergleichen;
- zwei Texte gleichen Inhalts nebeneinanderstellen: der eine Text ist sprachlich durchgehend markiert, der andere nicht. Die Lerner sollen die Unterschiede herausfinden und die Funktion der Markierung diskutieren;
- zu ganz verschiedenen Fotos denselben Text als Bildunterschrift geben. Die Lerner sollen die Beziehung in Bild- und Textinformation diskutieren;
- Fachtexte (z. B. Gebrauchsanweisung) und mündliche Beschreibungen desselben Sachverhalts gegenüberstellen. Die Lerner sollen herausfinden, was sich an Sprachform, Darstellungsweise usw. verändert;
- eine Passage aus einem authentischen (literarischen) Text und dieselbe Passage in einer vereinfachten Version (easy reader) gegenüberstellen. Die Lerner sollen diskutieren, was sich sprachlich verändert hat und wie sich dadurch die ›Welthaltigkeit‹ des Textes verändert hat. (vgl. Koenig/Neuner 1984: 363)

Die Entwicklung des Hörverständnisses

Nach Reisener steht Hören quantitativ noch vor dem Lesen an erster Stelle. Das bedeutet für den Lerner, der in ein deutschsprachiges Land reisen will, daß die Entwicklung seines Hörverständnisses für ihn von allergrößter Bedeutung ist.

Nun ist das Hörverstehen aber auch eine der schwierigsten fremdsprachigen Tätigkeiten. Der Hörer muß den Lautstrom, der auf sein Ohr trifft, in einem zeitlichen Nacheinander aufnehmen und verarbeiten. (Er kann nicht, wie der Leser, verweilen, voraus- und zurücklesen.) Er muß Erscheinungen, die er vorher gelernt hat, wiedererkennen, miteinander und mit dem Kontext der gesamten Aussage und mit der Situation, in der sie erfolgt, in Beziehung setzen und verstehen. Dazu muß er auch fähig sein, wenn Lücken oder Störungen etwa durch Hintergrundgeräusche bei der Lautaufnahme entstehen. Er muß dann die fehlenden Wörter und Silben gemäß seiner Hörerwartung ergänzen.

Die Prozesse der Informationsspeicherung und -verarbeitung stellen hohe Anforderungen an das Gedächtnis; es muß die neuen Informationen aufnehmen und sich gleichzeitig erinnern, damit es die neuen Informationen in bekannte einordnen kann.

Der Hörer muß aufmerksam zuhören und logisch mitdenken. Er muß dabei Denkoperationen wie Vergleichen und Verallgemeinern nachvollziehen sowie Zusammenhänge zwischen Ursache und Wirkung erkennen.

Somit ist das Hörverstehen eine komplexe geistig-sprachliche Leistung, die hohe Anforderungen an den Lerner stellt.

Unser Bewußtsein beeinflußt den Sinn des Gehörten. Wir versuchen, unseren Einzeleindrücken einen Gesamtsinn zu geben, eine Hypothese bezüglich des Gesamtsinns des Gehörten aufzustellen; deshalb hören wir oft das, was wir zu hören erwarten und nicht das, was der Sprecher wirklich sagt. So wie beim geschriebenen Text Wort, Satz, Abschnitt, Text Sinneinheiten markieren, so gliedern beim Hörtext Pausen des Sprechers, Betonung und Intonation den Lautstrom, der auf unser Ohr trifft und helfen uns beim Verstehen. Diese Hilfen sind jedoch geringer als beim geschriebenen Text, zumal sie oft wenig markiert sind.

Wichtig für das Verstehen ist auch, ob der Sprecher uns bekannt/unbekannt ist und ob er gegenwärtig ist oder nicht. Der Lehrervortrag ist deshalb für den Lerner am leichtesten zu verstehen, am schwierigsten sind fremde Sprecher, besonders vom Tonband zu verstehen. Aber gerade Muttersprachler muß der Lerner verstehen lernen.

Genau wie beim Leseverstehen spielt beim Hörverstehen das Vorwissen eine wichtige Rolle. Es baut eine Erwartungshaltung auf, die das Hörverstehen unterstützt.

Es ist deshalb erforderlich, dem fremdsprachigen Lerner die notwendigen Orientierungshilfen zur Verfügung zu stellen, damit er sein Hören planen kann, denn sein Hörverstehen soll ja entwickelt und nicht einfach überprüft werden.

Dann kann man auch schon im Anfangsunterricht mit authentischen Texten wie Zeitansage, Durchsagen am Bahnhof, im Kaufhaus, Wetterbericht u. a. arbeiten (vgl. Cassette C zu Neuner et al. 1979 (a)). Später kann man dann zu Originalaufnahmen von kleineren Gesprächen oder Interviews übergehen.

Ziel kann dabei nicht das Verstehen von Details sein, sondern die Entwicklung von Strategien des selektiven und globalen Hörverstehens. Diese müssen systematisch im Unterricht entwickelt werden.

Bei der Auswahl der Texte sollten die Hauptarten der gesprochenen Sprache berücksichtigt werden:

- die spontane freie Rede, die sich auszeichnet durch viel Redundanz, Wiederholungen, abgebrochene Gesprächseröffnungen, Unterbrechung durch andere Sprecher, elliptische Sätze;
- die vorbereitete freie Rede, wie sie in Diskussionen und Interviews anzutreffen ist, vorab geplant und damit stark gelenkt;
- die schriftlich fixierte, vorgelesene oder vorgetragene Rede (Nachrichten, Kommentare, Vorlesungen), die stärker organisiert ist und größere Informationsdichte aufweist.

Die Auswahl richtet sich nach den Bedürfnissen der Lernergruppe.

Vorschläge zur Schulung des Hörverständnisses:
Vorentlastung des Hörtextes durch

- Hinweise auf Situation und Thema (hier werden auch visuelle Hilfen eingesetzt);
  z. B. »Thomas ist Student und sucht ein Zimmer. Er hat eine Annonce in der Zeitung gelesen und ist daraufhin zur Wohnung der Vermieterin gefahren. Sie hören jetzt die Unterhaltung zwischen ihm und der Vermieterin.«
  Erwartung: zwei Stimmen verschiedenen Alters,
  Wortfeld: Zimmer mieten/vermieten,
  sprachliche Aktivitäten: besichtigen, Zustimmung/Ablehnung ausdrücken.
- Unterhaltung in der Fremd- oder in der Muttersprache über das Thema;
- Organisation des Vorwissens (advance organizer, Collage . . .);
- Hinweis auf Textsorte oder Besonderheit des Textes:
  »Jetzt hören Sie Nachrichten. Der Sprecher redet ziemlich schnell. Aber das Wichtigste können Sie trotzdem verstehen.«
- Hören einer sprachlich vereinfachten Version des Textes:
  Zuerst wird mit einem erstellten Text gearbeitet, danach mit der Originalaufnahme.
- Lesen und Verstehen einer kurzen inhaltlichen Zusammenfassung.
  (vgl. Neuner et al. 1980: 138)

In der eigentlichen Hörphase können Vorgaben das Verständnis erleichtern

- Schlüsselwörter als Leitfaden durch den Text. Sie schulen den Lerner gleichzeitig, zwischen wichtigen und unwichtigen Informationen zu unterscheiden. Die Schlüsselwörter müssen vor der Textpräsentation verstanden sein und können während der Hörphase schriftlich vorliegen.
- Leitfragen an der Tafel; sie zeigen dem Lerner, worauf er beim Hören achten soll.

Man kann aber auch gezielte Aufgaben stellen

- selektiv zu hören, um bestimmte Informationen herauszufinden oder einen Teil des Textes besonders gut zu verstehen. Einzelne Gruppen konzentrieren sich auf verschiedene Teile des Hörtextes.
- nur die Hauptideen/-informationen herauszufinden (Globalverstehen): Wer tut was? Was geschieht wo? wann? wie? warum?
- zu jedem Abschnitt Schlüsselsätze oder wichtige Einzelheiten zu notieren, die für das Textverständnis von Bedeutung sind.

Weitere Aufgaben in dieser Phase können sich beziehen auf

- die Form: wiederkehrende Ausdrücke, bestimmte Begriffe, die Verbindung von Sätzen sollen besonders beachtet bzw. notiert werden;
- die Textsorte: Die Lerner sollen feststellen, ob der Text mehr informierenden oder mehr beeinflussenden Charakter hat;
- die Absicht des Sprechers: will er mehr informieren oder eher beeinflussen? Entsprechende Sätze sind zu notieren.
  Der Lerner soll erkennen, daß sich Texte immer an Adressaten wenden und daß die kommunikative Absicht leichter zu erkennen ist, wenn man die Zielgruppe weiß.

Der Lerner hört den Text mehrmals, gegebenenfalls in kürzeren Abschnitten. Während der Hörphase kann er z. B. ein Raster mit den gehörten Informationen ausfüllen (vgl. S. 85; vgl. Aufderstraße et al. 1984: 86).

Der Lehrer beobachtet die Reaktion der Hörer und überprüft das Verständnis. Aber auch der Lerner überprüft das, was er gehört und verstanden hat aufgrund seiner Erwartungshaltung und seiner Sachkenntnisse. Die als wichtig erkannten Teile speichert er, um sie später an Kommunikationspartner weiterzugeben oder um sie für sich zu verwerten.

Diese Art von Hörschulung nennt man gelenktes Hören. Beim nichtgelenkten Hören hört der Lerner zuerst den Text, danach werden ihm die genannten Übungen gegeben. Sie überprüfen dann aber nur sein Hörverständnis, helfen nicht, es zu entwickeln.

Zur Überprüfung des Hörverständnisses setzt man die auf Seiten 84–85 aufgezeigten Kontrollformen ein. Weitere Möglichkeiten sind:

- Erstellung der richtigen Reihenfolge z. B. von zugeordneten Bildern (vgl. Aufderstraße et al. 1983: 94);
- Erstellung einer tabellarischen Übersicht,
- Zusammenfassung des Textes, frei oder mit Hilfe von Notizen, evtl. in der Muttersprache.

Für eine gezielte Entwicklung des Hörverstehens empfiehlt es sich, zusätzlich Hörübungen durchzuführen auf den verschiedenen Ebenen der/des

- Lautbedeutung
  z. B. diskriminierendes Hören: liest-List; Bart-Part
  und des Lautverbandes: Wortenden erkennen; Verschleifung von Wörtern über das Wortende hinaus hören;
  der Betonung: Erkennen der Stammsilbe in mehrsilbigen Wörtern (Haupt- und Nebenton), Erkennen der Betonung in zusammengesetzten Wörtern;
- Intonation
  Deutung der verschiedenen Intonationsmuster des Deutschen
  (Betonung und Intonation markieren den Hörtext ähnlich wie Großschreibung, Hervorhebung im Drucktext den Lesetext markieren);
- Registers des Hörtextes/der Stimmlage des Sprechers
  (sachlich, erregt, weinerlich ..., mit Akzentfärbung der Stimme ...) (vgl. Cassette zu Aufderstraße/Bock/Gerdes/Müller 1983);
- Kontextes
  Geräusche als Hinweise auf Themen/Situationen (vgl. Cassette zu Aufderstraße et al. 1983; Neuner et al. 1986: 83), Gestik und Mimik im partnerbezogenen Gespräch.

Als weiterführende Lektüre wird empfohlen:
Neuner/Krüger/Grewer 1981: 44–67. (b)
Bechtel/Simson 1980.
Koenig/Neuner 1984: 353–393.
Hajny/Wirbelauer 1983: 17–28.
Strauss 1984: 3–15.
Neuner 1984: 6–27.
Löschmann/Petzschler 1979.
Beile 1980: 7–15.

8.6. Die Phase der Sprachverarbeitung

Das Übungssystem

Nach der Phase der Sprachaufnahme folgt gemäß der Phasenlehre die Sprachverarbeitung. In dieser Phase soll das neue Material nach seiner Bewußtmachung (Wortschatzerklärung, Grammatikeinführung) eingeübt und automatisiert werden, so daß es in der dritten Phase zur freien Sprachanwendung bereitsteht.

Der angloamerikanischen Fremdsprachenmethodik verdanken wir eine Vielfalt von Übungsformen, der Gedanke der Übungssystematik geht auf Methodiker aus der CSSR, DDR und UdSSR zurück. Dieser Gedanke besagt, daß es nicht genügt, einfach nur zu üben, daß vielmehr die Übungen zweckmäßig geordnet sein und aufeinander aufbauen müssen, um den gewünschten Erfolg zu erzielen. Bekannt geworden ist vor allem das Übungssystem von I. D. Salistra, der dafür eintritt, »die Übungen in Übereinstimmung mit den zu entwickelnden Fähigkeiten und Fertigkeiten zu klassifizieren und sie in einer solchen Reihenfolge darzustellen, die die Natur des Prozesses der Entwicklung dieser Fähigkeiten und Fertigkeiten widerspiegelt« (Salistra 1962: 70), woraus sich folgende Aufgliederung des Übungssystems ergibt:

A. Vorbereitende Übungen

1. Vorübungen

a. rezeptive Übungen	(z. B. Hören/Lesen, Identifizieren und Verstehen von Lauten und Buchstaben, von einzelnen Laut- und Buchstabenkombinationen, von Formen von Wörtern)
b. reproduktive Übungen	(mündliche und schriftliche Wiedergabe derselben)

2. Die Sprachausübung vorbereitende Übungen

a. rezeptive Übungen	(Übungen im gleichzeitigen Erkennen vieler zusammenhängender sprachlicher Erscheinungen)
b. reproduktive Übungen	(Übungen in der Wiedergabe vorgegebenen Sprachmaterials)
c. produktive Übungen	(Übungen, bei denen der Lerner selbst Variationen an vorgegebenem Sprachmaterial vornehmen muß; so ist z. B. eine Transformationsübung eine produktive Übung dieser Gruppe, da sie eine selbständige Leistung des Lerners verlangt, auch wenn sie noch keine produktive Übung im Sinne des freien Gestaltens von Sprachmaterial ist.)

Diese Übungen dienen der Automatisierung und entwickeln das sprachliche Ausdrucksvermögen.

B. Übungen zur Sprachausübung

a. rezeptive Übungen	(Hören/Lesen und unmittelbares Verstehen von gesprochenen und geschriebenen Texten)
b. produktive Übungen	(Sprechen und Schreiben ohne Vorlage)

Bei diesen Übungen konzentriert sich der Lerner auf den Inhalt der sprachlichen Äußerung (Salistra 1962: 71–75).

Im Anschluß an das Übungssystem von I. D. Salistra entwickeln H.-J. Buscha und E. Specht ein allgemeines Übungsprogramm für Fortgeschrittene (Buscha/Specht 1970: 171–179).

Im folgenden soll der Teil des Übungsprogramms, der den ›Die Sprachausübung vorbereitenden Übungen‹ (A 2.) bei Salistra (und der Phase der Sprachverarbeitung bei Zimmermann) entspricht, behandelt werden.

Buscha/Specht nennen diesen Teil ›Übungen zu den Sprachkenntnissen‹, weil bei den Übungen die sprachliche Form im Vordergrund steht (und nicht inhaltliche Fragen). Sie unterteilen wieder in ›Erfassungs-‹ und ›Gestaltungsübungen‹. Bei den Erfassungsübungen geht es um das bewußte Erfassen sprachlicher Erscheinungen, bei den Gestaltungsübungen um ›tätiges Nachgestalten und festes Einüben‹.

Dem Übungssystem von Salistra entspricht bei Buscha/Specht dann folgendes Übungsprogramm:

Salistra	Buscha/Specht
A 2. Die Sprachausübung vorbereitende Übungen	1. Übungen zu den Sprachkenntnissen 1.1. Erfassungsübungen

rezeptiv	1.1.1 Merkübungen
	1.1.2. Analyseübungen
reproduktiv	1.1.3. Systematisierungsübungen
	1.1.4. Konstruktionsübungen
produktiv	1.2. Gestaltungsübungen
	1.2.1. Formationsübungen
	1.2.2. Komplementationsübungen
	1.2.3. Expansionsübungen
	1.2.4. Substitutionsübungen
	1.2.5. Transformationsübungen

(Buscha/Specht 1970: 171)

Übungsformen

Die einzelnen Übungen sollen anhand von Beispielen zu dem Märchen *Die Bremer Stadtmusikanten* erklärt werden (s. Seite 125).

1.1. Erfassungsübungen

1.1.1. Merkübungen

Es geht um das Merken und Auswendiglernen von Wörtern, Wendungen, Mustern, Paradigmen, Regeln usw. (Es werden jedoch nicht einzelne Vokabeln, sondern Syntagmen gelernt.)

Prägen Sie sich das Folgende ein:

denken an A	Der Esel denkt an die Mühle.
sich ärgern über A	Der Hahn ärgert sich über die Hausfrau.

1.1.2. Analyseübungen

Sie dienen der Bewußtmachung durch das Erkennen und Bestimmen sowie Vergleichen und Unterscheiden sprachlicher Erscheinungen.
Sie dürfen nie zum Selbstzweck werden, sondern es müssen ihnen immer Automatisierungsübungen folgen.

Welche Bedeutung hat ›werden‹?

Der Esel will in Bremen Stadtmusikant werden.
Als es dunkel wurde, kamen sie in einen Wald.
»Wir werden nach Bremen gehen und Stadtmusikanten werden.«
Die Räuber wurden von den Tieren vertrieben.
»Wir werden wohl heute hungrig schlafen gehen«, dachten die Tiere.

1.1.3. Systematisierungsübungen

Der vom Lerner verlangte Grad der logischen Abstraktion ist höher als bei den Analyseübungen.
Der Lerner muß ordnen, verallgemeinern, schlußfolgern.

a. Stellen Sie zusammen, wie die einzelnen Tiere ›sprechen‹!
b. Suchen Sie alle Verben aus dem Text heraus, die ›die Flucht ergreifen‹ bedeuten.

1.1.4. Konstruktionsübungen

Aus vorgegebenen Wörtern sind nach bekannten Regeln Sätze zu konstruieren. Ihr Hauptmangel ist, daß sie nicht der natürlichen Sprachproduktion entsprechen und zu einer hohen Fehlerquote führen.

Bilden Sie aus den folgenden Wörtern Sätze!
- wollen, d-Hausfrau, schlachten, Hahn;
- gehen, zusammen, Tiere, Bremen.

1.2. Gestaltungsübungen

Die folgenden drei Übungsformen sind eine Übergangsform zwischen den Erkenntnis- und den Gestaltungsübungen, da sie wohl einerseits auch mit Satzmustern arbeiten und damit die Möglichkeit der Analogiebildung und der Automatisierung gegeben ist; andererseits arbeiten sie aber auch mit logischen Abstraktionen wie die Erfassungsübungen. Da sie jedoch Syntagmen anstelle von einzelnen Wörtern vorgeben, kommen sie der natürlichen Sprachproduktion näher. Man sollte sie nicht zu häufig verwenden.

1.2.1. Formationsübungen (Satzbildungsübungen)

Bilden Sie Sätze mit dem Wortmaterial!

Hund	klettern	Rücken	Esel
Katze	springen	Rücken	Hund
Hahn	fliegen	Kopf	Katze

1.2.2. Komplementationsübungen (Ergänzungsübungen)

Ergänzen Sie!
Die Räuber flohen ..... in den Wald. (vor Schreck)
Die Katze hatte .... Mäuse gefangen. (ihr Leben lang)

1.2.3. Expansionsübungen (Satzerweiterungsübungen)

Erweitern Sie den Antwortsatz entsprechend den Fragen!
Wo saß der Hahn? (Hoftor)
→Der Hahn saß auf dem Hoftor.
Wo war das Hoftor? (neben dem Haus)
→Der Hahn saß auf dem Hoftor neben dem Haus.

Die Automatisierung der Spracherscheinungen wird durch Substitutions- und Transformationsübungen erreicht, die deshalb auch im Vordergrund der Übungsarbeit stehen sollten. (Die durch Regeln bewußt gemachten Spracherscheinungen sollen durch diese Übungen unbewußt werden.)

Diese Übungen arbeiten mit Sprachmustern.

1.2.4. Substitutionsübungen

Im Satz wird ein Wort oder eine Wortgruppe ausgetauscht. (a. und b. = Satzschalttafeln) Zwei Lernprozesse laufen ab:

1. Eine lexikalische Einheit wird bewußt geübt.
2. Unbewußt wird ein Satzmuster mitgeübt.

(Bei Übung a. ergeben alle Kombinationen einen sinnvollen Satz, bei b. muß der Lerner stärker auf den Inhalt achten, um sinnvolle Sätze zu bilden.)

Bilden Sie sinnvolle Sätze!

a.

Die Tiere	gehen	nach Bremen.
	laufen	in den Wald.
	wandern	durch das Feld.
		über die Brücke.

b.

Der Hahn	ist	den ganzen Tag	heimgekommen.
Die Räuber	sind	gerade	gelaufen.
Die Tiere		heute morgen	geflohen.

c. Der Esel traf auf seiner Flucht eine Katze.
.... unterwegs ....
.... einen Hahn.
Der Hund ....

1.2.5. Transformationsübungen

Bei Transformationsübungen werden Satzstrukturen umgeformt (= transformiert). Bei ihnen wird – umgekehrt wie bei den Substitutionsübungen – bewußt eine

a. Die Räuber wollen gerade zu essen beginnen:

Hugo! Das Fleisch!
→Hugo! Gib mir (bitte) das Fleisch!
Hans! Den Wein!
→Hans! Gib mir (bitte) den Wein!

grammatische Erscheinung geübt, unbewußt eine lexikalische Erscheinung mitgeübt.)	b. Was sollen wir bloß tun? Gehen wir doch einfach hinein. →Sollen wir wirklich einfach hineingehen? Setzen wir uns doch einfach zu den Räubern an den Tisch. →Sollen wir uns wirklich einfach zu den Räubern an den Tisch setzen? c. Dort sitzen die Räuber. Das Haus gehört ihnen. →Dort sitzen die Räuber, denen das Haus gehört.

Weitere Übungsformen

Neben den Übungsformen, die im Übungssystem von Buscha/Specht aufgeführt werden, sollen hier noch einige weitere Übungsformen aus dem Repertoire der audiovisuellen Methode besprochen werden.

Richterich (Richterich/Stott/Dalgalian/Willeke 1969: XIIff.) führt noch Repetitions- (Wiederholungs-), Reiterations- (Wiederholung mit zeitlicher Verschiebung), Diskriminations-, Kontextualisations-, Inventionsübungen an.

Bei der **Repetitionsübung** wiederholt der Lerner ein Wort, eine Wortgruppe oder einen Satz, den der Lehrer vorspricht, ohne irgendeine Veränderung.	L: mein Vater S: mein Vater L: mein Vater kommt. S: mein Vater kommt L: mein Vater kommt vielleicht S: mein Vater kommt vielleicht
Bei der **Reiteration** nimmt der Lerner einen Satz wieder auf, der ihm vorher schon vorgegeben war. Gedächtnis und Verständnis werden stärker gefordert als bei der Repetition.	L: Brehm S1: Wie heißt er? S2: Brehm L: Heidelberg S1: Wo wohnt er? S2: in Heidelberg
Bei einer **Diskriminationsübung** muß der Lerner feststellen, ob zwei Laute, Wörter, Sätze, Intonationsmodelle gleich sind oder nicht.	L: Sie ruft ihre**n** Chef. L: Sie grüßt ihre**n** Chef. S: gleich L: Sie hilft ihre**m** Chef. L: Sie sieht ihre**n** Chef. S: nicht gleich L: Ich ging auf den Márkt, um Gemüse zu kaufen. L: Ich ging auf den Markt, um Gemǘse zu kaufen. S: nicht gleich L: Wir haben das géstern gesehen. L: Wir haben das géstern gesehen. S: gleich
Bei einer **Kontextualisationsübung** wird vom Lerner ein vorher bereits festgelegter Satz oder einer unter mehreren als Antwort verlangt. Der Lerner muß sinngemäß auswählen oder an dem Satz eine notwendige morphologische Veränderung vornehmen.	L: Vergiß nicht, daß morgen Sonntag ist. S: Nein, natürlich nicht. L: Darf ich das Fenster öffnen? S: Ja, natürlich. L: Stört es sie, wenn ich das Fenster öffne? S: Nein, natürlich nicht.

Bei einer **Inventionsübung** muß der Lerner einen Teil des Satzes selbst ›erfinden‹.

L: Sie hat einen Brief geschrieben.
L: eine Zeitung
S: Sie hat eine Zeitung gelesen.
L: einen Film
S: Sie hat einen Film gesehen.

Um weitere Übungsmöglichkeiten zu erhalten, kann man einzelne Übungsformen miteinander kombinieren, z. B.

Transformation mit Reiteration
L: Übernachten wir im Räuberhaus?
S: Ich habe Angst, im Räuberhaus zu übernachten.
L: Klopfen wir ans Fenster?
S: Ich habe Angst, ans Fenster zu klopfen.

Transformation mit Substitution
L: nach Bremen gehen
S1: Gehen wir doch nach Bremen!
S2: Sollen wir wirklich nach Bremen gehen?
L: ans Fenster klopfen
S1: Klopfen wir doch ans Fenster!
S2: Sollen wir wirklich ans Fenster klopfen?

Alle diese Sprachmusterübungen – die Übung ist jeweils in Analogie zu einem Muster durchzuführen – laufen nach dem Modell von Reiz (Stimulus) und Reaktion (Response) ab, d. h. der Lerner erhält einen Anstoß (Stimulus) in Form der Aufgabe und reagiert darauf, indem er eine Antwort (response) gibt.

Der Stimulus kann mündlich oder visuell (durch Schrift oder Bild) erfolgen oder durch eine Kombination davon.

Alle Antworten folgen einem festen Satzmodell; im Vergleich zum Modell dürfen die Stimuli keine neuen Schwierigkeiten, keine Abweichungen und keine Doppeldeutigkeiten enthalten. Man nennt diese Übungen auch Reihenübungen, weil bei ihnen eine Reihe gleichartiger Stimuli – es sollten nicht weniger als sechs pro Übung sein – aufeinander folgen.

Bei der Durchführung dieser Übungen ist folgendes zu beachten:

- Der Lerner muß aus dem Modell eindeutig erkennen, was er tun soll.
- Meist genügen zwei Beispiele als Modell. Der Lehrer spricht Stimulus und Response zweimal vor, die Lerner wiederholen. Es empfiehlt sich, als erste Aufgabe den Stimulus des Modells zu geben, diesmal ohne Lösung, so daß der Lerner jetzt nicht einfach nachspricht, sondern den Response selbst bilden muß. Dieses Vorgehen erleichtert oft den Übergang zu den eigentlichen Aufgaben der Reihenübung:

L: (spricht vor)	Gehen wir doch nach Bremen!
L: (spricht vor)	→Sollen wir wirklich nach Bremen gehen?
L: (wiederholt)	Gehen wir doch nach Bremen!
L: (wiederholt)	→Sollen wir wirklich nach Bremen gehen?
L: (sagt)	Gehen wir doch nach Bremen!
S: (reagiert)	→Sollen wir wirklich nach Bremen gehen?
L: (sagt)	Klopfen wir doch ans Fenster!
S: (reagiert)	→Sollen wir wirklich ans Fenster klopfen?

- Jede Antwort sollte mehrere Male produziert werden. (Man kann die Übung einige Male hineinander durchführen, bis die Antworten fließend produziert werden, oder

die einzelnen Stimuli in unterschiedlicher Reihenfolge geben, wenn die Übung das erlaubt.)
- Man darf keine Fehler durchgehen lassen, da diese sonst automatisiert werden. Bei falscher Antwort verbessert der Lehrer und läßt den Lerner unmittelbar wiederholen, oder er gibt den gleichen Stimulus einem anderen Lerner, in der Hoffnung, daß dieser die richtige Antwort produziert. Eine Reihenübung sollte nicht durch theoretische Erklärungen unterbrochen werden.
- Nur der gleichförmige Rhythmus mit fortlaufender Wiederholung führt zur Automatisierung. Die Übungen sind deshalb in einem regelmäßigen, schlagartigen Hin und Her durchzuführen, bei gleichem Rhythmus und gleicher Intonation während der gesamten Übung, ohne Zögern. Deshalb dürfen Stimulus und Response eine dem Niveau des Lerners angemessene Satzlänge nicht überschreiten, damit sie in einem Zug mit normaler Geschwindigkeit gesprochen werden können.

Solche Automatisierungsübungen können nicht nur auf Satzebene durchgeführt werden, sondern auch auf der Ebene der Textproduktion. Drei Grundtypen solcher Aufgaben sind: Mehrsatzübungen, Paralleltextübungen und Grammatikübungen im Kontext. Bei einer **Mehrsatzübung** werden einzelne Formen der Satzverknüpfung, bestimmte Rhema-Thema-Schritte* geübt.
Eine Folge von inhaltlich zusammenhängenden Sätzen – zwei bis vier Sätze – wird als Modell gegeben. Die Lerner tauschen Wörter aus, geben also die Satzfolge mit neuem Inhalt wieder und üben dabei die Verknüpfungen, die die Sätze zusammenhalten.

Brandt aß am liebsten Brötchen.
Seinetwegen brauchte es nichts anderes zum Frühstück zu geben.
Sie waren ihm das Wichtigste.

Renate	(die) Kirschtorte	zum Kaffee	
Die Kinder	(die) rote Grütze	zu Mittag	
wir	saure Heringe	zum Abendbrot	(Heins 1975: 124–125)

Die Lerner üben die pronominale Verknüpfung. Wenngleich die einzusetzenden Pronominalformen ziemlich einfach sind, ist die Übung nicht leicht, wenn ein gewisses Tempo verlangt wird.

Paralleltextübungen sind Mehrsatzübungen, die den Umfang einer kleinen Darstellung haben. Bei ihnen wird die Struktur eines Textes mehrfach mit neuen Inhalten gefüllt. Mit diesen Übungen kann man bereits auf der Anfängerstufe arbeiten, wie das folgende Beispiel zeigt, bei dem der Austausch keine morphologischen Änderungen erforderlich macht:

* das Rhema,-s (-ta) = Teil des Satzes, der die eigentliche Mitteilung, die neue Information enthält; Ggs.: das Thema
das Thema = ›das Aufgestellte‹, der Gegenstand der Rede, der schon bekannt ist

Herr Müller kauft *ein Lexikon.* (neue Information, Rhema; daher unbestimmter Artikel)
Das Lexikon kostet 100 DM. (Von ›Lexikon‹ war bereits im vorigen Satz die Rede, es ist jetzt Thema; daher wird der bestimmte Artikel benutzt.)

Schreiben Sie einen kleinen Paralleltext mit den folgenden Wörtern:

Fußball	
In Bremen spielt VfB Stuttgart gegen Werder Bremen.	Offenbach-Kickers Offenbach
Franz Beckerle aus Stuttgart will das Spiel sehen.	Heinz Richter aus Hamburg
Die Reise Stuttgart-Bremen kostet 90 DM.	Hamburg-Offenbach 80 DM
Die Karte für das Stadion kostet 12 DM.	Karte – 10 DM
Der VfB Stuttgart muß das Spiel gewinnen.	
Sonst kommt Stuttgart nicht in die Bundesliga.	
Werder Bremen gewinnt die erste Halbzeit mit 1:0	Kickers Offenbach 2:1

(Heins 1975: 126–127)

Paralleltextübungen sind auf allen Stufen verwendbar, da sich ihr Schwierigkeitsgrad fast beliebig steigern läßt. Der Austausch eines Substantivs kann anknüpfende Pronomen verändern, ein Austausch kann semantisch-lexikalische Folgen für die folgenden Sätze oder den ganzen Text haben. Beispiel:

Herr Protzmann hat kurz vor Weihnachten eine große Summe Geld im Toto gewonnen. Mit wohlgefüllter Brieftasche marschiert er ins Warenhaus, um wie gewöhnlich Weihnachtsgeschenke zu kaufen. Dieses Jahr kann er sich glücklicherweise etwas mehr leisten als sonst. Seine Familie weiß noch nichts von seinem Glück. Hoffentlich werden sich die Kinder über die vielen Geschenke freuen. Mit selbstsicheren Schritten geht Herr Protzmann ...

Paralleltext: *Setzen Sie ein: Herr Rabe – an der Börse viel Geld verloren.*

(Heins 1975: 127–128)

Durch den Austausch ›gewonnen‹ – ›verloren‹ verkehrt sich die Grundvoraussetzung ins Gegenteil. Der Lerner muß nun selbständig die gegenteiligen Wörter und Wendungen finden und einsetzen. Zu ersetzen sind in unserem Beispiel die Wörter: ›wohlgefüllt, marschiert, wie gewöhnlich, glücklicherweise, etwas mehr, Glück, viele, sich freuen, selbstsicher‹ usw.

Auch **Grammatikübungen im Kontext** sind eine Sonderform der Paralleltextübung. Dazu gehört z. B. die Verschiebung ganzer Texte von einem Tempus in ein anderes, vom Indikativ in den Konjunktiv Irrealis. Durch die Änderung einer Voraussetzung entsteht ein neuer Text mit einer neuen Aussage.

Als weiterführende Lektüre wird empfohlen:
Buscha/Specht 1970: 171–179.
Richterich et al. 1969.
Heins 1975: 121–129.

Die Bremer Stadtmusikanten

Ein Mann hatte einen Esel, der viele Jahre die Säcke zur Mühle gebracht hatte, jetzt aber alt und schwach geworden war. Da wollte der Mann ihn töten lassen. Der Esel aber merkte das rechtzeitig und lief davon. Er wollte in Bremen Stadtmusikant werden, denn er hatte eine schöne Stimme.

Als er eine Strecke gegangen war, begegnete er einem Jagdhund; der keuchte wie einer, der sich müde gelaufen hat. »Was keuchst du so?« fragte der Esel. »Weil ich jetzt alt bin und nicht mehr schnell genug, kann ich keine Hasen mehr jagen. Drum wollte mich mein Herr erschlagen. Da bin ich ausgerissen.« »Weißt du was?« sagte der Esel, »du gehst mit mir nach Bremen und wirst auch Stadtmusikant.«

So zogen sie zusammen weiter. Nicht lange, da saß eine Katze am Wegrand; die machte ein Gesicht wie sieben Tage Regenwetter. »Was ist denn mit dir los?« fragte der Esel. »Ach«, sagte die Katze, »ich hab mein Leben lang Mäuse gefangen, aber jetzt sind meine Zähne stumpf geworden. Drum wollte mich mein Herr ertränken. Da hab ich mich weggeschlichen. Aber was nun?« »Sei nicht traurig! Du hast in deinem Leben so viel Nachtmusik gemacht. Komm mit uns nach Bremen!«
So gingen sie nun zu dritt weiter. Da saß ein Hahn auf einem Hoftor und schrie aus Leibeskräften: »Jeden Tag hab ich das Wetter vorhergesagt. Nun hat die Hausfrau der Köchin befohlen, mich zu schlachten, weil sich für morgen Gäste angesagt haben.« »Ach was«, sagte der Esel, »komm mit uns nach Bremen! Du hast eine schöne Stimme und kannst mit uns musizieren.«
Als es Abend wurde, kamen sie in einen dunklen Wald. Da sahen sie in der Ferne ein Licht. Als sie näher kamen und zum Fenster hineinschauten, sahen sie zehn Räuber an einem herrlich gedeckten Tisch sitzen. »Ach, wenn wir doch dort säßen!« sagten die Tiere.
Sie berieten, was sie nun tun sollten, und fanden einen Weg: Der Esel stellte sich mit den Vorderfüßen aufs Fensterbrett; der Hund kletterte auf den Rücken des Esels; die Katze sprang auf den Hund; der Hahn flog auf den Kopf der Katze. Auf ein Zeichen hin begannen sie mit ihrer Musik: Der Esel schrie, der Hund bellte, die Katze miaute, der Hahn krähte. Dann stürzten sie durchs Fenster, so daß die Scheiben zerbrachen. Die Räuber erschraken entsetzlich und flohen in den Wald. Die vier Musikanten aber setzten sich an den Tisch und fielen über die Speisen her, als wenn sie eine lange Zeit hungern sollten.

(Adler/Steffens 1978: 20–21)

Übungstypen – Situationsbezug

Noch in den 60er Jahren war es für eine Lektion im Lehrbuch typisch, daß sie über irgendwelche dem Lerner gleichgültigen Erscheinungen oder Personen Belangloses erzählte. Der Lerner sollte Sätze mit Aussagen über diese Gegenstände, Erscheinungen oder Handlungen bilden oder sich einprägen. Eine typische Lektion in einem Anfängerlehrbuch lautete etwa so:

»Der Unterricht
1.
Die Schüler gehen in das Schulzimmer. Der Lehrer kommt auch, und der Unterricht beginnt.
L.: Guten Morgen! Ich sage jetzt einen Satz. Bitte wiederholen Sie den Satz!
Hier ist das Schulzimmer.
Es hat einen Fußboden, eine Decke und vier Wände.
Hier vorn hängt die Tafel, hier sind auch Kreide und Schwamm.
Dort hinten hängt die Landkarte.
Rechts ist die Tür, und links sind die Fenster.
Dort oben hängen die Lampen.
Wir haben hier auch Tische und viele Stühle. . . .« (Griesbach/Schulz 1977: 8)

Was würde sich für den Lerner ändern, wenn dort ›Das ist ein Ofen.‹ statt ›Hier ist das Schulzimmer.‹ stünde? Psychologisch absolut nichts.

Von E. Ionesco stammt eine sehr treffende parodistische Darstellung zu diesem Thema, die wir zitieren möchten:

». . . Gewissenhaft schrieb ich die Texte aus meinem Lehrbuch ab, um sie auswendig zu lernen. Als ich sie aufmerksam überlas, lernte ich zwar nicht Englisch, aber ich erfuhr überraschende Wahrheiten. Zum Beispiel, daß die Woche sieben Tage hat, was ich übrigens schon wußte, daß der Fußboden unten, die Decke oben ist, eine Sache, die ich vielleicht ebenfalls wußte, aber über die ich niemals ernsthaft nachgedacht oder die ich vergessen hatte, und die mir plötzlich ebenso verblüffend wie undiskutierbar wahr erschien. ... Nach den universellen Wahrheiten offenbarte mir der Autor des Lehrbuchs Teilwahrheiten; um das zu tun, drückte sie dieser Autor, ohne Zweifel durch eine Methode Platons inspiriert, durch das Mittel des Dialogs aus. Ab der dritten Lektion wurden zwei Personen präsentiert, von denen ich immer noch nicht weiß, ob sie wirklich existent oder erfunden waren: Mr. und Mrs. Smith, ein englisches Ehepaar. Zu meiner höchsten Verwunderung teilte Mrs. Smith ihrem Gatten mit, daß sie mehrere Kinder haben, daß sie in der Umgebung Londons wohnen, daß ihr Name Smith ist, daß Mr. Smith Büroangestellter ist, daß sie ein Dienstmädchen Mary haben, ebenfalls Engländerin, ... Ich erlaube mir, Ihre Aufmerksamkeit auf den unbezweifelbaren, axiomatischen Charakter der Behauptung von Mrs. Smith zu lenken, sowie auch auf das ganz und gar cartesianische Verhalten des Autors meines Englisch-Lehrbuchs, das bemerkenswerterweise das höchst methodische Fortschreiten auf dem Wege der Suche nach der Wahrheit war. ...« (Ionesco 1962: 155–157 zitiert nach Leont'ev 1974: 50)

In älteren Lehrbüchern gibt es viele Beispiele dieser Art. Die Übungen zu solchen Texten waren entsprechend inhaltslos.

»Übung:
1. Wo liegt das Buch? – ______ liegt hier. 2. Liegt der Bleistift auch hier? – Nein, ______ liegt nicht hier. 3. Kommt Frau Meier? – Nein, ______ kommt nicht. 4. Lernt das Kind fleißig? – Ja, ______ lernt fleißig. ...« (Griesbach/Schulz 1977: 6)

»Übung:
1. Peter ist mein Freund. Ich frage Peter: »Geh- ______ in die Schule? – Arbeit- ______ viel? Lern- ______ Deutsch? – Komm- ______ aus England?
2. Paul ist auch mein Freund. Ich frage Peter und Paul: »Geh- ______ in die Schule? – Arbeit- ______ viel? ...« (Griesbach/Schulz 1977: 7)

»Übung: Bilden Sie Sätze!
1. abfahren, Zug, Köln, 13.20 Uhr. 2. ankommen, Herr Bremer, pünktlich, Frankfurt. 3. verlassen, er, Bahnhof. 4. beginnen, Herr Breuer, seine Reise, Köln. 5. wiederholen, Herr Müller, Aufgabe, verbessern, Fehler, erklären, Regeln.« (Griesbach/Schulz 1977: 23)

Das dritte Beispiel zeigt eine reine Konstruktionsübung, bei der mit Hilfe von Regeln einzelne Wörter dekliniert bzw. konjugiert und zu Sätzen zusammengesetzt werden. Eine wirksame Automatisierung kann auf diese Art nicht erreicht werden.

Mit dem Aufkommen der audio-lingualen Methode traten sog. ›Dienstleistungsgespräche‹, Dialoge, die Alltagssituationen (›Auf der Post‹, ›Am Fahrkartenschalter‹, ›Im Geschäft‹) imitierten, an die Stelle dieser belanglosen Texte. Die verwendeten Automatisierungsübungen verlangten aber meist rein schematische Variationen des Musters; die Beziehung zwischen Stimulus und Response war nur formaler Natur.

1. Bilden Sie das Perfekt!

Er geht ins Theater.
→Er ist ins Theater gegangen.

2. Kennen Sie den Mann? (Schüler)
→Kennen Sie den Schüler? (Lehrer)
→Kennen Sie den Lehrer? ...

3. Ich bleibe zu Haus. Es ist zu heiß.
→Ich bleibe zu Haus, *weil* es zu heiß ist.

Diese Übungen wurden abgelöst durch Übungen des (sprech-)natürlichen Typs.

4. Der Eilzug fährt schnell. Und der D-Zug?
→Der D-Zug fährt noch *schneller.*

5. Bitte räume das Zimmer auf.
→Aber das Zimmer *ist* doch schon *aufgeräumt.*

Diese Übungen müssen so natürlich sein, daß sie ein Gespräch imitieren, sie müssen gleichzeitig aber auch so aufgebaut sein, daß sie bestimmte Sprachmuster automatisieren, d.h. die Natürlichkeit erfährt eine Begrenzung durch das einzuübende Sprachmuster.

6. Zeigt der Verkäufer Peter den Pullover?
→Ja, natürlich zeigt er *ihn ihm.*

Die Antwort soll das zu übende Sprachmuster (ao, do – ihn vor ihm) enthalten und nicht so stark elliptisch sein, wie es sprechüblich wäre:
Ja, natürlich.
Da die geforderten Satzmuster ja keine isolierten Sätze sind, sondern im Zusammenhang stehen mit der vorhergehenden Partneräußerung, werden die vorher üblichen Anweisungen: ›Bilden Sie einen Nebensatz!‹, ›Setzen Sie den Satz ins Perfekt!‹ usw. durch kommunikative Anweisungen ersetzt: ›Erteilen Sie eine Auskunft!‹ ›Stimmen Sie dem Gesagten zu!‹ ›Sagen Sie, daß das Geforderte bereits geschehen ist!‹ (Übung 5) oder durch Situationsvorgaben (Übung 10, 11).

Man ist bestrebt, auch halbfertige sprachliche Einheiten, sog. gesprächstypische Wendungen, mit einzuüben, da sie für den Lerner einen wichtigen Besitz darstellen:

Entschuldigen Sie bitte.
Wie geht es ...
Es tut mir leid, ...
Meiner Meinung nach ... usw.

Diese Wendungen sind nicht nur üblich in Gesprächen, sondern sie verschaffen dem Lerner auch eine Denkpause, in der er die folgende sprachliche Äußerung vorbereiten kann. Auch Verzögerungswörter, Füllwörter wie ›wohl, doch, denn‹ usw. werden im Unterricht geübt, da der Schüler so lernt, sprechnatürlicher zu reagieren und dem Dialog emotionellen Charakter zu geben.

7. Kennen Sie Beckenbauer?
→Aber den kennt bei uns doch jeder!

lexikalisches Echo:

8. Entschuldigen Sie, wenn ich Sie aufgehalten habe.
→Aufgehalten? Aber Sie haben mich doch gar nicht aufgehalten.

Heute bevorzugt man situative Übungen. Während einige Methodiker zu Beginn der 70er Jahre situativen Übungen relativ skeptisch gegenüberstanden* und vor übertriebenen Hoffnungen warnten, wurden diese in der Praxis doch häufig verwendet.

Günther Desselmann fordert sinnvolle Zusammenhänge der zu automatisierenden sprachlichen Strukturen. Er fordert eine Kontext- und Situationsgebundenheit der Übungen in doppelter Hinsicht:

1. durch eine sprechnatürliche Stimulus-Reaktions-Kombination innerhalb einer Übungseinheit,
2. durch einen Zusammenhang der aufeinanderfolgenden Übungseinheiten in einem Übungsblock.

Er empfiehlt, in einem Übungsblock
a. alle Übungseinheiten einem gemeinsamen Situationstyp zuzuordnen

9. Hast du in diesem Betrieb gelernt?
→Ja, das ist der Betrieb, *in dem* ich gelernt habe.
Hast du in diesem Haus gewohnt?
Hast du auf dieser Baustelle gearbeitet?
Hast du an dieser Universität studiert? (vgl. auch Desselmann 1973: 164)

(gemeinsamer Situationstyp: Es handelt sich jeweils um einen Ort, an dem man früher etwas gemacht hat. Die Einzelsituationen gehören zu verschiedenen Themen.)

b. alle Übungseinheiten an ein bestimmtes Thema zu binden

10. Frau Müller erinnert ihren Sohn Uwe an die einzelnen Hausaufgaben, die er noch zu machen hat:

Du mußt noch den Text übersetzen!
→Ja, ich fange gleich an, ihn *zu übersetzen.*

Du mußt noch den Aufsatz schreiben.
Du mußt noch den Abschnitt lesen.
Du mußt noch das Gedicht lernen.
(Thema: Erledigung von Hausaufgaben)

oder an einen Handlungsablauf

11. Herr und Frau X warten auf dem Flughafen auf ihre Freunde

Kannst du sehen, ob das Flugzeug aus Frankfurt kommt?
→Ja, ich *sehe* es *kommen.*

* Die Haupteinwände waren: die Erstellung solcher Übungen sei nicht rationell; die Situativität könne zu einem zu hohen Schwierigkeitsgrad der Übungen führen; und der Lerner empfinde die Situation im Sprachlabor/in der Klasse sowieso kaum als lebensecht (vgl. Gutschow 1974: 214).

Kannst du sehen, ob die Maschine schon landet?
Kannst du sehen, ob die Gangway heranfährt?
Kannst du sehen, ob der Zubringerbus wartet? (vgl. auch Desselmann 1973: 165)

(Handlungsablauf: Folge von Handlungen, die bei der Landung eines Flugzeugs geschehen)

c. alle Übungseinheiten durch eine Dialogkette miteinander zu verbinden

12. Gib mir bitte mal das Buch!
→Einen Augenblick, ich gebe es dir gleich.

Danke. Das Tonbandgerät bitte auch.
→Einen Augenblick, ich gebe es dir gleich.

Und jetzt brauche ich das Tonband.
Und nun noch den Kopfhörer. (Desselmann 1977: 61 ff.)

(Dialogkette: Die Stimuli sind unterschiedlich aufgebaut und wirken dadurch sprechnatürlicher.)

A. Leont'ev geht über diese Auffassung von Situativität hinaus. Er faßt den Begriff der Sprechsituation im Rahmen der Theorie der Sprechtätigkeit, nach der die Sprechäußerung eine Sprechhandlung ist. Leont'ev fordert, daß die Situation nicht nur der ›Knoten‹ sein solle, der die einzelnen Übungspaare zusammenhält, sondern daß die Gesamtheit der sprachlichen und nichtsprachlichen Bedingungen, der äußeren und inneren Umstände so beschaffen sein müsse, daß diese den Lerner quasi dazu zwingen, (inhaltlich) die vom Lehrer gewünschte sprachliche Äußerung zu produzieren, so daß der Lehrer ihm nur noch die sprachlichen Formen vorzugeben braucht, die für die Produktion der Äußerung notwendig sind. Er fordert: »... die Sprechsituation sollte nach Möglichkeit – im Prozeß der Aneignung und besonders im Prozeß der Festigung sprachlicher Fähigkeiten – von der Aufgabe der sprachlichen Kommunikation abgeleitet sein, insbesondere von einer realen Aufgabe, an die der Lernende im betreffenden Land geraten kann und muß, wenn er auf die eine oder andere bestimmte Art zu handeln gezwungen ist.« (Leont'ev 1974: 52)

Wenn eine Übung effektiv sein soll, muß sie den Lerner interessieren gemäß dem allgemeinen methodischen Prinzip, demzufolge besonders dauerhaft das erworben wird, was beim Menschen eine bestimmte Beziehung hervorruft und was mit den Besonderheiten seiner Tätigkeit gesetzmäßig zusammenhängt. Leont'ev stellt fest:

»... wenn wir wollen, daß ihn [den Schüler] die Tätigkeit interessiert, so sind die ›fiktiven Umstände‹ so zu konstruieren, daß der Schüler sich entweder selbst real in einer Situation befindet, in der er so oder so handeln muß, oder daß er die ›Verwandlung‹ bzw., wie die Psychologen sagen, leicht eine ›Übertragung‹ auf die unter diesen Umständen handelnde Person realisiert.« (Leont'ev 1974: 51)

Demzufolge verläuft der Übungsprozeß umso effektiver, je mehr Elemente einer kommunikativen Situation der Lehrer in den Übungsprozeß einbeziehen kann und je häufiger ihm das gelingt. Die gefundenen Situationen müssen so beschaffen sein, daß das zu übende Mittel möglichst häufig verwendet werden kann.

Eine **reale Situation** liegt vor, wenn der Lehrer im Unterricht eine echte Frage an den Lerner stellt, auf die er nicht von vornherein selbst die Antwort weiß, oder wenn er die Lerner untereinander echte Gespräche führen läßt (classroom discourse).

So kann der Lehrer die Lerner fragen

»Was haben Sie gestern gegessen/getrunken/gekauft/gelesen/getan, Herr/Frau X?«, wenn er viele Antworten im Perfekt erhalten möchte; oder er kann jeden Lerner fragen

»Was würden Sie tun, wenn heute Sonntag wäre?«,

und in allen Antworten wäre das zu übende grammatische Mittel »Ich würde ...« enthalten.

Man kann auch ein Bild als situatives Element in eine solche Übung einbeziehen. Soll z. B. geübt werden, wie man eine Vermutung mit Hilfe der Modalwörter (›vielleicht, wahrscheinlich, sicher, bestimmt‹ ...) ausdrückt, könnte man eine Zeichnung verwenden, die ein Zimmer zeigt, in dem Schränke und Schubladen aufgerissen sind und alle Gegenstände über das ganze Zimmer verstreut herumliegen. Und der Lehrer könnte die Frage stellen: »Was ist hier passiert? Was glauben Sie?« Die Lerner könnten antworten: »Sicher waren hier Einbrecher. Vielleicht haben sie Geld gesucht. Wahrscheinlich ...« (vgl. auch Neuner et al. 1980: 122)

Obwohl der Sachverhalt hier bildlich dargestellt wird, ist die Situation dennoch real, denn die Lerner äußern ihre eigenen Vermutungen und spielen nicht die Rolle eines anderen.

Bei der **Simulation** spielt der Lerner eine andere Person und reagiert so, wie diese Person in einer bestimmten Situation reagieren würde. Wichtig ist, daß der Lerner eine möglichst klare Vorstellung von der Situation hat, in der er sprachlich handeln soll.

Die Situationsvorstellung kann auf verschiedene Weise erfolgen.

a) Sie wird *bildlich und verbal* vermittelt.

Wenn z. B. die Sprechhandlung ›Gegenstände lokalisieren‹ mit Hilfe der Verben ›hängen, liegen, sitzen, stehen, stecken‹ und der Präpositionen ›an, auf, in, hinter, neben, über, unter, vor, zwischen‹ mit dem Dativ geübt werden soll, so könnte ein Bild verwendet werden, das das Innere eines Zimmers zeigt. Die Möbel sowie verschiedene Gegenstände, die auf ihnen, neben ihnen, unter, über ihnen liegen, hängen, stehen, könnten bildliche Impulse für das Sprechen darstellen. Der Lehrer steuert die Übung verbal. Er stellt die Gesprächspartner vor und gibt ihnen möglichst einen Namen: Peter und seine Freunde. Er nennt den Zweck des Zusammentreffens der Freunde: Peter ist umgezogen, seine Freunde haben ihm beim Umzug geholfen, aber die Sachen wahllos irgendwohin gestellt. Der Lehrer richtet z. B. die Aufmerksamkeit der Lerner zuerst auf Peter und seine Sprechabsichten, indem er sagt: »Sie sind nun Peter. Sie können Ihre Sachen nicht finden und fragen Ihre Freunde, wohin sie diese gestellt haben.« Ein Lerner kann dann den Part des Lehrers übernehmen und die übrigen Teilnehmer fragen: »Wo ist meine Tasche?« Ein Teilnehmer: »Sie steht neben dem Sessel auf dem Fußboden.« Vielleicht wissen die Freunde auch nicht mehr so genau, wohin sie die einzelnen Dinge gestellt haben, so daß die Übung so lauten könnte:

X, wo ist mein Füller?
→Er liegt auf dem Schreibtisch.
Nein, da liegt er nicht.
→Dann liegt er vielleicht in der Schublade.
...

b) Die Situation wird nur *verbal* beschrieben.
Der Lehrer nennt und beschreibt die einzelnen Situationselemente mehr oder weniger ausführlich:

Der Lehrer gibt alle wichtigen Situationselemente an. Er beschreibt die äußeren Umstände des Gesprächs, benennt und charakterisiert die Gesprächspartner und nennt den Zweck des Gesprächs. Bei einer Übung zur Grammatik wird er auch die zu verwendenden sprachlichen Mittel nennen. Ein Beispiel für diese Möglichkeit wäre die bereits geschilderte Umzugssituation; eine andere Situation:

> Ihr Freund/Ihre Freundin möchte ein typisches Gericht Ihres Heimatlandes kochen. Erklären Sie ihm/ihr die einzelnen Schritte der Zubereitung. Benutzen Sie dazu Modalverben!
>
> →Zuerst mußt du ...... waschen.
> Dann mußt du ...... kleinschneiden.
> Du kannst auch ......
> Aber du darfst nicht ......

Es werden nur ein paar wesentliche Bestandteile der Situation angegeben. So sagt man z. B. nichts über die konkreten äußeren Umstände. Die Personen werden nur noch als A und B angedeutet, z. B.:

> Geben Sie einen Rat! Sagen Sie Ihrem Gesprächspartner, daß Sie an seiner Stelle das Folgende nicht täten:
>
> A: Ich komme immer zu spät zur Arbeit.
> B: →Ich an deiner Stelle käme nicht immer zu spät zur Arbeit.
>
> A: Ich schlafe immer im Büro.
> B: →Ich an deiner Stelle ...   (vgl. auch Lechner 1981)

Die äußeren Umstände und die konkreten Gesprächspartner sind hier nicht so wichtig. Dadurch wird die Situationsvorstellung weniger genau, es können jedoch viel mehr Sätze des gleichen Typs verwendet werden, als es in einer vollständigen, konkreten Situation möglich wäre.
Weiter als bei diesem Übungstyp darf man die Situationsvorgaben dann allerdings nicht mehr reduzieren, sonst kann man nicht mehr von einer situativen Übung sprechen.

Wenn der Lehrer eine kommunikative Situation aufgebaut hat, sollte sie möglichst lange erhalten werden. Dazu kann man die Situation im Verlauf des Übungsprozesses abändern, indem man einzelne Elemente der Situation austauscht.

1. Die sachlichen Gegebenheiten können geändert werden.

> Zuerst: Zwei Stadtpläne derselben Stadt werden miteinander verglichen:
> Was war da früher? – Was ist da heute?
> (Sprechintention: Zeiten und Zeiträume erfragen und angeben)
>
> Da war früher ein Café.
> Da ist heute ein Hotel.
> Da war früher der Marktplatz.
> Da ist heute ein Parkplatz.

Dann: Zwei Grundrisse derselben Wohnung miteinander vergleichen:

Früher war da das Wohnzimmer.
Heute ist da das Eßzimmer.
Früher war da das Schlafzimmer.
Heute ist da das Kinderzimmer. (Neuner et al. 1979: 86 (a))

2. Der Gesprächspartner kann geändert werden.

Ausgangssituation: Ein Arzt erteilt seinem Patienten Ratschläge:

Gehen Sie jeden Tag spazieren!
Trinken Sie nicht so viel Kaffee!
Gehen Sie früh zu Bett!

Geänderte Situation: Jetzt sind Sie eine Krankenschwester und nennen dem Patienten noch einmal die Ratschläge, weil er sie vergessen hat:

Sie sollen jeden Tag spazierengehen.
Sie sollen nicht so viel Kaffee trinken.
...

Weiter: Jetzt sind Sie der Patient. Sie erzählen Ihrer Frau, was Ihnen der Arzt geraten hat:

Ich soll jeden Tag spazierengehen.
Ich soll nicht so viel Kaffee trinken.

3. Die vorgegebenen sprachlichen Äußerungen können geändert werden.

Situation: Sie sind Sekretärin und haben heute sehr viel zu tun. Sehen Sie, was Sie alles tun müssen:

die Post sortieren und verteilen
fünf Briefe beantworten
sechs Rechnungen schreiben
einen Auftrag bestätigen und ausführen
Einladungskarten schreiben und verschicken

3.1. Sie überlegen sich, in welcher Reihenfolge Sie die einzelnen Aufgaben erledigen wollen:

→Zuerst muß die Post sortiert und verteilt werden.
→Dann muß der Auftrag bestätigt und ausgeführt werden.
...

3.2. Sie werden ständig bei der Arbeit gestört. Um nichts zu vergessen, machen Sie sich deshalb gegen Mittag eine Liste, auf der Sie notieren, was Sie bereits erledigt haben (+) und was alles noch zu tun ist (–):

die Post sortieren und verteilen		+	
die fünf Briefe beantworten	3	+	
	2	–	!
sechs Rechnungen schreiben		–	~
den Auftrag bestätigen		+	
und ausführen		–	!
Einladungskarten schreiben und verschicken		–	~

→Die Post ist sortiert und verteilt.
Drei Briefe sind beantwortet, aber zwei müssen noch beantwortet werden.
...

3.3. Sie merken, daß Sie heute nicht mehr alle Arbeiten erledigen können. Deshalb trennen Sie die dringenden Aufgaben(!) von denen, die bis zum nächsten Tag warten können (~):

→Die beiden Briefe müssen heute noch beantwortet werden.
Die Rechnungen brauchen heute nicht mehr geschrieben zu werden.
. . .

Als weiterführende Lektüre wird empfohlen:
Desselmann 1973: 161–169.
Autorenkollektiv 1978: 155 ff.

Weitere Übungsformen – kommunikativ eingesetzt

Die kommunikativ-pragmatisch orientierte Methode übernimmt das Repertoire an Übungsformen der audiovisuellen Methode und führt darüber hinaus. So schlagen G. Neuner/M. Krüger/U. Grewer in ihrer *Übungstypologie zum kommunikativen Deutschunterricht* für die Phase der Sprachverarbeitung, die sie als ›Stufe B: Grundlegung von Mitteilungsfähigkeit‹ bezeichnen, verschiedene Übungsformen mit ›reproduktivem Charakter zur sprachlichen Form‹ vor (Neuner/Krüger/Grewer 1981: 44; vgl. auch Neuner et al. 1981: 128 (a)). Auch in dieser Methode ist also in dieser Phase der Ort des formalen Einübens der Sprache, der stark gesteuerten Übungen zu Grammatik und Syntax. Die Übungen sind noch reproduktiv und stark gelenkt, bereiten aber grundlegend den freien Gebrauch von Sprache vor. Die vorgeschlagenen Übungsformen umfassen:

- pattern drill: Satzschalttafel/Substitutionsübung/bildgesteuerte Dialogübung – Äußerung
- Einsetzübung/Lückentextergänzung
- Bildung von Fragen und Antworten
- Zuordnung von Situationen und Redemitteln
- Dialogvariation mit Hilfe authentischen Materials
- Ergänzungsübung
- Umformungsübung
- Satzbildung aus Einzelelementen

Wir wollen uns hier nur mit drei Übungsformen befassen, denen wir bei der audiovisuellen Methode in dieser Art noch nicht begegnet sind:

bildgesteuerte Dialogübung

2. Nehmen Sie doch noch etwas!

○ Nehmen Sie | doch noch etwas Fisch!
Nimm | . . .

□ Danke, gern.
Nein danke, | ich habe noch genug.
Danke, | ich bin satt.
| ich möchte nicht mehr.

(Aufderstraße 1983: 51)

Mit Genehmigung entnommen aus Themen 1 Kursbuch, S. 51, Max Hueber Verlag, München

Ü 10

Was sagen die Leute?

(Neuner et al. 1979: 85 (a)) Mit Genehmigung entnommen aus Deutsch aktiv 1, Seite 85, Langenscheidt-Verlag, München

		22^{00}	
22^{00}	4980	Weinheim 22^{19} Darmstadt 22^{54}-**Frankfurt (M)** 23^{47} Sa u † Hält nicht auf allen Unterwegsbahnhöfen	2 a
⋮ 22^{06}	D 860	Mannheim 22^{18} Ludwigshafen 22^{33} Kaiserslautern 23^{22}-Saarbrücken 0^{11}-**Paris Ost** 6^{32}	4 a
⚒ 22^{09}	7291	Bruchsal 22^{42}-**Karlsruhe** 23^{01}	8 b
22^{10}	E 2256	Mannheim 22^{22} Ludwigshafen 22^{38}-**Mainz** 23^{34} ⚒ (auch 1. XI., 25. XII., 18. IV. u. 1. V.) – Wiesbaden 23^{59}	5 a/b
R ⋮ 22^{31} 12., 16.—20. XII. und 15. IV.	D 1207	**Karlsruhe** 23^{03} Neapel 18.21	7 a/b
⋮ 22^{32}	D 598	Weinheim 22^{46}-Darmstadt 23^{09}-Frankfurt 23^{31}-Kassel 2^{34}-Hannover 5^{53} Hamburg-Altona 8^{46}-**Kiel** 10^{21} teilweise Braunschweig 6.18 (nicht 24. u. 31. XII.) Wilhelmshaven Bremerhaven 8.43	3 a/b
⋮ 22^{38} 28. IV.—6. V.	M 1191 Messe Favorit 1. Kl.	Bietigheim 23^{32}-**Stuttgart** 23^{51}	5 b
⋮ 22^{40} 28. IV.—6. V.	M 1199 1. Kl.	Mannheim 22^{52}-**Ludwigshafen (Rh)** 22^{58}	5 a
Mo-Fr ⋮ 22^{46} nicht 20. XII.—4. I., 16.—19. IV.	IC 168 Hessen-Kurier 1. Kl.	Mannheim 22^{57} Mainz 23^{44} -**Wiesbaden** 23^{57}	2 a
Sa ⋮ 22^{46} Schlaf- und Liegewagenzug mit Autobeförderung 20. XII., 3. I., 14. II.—27. III., 19.—24. IV.	D 1351	Weinheim 23^{01} Frankfurt Süd 23^{47}-Bebra 1^{22}-**Berlin** Zoo 8^{20} Friedrichstraße 9^{25}	4 a/b
22^{50}	7294	**Mannheim** 23^{08} (Ludwigshafen 23.17, nicht 24., 31. XII.) Hält nicht in Heidelberg-Wieblingen	1 a
⋮ 22^{50}	D 591 Konsul	Mühlacker 23^{28}-**Stuttgart** 0^{03}	7 a/b
22^{55}	E 3477	Bruchsal 23^{16}-**Karlsruhe** 23^{32}	8 b

e Wie lange braucht ein Schnellzug nach Mannheim, wie lange ein Personenzug?

f Es ist Montag abend, zehn Uhr. Ich will nach Wiesbaden zu meiner Freundin, welchen Zug nehme ich?

31 ᴏᴏ
Kleiner Dialog

Tante Emmy: Bitteschön, wann fährt der nächste Zug nach Darmstadt?
Beamter: 12.36 Uhr, Gleis 4.
Tante Emmy: Ist das ein Schnellzug?
Beamter: Nein, ein Eilzug.
Tante Emmy: Entschuldigung, noch eine Frage: wann bin ich da in Darmstadt?
Beamter: 13.20 Uhr.
Tante Emmy: Danke sehr.

32
Variation

Max: Wann ________ Zug ________ Basel?
Beamter: 12.50 Uhr.

Max: ________________?
Beamter: Gleis 8.

33 fakultativ
Variation

Ottilie: Bitte, wann ________________ nach Mannheim?
Beamter: 22.10 Uhr.

Ottilie: Und ________________ in Mannheim?
Beamter: 22.22 Uhr.

Ottilie: ________________?
Beamter: Gleis 5.

(Häussermann et al. 1978: 124–125)

Im Falle der Zuordnungsübung (S. 135) könnte man im Unterricht wie folgt verfahren: Man läßt in Gruppenarbeit aus den angegebenen Redemitteln kleine Dialoge zu den Bildern erstellen und anschließend vor dem Plenum der Klasse vortragen. Für die Dialogvariation verteilt man Fahrpläne in der Klasse und läßt gemäß den angeführten Zugverbindungen Fragen stellen und Antworten geben.

Auffallend bei allen Übungsformen dieser Art ist das starke Übergewicht realer Situationen und von Simulationen anhand bildlicher Situationsvorstellung. Sie erfüllen damit weitestgehend die Forderung A. Leont'evs, daß die Übung möglichst von einer realen Aufgabe abgeleitet sein soll, an die der Lernende im betreffenden Land geraten kann. Die sehr stark auf Partner- bzw. Gruppenarbeit hin angelegten Übungen wollen Automatisierung nicht vor allem durch Drill erreichen, sondern durch aktives Sprechhandeln der Lerner. Dieses erhöht gleichzeitig die Motivation der Lerner, so daß auch von diesem Aspekt her optimale Bedingungen für den Spracherwerb gegeben sind. Sprechhandeln ist dabei entweder *partnerbezogenes* Sprechen oder *Sprechen über etwas* (= diskursives Sprechen). Die Motivation der Lerner wird sich auch über den eigentlichen Unterricht hinaus erhalten, denn wer in Partner- und Gruppenarbeit ständig aktiv tätig ist, statt nur rezeptiv den Worten des Lehrers zuzuhören, wird auch viel eher eigene Lücken entdecken und versuchen, diese zu schließen. Durch Partnerarbeit üben sich die Lerner zudem in einer Arbeitsform, die in unserer modernen Welt sehr wichtig ist und zunehmend an Bedeutung gewinnt.

Daß der Lehrer im Sprachunterricht möglichst in den Hintergrund treten und alle Übungen und Aufgaben, die von den Lernern selbst erledigt werden können, diesen übertragen soll, haben wir bereits an anderer Stelle ausgeführt. In diesem Zusammenhang soll noch ein Wort zur Anordnung der Arbeitsplätze im Klassenraum gesagt werden. Hintereinander angeordnete Sitzreihen sind für kommunikativen Unterricht äußerst ungünstig, sie verhindern, daß die Lerner leicht miteinander kommunizieren können. Wer in der ersten Reihe sitzt und, um mit jemandem in der letzten Reihe ein Gespräch führen zu können, sich ständig umdrehen und in einer unbequemen Position verharren muß, wird entsprechende Bemühungen bald wieder aufgeben. Eine solche Sitzanordnung entspricht vielmehr lehrerzentrierten Unterrichtsformen, bei denen der Lehrer vorträgt und die Lerner vor allem zuhören.

Im Interesse eines kommunikativen Unterrichts sollte man daher die Sitzplätze so anordnen, daß sich die Lerner gegenseitig ansehen können und daß die Arbeitstische auch für Gruppenarbeit umgestellt werden können.

Als weiterführende Lektüre wird empfohlen:
Neuner/Krüger/Grewer 1981. (b)

8.7. Die Phase der Herausbildung der Kommunikationsfähigkeit und freien Sprachanwendung

In dieser (dritten) Phase (Zimmermann 1974: 90–107) soll die Steuerung des Lerners ständig abnehmen, nicht mehr sprachlicher Art sein, sondern höchstens noch die Themavorgabe betreffen, um zu verhindern, daß der Lerner sich übernimmt und ein Thema wählt, das er mit dem erreichten Sprachstand noch nicht zu bewältigen in der Lage ist. Die Aufmerksamkeit des Lerners bei der Produktion von Äußerungen soll voll auf den Inhalt der Äußerung gerichtet sein, nicht mehr auf sprachliche Probleme. »›Transfer‹ meint ... Gebrauch der Struktur in neuen Kontexten, ... In der Anwendungsphase tritt der formale Aspekt zurück und die Betonung liegt auf der inhaltlichen Bewältigung der vorgegebenen Situation.« (Zimmermann 1976: 3)

Für die audiolinguale Methode weist W. Rivers auf die Problematik hin, daß die große Zahl vorgeschalteter Drills kaum noch Zeit für die Anwendungsphase lasse und daß mit Transfer oft nur ›Vertiefung durch variierte Aufgaben‹ gemeint ist, so daß es sich letzten Endes doch wieder um grammatische Aufgaben handelt, bestenfalls um ›gesteuerte Übertragung bei gezieltem Situationswechsel‹, bei der ebensowenig wie bei Strukturdrills Spontaneität auftritt oder eine echte Sprechabsicht zu vermerken ist. Da solche Sprechanlässe ebenfalls sorgsam vorstrukturierte und geplante Sprechanlässe sind, besteht für den Lerner gar keine Notwendigkeit, die Ähnlichkeit zwischen zwei Situationen zu entdecken – was ja eigentlich der Sinn dieser Übungen ist, da nur so ein Transfer zustandekommt. Dadurch entsteht wieder wie bei Drills eine Fixierung auf Stimuli, und der natürliche geistige Prozeß zwischen Sprechabsicht und sprachlicher Äußerung wird nachhaltig gestört (Rivers 1964: 128 ff.). Schäfer fordert deshalb eine Unterscheidung zwischen Übertragung (Transfer) durch gesteuerten Situationswechsel und Transfer auf den realkommunikativen individuellen Sprechakt andererseits (Schäfer 1976: 40).

Auch Buscha/Specht (Buscha/Specht 1970: 174) berichten von weitverbreiteten Klagen von Lehrern, die feststellen, daß der Lerner einerseits bei den Gestaltungsübungen mit z. T. komplizierten sprachlichen Formen umzugehen lernt und andererseits in natürlichen Sprechsituationen nur die allereinfachsten Sprachformen gebraucht. Der Grund liegt nach Ansicht von Buscha/Specht darin, daß viele Lehrbuchautoren und Lehrer nach Abschluß der Arbeit an Grammatik und Lexik sofort zur freien Konversation übergehen, da sie der Ansicht sind, ab diesem Zeitpunkt sei keine systematische Arbeit mehr möglich, um eine kontinuierliche Leistungssteigerung bei den Lernern zu bewirken.

Das Übungssystem

Buscha/Specht plädieren für ein voll ausgebautes Übungssystem in der dritten Phase, der Phase der Sprachanwendung. Sie unterteilen dazu diese dritte Phase in zwei Abschnitte, eine stärker mit dem behandelten Text verbundene, stärker gelenkte Phase und eine freie Phase, in der der Lerner nur noch seine eigenen Gedanken zum Ausdruck bringt. Die Übungen des ersten Abschnitts dieser dritten Phase nennen sie **Reproduktionsübungen** (womit Übungen zur Wiedergabe fremder Aussagen, also z. B. des Textinhalts gemeint sind) und die des zweiten Abschnitts **Konversationsübungen** (Übungen zum Ausdruck eigener Gedanken, Meinungen, Gefühle). Bei beiden Gruppen unterscheiden sie jeweils wieder *monologische* und *dialogische* Übungen (wenngleich sie sich durchaus bewußt sind, daß es in sprachphilosophischer Sicht keinen Monolog gibt, da sich alles Sprechen auf einen Partner bezieht). In sprachmethodischer Sicht ist nach ihrer Meinung jedoch zu unterscheiden zwischen einem Sprechen, das aus einem ständigen Wechsel zwischen Reiz und Reaktion besteht und dem Sprechen, das durch einen einzigen Stimulus ausgelöst wird und als eine Reaktionskette abläuft.

Bei den Reproduktionsübungen nehmen die sprachlichen Steuerungselemente in Richtung auf die Konversationsübungen hin ständig ab (was den Kritikern der audiolingualen Methode entgegenkommt, die ja gerade die starke Steuerung auch in dieser Phase bemängeln).

Das von Buscha/Specht vorgeschlagene Übungssystem für die dritte Phase sieht wie folgt aus:

> »2. Übungen zu den Sprachfertigkeiten
>
> 2.1. Reproduktionsübungen
> 2.1.1. monologische Übungen
> 2.1.1.1. Wortgeländerübungen
> 2.1.1.2. Stichwortübungen
> 2.1.1.3. Dispositionsübungen
> 2.1.1.4. Komplexfragen und -aufgaben
> 2.1.1.5. Resüméeübungen
>
> 2.1.2. dialogische Übungen
> 2.1.2.1. Übungen zur Fragebildung
> 2.1.2.2. Detailfragen und -aufgaben
> 2.1.2.3. Dialogimpulsübungen
>
> 2.2. Konversationsübungen
> 2.2.1. Fragen und Aufgaben zur freien Konversation« (Buscha/Specht 1970: 171)

Übungsformen

Im Hinblick auf systematische Arbeit sind die Reproduktionsübungen den Konversationsübungen überlegen, da sie einerseits die Lerner in eine kommunikative Situation versetzen, bei der sie ihre Aufmerksamkeit voll auf den Inhalt richten müssen, andererseits aber noch sprachlich gesteuert werden können.

Je nach Könnensstand der Lerner wird man mit einer Wortgeländerübung, einer Stichwort- oder einer Dispositionsübung beginnen und fortschreiten bis zu freien Übungsformen wie Resüméeübung oder Dialogimpulsübung.

Die Beispiele beziehen sich wieder auf das Märchen *Die Bremer Stadtmusikanten* (S. 125)

Bei einer
2.1.1.1. **Wortgeländerübung**
muß sich der Lerner noch an vorgegebenes Wortmaterial und dessen Reihenfolge halten,

Geben Sie den 1. Abschnitt des Textes mit Hilfe des folgenden Wortmaterials wieder:
Mann – Esel – Säcke zur Mühle – alt geworden – Schlächter – Esel – rechtzeitig – weglaufen – Bremen als Stadtmusikant – schöne Stimme

bei der
2.1.1.2. **Stichwortübung**
schreibt er Stichworte als Gedächtnishilfe aus dem Text heraus bzw. hält den Hauptgedankengang in Form kurzer Zwischenüberschriften fest,

a. Notieren Sie den Inhalt des Textes in Stichworten!
b. Wählen Sie für die Textabschnitte kurze Zwischentitel und geben Sie mit Hilfe dieser Zwischentitel die Hauptgedanken des Textes wieder!

bei der
2.1.1.3. **Dispositionsübung**
stehen ihm in Form der Gliederung die wichtigsten Gedankenstützen zur Textwiedergabe zur Verfügung,

a. Geben Sie den Inhalt des Textes mit Hilfe der folgenden Disposition (Gliederung) wieder!
   1. Entschluß der Herren, die Tiere zu töten
   2. Flucht der Tiere
   3. Eroberung des Räuberhauses
b. Erstellen Sie eine Disposition zum Text!

bei der
2.1.1.5. **Resüméeübung**

a. Geben Sie eine Zusammenfassung des Textinhalts mit eigenen Worten!
b. Geben Sie den Dialog als Bericht wieder!
c. Erzählen Sie das Märchen in der ›ich-Form‹ aus der Sicht des Esels!

und der
2.1.2.3. **Dialogimpulsübung**
können die Lerner ihre Gedanken jedoch sprachlich frei formulieren, können die inhaltliche Reihenfolge bei der Wiedergabe abändern und in gewissem Maße auch schon ihre eigenen Gedanken zum Thema äußern.

a. Führen Sie das folgende Gespräch weiter!
   Esel: Warum keuchst du denn so, Jagdhund, was ist denn los?
   Jagdhund: Ach, weißt du, ich mußte so schnell laufen, deshalb keuche ich so.
   E: Warum bist du dann nicht langsam gegangen?
   J: Mein Herr wollte mich erschlagen, . . .
   E: . . .
b. Bilden Sie aus den Stichworten vollständige Fragen und Antworten!
   E + J: Katze traurig?
   K: ertränken, stumpfe Zähne
   E + J: schöne Stimme, Stadtmusikant
   . . .
c. Führen Sie ein Gespräch, das die Tiere miteinander geführt haben könnten!

Der Vollständigkeit halber sei hier noch ein Beispiel für

2.1.1.4. **Komplexfragen und -aufgaben** gegeben:
Hierbei handelt es sich um kürzere zusammenhängende Äußerungen, sei es die Wiedergabe eines Textabschnitts, die Beschreibung einer der vorkommenden Personen usw.

Äußern Sie sich im Zusammenhang:
1. Beschreiben Sie das Leben der einzelnen Tiere!
2. Beschreiben Sie, wie es den Tieren gelang, ins Räuberhaus zu kommen.
3. . . .

Mit den Resümee- und den Dialogimpulsübungen ist die Stufe der Konversationsübungen erreicht, ohne daß die Lerner die in den Kenntnisübungen erworbenen sprachlichen Formen aufgegeben haben. Buscha/Specht empfehlen, bei den einzelnen Reproduktionsübungen auch die vorher gelernten Wendungen mitverwenden zu lassen, z. B. durch die Aufforderung:

> Führen Sie ein Interview mit Herrn X; benutzen Sie dabei die Wendungen zum Interview, die Sie . . . gelernt haben.

Innerhalb dieser Übungsfolge ist der Schwierigkeitsgrad verschieden hoch. Eine Dispositionsübung ist schwieriger als eine Wortgeländerübung, da sie weniger sprachliches Material vorgibt; andererseits können auch Wortgeländerübungen unterschiedlich schwierig sein, je nachdem, wie weit das vorgegebene Wortgeländer bereits sprachlich ausgeformt ist; z. B. ist a) einfacher als b):

a) Ein Mann – Esel – viele Jahre – Säcke zur Mühle – getragen hatte;
b) Mann – Esel – Säcke – Mühle.

Ebenso steigt bei loserem Textbezug der Schwierigkeitsgrad an; c) ist einfacher als d):

c) Geben Sie den Inhalt der Geschichte mit Ihren eigenen Worten wieder!
d) Erzählen Sie die Geschichte aus der Sicht der Räuber!

Auch innerhalb der dialogischen Übungen gibt es eine Steigerung des Schwierigkeitsgrades.

In diesem Übungssystem sind auch **Übungen zur Fragebildung** aufgeführt, eine Aufgabenform, die lange Zeit von den Lehrbuchautoren überhaupt ignoriert wurde. Im Unterricht hatte nur der Lerner dem Lehrer zu antworten, obwohl doch der Lerner, wenn er ins Ausland kommt, mindestens ebenso viele Fragen stellen wie beantworten wird. Eine einfache Form der Fragebildung wäre:

Erfragen Sie
1. den Grund der Flucht der Tiere,
2. das Ziel ihrer Wanderung
...

Der Lerner soll seine Fragen sprachlich möglichst variieren:

zu 1: Warum flohen die Tiere?
Aus welchem Grund sind die Tiere ihren Herren weggelaufen?
Weshalb fürchteten sich die Tiere und ergriffen die Flucht?

Eine zweite, relativ schwierige Form ist, zu vorgegebenen Antworten die passenden Fragen zu formulieren:

Welche Fragen könnte der Räuberhauptmann in dem folgenden Dialog den Tieren gestellt haben?
1. ....?
Wir sind hungrig und möchten mit euch essen.
2. ....?
Wir kommen von weither und sind müde.

Diese Übungsform zur Fragebildung hat sich in der Praxis immer wieder als schwierig erwiesen, da sie nicht nur sprachliches Können verlangt, sondern vor allem logische Fähigkeiten. Der Lerner muß erkennen, ob seine Frage ausführlich genug ist, um die vorhandene Antwort zu rechtfertigen, ob sie exakt genug gestellt ist, ob die vorgegebene Antwort inhaltlich überhaupt zu der von ihm formulierten Frage paßt. Olbert/Schneider (Olbert/Schneider 1973) schlagen eine interessante Version der Fragebildung vor. Der Lehrer macht eine Feststellung oder stellt eine Behauptung auf, und der Lerner stellt dazu so viele verschiedenartige Fragen, wie ihm spontan einfallen; z. B.
Lehrer: Ich behandele meine Haustiere gut.
S: – Was für Haustiere haben Sie denn?
– Womit füttern Sie denn Ihren Hund?
– Beißt Ihr Hund auch nicht?

- Meinen Sie nicht, man sollte in einer Stadtwohnung lieber auf Haustiere verzichten?
- Haben Katzen denn nicht Flöhe?
- ...

Bei den **Konversationsübungen** nehmen Buscha/Specht keine Gliederung mehr vor, was sie mit dem Forschungsstand der Zeit – der Artikel erschien 1970 – erklären. Sie sehen dies allerdings auch in der Sache selbst begründet, da freie Konversation »der Meinungsbildung und Wahrheitsfindung in echter Partnerschaft« diene, als solche »nur an die aktuelle Redesituation gebunden und in ihrem Verlauf und ihrem Ergebnis nicht vorher festzulegen« sei (Buscha/Specht 1970: 174). Es sei schwer vorstellbar, daß man für solche ›Übungen‹ verschiedene Formen finden könne. Bei einer Konversationsübung erfolgen Vorgaben allenfalls noch in Form von Denkimpulsen.

Daß man auch in audiovisuellen Lehrverfahren sehr vielseitige und phantasievolle Mittel gefunden hat, Transferleistungen zu fördern, zeigen praktische Beispiele für den Französischunterricht bei Olbert/Schneider (Olbert/Schneider 1973: 83). Gerade Bilder, Bildreihen und Bildergeschichten können nicht nur Sprechanlässe schaffen, sondern auch steuern. Hier ein Beispiel (Olbert/Schneider 1973: 83):

Zuerst wird gemeinsam überlegt, was die Bilder darstellen und wie sie inhaltlich zusammenhängen. Die gefundene Geschichte wird dann in vielerlei Variationen erzählt: aus der Sicht des Bürgermeisters, des Kommissars, des Räubers (view-point-story). Für den Anfängerunterricht eignen sich auch sehr gut die ›Vater und Sohn‹-Geschichten von E. O. Plauen (vgl. Plauen 1971).

Man kann auch die Bildfolge ändern und damit eine neue Geschichte erstellen. Bei höheren Stufen können etwa Bildfolgen gewählt werden, die die Charakterisierung der dargestellten Personen nahelegen oder zur Diskussion einer bestimmten Problematik einladen.

Weitere in der audiovisuellen Methode häufig eingesetzte Aufgaben zum Transfer sind textliche Umgestaltung, z. B. die Dialogisierung eines erzählenden Lehrbuchtextes, die Verbindung mehrerer kurzer Dialoge zu einem größeren Dialog, die Führung eines Selbstgesprächs, die Fortsetzung des Lehrbuchtextes an einer bestimmten Stelle nach der Vorstellung des Lerners: »Wie hätte die Geschichte an dieser Stelle auch weitergehen können? Setzen Sie sie anders fort!« (z. B. in dem *Märchen von den Bremer Stadtmusikanten* an der Stelle»... sahen sie zehn Räuber an einem herrlich gedeckten Tisch sitzen«; mögliche Fortsetzungen wären: Die Tiere erschraken entsetzlich, denn sie hatten große Angst vor Räubern. Deshalb ...; oder: Da die Tiere so hungrig und müde waren, klopften sie an die Tür des Räuberhauses und baten um Einlaß. Die Räuber ließen sie auch herein und taten sehr freundlich, aber ...).

Sehr beliebt ist auch das Rollenspiel. Viele Methodiker betrachten es als zentrales methodisches Mittel zur Entwicklung von kommunikativen Fähigkeiten in der künstlichen Situation des Klassenzimmers, da mit seiner Hilfe der ›Ernstfall‹ simuliert werden kann. (vgl. Kap. 8.7. – Didaktische Spiele)

Als weiterführende Lektüre wird empfohlen:
Buscha/Specht 1970: 171–179.
Olbert/Schneider 1973: 52–77.

Weitere Übungsformen – besonders für den kommunikativ-pragmatisch orientierten Unterricht

Zunächst fällt auf, daß Neuner (Neuner et al. 1981: 128 (a)) genau wie Buscha/Specht (Buscha/Specht 1970: 171) für die dritte Phase eine Zweiteilung vorschlägt, eine C- und eine D-Gruppe, wobei die C-Gruppe wieder inhaltlich noch mit dem behandelten Text zusammenhängt, die D-Gruppe ebenso wieder eine vom Text auch inhaltlich gelöste Anwendung vorsieht. Auch hier fällt wieder das Mißverhältnis von sechzehn Vorschlägen zur C-Gruppe gegenüber nur vier Vorschlägen zur D-Gruppe auf, was in denselben sachlichen Ursachen begründet sein dürfte, die auch Buscha/Specht anführen: für die freie Sprachanwendung läßt sich kaum ein Übungssystem aufstellen, da sie schlecht in ein System zu bringen ist.

Die C-Gruppe umfaßt Übungen mit reproduktiv-produktivem Charakter zur (gelenkten oder freieren) Ausgestaltung vorgegebener Situationen/Rollen/Verständigungsanlässe, nämlich:

C. Entwicklung der Mitteilungsfähigkeit

» 1. Ein in der Situation/im Text vorhandenes Problem lösen
2. Einen Sachverhalt mit eigenen Worten ausdrücken
3. Dialogerstellung aus vorgegebenem Situationsrahmen
4. Offener Dialog – Ergänzung einer Dialogrolle
5. Texterstellung aus Schlagwörtern/Notizen
6. Bildgesteuerte Texterstellung (Bildergeschichte)
7. Ausfüllen eines Flußdiagramms
8. Offene Geschichte (Anfang/Fortsetzung erfinden)
9. Verzweigungsdialoge erstellen/Dialoge mit »Gelenkstellen«
10. Textsortenwechsel (Bericht-Gespräch/Dialog-Beschreibung)
11. Alternativgeschichten – zu einer mehrdeutigen Situation unterschiedliche Texte/Dialoge entwerfen

12. Den Widerspruch zwischen Text- und Bildinformation klären
13. Auf einen Brief antworten (mit Brief/Telefonat/Gespräch etc.)
14. Gelenkter Report (Ausarbeitung von Notizen/Stichwörtern), der zur Zusammenfassung einer Textvorlage führt
15. Ausarbeitung von Angaben in Graphiken/Statistiken
16. Zu einem Sachverhalt einen Leserbrief schreiben«

D. Entfaltung und Anwendung der Fremdsprache in freier Mitteilung
Diese Gruppe umfaßt:

» 1. Vergleichen: Vorzüge-Nachteile/Pro und Kontra
2. Kommentieren
3. Stellung nehmen/die eigene Meinung äußern
4. Rollenspiel und Simulation« (Neuner et al. 1981: 128 (a))

Der Übergang von der B-Gruppe – Grundlegung der Mitteilungsfähigkeit – zur C-Gruppe ist fließend und hauptsächlich durch geringere Steuerung des Lerners durch den Lehrer bestimmt. In den Übungen sollen die Lerner die sprachlichen Mittel und die inhaltlichen Informationen stärker produktiv verwenden. In den Vordergrund rücken die Fähigkeiten und Fertigkeiten, die der Lerner in der fremden Umgebung wirklich benötigt, d. h. die

rezeptiven Fähigkeiten Hörverstehen (und Hör-Seh-Verstehen),
Leseverstehen sowie die
produktiven Fähigkeiten Schreiben und Sprechen.

Dazu kommt die Einübung bestimmter Arbeitstechniken (Techniken der Texterschließung, Notizenmachen, Gebrauch eines Wörterbuchs usw.). Da die Fähigkeits- und Fertigkeitsbereiche miteinander verflochten sind, müssen sie auch in Verbindung miteinander eingeübt, gebraucht, überprüft werden.

Bei einer Diskussion z. B. macht man sich Notizen (HV und Schreiben), wenn eine telefonische Nachricht an jemanden weitergegeben werden soll, sind die Bereiche HV, Sprechen und Schreiben betroffen.

Müssen diese Fähigkeiten und Fertigkeiten an einer bestimmten Stelle des Unterrichts isoliert eingeübt werden, so müssen sie danach wieder miteinander verbunden werden.

Aus diesem Grund lehnt die kommunikativ-pragmatisch orientierte Methode auch die von der AV-Methode geforderte Progression vom Hörverstehen über das Sprechen zum Lesen und Schreiben ab.

Im folgenden sollen einige **Übungen der C-Gruppe** erklärt werden, deren Form vielleicht nicht klar aus der Bezeichnung hervorgeht.

C 1. Ein in der Situation vorhandenes Problem lösen

Mein Großvater, der für mich sehr wichtig ist, hat mir zum Geburtstag einen Hund geschenkt. Ich kann aus vielen Gründen das Tier unmöglich versorgen. Was mache ich?

(Häussermann et al. 1982: 56 (Ü 38c) (b))

C 7. Ausfüllen eines Flußdiagramms (zu Text: *Jugendarbeitslosigkeit 1980,* S. 114)

Setzen Sie die Schlüsselwörter in das Flußdiagramm ein!

Steigende Jugendarbeitslosigkeit?
↓nein! (. . . . .)
↓nur . . . .
= . . . .

Berufsberater:
↳ . . . .
(überall . . . .)
↓ . . . .
↳ Risiko: . . . .
(. . . . .)

C. 9 Verzweigungdialoge

Die Tiere stehen vor dem Räuberhaus.
- O was habe ich für einen Hunger.
- Und ich bin schrecklich müde.
- Wenn wir doch da drin säßen. Den Räubern geht's gut!
- Ja, vielleicht lassen sie uns mitessen? . . .

0

Prima.
- Ach ja, wir klingeln einfach mal und fragen, ob wir mitessen dürfen.
- Wir klopfen ans Fenster. Vielleicht lassen sie uns rein.
- Sollen wir mal rufen und fragen, ob wir auch am Tisch Platz nehmen dürfen?
- Der Tisch biegt sich ja unter so vielen guten Dingen!
- Die haben trotzdem noch genug!

Oh!
- Wie willst du das denn erreichen?
- Die geben uns bestimmt nichts. Die nehmen doch lieber andern was weg, anstatt ihnen was zu geben!
- Vielleicht wollen die dann Geld von uns. Wir können doch gar nicht bezahlen.

Bloß nicht!
- Das ist mir zu gefährlich!
- Ich habe Angst. Die sehen furchterregend aus.
- Wir sollten uns ganz schnell aus dem Staub machen.
- Lieber gehe ich hungrig schlafen.
- Vielleicht wollen sie uns dann auch töten.

0

- Wir sollten es trotzdem mal versuchen.
- Wenn sie uns töten wollen, laufen wir schnell weg.
  Wir sind doch schneller als sie.
- Ja, geh du mal voran.

- Vielleicht können wir ihnen Angst machen?
- Vielleicht können wir sie vertreiben.
- Wir warten einfach, bis sie das Haus verlassen haben.
- Gute Idee!

Der Anfang des Dialogs ist vorgegeben. Die Lerner setzen den Dialog in Partnerarbeit schriftlich fort. Sie können dazu einige der angegebenen sprachlichen Mittel verwenden, sie können aber auch nur eigene Einfälle bringen. Der Lehrer gibt sprachliche Hilfen und korrigiert. Anschließend läßt er möglichst viele Dialoge vorlesen (besser: vorspielen).

C. 11. Alternativgeschichten

Setzen Sie das Märchen anders fort! Wie hätte es an dieser Stelle auch weitergehen können?

»Als sie näherkamen und zum Fenster hineinschauten, sahen sie zehn Räuber an einem herrlich gedeckten Tisch sitzen. »Ach, wenn wir doch dort säßen!« sagten die Tiere.
Sie berieten, was sie nun tun sollten und ...«

C. 12. Den Widerspruch zwischen Text- und Bildinformation klären

B1
BD

7. Was stimmt hier nicht? Vergleichen Sie Text und Bild.

a) 
10.00 Uhr

e) 
14.00 Uhr

b) 
11.30 Uhr

f) 
16.00 Uhr

c) 
12.30 Uhr

g) 
22.00 Uhr

d) 
13.00 Uhr

h) 
1.00 Uhr

An Bord, 28. 6. 83

Lieber Mathias,

die Zeit hier ist nicht sehr schön. Ich stehe schon um 7.00 Uhr auf und gehe morgens auf Deck spazieren. Man kann hier nicht viel machen: nicht schwimmen, nicht Tischtennis spielen, nicht tanzen, man trifft keine Leute, und es gibt auch kein Kino und keinen Nachtclub. Ich esse hier sehr wenig, denn das Essen schmeckt nicht gut. Nachmittags lese ich Bücher oder schreibe Briefe. Abends sehe ich viel fern und gehe schon um 9.00 Uhr schlafen.

Herzliche Grüße
Deine Babsi

	Was macht Babsi?	Was schreibt Babsi?
a)	Sie steht erst um 10.00 Uhr auf.	Ich stehe schon um 7.00 Uhr auf.
b)	Sie spielt um ...	Ich gehe morgens ...

Ebenso: c, d, e, f, g, h

Mit Genehmigung entnommen aus Themen 1 Arbeitsbuch Ausland, S. 44, Max Hueber Verlag, München

(Eisfeld et al. 1986: 44)

Man läßt die Lerner in Gruppen Text und Bildinformation bearbeiten: Was zeigen die Bilder? Was steht im Brief?
Die Äußerungen des Briefes sollen als unwahr gekennzeichnet werden.
Die Hausaufgabe könnte lauten: Schreiben Sie Mathias mit Hilfe der Bildergeschichte einen Brief, wie der Urlaub an Bord wirklich war.

C. 14. Gelenkter Report (Ausarbeitung von Notizen/Stichwörtern), der zur Zusammenfassung einer Textvorlage führt

4

Obwohl junge Leute heute eine bessere schulische Ausbildung als früher haben, finden sie schwerer eine Lehrstelle.

Andrea wohnt bei ihren Eltern. Sie ist 16, trägt Jeans und T-Shirt, aber sie spricht wie eine alte Frau ohne Zukunft: »Jeden Tag mache ich die Wohnung sauber«, sagt sie. »Manchmal muß ich nicht viel tun. Dann bin ich, wenn ich um neun anfange, schon um halb zehn fertig und weiß nicht, was ich tun soll.«

Andrea B. aus Gelsenkirchen ist arbeitslos. Sie möchte Krankenschwester werden, findet aber nirgends eine Lehrstelle. Andrea hat schon 38 Bewerbungen geschrieben, aber immer war die Antwort negativ. »Wir verlangen einen Notendurchschnitt von 2,5. Leider haben Sie nur einen von 2,8«, heißt es oft in den Antwortbriefen. »Außerdem«, so Andrea, »nehmen uns die Abiturienten oft die Lehrstellen weg.«

Niemand kann ihr helfen, auch das Arbeitsamt nicht. »Die sagen immer nur: Gehen Sie doch noch drei Jahre zum Gymnasium und machen Sie das Abitur. Dann können Sie studieren.« Denn wenn die Jugendlichen zur Schule gehen, sind sie offiziell nicht mehr arbeitslos. Die Statistik sieht also besser aus, weil die jungen Leute länger zur Schule gehen, obwohl sie lieber einen Beruf lernen möchten. »Das hat doch keinen Zweck«, sagt Andrea. »Da geht man drei Jahre zur Schule, macht vielleicht das Abitur und findet dann oft trotzdem keine Stelle. Also studiert man, macht Examen und ist wieder arbeitslos.«

Andrea möchte noch fünf oder sechs Monate warten und eine Lehrstelle suchen. »Wenn ich aber dann doch nichts gefunden habe, gehe ich vielleicht doch noch zur Schule. Das ist immer noch besser als ein langweiliger Büroberuf«, meint Andrea und denkt an ihre Freundin Regina. Die wollte eigentlich Erzieherin werden, hat aber keine Lehrstelle gefunden und wird jetzt Sekretärin. Sie ist, so Andrea, sehr unzufrieden und möchte, wenn sie eine Chance bekommt, den Beruf wechseln.

Mit Genehmigung entnommen aus Themen 2 Kursbuch, S. 28, Max Hueber Verlag, München (Aufderstraße 1984: 28)

13. Schreiben Sie eine kleine Zusammenfassung für den Text auf S. 28 im Kursbuch.

Andrea ist ... und möchte ...	16 Jahre, Krankenschwester
Sie sucht ...	Lehrstelle
35 Bewerbungen ...	schreiben
Trotzdem ..., weil ...	keine Lehrstelle, Zeugnis
	nicht gut genug
Aber sie ..., denn ...	nicht studieren wollen, keinen Zweck
Andrea möchte noch ...	sechs Monate warten
Wenn sie ..., dann ...	nichts finden, zur Schule gehen

Mit Genehmigung entnommen aus Themen 2 Arbeitsbuch Ausland, S. 25, Max Hueber Verlag, München (Aufderstraße 1986: 25)

Die Lerner lesen und verstehen den Text. Dann schreiben Sie mit Hilfe der Stichwörter eine Zusammenfassung.

C. 15 Ausarbeitung von Angaben in Graphiken/Statistiken

Die Aufgabenstellung könnte lauten:

- Erschließen Sie das Thema der Darstellung aus der Überschrift bzw. aus dem erklärenden Untertitel. Bilden Sie einen vollständigen Satz dazu (Verb!).
- Formulieren Sie die Aussage des linken, dann des rechten Bildteils. Was besagt die dargestellte Entwicklung?

– Schreiben Sie aus ausgewählten und geordneten Informationen einen kurzen Begleittext.

Versuchen Sie auch, die dargestellte Entwicklung zu kommentieren!

Verwenden Sie die sprachlichen Wendungen, die Sie . . . gelernt haben.

Ein Diagramm *zeigt* oder *stellt* Aussagen *dar*, so daß man aus ihm etwas *entnehmen* oder *ersehen* kann.

Benutzen Sie diese Ausdrücke in Ihrem Text.

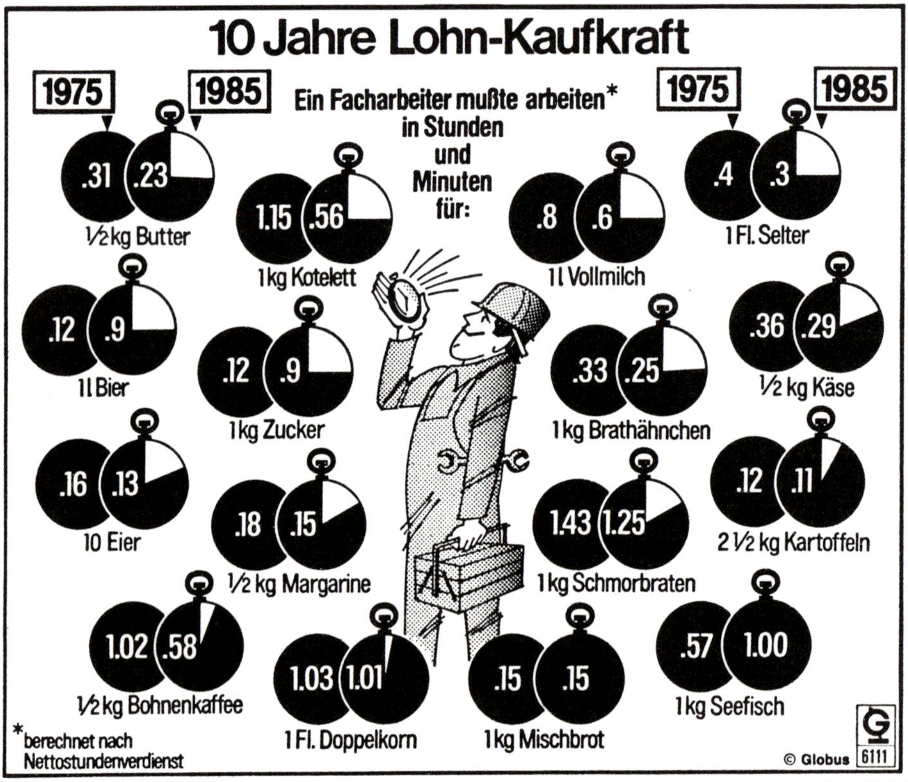

Rhein-Neckar- Zeitung, 18. 6. 1986

Gruppe D – Entfaltung und Anwendung der Fremdsprache in freier Mitteilung

Der Lerner soll jetzt das, was er bisher erworben hat:

sprachliches Können,
inhaltliches Wissen,
soziale Verhaltensweisen

frei anwenden. Darstellungen, Tabellen, Auflistungen, Pro-Kontra dienen nicht mehr Übungszwecken, sondern sollen die Meinungsäußerung anregen.

Nach der Vorstellung von Didaktikern der kommunikativ pragmatisch-orientierten Methode stellen die Übungsschritte A-B-C-D nicht auch gleichzeitig Unterrichtsphasen dar.* Man geht nicht von der Vorstellung aus, daß eine Phase sich folgerichtig aus der vorhergehenden entwickele und nur das Durchlaufen aller Phasen den gewünschten Erfolg garantiere. Man betrachtet die Phasen vielmehr als mögliche Schritte der Textarbeit, die je nach Textbeschaffenheit länger oder kürzer sein oder auch ganz ausfallen können.

Ebenso sollen die Schritte A–D nicht nur an jeweils einem einzigen Text vollzogen werden, sondern einem Thema sollen verschiedene Texte und verschiedenartige Textsorten zugeordnet werden.

Die Zuordnung von Verständigungsanlaß und Textsorte und andererseits von Textsorte und sprachlicher Tätigkeit sollte im Fremdsprachenunterricht annähernd an reale Verwendungssituationen geschehen.

Dazu ein Beispiel:

Sie sind drei Freunde/Freundinnen, die in derselben Stadt arbeiten/studieren. Sie möchten gemeinsam eine Wohnung mieten.

	Redemittel	Handlung	Textsorte
– Sie besorgen Lokalzeitungen, in denen Wohnungsanzeigen erscheinen	Redemitteltabelle: Einkauf	Simulation Verkaufsgespräch	
– Gruppengespräch: Sie sichten die Wohnungsanzeigen und wählen sechs brauchbare Anzeigen aus	Pro/Kontra Meinungsäußerung	Gruppendiskussion	Annonce
– Anruf/direktes Gespräch bei/mit den Wohnungsinhabern/Wohnungsmaklern über genaue Lage und Preis der Wohnungen (Notizen, evtl. Tonbandaufnahme)	Fragenkatalog	Informationsgespräch direkt/telefonisch Notizen machen	
– Sie ziehen drei Wohnungen in die engere Wahl.		Gruppengespräch; Liste mit Vor- und Nachteilen der Wohnungen erstellen	Annoncen, Notizen
– Anruf beim Wohnungsinhaber/Makler und Vereinbarung eines Besichtigungstermins	Fragenkatalog	Informationsgespräch, telefonisch; Notizen machen	
– Besichtigung der Wohnungen: Erfragen genauerer Details der betr. Wohnung, der Mietbedingungen, der Umgebung der betr.	Fragenkatalog	Informationsgespräch, direkt; Notizen machen	Mietvertrag Hausordnung

* Michael Krüger in Neuner/Krüger/Grewer 1981: 23–24.
Einige Seiten weiter bezeichnet der gleiche Autor die Abfolge: Stufen A, B, C, D jedoch als »normalen« Verlauf einer Übungskette (Seite 97). Vgl. auch Neuner et al. 1981: 127 (a), wo die Autoren feststellen:
»Mit den einzelnen Kategorien [die Stufen A, B, C, D] sind zugleich *Stufen* des Aufbaus fremdsprachlicher Kommunikationsfähigkeit markiert, die im Prozeß des Erwerbs und der Anwendung der fremden Sprache zu durchlaufen sind, d. h. eine *Sequenz* bilden.«

	Redemittel	Handlung	Textsorte
Wohnung (Lärmquellen, Verkehrsverbindungen usw.)			
– Sie entscheiden sich für eine Wohnung		Gruppengespräch: Liste mit Vor- und Nachteilen der drei Wohnungen	Mietvertrag Hausordnung Fahrplan Bus/Straßenbahn
– Sie informieren die drei Wohnungsbesitzer von Ihrem Entschluß (2 Absagen, 1 Zusage) und schließen einen Mietvertrag ab.	Zusage/Absage	Gespräche telefonisch/Gespräch direkt; Unterzeichnung des Mietvertrags	Mietvertrag

Die Lerner planen die Abläufe der einzelnen Schritte selbständig und spielen sie durch. Sie können natürlich eigenes Material in den Unterricht einbringen. (Weitere Beispiele vgl. Neuner/Krüger/Grewer 1981: 157 ff.)

Ein auf diese Art durchgeführter Fremdsprachenunterricht, der Verständigungsanlässe/-bereiche, Textsorten und Medien so auswählt und einsetzt, wie sie außerhalb des Unterrichts tatsächlich vorkommen könnten, wird Lehrer und Lernern mehr Freude machen und damit letzten Endes erfolgreicher sein als ein Unterricht, in dem das Erlernen sprachlicher Formen ›Selbstzweck‹ ist.

Sprachhandeln in realen Situationen erfordern sog. **Projekte.** Diese zielen auf lektionsübergreifendes, selbständiges und kooperatives Arbeiten der Lerner und wollen eine Verbindung herstellen zwischen Lernen im Unterricht und außerhalb. Bestimmte Aufgaben des Projekts werden in Teamarbeit erledigt. »Wichtige Lernziele werden außerhalb des Unterrichts durch teilnehmende Beobachtung, Feldinterviews, Sammeln und Auswerten von Material und verschiedene andere Aktivitäten in konkrete Erfahrung umgesetzt.« (Hog/Müller/Wessling 1984: 18 (b))

Solche Projekte könnten sein: Umfragen/Tonbandinterviews zu bestimmten Themen und deren Auswertung; Schreiben kursbegleitender Tagebücher; Verfassen von Flugblättern/Leserbriefen zu bestimmten Themen oder auch Beobachten eines Gerichtsprozesses (vgl. Hog/Müller/Wessling 1984: 19 (b)).

Zu dem letzten Thema schlagen die Autoren vor:

Projekt

Mitreden

.
.
.

4. Wenn ihr in einem deutschsprachigen Land seid, könnt ihr einmal einen Gerichtsprozeß beobachten. Besorgt euch vorher die einschlägigen Gesetze (die Gesetzbücher gibt es in Taschenbuchformat) und erarbeitet sie im Unterricht. Verteilt Beobachtungsaufgaben.

   Beispiele für solche Aufgaben:
   - Gesamtverlauf des Prozesses skizzieren
   - Personenbeschreibung von einzelnen Prozeßbeteiligten anfertigen
   - Argumentations- (Verteidigungs-, Verhandlungs-)Strategien von einzelnen Prozeßbeteiligten skizzieren

(Hog/Müller/Wessling 1984: 214 (a))

Grundsätze des Übens im kommunikativ-pragmatisch orientierten Unterricht

Abschließend sollen die Grundsätze des Übens im kommunikativen Fremdsprachenunterricht zusammengefaßt werden:

1. Die Lerner kennen Sinn und Ziel aller Übungen und Tätigkeiten.
2. Es wird jeweils klar bestimmt,
   als wer,
   wozu,
   die Lerner
   wo,
   mit wem,
   worüber,
   in welchen Stufen des Handelns
   kommunizieren können und sollen.
3. Die Lerner beteiligen sich aktiv am Unterricht.
4. Der Unterricht ist anschaulich.
5. Inhalte und Arbeitsweisen bauen auf dem Vorwissen der Lerner auf, das sich in
   Alltags-, Allerwelts- und Spezialwissen
   einteilen läßt und vor jeder Unterrichtseinheit durch
   Vororganisation (advance organizer), Wort-Bild-Zusammenstellungen, Orientierungsgespräche bereitgestellt wird.
6. Im Fremdsprachenunterricht lernen und verwenden die Schüler Techniken des Lernens, die zu Sicherheit, Selbständigkeit und Bereitschaft zur Zusammenarbeit führen.
7. Der Fremdsprachenunterricht ist abwechslungsreich in Inhalt und Lernweisen, so daß alle Lernertypen angesprochen werden und alle Lernerinteressen bedacht werden.
8. Im kommunikativen Fremdsprachenunterricht herrscht eine zielkulturelle Atmosphäre (authentische Sprachbeispiele, audiovisuelle Darbietungen, Unterrichtssprache vorwiegend die Fremdsprache).

Fähigkeiten und Fertigkeiten müssen langfristig angeeignet werden. Gelernt ist immer nur das, was auch nach drei Monaten noch beherrscht wird.
(vgl. Piepho 1980: 70–71)

Als weiterführende Lektüre wird empfohlen:
Neuner/Krüger/Grewer: 97–140. (b)
Piepho 1980: 69–86.

Didaktische Spiele

In den letzten Jahrzehnten hat im Fremdsprachenunterricht das Spiel ständig an Beliebtheit gewonnen: im Spiel kann man Sprache gebrauchen und im Gebrauch lernen.

Dennoch bestehen bei vielen Lehrern Zweifel im Hinblick auf die Effektivität des Spiels für den Spracherwerb. Wird während der zeitaufwendigen Spiele wirklich Sprache gelernt oder wird hier mit Spielereien kostbare Unterrichtszeit vertan?

Diesen Zweifeln soll durch den Versuch begegnet werden, das Spiel linguistisch und sprachdidaktisch zu begründen.

Linguistische Begründung

Grundlegende Aufgabe des Fremdsprachenunterrichts ist es, die Lerner zur Kommunikation in der Fremdsprache zu befähigen. Es genügt nicht, grammatisch korrekte Sätze bilden zu können; man muß sie vielmehr auch adäquat gebrauchen können. Moderne linguistische Richtungen begreifen Sprechen als eine Form des sozialen Handelns. In der Psycholinguistik wird Sprechen als ein Teil des menschlichen Handelns untersucht. Ein führender Vertreter derselben, der sowjetische Psycholinguist Leont'ev, leitet aus seiner Theorie der Sprechtätigkeit Konsequenzen für den Sprachunterricht ab:

»Alles, war wir im täglichen Leben sagen, sagen wir aus einem Warum (Motiv) und einem Wozu (Ziel). Eigentlich ist es uns bei gegebenem Motiv, gegebenem Ziel und gegebenen Umständen der Tätigkeit unmöglich, das, was zu sagen ist, nicht zu sagen.« (Leont'ev 1974: 50) Daraus leitet er wiederum die methodische Forderung ab, für den Lerner »fiktive Umstände« zu schaffen, in die er sich hineinversetzen kann, um zu handeln. Der Unterricht soll dabei ausgehen von einer Situation als »Gesamtheit von – sprachlichen und nichtsprachlichen – Bedingungen, die notwendig und hinreichend dafür sind, die Sprechhandlung ... zu realisieren« (Leont'ev 1974: 50; vgl. auch Kap. 8.6. ›Situationsbezug‹).

Wie aber können diese Forderungen besser erfüllt werden als durch das Spiel? Im Spiel sollen die Lerner eine Sprechhandlung ausführen, die in der entsprechenden Situation wahrscheinlich oder möglich wäre. Das Spiel geht demnach aus von einer fiktiven Situation (Motiv, Ziel, soziale Rolle der Kommunikationspartner müssen klar angegeben sein). Durch die Faktoren ›Situation‹ und ›soziale Rolle‹ erlangt das Spiel gesellschaftlichen Bezug.

Im Spiel benutzen die Lerner die Sprache als Kommunikationsmittel. Dabei erfahren sie direkt die Wirkung sprachlicher Fehler, die die Kommunikation beeinträchtigen. Das Spiel kann Lehrer und Lerner dazu bringen, sich bei der Fehlerkorrektur auf kommunikationsbeeinträchtigende Fehler zu konzentrieren sowie auf Fehler, die nach dem jeweiligen Stand der Interimsprachen zu korrigieren sinnvoll ist. Das werden auf jeden Fall nicht rein formale Fehler sein, die keine Auswirkungen auf das Funktionieren der Kommunikation haben. Denn da die Interaktion von vielen verschiedenen Faktoren abhängt, kann sie auch funktionieren, wenn die sprachliche Form unzureichend oder fehlerhaft ist. (Der Lehrer gewinnt durch das Spiel der Lerner Informationen über die Interimsprache in Funktion und kann, da Spiele wiederholbar sind, diese Informationen zur Vorbereitung weiterer Spieldurchläufe verwenden.)

Sprachdidaktische Begründung

Nun kann man die Entscheidung für das Spiel im Unterricht nicht einfach von der Linguistik herleiten, sondern muß sie auch sprachdidaktisch begründen.

Die Kommunikationsfähigkeit des Ausländers entscheidet über seine Erfolge oder Mißerfolge in der fremdsprachigen Umgebung. Wenn er sich nicht ausdrücken kann oder sich nicht auszudrücken wagt bzw. sich in der Praxis der gesellschaftlichen Kommunikation nicht auskennt, kann er sich nicht artikulieren und seine Interessen nicht darstellen bzw. nicht wahrnehmen. Der Fremdsprachenunterricht muß ihn dazu in die Lage versetzen, relevante Situationen sprachlich und von seinen Interessen her zu bewältigen. Im Spiel können solche Situationen vorweggenommen werden. Der Lerner übt sich hier in sprachliche und gesellschaftliche Verhaltensstrategien ein, bringt seine Erfahrungen ein, sammelt neue. Er probiert die Wirkungsweise seiner Kommunikationsfähigkeit aus, ohne Sanktionen befürchten zu müssen.

Gleichzeitig reflektiert er sein Verhalten und erwirbt als Folge davon die Fähigkeiten der Identitätsdarstellung, Rollendistanz und Empathie (vgl. Kap. 2.3. – Die kommunikativ-pragmatisch orientierte Methode: Pädagogische Theorie/Didaktische und methodische Prinzipien).

Da Spiele sich idealtypisch selbst regulieren und ohne Einmischung des Lehrers ablaufen können, bieten sie für den Lerner die Möglichkeit, »sinnvolle und funktional begründete Kommunikationen in der Fremdsprache [zu] führen« (Wagner 1983: 85). J. Wagner stellt deshalb fest: »Insgesamt erfüllt das Medium die ... Bedingungen eines kommunikativen Fremdsprachenunterrichts und erscheint als eine, wenn nicht als *die* geeignete Arbeitsform.« (Wagner 1983: 85)

Der Begriff ›Spiel‹

Was ist nun unter dem Begriff ›Spiel‹ und ›Spielen‹ zu verstehen? Angesichts der Vielfalt von Spielformen läßt sich eine allgemein gültige Definition kaum aufstellen. Wir wollen deshalb mit Portele als das »wichtigste Kriterium« von Spiel bezeichnen, daß es sich um eine Tätigkeit handelt, »die diejenigen, die an dieser Tätigkeit beteiligt sind als Tätige oder Beobachter oder Interaktionspartner als Spiel definieren und dies hat reale Konsequenzen« (Portele 1976: 119 zitiert nach Wagner 1983: 72).

Wichtig ist also die Auffassung der Beteiligten: Eine Tätigkeit ist dann als Spiel aufzufassen, wenn die Beteiligten sie als solches empfinden. Das bedeutet u. a., die Tätigkeit muß Spaß machen – und nicht als Arbeit oder Drill empfunden werden – und sie muß für die Spieler folgenlos im Sinne von ›ohne Sanktionen in der Realität‹ sein, (darf also im Fremdsprachenunterricht auch keine Benotung oder Bewertung irgendwelcher Art nach sich ziehen).

Didaktische Spiele

Uns interessieren didaktische Spiele. In didaktischen Spielen und durch sie sollen die Spieler etwas lernen.

Als Eigenschaften des didaktischen Spiels wollen wir festlegen:

- es ist mit ausformulierten Lernzielen verbunden,
- es zieht keine Sanktionen in der Realität nach sich,
- es ist wiederholbar, kann jederzeit abgebrochen und neu begonnen werden,
- es ist offen, d. h. der Spielausgang ist nicht festgelegt,
- es folgt expliziten Regeln, die von den Spielern verändert werden können,
- es muß Spaß machen.

In Anlehnung an J. Wagner wollen wir als Untergruppen des didaktischen Spiels das Lernspiel und das Rollenspiel auffassen (Wagner 1983: 74–75).

Spiele im Fremdsprachenunterricht: ›Spiele mit Sprache‹ und ›Spiele durch Sprache‹

Im Fremdsprachenunterricht kann man ›Spiele mit Sprache‹ und ›Spiele durch Sprache‹ einsetzen.

Spiele mit Sprache verwenden die Sprache als Material. Sie entsprechen einem mehr systemlinguistisch ausgerichteten Fremdsprachenunterricht, der Sprache entweder als ›habit‹ versteht, das durch ständige Wiederholung ›eingeschliffen‹ werden muß (audiolingual/audiovisuelle Methode) oder auch kognitiven Richtungen, die Regelwissen betonen. Sie eignen sich deshalb vor allem für den Anfängerunterricht sowie für die Einübung von Einzelstrukturen im Fortgeschrittenenunterricht.

Werden diese Art Spiele zur Einübung von Formen, Regeln und Strukturen verwendet, verlieren sie ihren Charakter als Spiel vollkommen, werden eher zu Drillübungen in Gruppen. Oft werden die langweiligsten Übungsformen als ›Spiel‹ verkleidet.

Dies geschieht oft ohne didaktische Überlegungen oder Begründungen ›zur Motivierung der Lerner‹ oder als ›Unterrichtsvariation‹. Besonders beliebt (bei Lehrern) sind Kreuzworträtsel, die zur Wiederholung und Einübung von Wortschatz dienen sollen; Spiele mit Sprache lassen sich vollständig programmieren und dadurch total kontrollieren. Johannes Wagner bezeichnet ›Spiele mit Sprache‹ deshalb auch als »Transformationsübungen, die an sich keinen Spielcharakter haben und nur durch Addition einer Wettbewerbskomponente zu einem Spiel verwandelt werden sollen« und fährt fort: »Die Geschlossenheit der Spiele und die Betonung der Lehrersteuerung machen Spiele dieser Art unbrauchbar für einen kommunikativen Fremdsprachenunterricht.« (Wagner 1983: 90–91) (Das heißt allerdings nicht, daß sie unter bestimmten Zielsetzungen nicht auch sinnvoll im Spracherwerb eingesetzt werden können, z. B. zu Ausspracheübungen.)

In diese Kategorie fallen vor allem **Lernspiele.** Sie werden für Lernziele im formalen Bereich eingesetzt und dienen Struktur- und Regelvermittlung sowie der Einübung einzelner Drills. Der Spielverlauf und sein Ziel lassen sich leicht vorausplanen und eindeutig festlegen. Damit kann man Lernspiele als ›geschlossen‹ bezeichnen. Sie eignen sich für Lernziele im traditionellen Unterricht.

›**Lernspiele mit Sprache**‹ bauen oft das fremdsprachige Material in ein einfaches Spielschema ein: Bingo-, Lottospiele mit sprachlichem Material, Quartettspiele, Würfelspiele, Kreuzworträtsel usw. (Eine große Auswahl bietet Goethals an (Goethals 1977)). Eingesetzt werden diese Spiele meist zur Übung von Rechtschreibung, Wortschatz oder Syntax.

›**Lernspiele durch Sprache**‹ werden vor allem zur Übung der Fertigkeiten Hör- oder Leseverstehen, Sprechen und Schreiben verwendet. Sie zeigen Ansätze von Sprachgebrauch, meist jedoch in sehr reduzierter und künstlicher Form. Deshalb werden sie auch vor allem für den Anfängerunterricht angeboten. Sie haben meist die Form von Frage-Antwort-Spielen, also Ratespiele, Quizspiele, Interviewspiele. Zeigen diese Spiele eine gewisse Offenheit, indem z. B. das Verfahren vorgegeben ist, die Lerner aber das Rateziel und die Fragestrategien selbst entwickeln können, haben sie kommunikative Züge, was jedoch noch nicht bedeutet, daß sie auch für den kommunikativen Fremdsprachenunterricht verwendbar sind.

Die folgenden Beispiele sollen zeigen, wie **kommunikativ orientierte Lernspiele** konstruiert sein können:

- **Ratespiel: Rollentausch**

Lernziel: Vergleichen und beschreiben

Verlauf: Jeder Teilnehmer erhält einen Zettel und schreibt darauf seinen Namen. Der Lehrer sammelt die Zettel ein und verteilt sie neu; dabei darf kein Teilnehmer seinen eigenen Namenszettel erhalten.

Damit hat jeder Teilnehmer eine neue Identität, die er vor seinen Nachbarn geheimhalten muß. In der Ich-Form fertigt jeder Teilnehmer eine Beschreibung an, wobei er »sich« mit den anderen vergleicht.
Beispiel: Ich bin größer als Peter, aber kleiner als Birgit.
Mein Haar ist heller als das von Klaus.
Ich bin älter als Doris, aber jünger als Monika.
Danach werden die Beschreibungen reihum vorgelesen, die Gruppe muß raten, welcher Teilnehmer gemeint ist.

(Friedrich/von Jan 1985: C 3)

- **Quizspiel: Beruferaten**
Aus dem Fernsehen ist jedem die Sendung der ARD »Was bin ich? Heiteres Beruferaten mit Robert Lembke« bekannt. Ein entsprechendes Quizspiel schlägt W. Lohfert vor. Geübt werden sollen Redemittel wie: Bist du/Sind Sie ...? Arbeitest du in ...? Besteht das Produkt aus ...?; Grammatik: Entscheidungsfragen; 2. Person Präsens, Artikelgebrauch usw. zur Realisierung von Redeabsichten wie: Berufe erfragen, erraten z. B. nach: Ausbildung, Arbeitsplatz, Tätigkeit usw.

(W. Lohfert 1983: 25 Quiz III, Berufe)

- **Wettkampfspiel: Hörtest**
Lernziel: Konzentrationsübung zum Hörverständnis; Wortschatz festigen
Verlauf: Die einzelnen Gruppen stellen eine Liste von 5–10 mehrsilbigen Wörtern aus dem bekannten Wortschatz zusammen, die Silbenzahl richtet sich nach der Teilnehmerzahl der Gruppe. Jede Gruppe trägt dann ihre Wörter in der Art laut vor, daß jeder Teilnehmer eine Silbe übernimmt und alle zusammen gleichzeitig sprechen. Die anderen Gruppen müssen versuchen, das jeweilige Wort zu erraten.

(Friedrich/von Jan 1985: H 7)

Zu den kommunikativen Lernspielen gehören auch Spiele, bei denen Geschichten – evtl. zu vorgegebenem Bild- oder Wortmaterial – erfunden werden sollen.

Spiel: Bildergeschichte
Jeder schneidet aus alten Zeitungen oder Illustrierten drei Bilder aus, die ihn interessieren. Er legt seine Bilder mit dem ›Gesicht‹ nach unten auf den Boden. – Nun zieht jeder drei beliebige Bilder und denkt sich in fünf Minuten eine Geschichte aus, in der er selbst und die drei Bilder vorkommen.

(Häussermann et al. 1982: 124 (Ü 28) (a))

Lernspiele (offene Formen) für den kommunikativen Unterricht findet man selten und erst in der neueren Literatur, z. B. bei Göbel (vgl. Göbel 1979). Nach Göbels Theorie über Alltagslernen ergibt sich Lernen meist aus einer Tätigkeit, ohne daß Lernen das Ziel dieser Tätigkeit ist (während in der Schule das Lernen das Ziel jeder Tätigkeit ist). Durch die spielerische Kommunikation wird nebenbei Sprache gelernt. Der Wettbewerb im Spiel verpflichtet bei ihm nicht zum Erfolg und läuft damit nicht den Zielen eines kommunikativen Fremdsprachenunterrrichts zuwider.

Spiel: Berufe
Die Mitspieler erhalten eine gleiche Anzahl von grünen Karten mit ›Problemen‹ und von roten Karten mit Berufen:

Probleme	Berufe
Meine Haare sehen scheußlich aus.	Friseur
Ein Wasserrohr ist geplatzt.	Klempner.
...	...

Die Karten des Mitspielers werden durch die Eröffnung von Mini-Dialogen ›geholt‹:
- Verzeihen Sie, ich möchte Arabisch lernen. Können Sie mir da helfen?
- Nein, leider nicht. Aber falls Sie nasse Füße haben, ...

(Der gefragte Mitspieler gibt diskret zu erkennen, daß er Klempner oder Schuhmacher ist. Jedenfalls behält er seine Karte und führt das Spiel weiter.)

(Göbel 1979: Nr. 47)

Zu den ***Spielen durch Sprache*** gehört vor allem das **Rollenspiel.** Beim Rollenspiel finden Interaktionen statt.

Rollenspiel ist wiederum ein sehr umfassender Begriff, der Sozio- und Psychodrama, Simulationsspiele, Planspiele, szenisches Spiel u. a. umfaßt. Der Begriff wird zudem in der Literatur sehr unterschiedlich verwendet.

Das szenische Spiel als Schultheater spielt für den Fremdsprachenunterricht keine große Rolle. Werden allerdings nicht literarische Texte aufgeführt, sondern Gebrauchstexte nachgespielt und von den Lernern eventuell vorher selbst geschrieben, dann kann es als vorbereitendes Üben für späteres Rollenspiel dienen. So könnten einzelne Gruppen Szenen zu Themen wie:

›Fahrkartenschalter‹, ›Auf dem Markt‹

entwerfen, Rollen dazu verteilen und nach einer Vorbereitungszeit die Szenen dem Plenum vorspielen.

Wir wollen uns hier vor allem befassen mit dem Rollenspiel und dem Simulations- bzw. Planspiel.

Das Rollenspiel ist inhaltlich definiert und verlangt vom Spieler bestimmte Verhaltensweisen in der Interaktion. Das Simulations-/Planspiel dagegen beschreibt eine bestimmte Aufgabe und stellt formale Arbeitshilfen bereit, ohne den Spieler jedoch auf bestimmte Verhaltensweisen festzulegen. Es gibt phänomenologisch allerdings Überschneidungen zwischen Rollen- und Simulations-/Planspielen.

Beim Rollenspiel geht es immer um Sozialisation. Rollenspiel ist ein Kinderspiel. Kinder spielen ›Kaufladen‹, ›Arzt‹, ›Schule‹. Bei Pädagogen und Didaktikern hat das Rollenspiel zunehmend Interesse gefunden, weil es Kindern offensichtlich Spaß macht und sie spontan bereit sind, mitzumachen. Bei einer Übertragung auf den Unterricht kann man deshalb hoffen, daß die Lerner wollen, was sie sollen. Was aber sollen Sie?

Traditionell bezwecken Rollenspiele Anpassung der Heranwachsenden an die Normen der Gesellschaft durch Übernahme vorgegebener Rollennormen. Die neueren Rollentheorien gehen davon aus, daß die Erwartungen der Gesellschaft an die Heranwachsenden widersprüchlicher Natur sind und diese lernen müssen, diese Widersprüche auszuhalten und zu klären. Dazu müssen sie Fähigkeiten wie Empathie, Rollendistanz und kommunikative Kompetenz erwerben. Die Heranwachsenden sollen im Spiel eigene Erfahrungen in der menschlichen Kommunikation aufarbeiten, neue Erfahrungen machen und gegebenenfalls Strategien der Veränderung entwickeln, d. h. sie sollen sozial lernen.

Nun haben jedoch die Lerner im gesteuerten Fremdsprachenunterricht meist keine Erfahrungen mit Sprachgebrauchssituationen in der Fremdsprache. Es kommen deshalb am ehesten aktionale Rollen als Käufer, Wegeunkundiger usw. in Frage, nicht ›erworbene Rollen‹, auf die das emanzipatorische Rollenspiel abzielt.

Wichtig beim Rollenspiel ist, daß die Funktionen der Rollen vor Spielbeginn genau festgelegt werden, da rein thematische Vorgaben (Über Reisen; Telefongespräch) oft zu albernem Spiel und zum Verwenden von Klischees führen. Goethals (Goethals 1977) definiert Rollenspiel als

»das Handeln aus einer gegebenen Situation heraus, wobei die Charaktere der Personen, Raum, Zeit und anfängliche Situation gegeben werden. Die Spieler stellen dann eine mögliche Entwicklung des Spiels vor – improvisiert oder nach Vorbereitung. In der fremdsprachlichen Lernsituation ist der Terminus soweit eingeschränkt, als die anfängliche Situation kein soziales Problem und keinen psychologischen Konflikt darstellen darf, die im Rollenspiel gelöst werden müssen.« (eigene Übersetzung)

Goethals empfiehlt, das Rollenspiel zwischen gelenkter und freier Sprachanwendung einzusetzen. Die Lerner sollen in einem sprachbewußten Spiel die gelernten Strukturen anwenden. Auf der Grundlage der Lerntheorie Galperins (vgl. Kap. 1) ist das Rollenspiel (conscious cognitive role play) für ihn ein kognitiv kontrolliertes sprachliches Probehandeln vor der freien Sprachanwendung. Goethals betrachtet mithin das Rollenspiel nicht als Trick zur Auflockerung des Unterrichts, sondern setzt starke Motivation und zielbewußtes Arbeiten der Lerner voraus.

Methodisch wichtig ist die selbständige intensive sprachliche Vorbereitung der Lerner-Spielgruppe auf das Rollenspiel. Die Spielphase, in der das Rollenspiel dem Plenum vorgespielt wird, dient der Motivierung und kann unter Umständen auch wegfallen.

Im **Simulations- oder Planspiel** (wir wollen die Begriffe hier synonym verwenden) werden Funktionen eines Wirklichkeitsausschnitts bestimmt, die ein Wirklichkeitsmodell darstellen. Im Spiel wird eine Aufgabe gegeben, die die Spieler auf der Grundlage bestimmter Voraussetzungen lösen sollen. Diese Gegebenheiten werden von den Spielern manipuliert. Damit beeinflussen die Spieler den Verlauf des Prozesses und machen Erfahrungen über die im Spiel von ihnen wahrgenommenen Funktionen. Falsche Entscheidungen wirken sich auf das Ergebnis aus, werden also im Spiel selbst sanktioniert und nicht durch den Spielleiter bzw. den Lehrer.

Simulationsspiele als didaktische Spiele erfüllen alle Merkmale von Spielen: Sie sind folgenlos für den Spieler im Sinne von sanktionsfrei, können jedoch das künftige Verhalten der Spieler verändern, sind wiederholbar, regelgesteuert, wobei die dem Spiel zugrundeliegenden Regeln von den Spielern verändert werden können, sind offen und machen Spaß.

J. Wagner stellt fest: »Plan- oder Simulationsspiele erfüllen am weitestgehenden die Ansprüche eines kommunikativen Fremdsprachenunterrichts. Sprache wird funktional gebraucht und dient immer dem eigenen oder kooperativen Handeln. ... Simulationsspiele lassen sich auffassen als konsequente Weiterentwicklung eines situativen Unterrichts, bei dem eine sehr gründlich reflektierte Lehr/Lernsituation aufgebaut wird.« (Wagner 1983: 86–87) Sie werden in der fremdsprachlichen Literatur jedoch bislang selten erwähnt und scheinen, nach der Literatur zu urteilen, im Fremdsprachenunterricht eher selten zu sein.

Insgesamt muß man sagen, daß es bis jetzt keine brauchbaren Untersuchungen über die Wirkungen von Spielen im Fremdsprachenunterricht gibt. Die Autoren belegen die Effektivität von Spielen meist nur mit den eigenen Erfolgen, was jedoch für eine didaktische Beurteilung zu wenig ist.

Spiele als Auslöser von Interaktion im kommunikativen Fremdsprachenunterricht
Das Spiel im kommunikativen Fremdsprachenunterricht muß Möglichkeiten bereitstellen, die Sprache in kommunikativen Zusammenhängen zu verwenden und gleichzeitig den Einfluß des Lehrers zu reduzieren, ohne ihm jedoch Planung und Korrektur vollständig zu entziehen.

Die bereits vorgenommene Klassifikation von Spielen ist brauchbar, um vorhandene Spiele zu erfassen, sie berücksichtigt jedoch nicht den Sprachgebrauch im Spiel. Wir wollen sie deshalb entsprechend neu definieren und mit J. Wagner bezeichnen als »Regelsysteme . . ., die Diskurswelten etablieren, in denen sprachlich gehandelt wird« (Wagner 1983: 173). Damit können wir aus unserer Betrachtung szenische Spiele ausschließen und alle Spiele, die mit Sprache spielen und den Wettbewerb der Teilnehmer zum Ziel haben).

Betrachten wollen wir narrative Spiele sowie einfache und komplexe dialogische Spiele.

Narrative Spiele
Bei narrativen Spielen erzählen die Teilnehmer eine Geschichte. Es gibt dabei keine Unterhaltung zwischen zwei oder mehreren Personen. Eine Gruppe von Spielern erzählt eine Geschichte z. B. zum Thema: Biographie einer fiktiven Person. Ein Spieler beginnt die Geschichte:

»Er wurde am 12. November 1955 geboren.« Nach einigen Sätzen gibt er an den nächsten Spieler weiter, der wieder einen kurzen Abschnitt erzählt und dann weitergibt. Alle Spieler beteiligen sich an der Erfindung der Geschichte. Sie können dabei neue Themen einbringen, alte abschließen, verändern, erneut aufnehmen. Es handelt sich also hier um eine ›offene‹ Form des Spiels. Die Spielregeln bestimmen, wann jeweils der Sprecherwechsel eintritt.

Einfache dialogische Spiele
Bei ihnen findet zwar eine dialogische Interaktion statt, diese ist aber durch die Form des Spiels stark beschränkt und auf wenige Interaktionsmuster begrenzt. Zu dieser Form gehören Instruktionsspiele, Rate- und Quizspiele; eine etwas fortgeschrittenere Form ist das Interviewspiel.

Beim **Instruktionsspiel ›Geometrische Figur‹** in der Spielesammlung von W. Lohfert geht es darum, einen Doppelsatz von Spielelementen (Figuren, Bausteine oder Zeitungsausschnitte) in die gleiche Ordnung zu bringen. Spieler A legt seine Figuren zuerst zu einer beliebigen Struktur zusammen und gibt dann Spieler B Anweisungen, die Figuren ebenfalls so zu legen, wie er es selbst getan hat. B darf rückfragen, wenn etwas unklar ist. Danach vergleichen die Partner ihre Strukturen und sprechen bei Unterschieden über mögliche Fehler bei der Anweisung oder beim Verstehen. Wichtig ist, daß Partner B die Struktur von A nicht sehen darf, bevor er sie nachgebaut hat. (Lohfert 1983: Nr. 45)

Einfache dialogische Spiele sind interaktionell geschlossen. Für den ausführenden Spieler besteht keine inhaltliche Offenheit, da er das Arrangement nicht beeinflussen kann.

Komplexe dialogische Spiele
Hier legen die Spielregeln den Rahmen fest. Die Gesprächsmuster jedoch wählen die

Teilnehmer selbst aus. Zu dieser Art Spiele gehören verbale Argumentationsspiele, Rollen- und Simulationsspiele.

Bei Argumentationsspielen müssen die Lerner in komplexen Situationen nach eigenen Vorlieben oder aufgrund gegebener Informationen eine Entscheidung treffen. Sie müssen dabei ihren Standpunkt darlegen und ihre Entscheidung begründen bzw. feststellen, daß die Situation von ihnen nicht entschieden werden kann. Der wichtigste Punkt bei der Planung des Spiels ist die Wahl eines geeigneten Themas. Besonders geeignet sind Themen, bei denen keine eindeutige Entscheidung möglich ist, sondern die Vorlieben der Teilnehmer eine Rolle spielen. Im Folgenden ein Beispiel:

Argumentationsspiel: Militärische Ausbildung oder Studium im Ausland
5 Rollen sind zu besetzen: Großmutter, Mutter, Vater, 2 Söhne. Der jüngere Sohn möchte im Ausland studieren. Der Vater möchte, daß er eine militärische Ausbildung macht. Die Mutter möchte ihren Sohn nicht in ein weit entferntes Land reisen lassen. Die Großmutter ist gegen alle Soldaten, weil ihr Mann im Krieg gefallen ist. Der ältere Bruder hält seine Militärzeit für eine verlorene Zeit. Er ist arbeitslos, weil er keine Zeit für eine gute Berufsausbildung hatte. (Stalb 1981: 139)

Zu den Argumentationsspielen gehört auch die Debatte, bei der zwei Gruppen ein konträres Thema diskutieren, z. B. Entwicklungshilfe: pro – contra.

Zuletzt soll noch ein Beispiel für ein Planspiel gegeben werden:

Planspiel: Stadtplanung
Gruppen mit 3–4 »Städteplanern« bekommen den Auftrag, auf einem Bauland von ca. 2 × 3 km ein ganz neues, humanes Wohnviertel für ca. 5000 Menschen zu planen. Das Ergebnis soll auf einer Skizze festgehalten werden. Die einzelnen Gruppen zeichnen schließlich ihr Modell an die Tafel und beschreiben es. Das Plenum hat auf einer »Pressekonferenz« die Möglichkeit, Fragen an die jeweilige Gruppe zu stellen. Es kann auch eine Jury gebildet werden, die das beste Modell auswählt. Die Entscheidung muß aber begründet werden. (Lohfert 1983: Nr. 47)

Bei allen diesen Spielen ist es wichtig, daß die Lerner selbst die Spielleitung übernehmen.
Die folgende Aufstellung soll die Ausführungen zu didaktischen Spielen noch einmal übersichtlich zusammenfassen:

Didaktische Spiele

Lernspiel — Rollenspiel (im weiteren Sinn)

Spiele im Fremdsprachenunterricht

Spiele mit Sprache	***Spiele durch Sprache***	
Lernspiel (geschlossen)	Rollenspiel (im weiteren Sinne) (offen)	
(für Lernziele im formalen Bereich; dient Einübung von Drills; Spielverlauf und Ziel eindeutig festgelegt und leicht im voraus planbar)	Rollenspiel (im engeren Sinn)	Plan-/Simulationsspiel
	inhaltlich definiert;	beschreibt bestimmte Aufgabe, stellt formale

→ Lernspiel mit Sprache
(fs Material in einfaches Spielschema – Bingo, Lotto ... – eingebaut)

→ Lernspiel durch Sprache
(Ansätze von Sprachgebrauch, aber in reduzierter, künstlicher Form: Rate-, Quizspiel)

kommunikativ orientiertes
→ Lernspiel
(wenn gewisse Offenheit, z. B. Spieler Rateziel und Fragestrategien selbst entwickeln können)

→ Lernspiel (offene Form) für den kommunikativen Unterricht
(spielerische Kommunikation ohne Lernen als Ziel)
(selten)

verlangt bestimmte Verhaltensweisen vom Spieler
(im FU meist aktionale Rollen: Käufer ...; Rolle, Situation, Raum, Zeit vorgegeben; Spieler stellen mögliche Entwicklung vor)

Arbeitshilfen bereit; Spieler nicht auf bestimmte Verhaltensweisen festgelegt. (Spieler sollen bestimmte Aufgabe aufgrund bestimmter Voraussetzungen lösen; falsche Entscheidungen wirken sich auf Ergebnis des Spiels aus. Spieler machen Erfahrungen im Spiel, die Wirklichkeit vorwegnehmen.)

Spiele als Auslöser von Interaktion im kommunikativen Fremdsprachenunterricht

narrative Spiele
gemeinsame Erfindung einer Geschichte (offen)

dialogische Spiele

- **einfache**
  wenige Interaktionsmuster (Instruktions-, Rate-, Quizspiel) (interaktionell geschlossen)
- **komplexe**
  - Argumentationsspiel (auch Debatte)
    Spieler müssen in komplexer Sit. eine Entscheidung treffen und begründen (Spielregeln legen Rahmen fest)
  - Rollenspiel – vgl. oben
  - Simulationsspiel – vgl. oben

Durchführung und Auswertung von Spielen
Meist wird für einen Einsatz von Spielen ein Dreiphasenmodell empfohlen: 1. Vorbereitung, 2. Spiel, 3. Auswertung.

Die *Vorbereitungsphase* ist wichtig für den Spielverlauf. Sprachlich werden (vor allem bei Anfängern) Strukturen und Lexik bereitgestellt, die die Spieler im Spiel verwenden können. Damit werden sprachliche Schwierigkeiten verringert, damit kann aber auch der Spielverlauf gesteuert werden, da sich die Spieler auf Einzelprobleme konzentrieren können.

Inhaltlich reicht oft eine Situationsschilderung nicht aus. In der amerikanischen Literatur wird deshalb ein Einstimmungsprozeß vorgeschlagen, in dem beim Lerner das Bedürfnis entstehen soll, sich mit der in Frage stehenden Aufgabe zu beschäftigen. Der Lehrer versucht also, den Lerner auch emotionell an dem Spiel zu beteiligen. Der Lehrer kann z. B. eine Situation schildern, bei der sich ein Konflikt mehr und mehr zuspitzt. Er bricht die Schilderung an dem Punkt ab, an dem sich verschiedene Lösungsmöglichkeiten aufzeigen. Hier setzt dann spontan das Spiel ein.

Die Spielimpulse können auch von bildlichen Darstellungen ausgehen, z. B. einer Bilderserie, bei der entweder das letzte, konfliktlösende Bild fehlt oder das letzte Bild so provokativ ist, daß sofort eine starke Motivation einsetzt. Vielleicht setzt zuerst ein Gespräch über das Problem ein, aus dem sich dann die Rollenübernahme ergibt. Man sollte das Problem nicht zu ausführlich besprechen, um dem Spiel nicht vorzugreifen.

In der *Spielphase* agieren die Lerner; der Lehrer steht für Rückfragen sprachlicher oder sonstiger Art bereit, greift aber nicht in das Spiel ein. Möglich ist aber auch, daß er als ein Teil der Spielgruppe mitspielt.

Auf diese Art kann er leichter gegensteuern, wenn Gruppen anfangs aus Unsicherheit sehr albern sind und versuchen, sich gegenseitig an Gags zu überbieten, wodurch entspanntes, kreatives Spiel unmöglich wird. Das Spiel kann auf Tonband oder Videoband aufgenommen werden.

In der dritten Phase erfolgt die inhaltliche und sprachliche *Auswertung* aufgrund des mitgeschnittenen Materials oder transkribierter Teile davon. Der Lehrer wird bevorzugt diejenigen Fehler zur Besprechung auswählen, die auf der Basis der jeweiligen Interimsprache die meiste Aufmerksamkeit erfordern und durch Selbstkorrektur der Lerner am ehesten veränderbar sind. Die Lerner diskutieren ihre Sprachproduktion und ihre Fehler selbst und entwickeln damit ihre Fähigkeiten der Selbstkorrektur (vgl. auch Kap. 12 – Fehler und ihre Korrektur).

Inhaltlich kann überlegt werden, ob die Darstellung realitätsnah war und die Lösung akzeptabel.

Sprachliche und inhaltliche Auswertungsphasen können jeweils zu neuen Probedurchläufen und zum Ausprobieren von Spielen mit veränderten Regeln führen. Damit ist die Auswertungsphase dann gleichzeitig Vorbereitungsphase für ein neues Spiel.

Während der Kleingruppenarbeit sollten die einzelnen Gruppen gesondert an Tischen sitzen. Für die Plenumsarbeit empfiehlt sich eine *Sitzordnung* im Kreis oder Halbkreis. Jeder Teilnehmer muß jeden anderen sehen können. Bei einer Debatte sitzen sich die gegnerischen Gruppen an Tischen gegenüber.

Das Spiel als kreative Übung erfordert das *Auftreten und Agieren vor der Gruppe.* Manche Lerner haben Hemmungen, vor anderen aufzutreten, sei es, weil sie sich sprachlich dazu zu schwach fühlen, sei es aus kulturellen oder persönlichen Gründen. Diese Angst ist ein wichtiger Faktor, den der Lehrer beachten sollte, da sie Teilnehmer zur Flucht aus der Gruppe treiben kann. Natürlich gilt auch für das Spiel im Unterricht, daß man Aufgaben stets so einsetzen sollte, daß niemand überfordert wird. Keinesfalls darf man jemanden dazu zwingen, vor der Gruppe zu agieren. J. Wagner schlägt vor, dem erwähnten psychologischen Problem durch ein Feedback-Spiel zu begegnen, bei dem alle Lerner nach einem Spiel kurz sagen, was ihnen daran gefallen oder mißfallen hat. Die Äußerungen werden an der Tafel festgehalten und nach einer Denkpause von fünf Minuten im Plenum diskutiert (vgl. J. Wagner 1979: 12).

Als weiterführende Lektüre wird empfohlen:
Wagner 1983. (Bes. Kap. 3 und Kap. 6)
Löffler 1979: 23–33.
Wierlacher et al. 1982.

Spielesammlungen:
Lohfert 1983.
Wagner 1979.
Friedrich/von Jan 1985.
Behme 1985.
Arbeitsgruppe der DAAD-Lektoren in Jugoslawien (eds.) 1982.
Sibler 1976.
Paleit 1986.
Göbel 1979.
Schmitt 1981.

9 Grammatik und Fremdsprachenunterricht

9.1. Einige theoretische Überlegungen

Eingrenzung des Begriffs Grammatik

In der Linguistik versteht man unter Grammatik
1. das Regelsystem, über das eine Sprachgemeinschaft verfügt. Es ermöglicht den Angehörigen dieser Sprachgemeinschaft, sich miteinander zu verständigen.
2. die wissenschaftliche Beschreibung dieses Regelapparates.

Im Fremdsprachenunterricht versteht man unter Grammatik den Lehr- und Lernstoff, den der Schüler beherrschen muß, um richtige Sätze bilden, verstehen und miteinander verknüpfen zu können. Diese Grammatik basiert auf sprachwissenschaftlichen Untersuchungen. Das Lernziel der Gruppe, lerntheoretische und lernpsychologische Bedingungen bestimmen die Auswahl der Grammatik.

Neben Flexion, Satz- und Textgrammatik (und in höheren Stufen grammatischen Stilmitteln) sind für die gesprochene Sprache die Beziehungen zwischen Kommunikationssituation, Sprechabsicht, Satzstruktur und Intonation in Verbindung mit dem Redestil zu lehren.

Die Rolle der Grammatik im Fremdsprachenunterricht

Die grammatischen Kenntnisse sind eine wichtige Voraussetzung für die Beherrschung einer Sprache. Sie werden in enger Verbindung mit dem sprachlichen Können erworben. Grammatische Kenntnisse sollen den Lerner dazu befähigen, sich korrekt in der Fremdsprache auszudrücken.

Die Rolle der Grammatik im Fremdsprachenunterricht hat sich im Laufe der Geschichte des Fremdsprachenunterrichts mehrfach gewandelt. Zeiten, in denen sie – sowohl aus der Sicht der Lerntheorie als auch aus der der Linguistik – überschätzt wurde, wechselten mit Zeiten, in denen sie unterschätzt wurde. Im Augenblick betrachtet man die Grammatik vor allem unter der Fragestellung: Was leistet sie für die Kommunikation? Das bedeutet:

- bei der Auswahl grammatischen Stoffes berücksichtigt man bereits, welche Redeintentionen damit zum Ausdruck gebracht werden sollen;
- grammatische Strukturen werden so vermittelt und gefestigt, wie es im Hinblick auf ihre Anwendung in der Sprachpraxis sinnvoll erscheint;
- Wert gelegt wird vor allem auf die korrekte Anwendung der grammatischen Kenntnisse im Sprachzusammenhang.

Aufgrund der sprachpraktischen Ausrichtung des Fremdsprachenunterrichts unterscheidet man zwischen produktiver Grammatik, d. h. Strukturen, die der Lerner selbst produzieren soll und rezeptiver Grammatik, das sind Strukturen, die der Lerner nur versteht, aber nicht selbst produzieren kann. Man spricht auch von ›Mitteilungsgrammatik‹ und ›Verstehensgrammatik‹. Weiter unterscheidet man zwischen fremd*sprachlichen* Kenntnissen, dem *Wissen* der Regeln, das den Lerner in die Lage versetzt, seine eigene Produktion zu kontrollieren, zu analysieren (z. B. beim Lesen) sowie grammatische Nachschlagewerke zu benutzen – und fremd*sprachigen* Kenntnissen, d. h. dem grammatischen Können im Sprachgebrauch.

Grammatische Minima

Bei der Knappheit der dem Fremdsprachenunterricht zur Verfügung stehenden Zeit ist es meist nötig, aus der Gesamtheit des grammatischen Stoffs einen begrenzten Ausschnitt auszuwählen, der vermittelt werden soll, ein sog. ›grammatisches Minimum‹. Ein bestimmtes Minimum an grammatischen Kenntnissen ist unbedingt notwendig, um überhaupt einen korrekten Satz bilden zu können. Die Auswahl erfolgt aufgrund der sprachpraktischen Anwendungsmöglichkeit. Weiter werden solche grammatischen Erscheinungen ausgewählt, die häufig vorkommen, vielseitig verwendbar sind, also auch anstelle schwierigerer Strukturen verwendet werden können.

Eine grammatische Erscheinung muß so umfassend vermittelt werden, daß sie fehlerlos verwendet werden kann. Es hilft dem Lerner nicht, wenn aus dem Wunsch, ihm das Lernen zu erleichtern, die Regel so stark reduziert wird, daß sie zur fehlerhaften Verwendung führen muß.

Das grammatische Minimum wird aus einer möglichst umfassenden Grammatik (linguistischen Beschreibung) ausgewählt. Kontrastive Beschreibungen sind eine Hilfe für die Darstellung des Grammatikstoffes. Sie zeigen Ähnlichkeiten, Gegensätze, Gleichheiten und verweisen auf mögliche Fehlerquellen. Wenn zwischen Struktur und Funktion grammatischer Erscheinungen der Mutter- und der Fremdsprache weitgehende Übereinstimmung besteht, ist die entsprechende grammatische Form leicht zu lernen, muß aber trotzdem intensiv geübt werden, damit sie automatisiert wird. Bestehen dagegen Gegensätze oder nur Ähnlichkeiten zwischen grammatischen Erscheinungen, dann wirkt die Muttersprache hemmend und ihr Einfluß stellt eine Fehlerquelle dar, die den korrekten Sprachgebrauch erschwert. Solche grammatischen Erscheinungen müssen nach ihrer Bewußtmachung intensiv geübt werden.

Die Schwierigkeit kann aber auch in der fremdsprachigen Erscheinung selbst liegen, wenn diese z. B. stark differenziert ist. So stellen z. B. das Vorhandensein starker und schwacher Verben, die Flexion im Deutschen Lernschwierigkeiten dar.

Die Aufbereitung grammatischen Stoffes für Lernzwecke

Der Stoff kann nicht einfach aus einer linguistischen Grammatik übernommen werden, sondern muß für Lernzwecke aufbereitet werden.

- Man kann den neuen Grammatikstoff in einem Text aufbereiten, z. B. in einem Ausgangstext, um eine neue grammatische Form einzuführen:

Martin hat heute Geburtstag.
Seine Eltern *gratulieren* **ihm** zum Geburtstag.
Sie *schenken* **ihm** ein Fahrrad.
Es *gefällt* **ihm** gut.
Er *zeigt* **es** gleich **seinen** Freunden.

Auch zur Festigung, Wiederholung und Systematisierung grammatischer Kenntnisse werden Texte eingesetzt.

- Grammatik wird besonders in Übungen zur Automatisierung aufbereitet.
- Zur Aufbereitung dienen auch Modelle und/oder Satzmuster. So kann man die einfache Wortstellung im Hauptsatz durch das Modell SPO ausdrücken und durch das Satzmuster: ›*Er kauft ein Buch.*‹ illustrieren. Modelle und Mustersätze dienen dem Erfassen auf logischem Weg und der Analogiebildung.
- Sie kann durch einen Merksatz geschehen: »Der unbestimmte Artikel wird durch das Negationswort ›kein‹ verneint.«
- Für die graphische Darstellung grammatischer Regeln gibt es viele Möglichkeiten, z. B.

stellen/setzen/legen

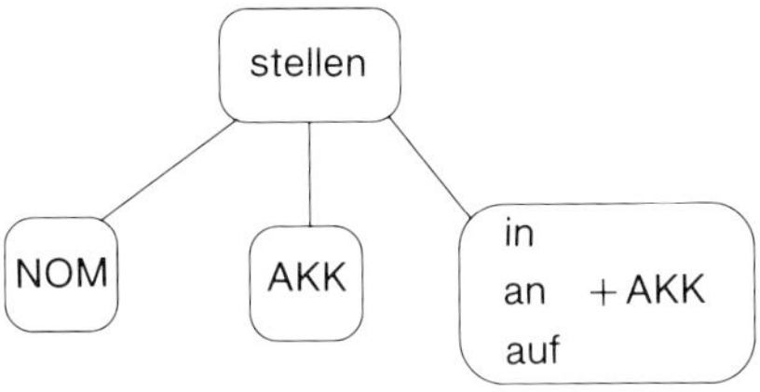

Ich stelle den Tisch in den Garten
Ich stelle die Rosen auf den Tisch.

(Häussermann et al. 1979: 106)

Die Stellen, auf die die besondere Aufmerksamkeit gerichtet werden soll, können (farbig) unterlegt werden; durch Visualisierung (z. B. eine Zeichnung) kann gleichzeitig die Funktion demonstriert werden: einen Passivsatz benutzt man, wenn vor allem die Handlung, der Vorgang interessiert, weniger der Täter (die Zeichnung zeigt die Aktion des Kartoffelschälens); einen Aktivsatz dagegen wählt man, wenn Handlung *und* Täter gleichermaßen interessieren (die Zeichnung zeigt den Koch beim Kartoffelschälen).

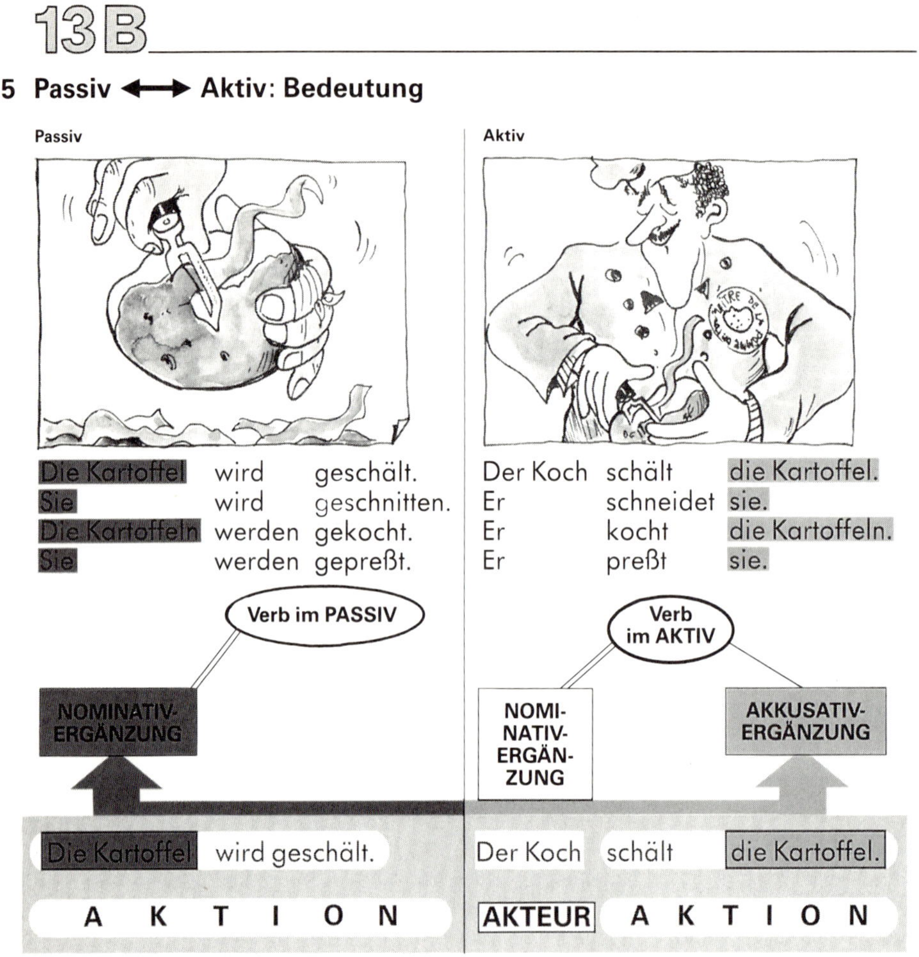

Mit Genehmigung entnommen aus Deutsch aktiv Neu 1B, Seite 86, Langenscheidt-Verlag, München (Neuner et al. 1987: 86)

Paradigmen, Tabellen, graphische Darstellungen stellen eine Regel übersichtlich dar und prägen sich gut ein.

- Eine weitere Form der Aufbereitung sind Grammatikübersichten und Grammatiktafeln, die meist nach linguistischen Gesichtspunkten aufgestellt sind und dem Lerner als Nachschlagemöglichkeiten dienen.

Punkte zur Beachtung bei der Behandlung grammatischer Erscheinungen

1. Die Lerner müssen genaue und dauerhafte grammatische Kenntnisse erwerben und lernen, sie in der Kommunikation angemessen zu verwenden.
2. Sprachbeispiele und Übungssätze sollten möglichst die Mitteilungsfähigkeit fördern und kontextuell oder situativ eingebettet sein.

3. Vermittelt werden immer die Struktur, Bedeutung *und* Funktion der grammatischen Erscheinung, da der Schüler nur so den richtigen Gebrauch lernt. Manchmal wird es notwendig sein, die Struktur zu betonen, im anderen Fall die Bedeutung und Funktion. z. B. beim Konjunktiv oder bei den Modalverben.
4. Man sollte möglichst kontrastiv vorgehen.
5. Eine Mitteilungsgrammatik ist von einer Verstehensgrammatik zu unterscheiden. Die Unterscheidung hat Einfluß auf die Vermittlung und besonders auf die Übungsgestaltung; bei dem produktiv zu erwerbenden Material wird der Schwierigkeitsgrad im Verlauf des Übungsgeschehens gesteigert.
6. Die grammatischen Erscheinungen werden konzentrisch vermittelt und erworben, d. h. sie werden auf verschiedenen Stufen der Sprachbeherrschung aufgegriffen und zu gegebener Zeit systematisiert.
7. Die Lerner werden in die Lage versetzt, sich auch selbständig grammatische Kenntnisse anzueignen oder diese zu vertiefen. Dazu lernen sie, grammatische Nachschlagewerke zu gebrauchen und werden mit bestimmten Verfahren, z. B. der Satzanalyse, bekanntgemacht.
8. Der neue Lehrstoff wird stets mit dem bereits Erworbenen verknüpft.
9. Grammatische Erscheinungen werden im allgemeinen anhand von bekanntem lexikalischem Material behandelt.

9.2. Grammatik im Unterricht – Einführung, Festigung und Aktivierung grammatischer Erscheinungen

Einführung: Die Wahl zwischen induktivem, analytisch-deduktivem und deduktivem Weg

Eine grammatische Erscheinung kann sowohl vom Lehrer dargeboten/erklärt als auch von den Lernern selbständig erschlossen werden. Man unterscheidet zwischen dem

- induktiven Verfahren,
- analytisch-deduktiven Verfahren und dem
- deduktiven Verfahren.

Das induktive und das analytisch-deduktive Verfahren gehen vom sprachlichen Beispiel aus. Aus konkreten Einzelbeispielen wird die Regel durch Abstraktion erschlossen. Der Lerner findet die Regel unter Anleitung des Lehrers selbständig heraus. Die so gefundenen Gesetzmäßigkeiten werden in Merksätzen oder Paradigmen, Tabellen, graphischen Darstellungen festgehalten. Daran schließt sich die Automatisierung des neuen Sprachmaterials an. Bei den Übungen wird der Schwierigkeitsgrad kontinuierlich gesteigert, so daß schließlich die neue grammatische Struktur so gefestigt ist, daß der Lerner nicht mehr an die Form denken muß, sondern sich auf den Inhalt seiner Äußerung konzentrieren kann.

Der induktive Weg unterscheidet sich vom analytisch-deduktiven dadurch, daß zwischen Veranschaulichung und Bewußtmachung der neuen sprachlichen Erscheinung eine Phase der Erstfestigung der neuen sprachlichen Erscheinung ohne Kenntnis der Regel tritt. Diese Phase soll bereits vor der Bewußtmachung eine Gewöhnung an die sprachliche Form bewirken, um ihr Verstehen zu erleichtern.

Beim deduktiven Verfahren, geht man von einer Regel aus, die anschließend durch ein Satzmuster veranschaulicht wird. Dann folgt die Einübung.

induktiver Weg	analytisch-deduktiver Weg	deduktiver Weg
1. Veranschaulichung der grammatischen Erscheinung im Mustersatz	1. Veranschaulichung der grammatischen Erscheinung im Mustersatz	
2. erste Festigung durch imitative Verwendung der grammatischen Erscheinung durch: 2.1. Nachsprechen des Musters in verschiedenen Variationen des Übungsschwerpunktes 2.2. Antworten auf gezielte Fragen des Lehrers 2.3. Analogiebildung durch Austausch bereits geläufiger Elemente des Mustersatzes 3. Festigung durch analoges Verwenden des Materials nach dem Muster (ohne Kenntnis der Regel)		
4. Bewußtmachung des Regelhaften, formelhafte Verallgemeinerung, Isolierung und Differenzierung	2. Analyse des Ausgangsbeispiels, Bewußtmachung des Regelhaften, Isolierung und Differenzierung	1. Abstraktion als Ausgangspunkt und Bewußtmachung des Regelhaften, Geben der Regel
		2. Geben eines Musters zur Veranschaulichung der Regel
5. Aktivierung des Musters durch analoges und differenzierendes Verwenden des Sprachmaterials (mit Kenntnis der Regel)	3. Festigung und Aktivierung des Sprachmaterials mit Hilfe der Deduktion und Synthese in Verbindung mit dem Muster	3. Festigung und Aktivierung des Sprachmaterials mit Hilfe der Deduktion und Synthese in Verbindung mit dem Muster

Der induktive Weg, aufgezeigt am Beispiel der Einführung des Dativ Singular maskulin und neutrum

Im folgenden soll der induktive Weg übersichtlich am Beispiel der Einführung des Dativ Singular (maskulin und neutrum) dargestellt werden.

Einführung und Erstfestigung grammatischer Strukturen (vgl. Desselmann 1969: 207–210)
Induktiver Weg

Arbeitsschritt	Übungsform	Stoff	Beschreibung	Medien
1. VA	–	1. Fritz hat heute Geburstag. Die Eltern gratulieren **dem Sohn** herzlich. Sie schenken **dem Sohn** eine Kamera. Die Kamera gefällt **dem Kind** gut. Fritz dankt **dem Vater** und der Mutter. Der Vater fragt: »Fritz, gefällt dir die Kamera?« Fritz antwortet **dem Vater:** »Ja, sehr gut. Vielen Dank!«	1. Veranschaulichung der neuen grammatischen Erscheinung in Mustersätzen/in einem Kurztext	Tafel/ Folie/ Lehrbuch

Arbeits-schritt	Übungs-form	Stoff	Beschreibung	Medien
2. F (imit.)	Imitation		2. Erste Festigung durch imitatives Verwenden der neuen grammatischen Erscheinung durch:	
		2.1. Fritz antwortet dem Vater. Fritz antwortet dem Lehrer. Fritz antwortet dem Freund. usw.	2.1. Nachsprechen	
	Trans-forma-tion	2.2. Antwortet Fritz dem Vater? →Ja, er antwortet dem Vater. Antwortet Fritz dem Lehrer? Antwortet Fritz dem Freund? usw. *oder:* Er dankt dem Vater. Wem dankt er? →Er dankt dem Vater. Er dankt dem Lehrer. Wem dankt er? usw.	2.2. Antworten auf gezielte Fragen des Lehrers, z. B. Entscheidungsfragen	Lehrerstimme/ Tonband
		2.3. Der Sohn antwortet dem Vater. Was macht die Tochter? →Die Tochter antwortet dem Vater. Was macht die Mutter? usw. *oder:* (als Stichwortdrill): Ich danke dem Vater. (schreiben) Ich schreibe dem Vater. (antworten) Ich antworte dem Vater. (gratulieren)	2.3. Austausch einiger Komponenten des Mustersatzes, aber *nicht* des *Übungskerns* (= neue grammatische Erscheinung)	
3. F. (analog)	Substi-tution	3. (relativ) konstante Glieder / variables Glied Das Mädchen antwortet / dem Vater, dem Bruder, dem Kind, dem Lehrer (mask., neutr. endungslose Substantive im Dativ Singular)	3. Variationen innerhalb des Übungskerns, ohne Kenntnis der Regel, keine Variation außerhalb des Übungskerns, keine lexikalischen Varianten	Tafel/ Folie/ Tonband

Arbeits-schritt	Übungs-form	Stoff	Beschreibung	Medien
4. BW	–	4. der Vater – dem Vater das Kind – dem Kind Nominativ Dativ der } → dem wem? das }	4. Bewußtmachung des Regelhaften, formelhafte Verallgemeinerung, Isolierung und Differenzierung	Tafel/ Folie/ Arbeitsblatt/ Lehrbuch
5. AK (analog. u. diff.)	Transformation, Substitution usw.	5. Der Schüler fragt. →Der Lehrer antwortet dem Schüler. Das Mädchen fragt. (→Der Lehrer antwortet dem Mädchen.) *oder:* Das Mädchen hat Geburtstag. Wem gratuliert die Mutter? →Die Mutter gratuliert dem Mädchen. Der Vater hat Geburtstag. Wem gratuliert Peter?	5. Weitere Festigung und Aktivierung durch analoges und differenzierendes Verwenden der grammatischen Erscheinung mit Kenntnis der Regel; steigender Schwierigkeitsgrad	Folie/ Tonband/ flash cards/ Filztafel/ Arbeitsblätter/ Lehrbuch/ Sprachlabor

Die Übungen unter 2) haben meist imitativen Charakter, bei 2.3. werden Änderungen an anderer Stelle als dem Übungsschwerpunkt (Bildung des Dativ Singular maskulin oder neutral) vorgenommen. Die selbständige Produktion des Dativ Singular durch den Lerner wird ab 5) verlangt, also erst nach der Bewußtmachung des Regelhaften. Die Festigung erfolgt durch Verwenden des Sprachmaterials in Analogie zum Muster in Substitutions- oder Transformationsübungen. Sind die Übungen situativ eingebettet, muß vor Beginn der Übung eine kurze Situationsbeschreibung erfolgen.

In Arbeitsschritt 4 erfolgt die Bewußtmachung. Die metasprachlichen Erläuterungen müssen knapp und zeitlich beschränkt sein. Alles überflüssige Theoretisieren sollte vermieden werden, damit der Zeitanteil für die sprachpraktischen Übungen erhöht wird.

In der nach der Bewußtmachung folgenden Phase der Festigung und Aktivierung sollte der Lehrer für den notwendigen Drill möglichst natürliche und situativ eingebettete Übungen verwenden, um die Gleichförmigkeit des Drills, die bei Konzentration auf die zu übende grammatische Erscheinung nicht völlig vermeidbar ist, möglichst abzuschwächen.

In unserem Beispiel – Einführung des Dativobjekts im Singular – werden nach dem Prinzip der Isolierung von Schwierigkeiten zuerst der Dativ Singular maskulin und neutral zusammen eingeführt und eingeübt, später der Dativ Singular feminin. Dabei darf der Dativ Singular maskulin und neutral nicht zu lange ohne Gegenüberstellung mit der Form Dativ Singular feminin eingeübt werden, da sonst eine Überautomatisierung eintreten könnte, so daß der Lerner später auch für das Femininum die Form ›dem‹ verwendet (*dem Lehrerin). Nach Erkenntnissen der Lernpsychologie können negative Auswirkungen der Verallgemeinerung dadurch reduziert werden, daß man Erscheinungen, die verwechselt werden könnten, gegenüberstellt und bewußt macht. Das ermöglicht zudem, den Übungsprozeß durch Verallgemeinerung zu verkürzen.

In weiteren Übungschritten erfolgt dann eine Differenzierung. Der Lerner muß sich innerhalb einer gemeinsamen Übung jeweils für eine der beiden Varianten – ›dem‹ oder ›der‹ – entscheiden. Dies ist günstiger für das Lernresultat, als wenn er jede grammatische Erscheinung getrennt für sich übt.

Später muß dann noch die neue Form Dativ Singular gegenüber dem bereits gelernten Akkusativ Singular abgegrenzt und differenziert geübt werden (wie auch später der Dativ Plural gegenüber dem Dativ Singular). Ebenfalls sind danach Übungen notwendig, in denen z. B. gleiche Formen gegenübergestellt werden, die verschiedene Funktionen haben:

Ich sehe den Studenten.
Ich helfe den Studenten.

Danach muß der bis jetzt dreigliedrige Satz durch weitere Elemente erweitert werden, z. B. durch das bereits behandelte Akkusativobjekt.

Der Besucher fragt: Wo ist die Universität?
→Bitte zeigen Sie dem Besucher die Universität.

Auch die Hin- und Herübersetzung ist hilfreich im Übungsgeschehen, besonders um Übereinstimmung bzw. Unterschiede zur Muttersprache zu verdeutlichen.

Steigerung des Schwierigkeitsgrades bei der Festigung grammatischer Erscheinungen

Um die gewünschte Automatisierung einer grammatischen Erscheinung zu erreichen, sind eine Reihe von Übungsbeispielen notwendig. Diese müssen, wenn die entsprechende Erscheinung später produktiv beherrscht werden soll (also zur Mitteilungsgrammatik gehört), in einer Übungsfolge angeordnet sein, deren Schwierigkeitsgrad steigt. Das soll im folgenden dargestellt werden.

Tonbandübungskomplex aus sechs Übungsblöcken, denen sechs Arbeitsschritte entsprechen (Desselmann 1977: 72 ff.):

1. F. (imit.)
2. F. (imit.)
3. F. (analog.)
4. F. (analog.)
5. F. (analog.)
6. F. (diff.)

Stundenthema: Bildung und Verwendung des Vorgangspassivs im Präsens

1. Arbeitsschritt: imitatives Verwenden; die notwendige morphologische Struktur ist jeweils im Stimulus vorgegeben – Entscheidungsfragen; die Einübung erfolgt im Bereich des rezeptiv-reproduktiven Sprechens

Können Sie mir sagen, was hier **gebaut wird?** Vielleicht ein Hotel?
→Ja, hier **wird** ein Hotel **gebaut.**
Können Sie mir sagen, was hier gebaut wird? Vielleicht ein Bürohaus?
Können Sie mir sagen, was hier gebaut wird? Vielleicht ein Kaufhaus?

oder:

Wann **wird** das Geschäft **geöffnet?** Um acht?
→Ja, das Geschäft **wird** um acht **geöffnet.**
Wann wird das Kaufhaus geöffnet? Um neun?
Wann wird die Bibliothek geschlossen? Um sechs?

2. Arbeitsschritt: Die neue grammatische Struktur wird noch im Stimulus gegeben, aber andere Teile des Musters müssen ausgetauscht werden (Variation außerhalb des Übungskerns). Der imitative Charakter bezieht sich nur auf den Übungskern.
(Übung mit Bild gekoppelt: Wirtschaftskarte mit entsprechend numerierten Symbolen)

Wo **werden** Schiffe **gebaut?**	–In Hamburg	**werden** Schiffe **gebaut.**
Wo werden Autos produziert?	–In Wolfsburg	werden Autos produziert.
Wo werden Bücher gedruckt?	–In München	werden Bücher gedruckt.

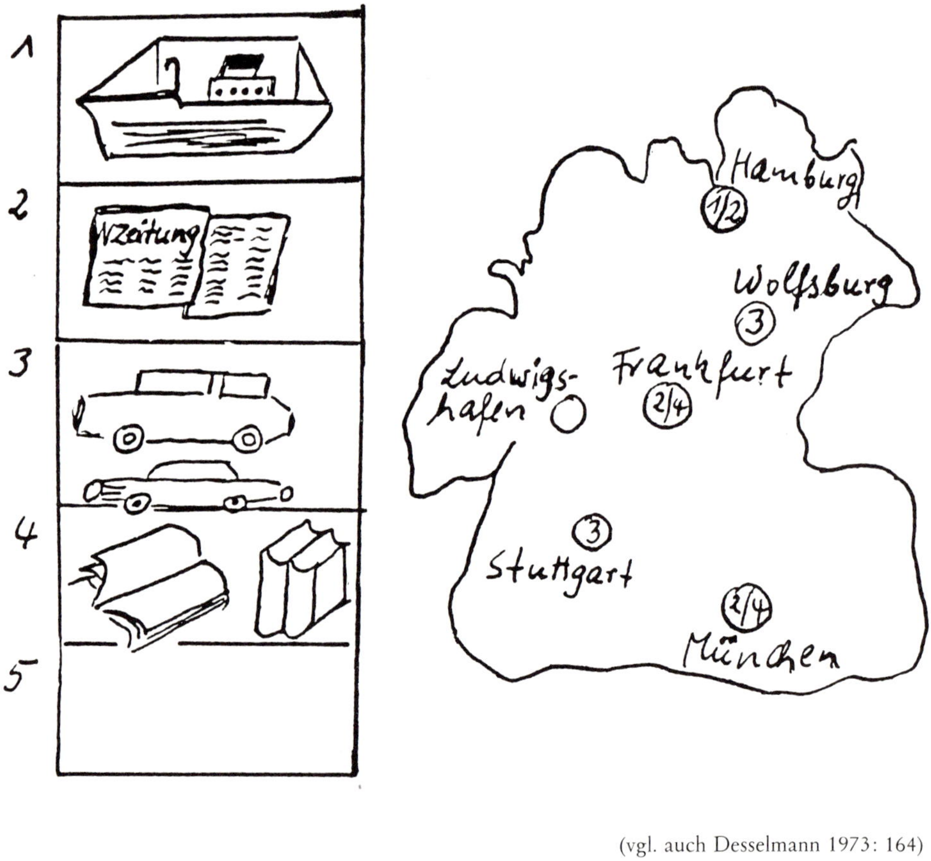

(vgl. auch Desselmann 1973: 164)

3. Arbeitsschritt: grammatische Variationen zum Übungskern, noch keine lexikalischen Veränderungen des Übungskerns

Was trinkt man in Frankreich? Wein oder Bier?
→In Frankreich **wird** viel Wein **getrunken.**
Was trinkt man in England? Kaffee oder Tee?
Was trinkt man in Deutschland? Bier oder Wein?

oder:

Was stellt man in Wolfsburg her?		
→In Wolfsburg **werden**	Autos	hergestellt.
Was stellt man in Nürnberg her?		
→In Nürnberg **werden**	Elektrogeräte	hergestellt.
Was stellt man in Frankfurt her?		
→In Frankfurt **werden**	Maschinen	hergestellt.

(gesteigerter Schwierigkeitsgrad, da zusätzlich zur Umformung ein Teil des Musters zu variieren ist)

4. Arbeitsschritt: Variationen innerhalb des Übungskerns; jeweils ein anderes Verb ist ins Passiv zu setzen

Schreibt man das Wort so?	→Ja, es **wird** so **geschrieben.**
Übersetzt man den Ausdruck so?	→Ja, er **wird** so **übersetzt.**
Löst man die Aufgabe so?	→Ja, sie **wird** so **gelöst.**

5. Arbeitsschritt: Variationen innerhalb und außerhalb des Übungskerns

Ich möchte meine Uhr reparieren lassen.		
→Ich kann Ihnen zeigen, wo	Uhren	**repariert werden.**
Ich möchte meinen Film entwickeln lassen.		
→Ich kann Ihnen zeigen, wo	Filme	**entwickelt werden.**
Ich möchte meinen Anzug reinigen lassen.		
→Ich kann Ihnen zeigen, wo	Anzüge	**gereinigt werden.**

6. Arbeitsschritt: differenzierendes Verwenden des Sprachmaterials

Hast du den Koffer schon gepackt?
→Nein, er **ist** noch nicht **gepackt,** er **muß** noch **gepackt werden.**
Hast du das Taxi schon bestellt?
→Nein, es **ist** noch nicht **bestellt,** es **muß** noch **bestellt werden.**

Wiederholung und Systematisierung grammatischer Kenntnisse

Damit der Lerner seine grammatischen Kenntnisse nicht wieder vergißt, müssen sie in Abständen systematisch wiederholt werden. Das trifft vor allem für solche Erscheinungen zu, die – z. B. wegen Interferenz der Muttersprache – Schwierigkeiten bereiten. Die Wiederholung sollte in größeren Sinnzusammenhängen erfolgen. Für den zu wiederholenden Stoff sollten neue Übungen und sprachliche Situationen verwendet werden, die den inzwischen erreichten Sprachstand mit einbeziehen. Die bereits früher verwendeten Übungen sollten nicht noch einmal benutzt werden.

Neben dieser sytematischen Wiederholung werden oft kurze Wiederholungen eingeschoben, wenn sich bei der sprachpraktischen Arbeit herausstellt, daß noch Unklarheiten bestehen. Die konzentrische Behandlung der Grammatik macht es notwendig, bestimmte grammatische Erscheinungen zu wiederholen, wenn ihre Kenntnis für die Neueinführung einer grammatischen Erscheinung notwendig ist, z. B. die Bildung der Partizipien Perfekt für die Einführung des Passivs. Man spricht hier von immanenter Wiederholung.

Systematisierung
Systematisierungen vermitteln dem Lerner Überblicke über Teile des deutschen Sprachsystems. Sie können auch Beziehungen zwischen dem Deutschen und dem muttersprachlichen Sprachsystem verdeutlichen. Man kann auch einzelne grammatische Erscheinungen zu einem übergeordneten Stoffgebiet zusammenfassen. So kann eine Zusammenstellung und ein Vergleich der Adjektivendungen, die meist über mehrere Lektionen hin vermittelt werden, das Behalten und die Einsicht fördern, daß im Singular nach dem bestimmten und unbestimmten Artikel die Endungen im Akkusativ maskulin, im Dativ und Genitiv immer ›-en‹ sind, daß die Lerner also nur dem Nominativ und dem Akkusativ Singular feminin und neutral ihre besondere Aufmerksamkeit zuwenden müssen.

Deklination der Adjektive im Singular nach dem

bestimmten Artikel

	m	n	f
N	e	e	e
A	en	e	e
D	en	en	en
G	en	en	en

unbestimmten Artikel

	m	n	f
N	er	es	e
A	en	es	e
D	en	en	en
G	en	en	en

Man kann auch Form und Funktion vergleichbarer Erscheinungen gegenüberstellen. Ein Beispiel:

Modalverben

sog. objektive Bedeutung	sog. subjektive Bedeutung
Hans muß heute eine Prüfung ablegen. (Notwendigkeit)	Herr Müller muß krank sein. (Er sieht so schlecht aus.) (Vermutung)
Peter will in den Ferien verreisen. (Wunsch, Wille)	Und der will ein guter Vater sein! (Und kümmert sich doch nicht um seine Kinder!) (Behauptung des Subjekts)

Präs.	Hans **muß** heute ...... **ablegen.**	Herr Müller **muß** krank **sein.**
Perf.	Hans **hat** gestern ...... **ablegen müssen.**	Herr Müller **muß** krank **gewesen sein.**
Präs.	MV + Infinitiv Präsens	MV Präs. + Inf. Präsens
Perf.	hat + Inf. Präs. + Ersatzinfinitiv	MV Präs. + Inf. Perfekt

Die Kontrolle grammatischer Kenntnisse

Grammatische Kenntnisse müssen in Form von Sätzen geprüft werden, die die Lerner zu bilden oder umzuformen haben. Das bedeutet, die Kontrolle muß sprachpraktisch erfolgen, es dürfen nicht etwa Paradigmen, Tabellen, Merksätze usw. gefordert werden. Grammatische Erscheinungen, die zur Verstehensgrammatik gehören, dürfen auch nur entsprechend geprüft werden, z. B. durch stilles Lesen mit anschließender Inhaltsangabe.

Die Kontrollen können mündlich oder schriftlich erfolgen. Sie können auch als Selbstkontrolle erfolgen, z. B. mit Hilfe des Tonbands oder dadurch, daß der Lehrer dem Lerner einen Lösungsschlüssel zur Verfügung stellt.

Als weiterführende Lektüre wird empfohlen:
Desselmann 1969: 203–211.
Desselmann 1977.
Zimmermann 1977.

Einführung neuer grammatischer Erscheinungen im lernerzentrierten Unterricht: Selbstfindung der Regel durch den Lerner. Darstellung in Form eines Unterrichtsentwurfs

Im folgenden soll eine Möglichkeit der Grammatikvermittlung vorgestellt werden, wie sie Vertreter der kommunikativ-pragmatisch orientierten Methode vorschlagen (vgl. Neuner et al. 1979: 32–33 (b); Piepho 1980: 209 ff.).

Das Verfahren ist induktiv. Man geht von konkreten Beispielen aus, deren Bedeutung der Lerner bereits in dem vorher behandelten Dialog oder Lesetext erfahren hat. Sie dienen als Grundlage für die Bewußtmachung.
Die vorgeschlagenen Schritte seien im folgenden tabellarisch dargestellt.

Einführung neuer grammatischer Erscheinungen nach der kommunikativ-pragmatisch orientierten Methode:

1. Veranschaulichung	In Dialogen und Lesetexten verstehen die Lerner die Bedeutung der neuen grammatischen Erscheinung und lernen sie im Gebrauch kennen.
2. Selbstfindung der Regel anhand von graphischen Darstellungen der entsprechenden Erscheinung	Die Lerner lesen Tabellen, Diagramme usw., die die neue grammatische Erscheinung graphisch darstellen. Auf deren Besonderheiten weisen der Lehrer bzw. Fettdruck hin.
3. Meinungsaustausch in der Muttersprache über die selbstgefundende Regel	Die Lerner unterhalten sich in ihrer Muttersprache über die beobachteten Besonderheiten der neuen grammatischen Erscheinung und vergleichen diese evtl. mit entsprechenden Erscheinungen der Muttersprache.
4. Bewußtmachung durch den Lehrer (Bestätigung bzw. Korrektur der selbstgefundenen Regel)	Der Lehrer stellt die Formen an der Tafel zusammen und macht auf die Besonderheiten aufmerksam, bzw. anhand von Wortkarten mit der neuen grammatischen Erscheinung, die zerlegt und wieder zusammengesetzt werden, macht der Lehrer den Bau der neuen Erscheinung klar.
5. Beispiele sammeln, anordnen, analysieren zur Kontrolle des Funktionierens der Regel	Die Lerner sammeln alle im vorhergehenden Text auftretenden Formen der entsprechenden grammatischen Erscheinung, ordnen sie graphisch an und analysieren sie (in Gruppen- oder Partnerarbeit). Dabei offen bleibende Lücken im System werden mit Hilfe des Lehrers oder mit Hilfe von Nachschlagewerken geschlossen.

6. weitere Abstraktion von Beispielsätzen	Falls vom Lerner gewünscht, folgen weitere Abstraktionen von konkreten Beispielen an der Tafel oder mit Hilfe von Wortkarten.

Im folgenden soll die Einführung der grammatischen Struktur ›Lockere Apposition‹ – induktiv, Selbstfindung der Regel durch die Lerner – in Form eines Unterrichtsentwurfs gezeigt werden. Die Grammatiktexte und Übungen sind für eine Einführung auf der Mittelstufe konzipiert; geplante Unterrichtszeit: circa 50 Minuten.

Während der ganzen Stunde wechseln die Sozialformen ständig zwischen Frontalunterricht () (z. B. bei der Bekanntmachung des Themas durch den Lehrer), der Arbeit im Plenum (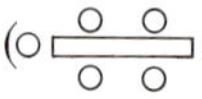) (bei der Aktivierung des Vorwissens der Lerner), Gruppenarbeit (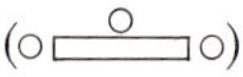) oder Partnerarbeit () (bei der Diskussion der Regel untereinander) und Einzelarbeit (O bzw. ) (bei der selbständigen Überprüfung der gefundenen Regel bzw. bei der schriftlichen Ausführung von Aufgaben).

Unterrichtsentwurf: Neueinführung einer grammatischen Struktur auf dem induktiven Weg: Selbstfindung der Regel durch die Lerner

Thema: Die lockere Apposition, eine Form des substantivischen Attributs.
Themenbereich: Parteien in der Bundesrepublik Deutschland

Literatur . . . .

Gruppe: . . . . (Mittelstufe)

Lernziele (LZ):

Grobziel: Verstehen von Funktion und Form der grammatischen Struktur und Fähigkeit, die (selbstgefundene) Regel an Texten aus dem Themenbereich zu überprüfen und anzuwenden

Feinziele (FZ):

1. Wissen über Parteien und Institutionen in der Bundesrepublik aktivieren, um die verwendeten Texte und Übungen inhaltlich und lexikalisch zu verstehen;
2. Regel selbständig unter Einsatz der gegebenen Hilfen finden;
3. ihre Richtigkeit selbst überprüfen können;
4. Regel formulieren und erklären können;
5. Regel auf neue Beispiele anwenden können;
6. Erweiterung des Wortschatzes in den Themenbereichen ›Parteien‹, ›Institutionen‹

Verlaufsplanung (L = Lehrer, S = Studierender) (Symbole für Sozialformen vgl. oben)

Zeit in Minuten	LZ	Interaktion	Medien/Sozialformen	Didaktischer Kommentar
7′	FZ 1,6	1. Aktivierung des Vorwissens der S über Parteien und Institutionen in der Bundesrepublik L fragt: »Wie viele Parteien gibt es in der Bundesrepublik? Welches ist die älteste Partei? . . .« S antworten, tragen ihr Vorwissen zusammen	–/ 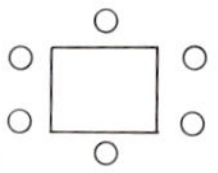	Einführendes Klassengespräch, um das Vorwissen zu aktivieren und die spätere Grammatikarbeit von inhaltlichen u. lexikalischen Problemen zu befreien

Zeit in Minuten	LZ	Interaktion	Medien/Sozialformen	Didaktischer Kommentar
5′	FZ 1,6	2. Lesen und Verstehen von Text 1 L: »Lesen Sie Text 1. Schlagen Sie unbekannte Wörter im Wörterbuch nach oder fragen Sie Ihren Nachbarn.« S: lesen Text, klären unbekannte Wörter und Begriffe L: stellt Aufgabe, hilft evtl. individuell bei sprachlichen Schwierigkeiten	Gram.-text 1 (s. S. 178) / ○ / ○□○	S lesen den Text unmittelbar verstehend, da er kaum neue Wörter enthalten dürfte.
15′	FZ 2	3. Finden und Diskutieren der Regel S–S L: »In unserem Text sind einige Stellen unterstrichen. Diese Stellen enthalten die neue grammatische Struktur. Finden Sie jetzt heraus, a) in welchem Verhältnis die fett- und die kursivgedruckten Satzteile zueinander stehen und b) was an der grammatischen Form auffällt. Sehen Sie sich z. B. den Kasus an. Beziehen Sie die graphische Darstellung unter Text 1 mit in Ihre Überlegungen ein. Besprechen Sie sich untereinander.« L stellt Aufgabe S versuchen, Form und Funktion der neuen gram. Struktur zu verstehen, besprechen sich untereinander	Gram.-text 1; graph. Darstellung/ ○ / ○□○ ○	Das Selbstfinden der Regel trägt zu ihrem umfassenden Verständnis bei. So kann S sie besser durchschauen, behalten, auf andere Beispiele übertragen. Die Unterstreichungen im Text und die graphische Darstellung unterstützen das Finden der Regel.
7′	FZ 3	4. Überprüfen der Richtigkeit der selbstgefundenen Regel L: »Bevor wir eine Regel formulieren, sollten Sie überprüfen, ob Ihre Regel stimmt. Verwenden Sie dazu den zweiten kleinen Text.« L: stellt Aufgabe S: überprüfen Regel, stellen Un/Richtigkeit fest	Gram.text 2 S. 179/ ○/ ○□○ ○	S sollen lernen, ihre Grammatikkenntnisse selbständig zu erweitern. Dazu gehört auch, daß sie lernen, gefundene Regeln auf ihre Richtigkeit hin zu überprüfen.
3′	FZ 4	5. Vortrag der Ergebnisse L: »Die grammatische Struktur, die Sie untersucht haben, heißt ›lockere Apposition‹. Welche Regel haben Sie dafür gefunden? Wozu dient eine Apposition? Woran erkennt	evtl. Notizen/ 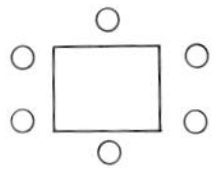	S erklären selbständig die gefundene Regel, L greift nur ein, wenn Teile der Regel berichtigt oder ergänzt werden müssen.

Zeit in Minuten	LZ	Interaktion	Medien/Sozialformen	Didaktischer Kommentar
		man sie? Worauf muß man bei ihrer Bildung achten?« S tragen ihre Ergebnisse vor, hören zu, stellen Rückfragen, erklären L hört zu, fragt, berichtigt/erklärt/ergänzt evtl.		
5′	FZ 4	6. Erarbeitung und Formulierung der Regel an der Tafel L: »Wir wollen jetzt noch einmal gemeinsam die Regel an der Tafel erarbeiten und formulieren.« L schreibt Beispielsätze an die Tafel, läßt S daraus die Regel abstrahieren und formulieren, gibt evtl. Terminologie S abstrahieren, formulieren die Regel, diktieren dem L (Die Arbeit an der Tafel kann in fortgeschrittenen Gruppen auch S übernehmen.)	Tafel; (evtl. Notizen)/ 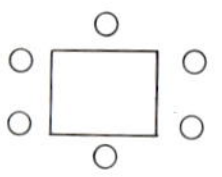	Der L abstrahiert an der Tafel noch einmal die Regel aus den Beispielsätzen, macht auf wichtige Punkte aufmerksam, formuliert die Regel gemeinsam mit den S. Die Regel muß zuletzt jedem S klar und einsichtig sein.
8′ 50′	FZ 5,6	7. Anwendung der Regel bei weiteren Beispielen L: »Wir wollen jetzt einige Übungen zur Apposition machen.« S machen Übungen, hören zu, korrigieren L stellt Aufgabe, hört zu, korrigiert	Übungen S. 179–180 (1,2, ...)/ 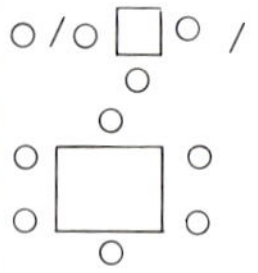	Bei der Erstfestigung zeigen S, daß sie die Regel verstanden haben und auf andere Beispiele übertragen können. Die Intensität des weiteren Übungsgeschehens variiert je nach Lernergruppe und Zielsetzung.

Die lockere Apposition, eine Form des substantivischen Attributs

Text 1:
In der modernen Demokratie gehören die Parteien zu den wichtigsten politischen Einrichtungen. **Im Grundgesetz,** *der Verfassung der Bundesrepublik Deutschland,* ist in Artikel 21 ihre Aufgabe festgelegt: sie sollen bei der politischen Willensbildung des Volkes mitwirken. Sie müssen nach demokratischen Grundsätzen aufgebaut sein.
Im Bundestag, *dem Parlament der Bundesrepublik,* sind heute vier Parteien vertreten: die SPD, die CDU/CSU, die FDP und die Grünen.
Die SPD, *die älteste der im Bundestag vertretenen Parteien,* war eine Wiedergründung der gleichnamigen, 1933 vom Hitler-Regime verbotenen Partei.
Die anderen Parteien, *Neugründungen nach 1945,* knüpften nur zum Teil an Traditionen der Weimarer Republik an.
Die Partei **der Grünen,** *der Verfechter eines radikalen Umweltschutzes,* ist als vierte Partei 1983 zum ersten Mal in **das Parlament der Bundesrepublik,** *den Bundestag,* eingezogen.

Die SPD, *eine der drei großen Parteien im deutschen Bundestag,* ist die Partei
Nom. Nominativ
(Bezugswort) (Apposition)

mit der ältesten ungebrochenen Tradition in der Bundesrepublik.

Die Partei **der Grünen,** *der Verfechter eines radikalen Umweltschutzes,* ist als
Genitiv Genitiv
(Bezugswort) (Apposition)

vierte Partei 1983 in **das Parlament der Bundesrepublik,** *den Bundestag,*
? ?
( ) ( )

eingezogen.

Text 2:
Überprüfen Sie die gefundene Regel!

1. Das Auftreten der Grünen, einer kleinen, radikalen Partei, hat Auswirkungen auf das bisherige Parteiengefüge.
2. In Hessen sind sie mit der SPD, den Sozialdemokraten, ein Regierungsbündnis eingegangen.
3. Allerdings hat ihre Anti-Atomkraftpolitik, ihr entschiedenes Auftreten gegen die Kernkraft, zu einem Rücktritt der Regierung und vorzeitigen Neuwahlen im April 1987 geführt.
4. Das Interesse der Bundesbürger an der Bundestagswahl und an Landtagswahlen, den Wahlen zu den Parlamenten der Länder, ist groß.
5. Selbst bei Kommunalwahlen, den Wahlen zu den Gemeindevertretungen, erreicht die Wahlbeteiligung bis zu 80 Prozent.
6. In den Gemeinden spielen sog. ›Rathausparteien‹, unabhängige Wählergemeinschaften außerhalb der etablierten Parteien, oft eine wichtige Rolle.
7. Verfassungswidrige Parteien können durch das Bundesverfassungsgericht, den Hüter des Grundgesetzes, verboten werden.

Übung 1:
Erklären Sie die unterstrichenen Wörter mit Hilfe einer Apposition!

Zur Popularität der SPD in den 60er Jahren trug wesentlich Willi Brandt bei. (der langjährige regierende Bürgermeister von Westberlin)
→ Zur Popularität der SPD in den 60er Jahren trug wesentlich Willi Brandt, der langjährige regierende Bürgermeister von Westberlin, bei.
Nach Annahme des Godesberger Programms war die Diskussion um grundsätzliche Fragen zunächst abgerissen. (das Grundsatzprogramm der SPD von 1959)
Im Godesberger Programm ersetzte die SPD die Konzeption der Arbeiterpartei durch die der Volkspartei. (eine Partei ausschließlich für die Arbeiterklasse) (eine Partei für alle Schichten des Volkes)
Die CDU/CSU stellte bis 1966 alle Regierungen in der Bundesrepublik. (die einzige neue Partei im wiedererstandenen Parteiensystem)
Bei ihrer Gründung ging sie von dem Gedanken aus, die Angehörigen der beiden christlichen Kirchen in einer Partei zu vereinigen. (die evangelische und die katholische Kirche)
......

Übung 2.
Drücken Sie es kürzer aus! Benutzen Sie eine Apposition!

Ich lebe gern in der Bundesrepublik. Die Bundesrepublik ist der erste demokratische Staat in Deutschland.
→ Ich lebe gern in der Bundesrepublik, dem ersten demokratischen Staat in Deutschland.
Eine ihrer wichtigsten demokratischen Institutionen ist der Bundestag. Der Bundestag ist das Parlament der Bundesrepublik.
Durch den Bundesrat soll das föderative Prinzip gewahrt werden. Der Bundesrat ist die Vertretung der Länder.
Jeder Bürger kann beim Bundesverfassungsgericht eine Entscheidung fordern. Das Bundesverfassungsgericht ist das oberste Gericht in der Bundesrepublik.
....

Wie in der gesamten kommunikativ-pragmatisch orientierten Methode wird auch bei der Grammatikvermittlung der Eigeninitiative des Lerners sehr viel Spielraum eingeräumt – er soll die Regel anhand von gegebenen Beispielen und graphischen Darstellungen selbst erschließen*. Andererseits wird der Umfang und die Intensität der Grammatikarbeit von der jeweiligen Lernergruppe abhängig gemacht. Grammatikarbeit soll »auf keinen Fall gegen den Willen und das Interesse der Lerner ›durchgesetzt‹ werden« (Neuner et al. 1979: 34 (b)).

Situativ-kommunikative Festigung bereits bekannter grammatischer Erscheinungen. Darstellung in Form eines Unterrichtsentwurfs

Daß die kommunikativ-pragmatisch orientierte Methode bei Automatisierungsübungen (›Stufe B: Grundlegung von Mitteilungsfähigkeit‹) besonderen Wert auf authentische Situationen bzw. Simulation realer Situationen legt, wurde bereits an anderer Stelle ausgeführt (vgl. Kap. 8.6). Wie solche Übungen für die Automatisierung des Vorgangspassivs aussehen könnten, soll hier anhand eines Unterrichtsentwurfs demonstriert werden. Der kommunikativ-pragmatische Ansatz ist bereits in der Themenstellung zu erkennen: ›Über Industrieproduktion, Im- und Export berichten mit Hilfe des Vorgangspassivs‹. Die grammatische Struktur ›Vorgangspassiv‹ wird dem Redeanlaß ›über etwas berichten‹ nachgeordnet. Der Lehrer

1. geht vor nach dem Prinzip der alleinigen Schwierigkeit (neue Grammatik wird nur mit bekannter Lexik eingeübt und umgekehrt),
2. greift zurück auf das Vorwissen der Lerner und entlastet in Form eines ›advance organizer‹ die folgende Grammatikübung von Wortschatzproblemen. Die Lerner sagen ihm, welche Produkte in welchen Städten der Bundesrepublik hergestellt werden, was er an der Tafel festhält. Ebenso sammelt er Synonyme zu ›herstellen‹ (produzieren, bauen, ...) und notiert sie zusammen mit ihren Stammformen an der Tafel.

* Zur Selbstfindung von grammatischen Regeln ist Folgendes zu bemerken: Wahrscheinlich behält der Lerner eine Regel, die er selbst erschlossen hat, besser und länger. Andererseits kostet das Verfahren viel Zeit. Es ist fraglich, ob man bei der z. T. sehr starken Steuerung des Lerners, die manchmal nötig ist, damit er die Regel überhaupt selbst entdeckt, überhaupt noch von eigenständiger Erschließung der Regel sprechen kann. In solchen Fällen ist es sicher ehrlicher und vernünftiger, wenn der Lehrer die Regel vorgibt und die dadurch gewonnene Zeit zur Einübung der neuen grammatischen Erscheinung verwendet.

Mit Hilfe der Notizen an der Tafel beschreiben die Lerner dann, in welchen Städten der Bundesrepublik was hergestellt/ produziert/ gebaut wird und benutzen dazu das Vorgangspassiv.

Auf dieselbe Weise werden anschließend Synonyme zu ›exportieren‹ und ›importieren‹ gesammelt und Importe der Bundesrepublik und deren Herkunftsländer an der Tafel notiert. Mit Hilfe dieser Notizen und unter Verwendung des Vorgangspassivs erklären die Lerner dann wieder, was aus welchen Ländern in die Bundesrepublik eingeführt wird. Danach berichtet jeder Lerner, aus welchem Land er kommt, was dort hergestellt, importiert und exportiert wird. An diese mündliche Übung kann sich eine kurze schriftliche Übung anschließen, in der jeder Lerner einen entsprechenden kleinen Bericht verfaßt.

Während der ganzen Zeit müssen die Lerner ihre Aufmerksamkeit voll auf den Inhalt richten.

Bei so gearteter Grammatikarbeit kommt keinerlei Eintönigkeit auf, sie wirkt deshalb viel stärker motivierend als pattern drill.

Unterrichtsentwurf: Festigung einer bereits bekannten und geübten Struktur anhand kommunikativ gestalteter Übungen

Thema: Über Industrieproduktion, Im- und Export berichten mit Hilfe des Vorgangspassivs Präsens, 3. Person Singular und Plural

Literatur: . . . . . .

Gruppe: . . . . (fortgeschrittene Anfänger)

Lernziele (LZ):

Grobziel: Mündlich und schriftlich kleine zusammenhängende Berichte zum Thema verfassen können

Feinziele (FZ):

1. Erweiterung und Festigung von Wortschatz zum Thema Rohstoffe, Industrieprodukte, Im- und Exportwaren (siehe Tafelbild)
2. Erweiterung und Festigung des Wortschatzes zum Wortfeld ›herstellen‹ und ›im-/exportieren‹ (siehe Tafelbild)
3. Rekapitulation der bereits bekannten grammatischen Struktur ›Vorgangspassiv‹
4. Festigung derselben durch produktive Anwendung, mündlich
5. dito, schriftlich
6. Nachweis der sicheren Verwendung der Struktur
   a) in einem Lückentext
   b) in einem kurzen freien schriftlichen Bericht

Zeit in Minuten	Lern-ziel	Interaktion/Stoff	Sozialformen/ Medien	didaktischer Kommentar
3′		1. L erläutert Thema kurz (im Kontext der vorhergehenden Stunden): »Wir wollen heute zuerst über die Bundesrepublik als Industrie- und Handelsland sprechen und dabei das Vorgangspassiv benutzen, das Sie bereits gelernt haben. Danach sollen Sie mir dann entsprechende Informationen über Ihr Land geben.«	O! □	Bekanntmachung mit dem Grobziel der Stunde

Zeit in Minuten	Lern-ziel	Interaktion/Stoff	Sozialformen/ Medien	didaktischer Kommentar
3′	FZ 3	2. L demonstriert Sätze im Vp. und verweist auf unterstrichene Formen, S lesen, verstehen, erinnern sich — In St. **werden** Autos **produziert.** In St. **wurden** schon 1920 Autos **produziert.** In St. **sind** . . . **produziert worden.**	 Tafel/ OP	Bewußte Konzentration auf sprachliches Mittel; Rekapitulation bereits bekannter Strukturen
5′	FZ 1	3. L: »In der Bundesrepublik gibt es viel Industrie, die Bundesrepublik ist ein Industrieland. Können Sie einige Städte nennen und die Produkte, die dort hergestellt werden?« S: geben Städte und Produkte an L: notiert an Tafel, beachtet geographische Lage der Städte	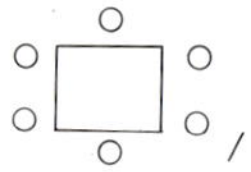 Tafel	advance organizer Entlastung der folgenden Übungen von Wortschatzproblemen
3′	FZ 2	4. L: »Was macht die Industrie? Sie produziert, stellt her, baut . . .?« S: stellen Verben zusammen, geben Stammformen an	wie 3.	wie 3.
10′	FZ 4, 1,2	5. L: skizziert an Tafel/projiziert Wirtschaftskarte der Bundesrepublik* »In Hamburg werden Schiffe hergestellt. Und in München?« S: antworten und erklären mit Hilfe der Wirtschaftskarte, was wo in der Bundesrepublik hergestellt/produziert/gedruckt usw. wird; sie benutzen das Vorgangspassiv	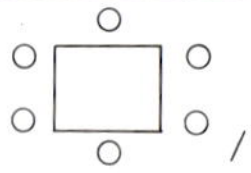 Tafel/OP	Der Inhalt ist (durch Schritt 3) bekannt; S können sich auf die Form konzentrieren
3′	FZ 2	6. L: »Die Bundesrepublik produziert nicht nur, sie importiert und exportiert auch.« importieren — exportieren einführen — ausführen einkaufen — verkaufen S: verstehen, tragen Verben selbst bei	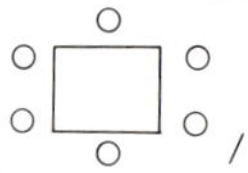 Tafel	advance organizer
10′	FZ 1	7. L: »Wir wollen einmal zusammenstellen, was die Bundesrepublik woher importiert.«	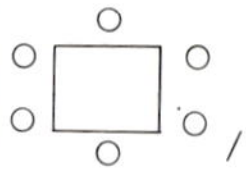	advance organizer

Zeit in Minuten	Lern-ziel	Interaktion/Stoff	Sozialformen/ Medien	didaktischer Kommentar
		S: tragen zusammen L: notiert an Tafel, ordnet Länder und Waren zu	Tafel	
7′	FZ 4, 1,2	8. L: »Sagen Sie mir nun, was alles woher in die Bundesrepublik importiert wird.« S: z. B.: »Aus Afrika wird Leder importiert. Kameras werden in Singapur hergestellt und in die Bundesrepublik eingeführt.« S: erklären mit Hilfe des Tafelbildes, was eingeführt wird	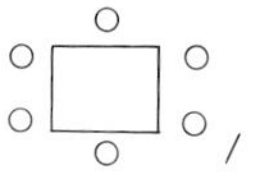 Tafel	S wenden den in den vorhergehenden Schritten erworbenen bzw. wiederholten Wortschatz zusammen mit der gewünschten Struktur produktiv in situativ sinnvollem Kontext an
5′	FZ 1,2	9. L: »Was wird in Ihrem Land erzeugt, importiert und exportiert? Machen Sie sich Notizen, berichten Sie dann den anderen!« S: machen Notizen L: hilft bei evtl. Wortschatzfragen	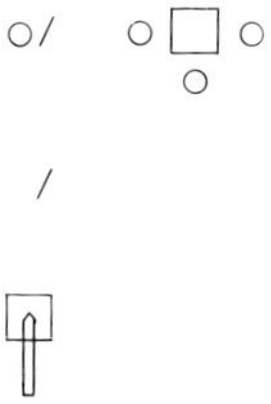	S arbeiten allein oder in Gruppen, S prägen sich Wortschatz ein, benutzen gewünschte Struktur
10′	FZ 4, 1,2	10. S tragen vor, fragen zurück, hören zu, korrigieren sich gegenseitig L hört zu, korrigiert	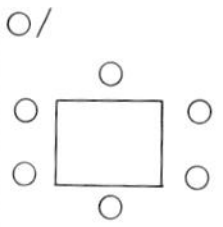	produktive Verwendung des neuen Wortschatzes und der gewünschten Struktur vermitteln anderen wirkliche Informationen
10′	FZ 5 bzw. 6 b	11. L: »Schreiben Sie jetzt einen kurzen Bericht! Informieren Sie über Produktionsorte, Produkte, Im- und Exporte ihres Heimatlandes!« (evtl. als Hausaufgabe)	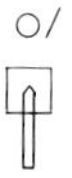	schriftliche Vertiefung des vorhergehenden Schrittes/ bzw. Kontrolle (Korrektur s. 12.)
7′ ca. 80′	FZ 6a	12. L: »Füllen Sie bitte die Lücken in dem folgenden Text schriftlich aus!« S: ergänzen Lückentext Von der Bundesrepublik ...... neben Kohle und Eisenerz fast alle Rohstoffe für die Industrie .... In den letzten Jahren ...... auch immer mehr Fertigprodukte ......, die im Ausland billiger .... als in der Bundesrepublik, z. B. ...... in Singapur Kameras .... und in die Bundesrepublik		Kontrolle, wie weit die eingeübte Form sowie der Wortschatz beherrscht werden; Arbeit wird zur Korrektur eingesammelt/ mit Hilfe des OP sofort in der Klasse korrigiert

OP = Overhead Projektor * vgl. z. B. S. 172 (9.2.)

Tafelbild/Folie:

Schritt 2

In Stuttgart	**werden**		Autos	**produziert.**
	wurden	schon 1920	Autos	**produziert.**
	sind	schon 1920	Autos	**produziert worden.**

Schritt 3

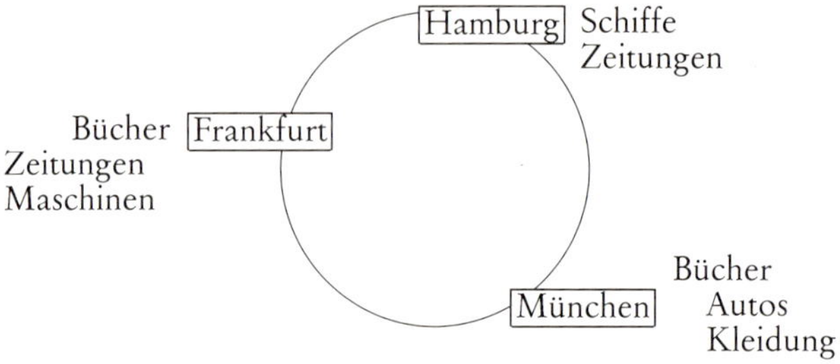

Schritt 4

produzieren	produziert
her/stellen	
stellte ... her	hergestellt
bauen	gebaut
drucken	gedruckt

Schritt 6

importieren	importiert	exportieren	exportiert
ein/führen	eingeführt	aus/führen	ausgeführt
ein/kaufen	eingekauft	verkaufen	verkauft

Schritt 7

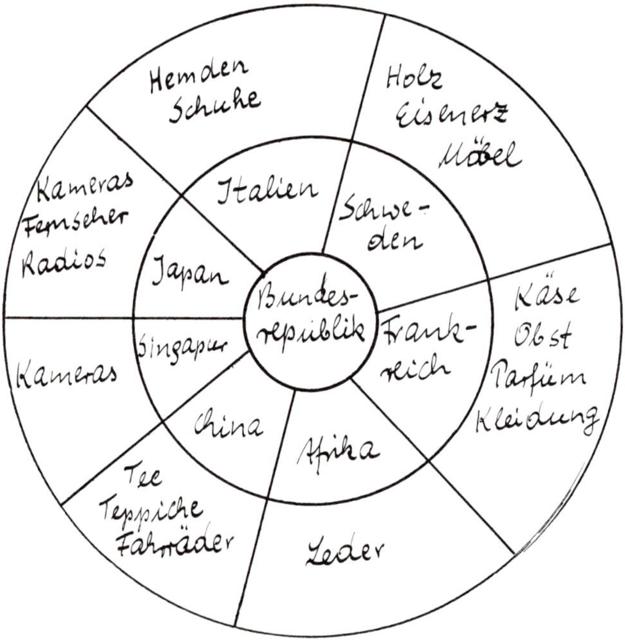

Als weiterführende Lektüre wird empfohlen:
Piepho 1980.

10 Funktion und Einsatz von Medien im Fremdsprachenunterricht

10.1. Medienarten

Medien oder Unterrichtsmittel sind alle gegenständlichen Mittel, die dem Lehrer dazu dienen, etwas darzustellen, zu veranschaulichen, bestimmte Lehr- und Lernprozesse zu unterstützen oder überhaupt erst zu ermöglichen. Die richtige Auswahl und Verwendung von Unterrichtsmitteln bestimmt in hohem Maße den Erfolg der Unterrichtsarbeit.

Arten von Medien im Fremdsprachenunterricht

Wir unterscheiden zwischen **technikgebundenen** (Tonfilm, Sprachlabor, Tageslichtprojektor u. a.) und **nicht technikgebundenen** Medien (Lehrbuch, Wandtafel u. a.). Die Unterscheidung ist bedeutsam im Hinblick auf die Wirkung wie auch andererseits auf den materiellen und organisatorisch-technischen Aufwand. Das wird deutlich, wenn man die Arbeit mit einer Bildreihe im Lehrbuch oder einer Tafelzeichnung vergleicht mit dem Einsatz eines Tonfilms oder des Sprachlabors.

Wir unterscheiden weiter zwischen **spezifischen,** d. h. speziell für den Unterricht hergestellten Unterrichtsmitteln (Lehrbücher, Tonbänder, Sprachlehrfilme) und **nichtspezifischen** Medien (Rundfunk-Hörspiele, Fernsehspiele, geographische Karten, aber auch für andere Fächer hergestellte Unterrichtsmittel).

Alle Mittel müssen im Unterricht natürlich spezifisch eingesetzt werden, in Übereinstimmung mit den jeweiligen methodischen Erfordernissen. Durch den Einsatz nichtspezifischer Mittel kann man aber das Reservoir an spezifischen Mitteln beträchtlich erweitern. Oft wirken diese außerdem auf den Lerner stärker motivierend, da sie eben nicht speziell für Unterrichtszwecke hergestellt wurden.

Bei den spezifischen Medien können die Informationen außersprachlicher Art (Bilder, Symbole, Geräusche), sprachlicher Art (Laut-, Schriftzeichen) oder eine Kombination davon sein. Je stärker die sprachliche Komponente vorherrscht, desto stärker ist das Medium an eine bestimmte Sprachstufe gebunden.

Die spezifischen Medien können weiterhin Teil eines Unterrichtsmittelkomplexes, d. h. sie können methodisch in ein Lehrwerk integriert sein. Die steigende Zahl solcher Mittel in den letzten Jahren ist auf ihre hohe Effektivität zurückzuführen. Das Medium kann auch Glied einer Serie gleichartiger Unterrichtsmittel sein, z. B. eines Rundfunk-, Fernseh- oder audiovisuellen Kurses.

Die unter methodischen Gesichtspunkten wichtigste Unterscheidung ist die in **visuelle, auditive** und **audiovisuelle** Mittel.

Den optimalen Einsatz von Medien garantieren Fachunterrichtsräume, in denen es fest installierte Geräte gibt, so daß zeitaufwendige technisch-organisatorische Vorbereitungen für den Medieneinsatz entfallen. Eine spezielle Form davon ist das Sprachlabor.

10.2. Funktion der Medien im Fremdsprachenunterricht

1. Medien vermitteln Informationen. Sie geben Sachverhalte der objektiven Realität wieder, vermitteln Sprach- und Sachstoffe in der originalen Situation. So hört der Lerner bei Tonaufnahmen die Texte in der Aussprache, Intonation, im Rhythmus von Muttersprachlern. Bildmaterial trägt dazu bei, daß der Lerner fremdsprachige Begriffe mit adäquaten inhaltlichen Vorstellungen verbindet. Filme vermitteln dem Lerner landeskundliche Informationen und Erlebnisse.
2. Unterrichtsmittel sind Mittel zur Aktivierung der Lerner. Mit Hilfe der Unterrichtsmittel soll der Lerner den Unterrichtsstoff einüben; er soll Texte lesen oder hörend aufnehmen, soll vom Tonband gehörte Sätze variieren, den Inhalt von Bildern versprachlichen.
3. Unterrichtsmittel sind Steuerungsinstrumente bzw. Lenkungshilfen. Mit Hilfe von Bildvorgaben oder anderen visuellen Gedächtnisstützen kann man die Textproduktion steuern. Durch die Zeitvorgabe bei Tonbandübungen wird der Lerner zu einem bestimmten Tempo beim Üben gezwungen. Durch die Verwendung verschiedener Farben an der Tafel oder auf Folie kann man die Aufmerksamkeit des Lerners auf bestimmte Informationen lenken.
4. Medien sind Mittel zur Erhöhung der Lernmotivation. Durch ihren Einsatz kann der Fremdsprachenunterricht aufgelockert, abwechslungsreicher und interessanter gestaltet werden. Unterrichtsmittel können den Lerner vom Nutzen der Fremdsprachenbeherrschung bei der Bewältigung lebenspraktischer Situationen überzeugen.
5. Unterrichtsmittel können den Fremdsprachenunterricht rationalisieren und intensivieren (z. B. Sprachlabor). Mit ihrer Hilfe kann der Unterricht weitgehend einsprachig geführt und damit eine fremdsprachige Unterrichtsatmosphäre gesichert werden.

Visuelle Unterrichtsmittel

sind die historisch ältesten. Sie sind aus folgenden Gründen wichtig für den Fremdsprachenunterricht:

- Nach Ergebnissen der psychologischen Forschung nimmt der Mensch die meisten Sinneseindrücke über die Augen auf und behält von dem, was er über die Augen aufgenommen hat, fast 50% (vgl. u. a. Förster 1971).
- Erkenntnisprozesse gehen immer von sinnlich konkreten Wahrnehmungen aus, unter denen der visuellen Wahrnehmung die größte Bedeutung zukommt.
- Man kann etwas umso leichter und dauerhafter behalten, je mehr Sinnesorgane an der Wahrnehmung beteiligt sind.

Die nichtsprachlichen visuellen Medien umfassen

Gegenstände und
Abbildungen, die ihrerseits

Bilder (flächig) und
Modelle (räumlich) umfassen.

Die wichtigste Rolle spielen die Bilder.

Abstrakte Bildinhalte (Symbole, Schemata) sind vor allem für die Arbeit mit den Sprachkenntnissen von Bedeutung.

Konkrete Bildinhalte
können die Realität detailgetreu wiedergeben (Fotos; sie dienen vor allem der Vermittlung landeskundlicher Informationen; Details können ablenken)

oder Wesentliches hervorheben (Zeichnungen; sie sind vorzuziehen, wenn das Bild Übungen steuern soll; die Gefahr ist geringer, daß der Lerner die Aussage des Bildes mißversteht; außerdem wird er nicht durch Details abgelenkt).

Schließlich kann man noch *Standbild* und *Laufbild* unterscheiden.
Das Standbild kann beliebig lange betrachtet werden; damit ist es auf unterschiedlichen Lernerstufen verwendbar. Die Vorzüge des Laufbildes liegen in seiner großen Realitätstreue.

Beispiel 1 Inge will verreisen

Die einfachste Form der bildlichen Darstellung mit konkretem Bildinhalt ist die **Tafelzeichnung.** Sie hat den Vorteil, jederzeit und schnell verfügbar zu sein, aber den Nachteil, daß sie ein gewisses zeichnerisches Talent voraussetzt. Jeder Lehrer kann sich jedoch leicht ein paar elementare Formen des Tafelzeichnens aneignen. Außerdem kann man leicht eine Zeichnung auf die elementarsten Inhalte reduzieren, ohne daß sie an Deutlichkeit einbüßt. Das soll an zwei Beispielen gezeigt werden:

Die beiden Bildfolgen von je acht Bildern unter dem Titel ›Inge will verreisen‹ zeigen, was Inge am Morgen ihrer Reise alles tut: Kaffee trinken, Koffer packen, eine Zeitung kaufen, sich von der Nachbarin verabschieden usw. In der Bildfolge B sind die Darstellungen so stark reduziert, daß sie auch ein zeichnerisch wenig talentierter Lehrer zustande bringen müßte; gleichzeitig ist ihre Aussage jedoch genau so gut verständlich wie die der Folge A (S. 187).

Im zweiten Beispiel sind die Darstellungen fast auf Symbole reduziert. Hier wird es erforderlich, daß der Lehrer den Lernern die reduzierten Zeichnungen zuerst erklärt oder sie erraten läßt, bevor er sie für Übungszwecke verwendet.

Denn an Zeichnungen sind folgende Forderungen zu stellen:

1. Fokussierung: Das Wesentliche muß deutlich herausgestellt sein.
2. Eindeutigkeit.
3. Identifikation. Das gilt besonders für Reihen. Personen und Situationen innerhalb einer Serie sollten ohne Schwierigkeiten wiedererkannt werden können.

Beispiel 2 (vgl. Olbert/Schneider 1973: 110)

1. Der Fuchsbau
2. Der Fuchs ist zu Haus.
3. Er hat seinen Bau verlassen.
4. Er legt sich mitten auf den Weg.
5. Er hat die Augen geschlossen.
6. Er tut, als wäre er tot.
7. Es schneit.
8. Der Fuchs hat viele Vorräte.
9. Er hat keine Vorräte mehr.
10. Er sieht Fischreusen.
11. Er sieht einen Korb.
12. Er sieht Heringe im Korb.
13. Er sieht sich nach allen Seiten um.
14. Er frißt einen Hering.
15. Er frißt einen Hering mit großem Appetit.

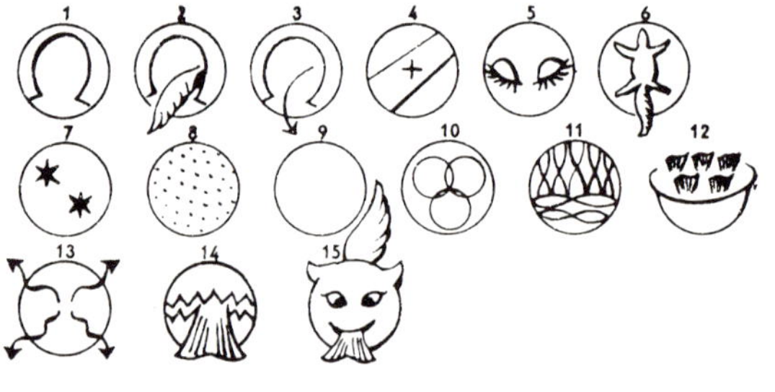

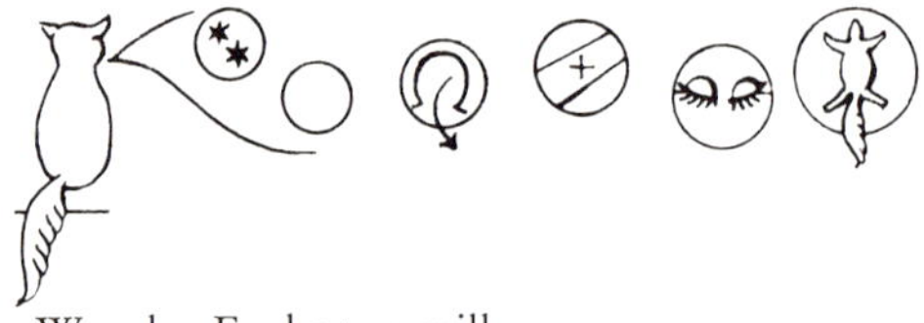

Was der Fuchs tun will.

Realistische Zeichnungen mit etwas karikaturhaftem Einschlag können als zusätzliches Moment noch den Humor oder die Persiflage bringen. Dieses Moment kommt sehr deutlich zum Ausdruck in den Zeichnungen von ›Deutsch Aktiv‹ (Neuner et al. 1979 (a); Neuner et al. 1980). Dabei ist allerdings zu bedenken, daß Humor Auffassungen oder Lebenshaltungen zugrundeliegt, die kulturell und auch altersspezifisch verschieden sind.

Eindeutigkeit ist jedenfalls die wichtigste Forderung, und der Lehrer muß sich vergewissern, daß die Information vom Lerner richtig verstanden wird.

Zeichnungen ohne Worte müssen ohne verbale Verständigung auskommen.

China Daily, 26. 11. 1983

Einen recht detaillierten Katalog von Forderungen, die ein Bild erfüllen muß, stellt I. D. Salistra auf:

1. Es muß realistisch sein und damit einen klar und leicht faßlichen Inhalt für das Sprechen bilden. Jede Abweichung vom Realismus erschwert die Verständlichkeit des Bildes.
2. Das Bild muß inhaltlich mit der Thematik der betreffenden Texte verbunden sein, damit das entsprechende Sprachmaterial verwendet werden kann.
3. Das Bild muß in seinem Inhalt dem allgemeinen Entwicklungsniveau der Schüler und ihren Kenntnissen entsprechen.
4. Das Bild muß möglichst lakonisch sein, soll keine überflüssigen Details und Ausschmükkungen enthalten, damit es leicht überblickt werden kann.
5. Das Bild muß das Interesse der Schüler wecken, und zwar durch Inhalt und Form gleichermaßen und muß sie erzieherisch beeinflussen. (vgl. Salistra 1962: 228)

Da die Lerner in ihren Sehgewohnheiten durch Bilder in Zeitschriften, Büchern und im Fernsehen vorgeprägt sind, muß der Lehrer diese Vorgeprägtheit bei der Auswahl der Bilder für den Unterricht beachten, wenn er das Interesse seiner Lerner wecken will.

Mehrere Bilder, die thematisch oder chronologisch zusammenhängen, stellen eine **Bildreihe** dar. Im letzteren Fall ›erzählen‹ sie ein Geschehen und haben daher dynamischen Charakter. Eine Bildreihe kann aber auch beschreibenden Charakter haben, wenn z. B. eine Bilderfolge zeigt, wie ein Motor aufgebaut ist und funktioniert.

Solche Bilderfolgen können bestehen aus: Diareihen, Diafilmen, Fotosammlungen zu einer Stadt oder einer Landschaft. Bildreihen mit chronologischem Zusammenhang sind meist gezeichnet (vgl. Vater und Sohn-Geschichten: Plauen 1949; siehe S. 190).

Applikationen (Flash-cards, Magnet- und Haftelemente)
Es gibt Schrift-, Bild- und Symbolapplikationen; am häufigsten verwendet sind Bildapplikationen. Sie zeigen Dinge oder Personen. Meist befindet sich das Abbild auf dünnem Karton, der entweder

- in der Hand zu halten ist (flash card) oder
- mit Hilfe von Haftelementen (Magnetblättchen oder Kunststoff)
  auf einer Magnettafel oder einer Filztafel festgeheftet werden kann.

E. O. Plauen

Flash cards sind leicht herzustellen (man schneidet aus einer Zeitschrift, einem Katalog usw. das entsprechende Abbild und klebt es auf Karton), erfordern aber bei ihrer Verwendung im Unterricht starke Lehreraktivität und sehr konzentriertes Arbeiten von seiten der Lerner. Sie können auch für die Hand des Lerners geeignetes Übungsmaterial sein; sie sind dann meist kleiner und haben auf der Rückseite das Wort oder den Text zum Bild.

Magnet- oder Kunststoffhaftelemente haben den Vorteil, daß der Lehrer die Hand frei hat. Sie können zu größeren Bildern oder Bilderreihen kombiniert werden und durch das Auswechseln einzelner Elemente variiert werden.

Ebenso wie flash cards sind auch Haftelemente ein gutes Mittel zur Aktivierung der Lerner. Indem man sie auffordert, mit den Haftelementen bestimmte Tätigkeiten vorzunehmen (z. B. ›ein Zimmer einrichten‹) und sich zugleich sprachlich dazu zu äußern, regt man ihre Phantasie an und fördert ihre Selbsttätigkeit.

Tageslichtprojektor (Overhead Projektor)
Er wird benutzt zur Projektion von durchsichtigen Folien, die mit wasserlöslichen bzw. wasserunlöslichen Spezialstiften beschrieben werden oder heute auch schon mit einem Photokopiergerät hergestellt werden können.

Die Arbeit mit dem Tageslichtprojektor hat den Vorteil, daß der Lehrer ihn bei Tageslicht benutzen kann und mit dem Gesicht zur Gruppe steht (bei Dia- oder Filmvorführungen muß der Raum verdunkelt werden, was Disziplinschwierigkeiten mit sich bringen kann). Die Folien können zu Hause vorbereitet (aber auch während des Unterrichts ergänzt) werden. Mehrere Folien lassen sich übereinanderlegen. So kann man z. B. bei einer mündlichen Textwiedergabe bei mehreren Durchgängen durch Wegnahme jeweils einer Folie die sprachlichen Hilfen reduzieren.

Im Gegensatz zur Tafelzeichnung ist die Folie wiederverwendbar.

Der tonlose Film

Der tonlose Film wird vor allem für Übungen zur Versprachlichung des Filminhalts eingesetzt. Diese Übungen sind eine Fortsetzung der Arbeit mit Bildfolgen.

Der Lerner soll den Filminhalt berichten, beschreiben oder eine Erzählung zu der Filmfolge liefern. Der Zwang zum schnellen sprachlichen Reagieren fördert die Ausbildung der Fähigkeiten, die zum freien Sprechen nötig sind, in hohem Maße, setzt allerdings auch schon einen hohen Grad der Sprachbeherrschung voraus. Eine entsprechende filmgebundene Übungsarbeit ist deshalb nur in sehr fortgeschrittenen Gruppen möglich.

Die filmgebundene Übungsarbeit könnte wie folgt aussehen:

- Die Lerner werden mit dem Ziel bekanntgemacht.
- Die Lerner sehen den Film, um seinen Inhalt kennenzulernen; der Lehrer gibt während der Vorführung einen Musterkommentar zum Film.
- Die Lerner bereiten ihren Kommentar zum Film durch eine Reihe von Übungen mit steigendem Schwierigkeitsgrad vor (z. B. Beantworten von Fragen zum Filminhalt, Übungen zur benötigten Lexik, Beschreibung einzelner Bilder des Films, Nacherzählen des Inhalts).
- Die Lerner kommentieren den Film; anschließend werden die Hauptfehler besprochen und berichtigt. Diese Übung wird mehrere Male durchgeführt.
- Einzelne Lerner geben einen kurzen Filmausschnitt asynchron wieder; anschließend werden die Hauptfehler korrigiert.
- Ein kurzer Filmausschnitt wird durch alle Lerner asynchron wiedergegeben. Wenn die Übung im Sprachlabor durchgeführt wird, können die Kommentare in den Schülerkabinen aufgenommen und anschließend korrigiert werden.

Auditive Unterrichtsmittel

enthalten akustische Signale, vor allem Sprachzeichen (Laute, Wörter, Sätze, Texte). Aber auch Musik und Geräusche können im Sprachunterricht eingesetzt werden.

Auditive Unterrichtsmittel bieten dem Lerner fremde Originalsprecher und damit authentische Lautsprachevorbilder, gewöhnen ihn an das Verstehen verschiedener Stimmen und liefern ihm Satz- und Textmuster für seine Übungsarbeit.

Das wichtigste auditive Unterrichtsmittel ist heute die Tonkassette/das Tonband. Die Schallplatte wird weitgehend nur noch für Musikdarbietungen benutzt. Eine spezielle Art ist der Rundfunkkurs für Fremdsprachen.

Für den Fremdsprachenunterricht interessieren vor allem programmierte Tonbänder sowie Tonbänder mit dem Ziel der Hörverstehensentwicklung.

Die programmierten Tonbänder bieten auf dem Band eine musterhafte Lösung. Sie gibt dem Lerner die Möglichkeit, seine eigene Lösung mit dem erwarteten Resultat zu vergleichen und evtl. zu korrigieren. Dies setzt allerdings die Fähigkeit der Selbstkontrolle voraus.

Kassetten/Tonbänder dieser Art bestehen meist aus Drei- bzw. Vierphasenübungen. Ein Beispiel für eine Vierphasenübung:

		Sagen Sie, daß Sie das Folgende bereits getan haben!
Phase		
1	Stimulus (auf Band):	Laden Sie bitte Frau Meier ein!
2	Response (Lerner):	Aber ich **habe** Frau Meier doch schon **eingeladen**!
3	richtige Antwort bzw. Korrektur (auf Band):	Aber ich habe Frau Meier doch schon eingeladen!
4	Wiederholung (Lerner):	Aber ich habe Frau Meier doch schon eingeladen!

Solche Tonbänder/Kassetten werden vor allem zur Automatisierung von Wortschatz und Grammatik eingesetzt; meist handelt es sich dabei um Transformations- oder Substitutionsübungen. Sie dienen aber auch der Ausbildung des monologischen und dialogischen Sprechens (z. B. Frage-Antwort-Übungen).

Eine Übung zur Entwicklung des Hörverstehens und des dialogischen Sprechens könnte etwa wie folgt aussehen (audiolinguale Methode):

1. Hören des Dialogs (und evtl. Verständniskontrolle im Frontalunterricht);
2. Nachsprechen der Repliken des Dialogs (Zweiphasenübung);
3. Übung mit Replikenpaaren auf der Grundlage des Musterdialogs (z. B. Beantwortung von Ergänzungsfragen, Bildung von Aufforderungen oder von Ergänzungsfragen) (Vierphasenübung);
4. nochmaliges Hören des Dialogs im Zusammenhang;
5. Hör- und Sprechübung: Der Lerner übernimmt eine Dialogrolle des Musterdialogs und reagiert in den Bandpausen angemessen auf die Fragen, Aufforderungen, Behauptungen des Tonband-Dialogpartners. Arbeitsblätter, Wortgeländer oder andere Hilfen unterstützen ihn (Drei- oder Vierphasenübung).

(Das so Eingeübte muß in der folgenden Transferphase weiterverarbeitet werden.)

Audiovisuelle Unterrichtsmittel

Bei ihrem Einsatz werden Informationen gleichzeitig über Auge und Ohr übertragen. Stand- oder Laufbilder sind mit einem Hörtext synchronisiert worden. Im Unterschied zur Arbeit mit rein visuellen Medien kann überall dort, wo sonst die Lehrerstimme in Aktion treten muß, auf das Tonband zurückgegriffen werden. (So wird der Lehrer entlastet.) Bild und Ton können aber auch – wenn der Unterrichtsschritt das erfordert – jederzeit getrennt werden.

Eine neue Dimension bringen **Film, Fernsehen und Video-Technik** in den Fremdsprachenunterricht. Diese Medien bringen die fremdsprachige Welt ins Klassenzimmer, geben dem Lerner einen weitgehenden Einblick in die fremde Welt. Er lernt, Reaktionen ausländischer Gesprächspartner richtig zu deuten und darauf richtig zu reagieren, auch was Gestik und Mimik anbelangt.

Videobänder sind im Vergleich zum Film leichter zu handhaben. Das Band kann gestoppt, Teile wiederholt werden, so oft es nötig erscheint.

Eine Sonderform der audiovisuellen Unterrichtsmittel sind **Fernsehsprachkurse.** Ihre Vorzüge: Sie erreichen gleichzeitig eine sehr große Anzahl von Lernern, zeigen ihnen die Sprache als Kommunikationsmittel im echten Sprachmilieu und integrieren die verschiedensten Unterrichtsmittel in sich. Ein Nachteil ist, daß der Kontakt immer einseitig ist und die Reaktionen der Lerner nicht kontrolliert und in keiner Weise berücksichtigt werden können.

Wegen seiner speziellen Bedeutung für den Sprachunterricht soll im folgenden noch das Sprachlabor eingehender behandelt werden.

Das Sprachlabor
dient heute vor allem dazu, den in der Klasse präsentierten Stoff einzuüben und zu automatisieren.
Organisatorisch unterscheidet man bei der Sprachlaborarbeit

1. die beaufsichtigte Sitzung als Drillphase nach der Bewußtmachung des neuen Sprachstoffs im Klassenunterricht.
   Das Programm wird zu Beginn der Sitzung auf die Bänder der Lerner überspielt. Der Lehrer kann vom Schaltpult aus in die einzelnen Kabinen hineinhören und helfend, korrigierend, steuernd eingreifen.
2. die beaufsichtigte Sitzung, bei der jeder Teilnehmer mit einem anderen, von ihm selbst gewählten Programm übt, das seinen Lernbedürfnissen am besten entspricht.
3. die unbeaufsichtigte Sitzung. Das Programm ist so gestaltet, daß die Hilfe des Lehrers nicht mehr erforderlich ist. Der Lerner arbeitet individuell nach seinen Bedürfnissen, er bereitet den Klassenunterricht vor oder nach. Eine Tonbandbibliothek mit differenzierten Programmen steht ihm zur Verfügung.
   Diese Form der Sprachlaborarbeit findet sich vor allem im Erwachsenenunterricht und im Sprachunterricht an Hochschulen.

Ein Sprachlabor ist ein Unterrichtsraum, der an den Schülerplätzen und am Lehrertisch mit elektronischen Geräten zur Wiedergabe und Aufnahme gesprochener Sprache ausgestattet ist.

Das Übungsmaterial wird von einem Tonbandgerät im Lehrertisch aus an die Schülerplätze überspielt, wo die Lerner das Programm über eine Kopfhörer-Mikrofon-Kombination empfangen.

Man unterscheidet zwischen Hör-Sprech-Labor und Hör-Sprech-Aufnahme-Labor. Im Hör-Sprech-Labor hört der Lerner das Programm über seinen Kopfhörer und spricht seine Lösungen ins Mikrofon. Diese werden verstärkt im eigenen Kopfhörer wiedergegeben.

Im Hör-Sprech-Aufnahme-Labor werden die Äußerungen des Lerners außerdem durch ein Tonbandgerät aufgenommen, das im Schülerplatz eingebaut ist, so daß der Lerner jederzeit seine eigenen Äußerungen wieder abhören und mit den erwarteten Äußerungen vergleichen kann. Das vom Lehrerpult überspielte Übungsmaterial wird auf die sog. ›Lehrerspur‹ aufgezeichnet, die vom Lerner nicht gelöscht werden kann. Der Lerner bespricht die sog. ›Schülerspur‹, die von ihm auch wieder gelöscht werden kann. So kann er jederzeit die Lehrerspur mit den Stimuli und den richtigen Lösungen zusammen mit seinen eigenen Leistungen auf der Schülerspur abhören. Die Schülerspur wird bei jeder Neuaufnahme gelöscht. Der Lerner kann so lange wiederholen und sich korrigieren, bis er die Aufgabe beherrscht.

Bei beiden Laborformen kann der Lehrer die Arbeit der Lerner vom Lehrertisch aus zentral mithören und überwachen. Er kann sich an den einzelnen oder allen Arbeitsplätzen einschalten und auch von den Lernern angerufen werden. Wenn der Lehrer sich mit einem Lerner in einer Kabine unterhält, können die anderen Lerner ungestört weiterarbeiten.

Der wesentliche Vorteil des Sprachlabors liegt darin, daß alle Teilnehmer gleichzeitig sprachlich aktiv werden und bei ihren Übungen vom Lehrer überwacht werden können.

Das zentrale Problem des Unterrichts mit dem Sprachlabor ist die räumliche Entfernung zwischen dem technisch hochwertig ausgestatteten Laborraum und dem Klassenraum. Dadurch wird die Sitzung im Sprachlabor zu einer Sonderveranstaltung. Wünschenswert wäre, daß Spachlaborarbeit und normaler Unterricht in demselben Raum stattfinden könnten, so daß die Laborübungen je nach Erfordernis in die Unterrichtsarbeit eingeschoben werden könnten und nicht von der starren Zeiteinteilung eines Stundenplans abhängig wären. Zehn bis fünfzehn Minuten Laborarbeit innerhalb einer normalen Unterrichtsstunde sind – vor allem im Anfängerunterricht – wirkungsvoller als die Zusammenfassung dieser Übungszeit in einer Stunde oder einem Tag in der Woche. Dazu kommt, daß das Üben im Sprachlabor vom Lerner hohe Konzentration verlangt, die nach einer gewissen Zeitspanne zu Ermüdungserscheinungen führt.

Dem entgegen stehen jedoch die hohen Investitions- und Unterhaltungskosten eines Labors, besonders eines Hör-Sprech-Aufnahme-Labors, die die Ausstattung mehrerer Unterrichtsräume damit zu teuer und unrentabel machen.

Ein möglicher Ausweg ist die Verwendung eines kleinen ›Medienpakets‹ aus Medienwagen mit Kassettenrecorder, Tonbandgerät, Lautsprechern, Diaprojektor oder Filmstreifengerät. Wenn die Geräte fest auf dem Medienwagen installiert sind, kann die Anlage leicht zwischen den Unterrichtsräumen hin- und hertransportiert werden und mit relativ geringen finanziellen Mitteln ein weitgehender Effekt erzielt werden.

In den 60er und zu Beginn der 70er Jahre gab es Anfängerkurse, die nur im Sprachlabor stattfanden. Man kam jedoch wieder davon ab, da starke Ermüdungserscheinungen und Unlustgefühle bei den betreffenden Lernern auftraten. In solchen Kursen arbeitet der Lerner fast ausschließlich mit dem Tonband und stellt höchstens einmal Fragen an den Lehrer. Die gesamte normalerweise in der Klasse stattfindende Arbeit entfällt, womit auch der Kontakt innerhalb der Lernergruppe fehlt.

Arbeit im Sprachlabor ist immer nur so gut, wie es die verwendeten Programme sind. Nach der anfänglichen Begeisterung für das Sprachlabor und der darauf folgenden Enttäuschung, weil die Sprachlaborarbeit keine grundlegenden Verbesserungen des Fremdsprachenunterrichts brachte, nimmt man heute eine gemäßigte Haltung ein. Darüber hinaus sind die Sprachlaborprogramme deutlich verbessert worden.

Als weiterführende Lektüre wird empfohlen:
Ankerstein 1972: 7–24.
Schrand 1972: 131–137.
Otto 1976
Wierlacher et al. 1981. (bes. der Thematische Teil)

11 Leistungskontrollen

11.1. Ziel von Leistungskontrollen

In der Didaktik/Methodik spielen Lernkontrollen eine wichtige Rolle. Sie werden u. a. deshalb gefordert, damit der Lehrer sich über seine Unterrichtserfolge vergewissern und die erhaltenen Resultate in seine künftige Planung einbeziehen kann. Somit sind sie unentbehrlicher Bestandteil eines effektiven Unterrichts.

Wenn die Leistungen bewertet und zensiert werden, sprechen wir von Leistungskontrollen und Prüfungen.

Leistungskontrollen werden meist vom Lehrer festgesetzt und erstrecken sich über Teile von Unterrichtsstunden. Sie zeigen an, wo beim Lerner noch Lücken bestehen und wo Fähigkeiten ungenügend ausgebildet sind. Sie beeinflussen deshalb die Planungen und darauffolgenden Unterrichtsstunden des Lehrers, der versuchen wird, die noch bestehenden Lücken auszufüllen und unzureichend ausgebildete Fähigkeiten besser zu entwickeln.

Prüfungen dagegen werden in bestimmten Zeitabschnitten – am Ende eines Schuljahres oder eines Semesters z. B. – angesetzt und haben abschließenden Charakter. Leistungskontrollen können ihrem Inhalt nach Kenntnis-, Fertigkeits- und Fähigkeitskontrollen sein.

Da ein sinnvoller Fremdsprachenerwerb gewisse Kenntnisse praktischer und theoretischer Art voraussetzt – lexikalisch-semantische, grammatische, orthographische usw. – müssen diese auch kontrolliert werden. Natürlich erfolgt die Kontrolle in der Regel sprachpraktisch und nicht theoretisch.

Kenntnisse werden meist schriftlich in einer gemeinsamen Klassenarbeit überprüft. Durch Fertigkeits- und Fähigkeitskontrollen werden Hör-, Sprech-, Lese- und Schreibtätigkeiten, bzw. auch kombinierte Sprachtätigkeiten überprüft. Die Kontrollen sollten möglichst in der Fremdsprache erfolgen. Die mündliche Ausdruckfähigkeit in der Fremdsprache wird meist individuell überprüft, die übrigen Fertigkeiten und Fähigkeiten in gemeinsamen schriftlichen Leistungskontrollen.

11.2. Tests zur objektivierten Leistungsmessung

In den letzten Jahren hat sich die objektivierte Leistungsmessung in Form von Tests immer mehr durchgesetzt. Die Testtechniken sind sehr stark verfeinert und den Anforderungen, die sich aus der neueren Fachdidaktik und neuen Erkenntnissen der Linguistik ergaben, angepaßt worden.

Standardisierte versus informelle Tests

Standardisierte (d.h. an Versuchsgruppen vorerprobte) Tests genügen hohen Anforderungen hinsichtlich der Objektivität, der Aufgabenanalyse, der Zuverlässigkeit, der Gültigkeit und der Normierung, verursachen jedoch einen erheblichen Kosten- und Zeitaufwand. Im Unterrichtsalltag benutzt man deshalb vom Lehrer oder von Lehrwerkautoren erstellte, unterrichtsbegleitende, sog. ›informelle‹ Tests, die sich in ihrer Form an standardisierte Tests anlehnen, jedoch schneller herzustellen und den jeweiligen Gegebenheiten besser anzupassen sind. Natürlich sind sie in ihren statistischen Ergebnissen unzuverlässiger.

Tests wurden in der Erkenntnis entwickelt, daß traditionelle Verfahren wie Aufsatzschreiben, Textwiedergabe usw. meist viele Leistungen zusammen beurteilen und deshalb kaum objektiv sein können. Leider hat es sich jedoch gezeigt, daß Tests wohl viele Einzelkenntnisse und -fertigkeiten objektiv prüfen, aber oft gerade die Fähigkeiten und Fertigkeiten, die es zu prüfen lohnt, ausklammern. Wenn der Lerner das richtige Wort in eine Lücke einfügt oder in einer Auswahl-Antwort-Aufgabe sein Kreuzchen an der richtigen Stelle anbringt, heißt das noch lange nicht, daß er auch sprachkommunikative Leistungen zu erbringen imstande ist. Man sollte vermeiden, etwas nur deshalb zu prüfen, weil es einfach und objektiv zu prüfen ist und lieber das prüfen, dessen Kontrolle sich auch lohnt.

Anforderungen an Tests

Testmethodisch sind folgende Anforderungen an Tests zu stellen:

Objektivität	Sie dürfen nicht von der Person des Prüfers abhängen; in der Benotung müssen alle Prüfer zu denselben Ergebnissen kommen.
Validität (= Gültigkeit)	im inhaltlichen Bereich (Inwieweit mißt der Test das, was er zu messen vorgibt?)
Reliabilität (= Zuverlässigkeit)	im statistischen Bereich (Sind die Ergebnisse zufällig oder würde derselbe Lerner bei demselben Test an einem anderen Tag dieselben Ergebnisse erhalten, wenn die Bedingungen die gleichen wären? Ein Diktat ist z.B. nach diesen Kriterien keine zuverlässige Testform, da der Lehrer durch veränderte Aussprache, Betonung, Tempo beim Diktat die Prüfung erleichtern oder erschweren kann. Zuverlässig wäre das Diktat nur dann, wenn die Lerner das Diktat in einem schallisolierten Raum nach einem Tonband schreiben würden.)
Ökonomie	Der finanzielle und organisatorische Aufwand muß in einem vernünftigen Verhältnis zum Wert der Ergebnisse stehen. Beim Aufwand ist zu unterscheiden zwischen *Erstellungsaufwand* – der ist z.B. beim Diktat klein, bei Multiple-choice-Aufgaben zur Kontrolle des Leseverständnisses groß – und dem *Auswertungsaufwand;* der ist bei Multiple-choice-Aufgaben klein, beim Diktat größer.
Normierbarkeit	Die Bewertungskriterien müssen klar sein, so daß eine Lösung eindeutig als richtig oder falsch einzustufen ist.
Nützlichkeit	Der Test soll allen Beteiligten – also Lehrern und Lernern – neue Informationen liefern.

(Ganz einig ist man sich nicht über Zahl oder Strenge der testmethodischen Forderungen.)

Aufgabenformen

Hier sollen zwei Aufgabenformen für Testzwecke behandelt werden, die besonders häufig verwendet werden, die sog. Antwort-Auswahl-Aufgabe und die Einsetzaufgabe.

Antwort-Auswahl-Aufgaben (multiple-choice) und die wichtigsten Regeln zu ihrer Erstellung

Multiple choice-Aufgaben werden in der Fachliteratur besonders häufig aufgeführt. Bei ihnen ist der Grad der objektiven und rationellen Auswertung besonders hoch; allerdings können produktive Leistungen mit dieser Kontrollform nicht gemessen werden. Antwort-Auswahl-Aufgaben führen auch unkorrekte Formen vor, was für das Einprägen korrekter Formen nachteilig sein kann. Außerdem besteht die Möglichkeit, daß die richtige Form nur zufällig markiert wird, d. h. der Rateeffekt ist besonders hoch. Dieser Nachteil muß durch eine besonders große Zahl von Aufgaben ausgeglichen werden. Es muß bei der Bewertung in Rechnung gestellt werden, daß ein Teil der richtigen Lösungen Zufall ist.

Eine multiple-choice-Aufgabe umfaßt mehrere Auswahl-Antworten, meist drei bis vier. Die Lerner müssen aus den Aussagen die richtige oder die richtigen auswählen. Wenn Sie beabsichtigen, mit solchen Tests zu arbeiten, sollten Sie sich einige Fachausdrücke merken, die die Verständigung bei der Arbeit mit Kollegen erleichtern:

Die gesamte Aufgabe einschließlich der Auswahl-Antworten wird als ›Item‹ bezeichnet, der Einleitungstext als ›Stem‹, die richtige Antwort als ›Key‹. Die falschen Antworten heißen Distraktoren (Distractors), alle Auswahl-Antworten zusammen ›Options‹.

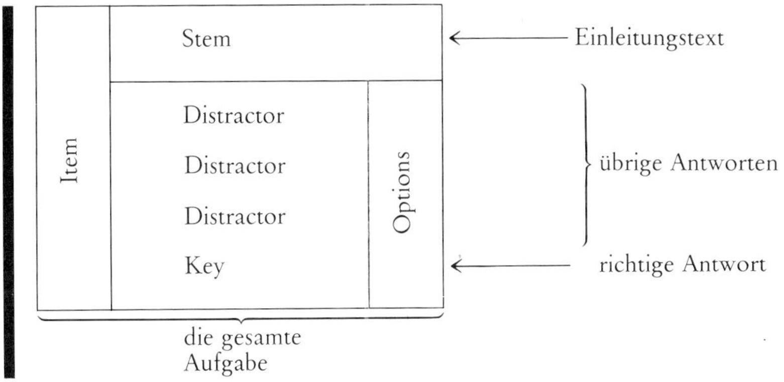

Hier die wichtigsten Regeln für den Entwurf von Antwort-Auswahl-Aufgaben

1. Der Einleitungstext (Stem) soll klar und sprachlich einwandfrei formuliert sein. Er soll nach Möglichkeit keine Sätze und Wendungen enthalten, die für die Aufgabe ohne Bedeutung sind.
2. Die wörtliche Wiedergabe von Texten aus den im Unterricht verwendeten Lehrbüchern ist zu vermeiden.

3. Der Stem muß notwendiger Bestandteil der Aufgabe sein. Wenn eine Aufgabe gelöst werden kann, ohne daß man den Stem zu lesen braucht, ist sie unbrauchbar.
4. Die richtige Antwort (Key) darf nicht daran erkennbar sein, daß sie als einzige die Formulierungen aus dem Stem enthält.
5. Die Auswahl-Antworten (Options) sollen möglichst kurz und klar sein. Sie müssen inhaltlich und sprachlich einwandfrei zum Stem passen.
6. Die Options sollen etwa gleiche Länge haben. Der Key darf nicht durch auffallende Länge oder Kürze hervortreten.
7. Die Options müssen voneinander unabhängig sein.
8. Stem und Options sollen möglichst in positiven Formulierungen abgefaßt sein.
9. Die falschen Antworten (Distractors) müssen plausibel sein. Tricks und Fangfragen sind zu vermeiden.
10. Eine Aufgabe (Item) muß von der anderen völlig unabhängig sein.
11. Die Position des Key muß nach Zufall variiert werden.

(Kamratowski/Penné/Schneider 1973: 11)

Um die Regeln besser zu verstehen, sollten Sie die folgenden fehlerhaften Items untersuchen.

Fehlerhafte Item-Beispiele:

I. Täglich um 8 Uhr kommt der Briefträger in unsere Straße.
Heute klingelt es. Der Briefträger hat etwas für uns in seiner Posttasche.

A Manchmal bringt der Briefträger Vater einen Brief.
B Manchmal geht der Briefträger mit seiner Posttasche durch die Straßen.
C Letzte Woche hatte der Briefträger nichts in seiner Posttasche, als er von der Post kam.
D Der Briefträger geht niemals zur Post.

Fehler: Der Distraktor B ist nicht plausibel.
Die Distraktoren C und D sind sinnlos. Sie können als falsch erkannt werden, ohne daß man den Text lesen muß.
Keine Antwort hat einen unmittelbaren Bezug zum Text, so daß es keine eindeutige Richtig-Antwort gibt.

II. Sie haben sich mit Ihrem Freund verabredet. Sie sind der letzte, da Sie

A früher als Ihr Freund ankommen.
B nicht so spät wie Ihr Freund ankommen.
C nicht früher als Ihr Freund ankommen.
D später als Ihr Freund ankommen.

Fehler: Negative Antworten sollen vermieden werden.
Die Distraktoren B und C enthalten unklare Zeitangaben und können daher verschieden gedeutet werden.
Die gesamte Aufgabe prüft nicht so sehr sprachliches Können als logische Fähigkeiten.

(vgl. Kamratowski/Penné/Schneider 1973: 12)

Im folgenden sollen noch zwei positive Item-Beispiele gegeben werden:

III. Ich muß heute mit meiner Tochter einen Schneemann machen. Das habe ich ihr versprochen.

A Ich spreche heute mit ihr über den Schneemann.
B Ich habe ihr gesagt, daß wir heute ganz bestimmt einen Schneemann machen.
C Ich mache heute mit ihr vielleicht einen Schneemann.

(Aufderstraße 1986: 70)

IV. »Ich finde die Wohnung auch schön.«

A Sie sucht eine schöne Wohnung.
B Die Wohnung gefällt ihr auch.
C Sie findet immer schöne Wohnungen.
D Die Wohnung ist gut zu finden.

(Zirkel 1984: 9)

Einsetzaufgaben

Bei *Einsetzaufgaben* muß bedacht werden, ob die Aufgabe objektiv auswertbar ist.

Das ist ein ....
(Hund)

Der Lerner soll ›Hund‹ einsetzen. Vielleicht trägt er aber ›Huhnd‹ ein. Der Lehrer wird – je nach Lernziel – die Lösung als richtig oder falsch einstufen. Wenn er Wortschatz prüfen will und nicht Orthographie, müßte er ›Huhnd‹ eigentlich akzeptieren. (Vielleicht hat der Lerner aber an ›Huhn‹ gedacht? Hier ist die Bewertung schwierig.)

Einsetzaufgaben (ohne Bild) werden häufig auch zur Rechtschreibprüfung benutzt. Doch dann wird das Wort diktiert und nur die Orthographie bewertet. Doppelbewertungen – beispielsweise nach Begriffskenntnis *und* Orthographie – sind unstatthaft.

Zur Erstellung und Durchführung von Tests

Wenn man *Zeichnungen* in einem Test verwendet, sollte man sie vorher von einigen Lernern, die nicht am Test teilnehmen, benennen lassen, da Zeichnungen oft nicht so deutlich erkennbar sind, wie sich der Zeichner vorgestellt hat.

In der *Testanleitung* müssen der Zweck des Tests und seine Bearbeitungsformen klar formuliert sein. Zu den einzelnen Testformen sollten vor Beginn der Bearbeitung Musterbeispiele besprochen werden. Außerdem muß man angeben, was der Lerner tun soll, wenn er einen Fehler gemacht hat (ausradieren? überschreiben?).

Sind mehrere Testarten miteinander kombiniert, dann sollte man die zeitabhängigen wie Diktat an den Anfang stellen; die Lerner können anschließend nach eigenem Tempo weiterarbeiten.

Tests sollten eine Stunde nicht übersteigen. Längere Tests verteilt man am besten auf mehrere Tage. Außerdem sollten Tests zu Beginn der Unterrichtszeit durchgeführt werden, solange die Lerner noch frisch sind.

Wenn die Tests korrigiert sind, kann man anhand einer statistischen Auswertung der beantworteten Aufgaben feststellen, ob die Aufgaben genügend zwischen besseren und schwächeren Lernern unterscheiden, d. h. ob die Unterschiede im Lernstand der Teilnehmer klar genug heraustreten. Man spricht hier von der Trennschärfe des Tests. Die Trennschärfewerte der einzelnen Aufgaben zeigen dem Lehrer, ob die Aufgaben zu leicht, zu schwer oder angemessen waren und ferner, ob die Ergebnisse nicht zufällig und damit wertlos waren.

Die einfachen Rechenverfahren, die man zur Feststellung der Trennschärfe eines Tests benötigt, werden in einer Reihe von Titeln dargestellt, etwa:

Kamratowski/Penné/Schneider 1973.
Graumann et al. 1972.

11.3. Das Diktat

Eine der Hauptarten schriftlicher Arbeiten und Tests war früher das Diktat. Es ist heute in den Hintergrund getreten, da viele Methodiker der Ansicht sind, daß der Hauptzweck des Diktats die Herausbildung und Kontrolle orthographischer Fertigkeiten sei und daß es deshalb vernachlässigt werden könne. Korrekte Orthographie stelle sich mit der Entwicklung der Sprachbeherrschung automatisch ein.

Neuerdings gibt es jedoch Stimmen, die dieser Auffassung widersprechen und den Standpunkt vertreten, das Diktat diene gleichzeitig der Aneignung und Kontrolle des lexikalischen und grammatischen Materials und vervollkommne vor allem die Fähigkeit im Verstehen von Texten. So sei z. B. die richtige Zeichensetzung ein Beweis für das Verständnis des Gehörten. Danach unterscheidet das Diktat sehr gut zwischen niedrigem und mittlerem Könnensniveau. Ja, man hält es sogar für den besten Test von Globalkönnen* und glaubt, daß es sehr gut überprüft, inwieweit der Lerner in der Lage ist, den Gesprächsstrom, der auf sein Ohr trifft, mit Hilfe seiner Sprachkenntnisse vorauszuahnen und zu interpretieren. Wenn beim Hören Wörter nicht nur phonetisch erkannt werden, sondern auch auf Grund der Hörerwartung durch den Kontext, dann spricht die Tatsache, daß dies auch beim Diktat geschieht, nicht gegen, sondern für das Diktat.

Aufgrund seiner sprachlichen Fähigkeiten und Fertigkeiten versieht der Hörer das akustisch Gehörte mit einer phonemischen, lexikalischen und syntaktischen Struktur und erschließt daraus den Inhalt der Mitteilung. Sind seine sprachlichen Fähigkeiten und Fertigkeiten jedoch nur unzureichend entwickelt, dann versteht er das akustisch Gehörte nur unvollkommen. Bei einem Diktat in der Fremdsprache, bei dem der Lerner das, was er hört und versteht, in graphischen Zeichen wiedergeben, niederschreiben muß, zeigen falsche Niederschriften, wo er die Sprache nicht gut beherrscht und deshalb falsch versteht. Schlechte Lautunterscheidung führt z. B. zu einer lexikalischen Verwechselung (bekleiden – begleiten), ungenügende Wortkenntnis erweist sich in einem falschen phonetischen Verständnis (*er liest das Buch liegen) oder es kommt zu einer Reihe von syntaktischen Fehlern. Dies alles zeigt, daß das Diktat nicht nur Orthographie prüft.**

* F. Tönnes/G. Scheibner-Herzig weisen (für den Englischunterricht, 9. Klasse Hauptschule) nach, daß zwischen Diktat, Hörverstehenstest und sogar mündlicher Prüfungsleistung (›interview‹) eine signifikante Beziehung besteht, d. h. ihre Testpersonen erzielten in allen drei Leistungen jeweils auffallend ähnliche Ergebnisse (Tönnes/Scheibner-Herzig 1985: 38–45).

**Bei einem Diktat, das eher das Hörverstehen als Orthographiekenntnisse prüfen will, sollten allerdings
- die Einheiten beim Vorlesen länger sein (sieben bis zehn Einheiten statt wie beim konventionellen Diktat drei bis vier),
- der Text in normalem Sprechtempo vorgelesen werden und
- bei der Bewertung nur sinnentstellende Rechtschreibfehler berücksichtigt werden.

Verschiedene Formen des Diktats

Diktate dienen sowohl der Vorbereitung als auch der Kontrolle. Das vorbereitende Diktat bereitet das Kontrolldiktat vor. Ihrem Ziel nach kann man folgende Arten von Diktaten unterscheiden:

- das graphische Diktat (Schreiben von Buchstaben und Buchstabenverbindungen),
- das orthographische Diktat,
- das grammatische Diktat,
- das lexikalische Diktat usw.

Nach der Art der Durchführung unterscheidet man das optische Diktat, das Selbstdiktat, das optisch-akustische Diktat, das Lückendiktat, das Diktat nach Gehör.

Beim *optischen Diktat* wird zunächst ein Wort (oder ein Satz) an die Tafel geschrieben, besprochen und dann weggewischt. Die Lerner schreiben jetzt aus dem Gedächtnis auf, was an der Tafel stand. Ein optisches Diktat bereitet meist ein Kontrolldiktat vor.

Beim *Selbstdiktat* schreiben die Lerner einen Text, den sie vorher auswendig gelernt haben, aus dem Gedächtnis auf. Da die Lerner vorher erfahren, warum sie den Text auswendig lernen sollen, bemühen sie sich, Besonderheiten der Schreibweise und die Satzzeichen zu behalten, was die Aneignung fördert. Auch das Selbstdiktat ist vorbereitender Art.

Das *optisch-akustische Diktat* wird gleichzeitig an die Tafel und in die Hefte geschrieben (ein Wort, ein Satz). Der Diktattext wird in der Klasse erörtert und die entsprechenden Regeln wiederholt.

Dieses Diktat ist auch vorbereitender Art und gut zur Beseitigung von Fehlern geeignet, die für die Klasse typisch sind.

Diese Form des Diktats kann mit einer Nachsprechübung mit Erweiterung vom Kern (vgl. S. 87) kombiniert werden. Der Lehrer spricht den Kernsatz vor, die Lerner wiederholen ihn. Der Satz wird allmählich erweitert und erst dann niedergeschrieben, wenn er die gewünschte Länge erreicht hat. Auf diese Art lernen die Schüler, auch längere Sätze zu behalten und ohne ständiges Dazwischenfragen ein Diktat zu schreiben.

Beim *Lückendiktat* erhalten die Lerner einen mit Lücken versehenen Text. Zuerst liest der Lehrer den Text in normalem Sprechtempo vor. Dann diktiert er die Sätze vollständig, so als ob die Lerner keine Vorlage hätten; diese füllen die Lücken aus. (Ihre Leistung besteht darin, zu erkennen, welche Wörter fehlen und diese korrekt niederzuschreiben.) Beim Diktieren sollte der Lehrer vermeiden, Endungen und Laute besonders und unnatürlich hervorzuheben. Anschließend liest der Lehrer den Text noch einmal vor, die Lerner lesen leise mit. Dann erfolgt sofort die Korrektur – an der Tafel oder mit Hilfe des Tageslichtprojektors.

Diktate sollten möglichst sofort verbessert werden. Einige Tage später weiß der Lerner nicht mehr, warum er ein Wort so und nicht anders geschrieben hat. Zur Festigung kann das Diktat anschließend noch einmal gegeben werden, diesmal als Ganzes, ohne vorgelegten Lückentext. Als Hausaufgabe könnte der Text abgeschrieben werden.

Das *Diktat nach Gehör* oder Kontrolldiktat entspricht dem konventionellen Diktat. Der Lehrer liest zuerst den gesamten Text vor und diktiert anschließend satzweise. Nach dem Diktat liest der Lehrer den Text noch einmal vor, die Lerner lesen still mit und geben anschließend dem Lehrer das Diktat zur Korrektur.

Inhalt und Umfang des Diktats hängen von den Gegebenheiten der jeweiligen Lernergruppe ab. Kontrolldiktate sollten mindestens einmal im Monat durchgeführt werden, vorbereitende Diktate je nach Bedarf. Den Kontrolldiktaten sollten verschiedene Arten vorbereitender Diktate vorausgehen.

Bewertung des Diktats unter kommunikativen Gesichtspunkten

Wenn das Diktat als Meßinstrument für das Hörverständnis eingesetzt werden soll, dann muß sich auch die Bewertung in erster Linie nach der Verstehensleistung richten, nicht nach der orthographischen Korrektheit; und Schreibfehler müssen danach bewertet werden, was sie über die Verstehensleistung aussagen.

Überwiegend das Hörverständnis mißt F. Bacheller. Seine ›Skala der kommunikativen Effektivität‹ bewertet, wie weit der Lerner den Inhalt oder Sinn des Diktierten erfaßt hat und wie weit er die entsprechende Oberflächenform des Textes wiedergeben kann. Dazu wird das Diktat nach Sinneinheiten in Segmente unterteilt. Die Testperson kann für jedes Segment maximal 5 Pluspunkte erlangen.

Bachellers Bewertungstabelle soll hier in deutscher Übersetzung wiedergegeben werden:

Skala der kommunikativen Effektivität

Punkte	Inhalt/Sinn der Lernerantwort	Oberflächenform der geschriebenen Lernerantwort
0	Der Sinn des Segments wurde insgesamt nicht verstanden.	Der Lerner hat entweder gar nichts geschrieben oder – falls doch – nicht *ein* erkennbares Wort des diktierten Segments.
1	Die Bedeutung des diktierten Segments wurde insgesamt nicht erfaßt.	Mindestens *ein* Wort des Segments wurde wiedergegeben.
2	Der Sinn wurde etwas entstellt.	Die Wortabfolge ist unvollständig oder unrichtig.
3	Der Lerner hat den Sinn des Segments anscheinend verstanden.	Wie 2, aber die Fehler in der Oberflächenstruktur sind weniger zahlreich und weniger schwer.
4	Die Bedeutung des Segments wurde insgesamt erfaßt.	Wörter des Segments wurden durch Synonyme ersetzt und/oder Rechtschreibfehler weisen auf phonologische Schwierigkeiten hin.
5	Die Bedeutung ist verstanden.	Die Oberflächenform des Materials wurde in der diktierten Form wiedergegeben. (Es gibt nur belanglose Rechtschreibfehler ohne Einfluß auf die Aussprache.)

(Bacheller 1980, eigene Übersetzung)

An einem Beispiel soll die Bewertung aufgezeigt werden.

Der folgende Satz aus einem Diktat wurde unterteilt in vier Sinnabschnitte. Die Sätze a–c stammen aus Lernerarbeiten. Die nach jedem Segment in Klammer aufgeführte Zahl gibt die Bewertung nach Bacheller an.

Beispiel: Die gelegentliche Kritik/ am anglo-amerikanischen Spracheinfluß der Nachkriegszeit/ liegt auf einer anderen Ebene;/ sie entspringt nur aus einem Unbehagen an modischen Erscheinungen.

a. Die gelegentliche Kritik (5)/ am ango-amerikanischen Spracheinfluß der Nachkriegszeit (4)/ liegt auf einer anderen Ebene; (5)/ sie entspringt nur aus einer unbehagen anmodischen Erscheinung. (2)
b. Die gelegentliche Kritik (5)/ am ... amerikalischen Spracheinfluß der Nachkriegszeit (3)/ liegt auf einer anderen Ebene; (5)/ sie entspringt nur aus einem unbehagen ...... Erscheinungen. (2)
c. Die gelegentliche Kritik (5) an ... amerikanischen Spracheinfluß nach der Kriegszeit (4)/ liegt auf einem anderen Ebene; (4)/ sie entspringt nur aus einem unbehagen altmodischen Erscheinungen. (2)

11.4. Der Cloze-Test

Schließlich soll noch eine Test-Form erwähnt werden, die als Cloze-Test bekannt geworden ist und die den Anspruch erhebt, den Gesamtbereich des sprachlichen Könnens eines Lerners zu überprüfen, seine allgemeine Sprachfähigkeit.

Der Cloze-Test basiert auf der menschlichen Fähigkeit, nicht vorhandene Teile einer Sache unter bestimmten Voraussetzungen zu ergänzen, d. h. auf der menschlichen Fähigkeit zu schließendem Denken. (In der Gestaltpsychologie spielt das sog. ›Gesetz der Geschlossenheit‹ eine große Rolle.)

Die Sprache ist redundant, d. h. sie enthält viel mehr Informationen syntaktischer und semantischer Art, als zu ihrem Verständnis notwendig wäre. Dadurch versteht der kompetente Hörer oder Leser auch lückenhafte Texte und/oder akustisch verzerrte Äußerungen. Er versucht in solchen Fällen, auf (phonologischer), lexikalischer, syntaktischer, semantischer und pragmatischer Ebene hypothesenartig das nachzukonstruieren, was dem Äußerungsplan des anderen zugrundeliegt und ergänzt aufgrund seiner Erwartungshaltung die lückenhafte Produktion.

Der Cloze-Test prüft nun, wieweit der Lerner in der Lage ist, Lücken in einem fremdsprachigen Text korrekt zu ergänzen und schließt daraus auf den Grad seiner allgemeinen Sprachfähigkeit in der Fremdsprache. Für einen Cloze-Test werden dazu in einem oder mehreren Texten jedes x-te (z. B. fünfte, siebte usw.) Wort gelöscht.

Das Cloze-Verfahren ist aus verschiedenen Gründen umstritten, u. a. weil

- das dem Test zugrundeliegende Modell einer allgemeinen Sprachfähigkeit keineswegs eindeutig erwiesen ist und im produktiven Bereich sprachlichen Handelns wahrscheinlich nur einen bestimmten Aspekt von Kompetenz erfaßt.
- man bei der Verwendung eines einzigen Textes, wie es beim Cloze-Test üblich ist, nicht annehmen kann, daß dieser einen repräsentativen Ausschnitt der Sprache darstellt.
- die Tilgungsrate zu hoch ist (50 Lücken), weshalb extrem lange Texte benötigt werden. Die gelöschten Wörter stellen zudem keinen repräsentativen Durchschnitt der verschiedenen Wortklassen des Textes dar. Bei unterschiedlichen Tilgungsraten und unterschiedlichem Ausgangspunkt der Tilgung ergeben sich dadurch beim gleichen Text ganz erhebliche Veränderungen, was Schwierigkeit, Zuverlässigkeit und Gültigkeit des Tests anbelangt.
- zwei unterschiedliche Auswertungsmethoden benutzt werden.
  Verlangt man das exakte Wort, sind Cloze-Tests selbst für erwachsene gebildete Muttersprachler zu schwierig.

Gibt man sich mit einer sinngemäßen Ausfüllung zufrieden, leidet die Objektivität, und die Auswertung wird sehr zeitaufwendig.
- kein Cloze-Test die grundlegende Anforderung an Tests für Nicht-Muttersprachler erfüllt, daß sie von erwachsenen gebildeten Muttersprachlern ohne größere Schwierigkeiten korrekt zu lösen sein sollten.
- Untersuchungsergebnisse von Cloze-Tests und Tests zu einzelnen Fertigkeiten bei denselben Lernergruppen erhebliche Unterschiede aufwiesen.

Der C-Test

Aus der Kritik am Cloze-Verfahren entstand der sog. C-Test (Raatz/Klein-Braley 1982: 113–138), der den Anspruch erhebt, der dem Cloze-Test zugrunde liegenden Theorie viel besser gerecht zu werden und die ursprünglich an den Cloze-Test geknüpften Erwartungen zu erfüllen (Raatz 1985: 19). Raatz/Klein-Braley gehen davon aus, daß die Probleme mit dem Cloze-Test hauptsächlich auf das Tilgungsverfahren zurückzuführen sind.

Der C-Test arbeitet mit mehreren kurzen (60–70 Wörter), thematisch unterschiedlichen, inhaltsneutralen, möglichst authentischen Texten, die jeweils eine Sinneinheit bilden und kein Spezialwissen verlangen. Von jedem Text wird der erste Satz vollständig und evtl. der letzte Satz teilweise oder vollständig – als situativer Rahmen – gegeben. Von den restlichen Sätzen werden statt ganzer Wörter – wie beim Cloze-Test – nur Teile von Wörtern getilgt, und zwar beginnend mit dem zweiten Wort des zweiten Satzes bei jedem zweiten Wort die Hälfte, bei ungerader Buchstabenzahl die größere Hälfte (Raatz/Klein-Braley 1985: 20–22).

Beispiel:
Gestern ist eine 76 Jahre alte Frau in Garath bei einem Unfall tödlich verletzt worden. Die Fußgä ________ hatte i ______ Höhe d ______ Stettiner Str ________ die Frank ________ Straße überq ________ wollen u ______ war da ______ von ei ______ Auto angef ________ worden. D ______ Ampelanlage a ______ dieser Straß ________ war z ______ Zeitpunkt d ______ Unfalls abgesc ________ und wu ______ repariert. I ______ Krankenhaus er ________ die Frau ihren schweren Kopfverletzungen.

(Raatz 1985: 17)

Lösung:
... verletzt worden. Die Fußgängerin hatte in Höhe der Stettiner Straße die Frankfurter Straße überqueren wollen und war dabei von einem Auto angefahren worden. Die Ampelanlage an dieser Straßenecke war zum Zeitpunkt des Unfalls abgeschaltet und wurde repariert. Im Krankenhaus erlag die Frau ...

In teststatistischer Sicht ist der C-Test dem Cloze-Test überlegen; jedoch sollte man die statistischen Daten kritisch sehen, um seine Ergebnisse nicht zu überschätzen. Trotz oder wegen der offensichtlichen Vorteile des C-Tests für den Lehrer – geringer Aufwand bei seiner Erstellung und Auswertung, einfache Durchführung, wenig Leistungsdruck und Nervosität für den Lerner – mahnt daher auch Pürschel zum vorsichtigen und kritischen Umgang mit dieser Testform. Vor allem ist zu bedenken, daß der C-Test die Leistungen eines Lerners in einem gegebenen Moment nur punktuell darstellt und nichts über seine tatsächlichen sprachlichen Defizite auf den verschiedenen Fertigkeitsebenen aussagt. Deshalb sollte man auf keinen Fall andere Fertigkeitstests ganz einfach durch den C-Test ersetzen (vgl. Pürschel 1985: 161–165).

Ungeklärt ist bis jetzt, welche Strategien Lerner anwenden, um C-Tests zu lösen, wahrscheinlich mehr als die drei ursprünglich vermuteten, nämlich: direkte Assoziation aufgrund von Lernerfahrungen, Erschließung aufgrund von vorhergehenden und nachfolgenden Textteilen und Erschließen aufgrund der Wortlänge (bei der Wahl zwischen »und« und »unter« Entscheidung für »und« bei »u______«).

Als weiterführende Lektüre wird empfohlen:
Kamratowski/Penné/Schneider 1973.
Heuser/Messelken 1972: 231–260.
Bolton 1985: Kap. 5.
Oakeshott-Taylor 1977: 131–154.
Klein-Braley/Raatz (eds.) 1985.

11.5. Tests zur Beurteilung formaler *und* funktionaler Aspekte

Mit dem Aufkommen der Pragmalinguistik (und der Pragmatik allgemein) und der durch sie bewirkten Unterscheidung zwischen linguistischer Kompetenz und kommunikativer Kompetenz wurde die Testtheorie wieder in Frage gestellt, denn es gab bis dahin fast ausschließlich Testverfahren zum Testen linguistischer Kompetenz. Die herkömmlichen Tests kontrollieren Einzelelemente und isolierte Fertigkeiten. Da man nur formale Aspekte der Sprache objektiv messen kann, konzentriert man sich bei der Beurteilung der Leistung auf die formale Korrektheit (Ist der Satz richtig gebildet? Ist das Wort richtig geschrieben?).

Formale Leistungen sind natürlich wichtig, da sie kommunikativen Leistungen zugrunde liegen, aber sie sind nicht das schließlich zu erreichende Ziel und dürfen deshalb nicht zum Selbstzweck werden. Ein Test darf sich nicht mit dem Abfragen von Wortschatz, Grammatik und Rechtschreibung zufriedengeben. Auch in einem Test sollte der Lerner zeigen können, daß er und inwieweit er die fremde Sprache als Kommunikationsmittel verwenden kann. Neben den Testverfahren, die formale Korrektheit messen – und da haben sich die informellen Tests bewährt – müssen deshalb solche Tests entwickelt werden, die messen, wie weit die Fähigkeiten des Lerners reichen, zu verstehen und sich in einer Kommunikationssituation zu verständigen.

Dabei können auch Aufgaben eine Rolle spielen, die zwei Fähigkeiten kombinieren (z. B. Hören und Schreiben), da in vielen realen Kommunikationssituationen mehrere Fähigkeiten gebündelt auftreten. Die Forderung der Testwissenschaft, die vier Fähigkeiten immer getrennt zu überprüfen, ist bei kommunikativen Tests in ihrer strengen Definition nicht länger gültig.

Zur Überprüfung des Hör- und Leseverständnisses können die Aufgaben von geschlossen (richtig-falsch, multiple-choice) bis offen (Zusammenfassung des Gehörten/Gelesenen) reichen; der schriftliche und mündliche Ausdruck kann dagegen nur durch offene Aufgabenformen angemessen überprüft werden.

Tests zur Überprüfung rezeptiver kommunikativer Fähigkeiten

Hier soll der Lerner authentischen Hör- oder Lesetexten Informationen entnehmen.

Hörverständnis

Da es schwierig ist, für das Anfängerniveau angemessene authentische Texte zu finden, hilft man sich oft mit der Bearbeitung von Texten, wobei diese aber weiterhin die Merkmale authentischer Texte aufweisen müssen (vgl. Kap. 8.1., S. 73), oder durch die Staffelung des Schwierigkeitsgrades der am Text auszuführenden Tätigkeiten.

Ein Kommunikationsrahmen wird vorgegeben, der das erwartete Verhalten bei der Lösung der Aufgaben präzisieren und steuern soll (als Ersatz für die Hintergrundinformationen, die dem Hörer in realen Situationen helfen, seine Erwartungshaltung aufzubauen). Auf der Anfängerstufe können Fragen das Hören lenken. Die Variante der Sprache, die verstanden werden soll, wie auch die Sprechgeschwindigkeit werden bei der Zielbestimmung im voraus festgelegt. Der Hörtext liegt als Tonaufnahme vor.

Das folgende Beispiel aus dem *VHS-Zertifikat* soll das Verfahren erläutern:

> *»Im folgenden hören Sie 5 kurze Texte. Hören Sie sich jeden Text zuerst an, dann lesen Sie die Frage. Sie hören dann den Text noch einmal. Danach wählen Sie die richtige Antwort. Markieren Sie die Antwort a, b, c oder d auf dem Antwortbogen.*
>
> (Sie wollen nach Dortmund fahren und stehen am Bahnsteig Gleis 14. Da hören Sie folgende Lautsprecherdurchsage:
>
> Achtung, Achtung. Der Schnellzug 512 nach Dortmund über Augsburg, Stuttgart, Mannheim, Köln, planmäßige Abfahrt 9.15, fährt heute nicht von Gleis 14, sondern ausnahmsweise von Gleis 19 ab. Ich wiederhole: Der Schnellzug 512 nach Dortmund über Augsburg, Stuttgart, Mannheim, Köln, planmäßige Abfahrt 9.15, fährt heute nicht von Gleis 14, sondern ausnahmsweise von Gleis 19 ab.)
>
> (Aufgabenblatt für den Teilnehmer:)
>
> *Durchsage am Bahnhof*
>
> *Sie wollen nach Dortmund fahren und stehen am Bahnsteig Gleis 14. Da hören Sie folgende Lautsprecherdurchsage:*
>
> Auf welche Information müssen Sie unbedingt achten?
>
> a) Der Zug fährt auch nach Köln.
> b) Der Zug fährt später ab.
> c) Der Zug fährt um 9.15 ab.
> d) Der Zug fährt von einem anderen Gleis ab.« (PAS/DVV 1978: 17)

Leseverstehen

Kommunikative Tests zum Leseverstehen berücksichtigen die verschiedenen Lesestrategien. Dazu werden die zu verstehenden Textsorten klassifiziert (z. B. informative Texte wie Zeitungsnachrichten, Inserate ..., expressive Texte wie Leserbriefe, Zeitungskommentare ..., persuasive Texte wie Werbeanzeigen, Reisebroschüren ..., regulative Texte wie Verträge, Gebrauchsanweisungen ...) und die Tätigkeiten angegeben, die anhand der Texte überprüft werden sollen wie: globales Lesen, selektives oder detailliertes Lesen usw. (vgl. Kap. 8.3. S. 81).

Im folgenden Beispiel aus dem *VHS Zertifikat* wird Detailverständnis anhand von multiple-choice Aufgaben geprüft.

Lesen Sie zuerst den folgenden Text:

Wer, mit geringen Geldmitteln ausgestattet, eine Wohnung sucht, die auch nur annähernd seinen Wünschen entspricht, braucht Zeit, Geduld und gute Nerven. Vor allem Zeit und Geduld braucht man, um den Wohnungsmarkt zu beobachten, dann wieder Schnelligkeit, um auf ein günstigeres Angebot im Sprung zu reagieren; es bedeutet: die Angebote im Auge behalten und jederzeit die Zeit haben, eine Wohnung zu besichtigen.

Zu den folgenden ... Aufgaben gibt Ihnen nur der Text die richtige Antwort. Bei jeder Aufgabe sind 4 Lösungen angegeben. Nur eine davon ist jeweils richtig. Vergleichen Sie jede Aufgabe noch einmal mit dem Text und fragen Sie sich: Steht das so im Text?

1. Zeile 1–6:

Wenn jemand wenig Geld hat, ist die Wohnungssuche schwierig.
Was ist dann aber nötig?

a) Man darf überhaupt keine besonderen Wünsche haben.
b) Man muß auf jedes Angebot reagieren.
c) Man muß sich erst einmal Geld besorgen.
d) Man muß sich viel Zeit nehmen. (DVV/GI 1977: 45–46)

Anschließend soll noch ein Beispiel gegeben werden, das vor allem selektives und globales Lesen verlangt und sich gut als Test für diese Lesestrategien eignet.

(orientierendes Lesen)

Aufgabe: Lesen Sie den folgenden Text orientierend. Welches Thema behandelt er? Nach dem ersten Lesen lösen Sie die Aufgaben!

»Deutschland ist schön« ist der Titel einer Broschüre eines großen chemischen Industrieunternehmens.
Aber 400 000 Tonnen zwanzigprozentiger schwefeliger Säure fließen jedes Jahr aus ihren Fabriken in den Rhein und die Nordsee.
Schon jetzt sind die Flüsse und Küsten Deutschlands extrem verschmutzt. In wenigen Jahren gibt es kein Leben mehr in den Flüssen. Aber nicht nur die Flüsse sind verschmutzt.
Auf deutschen Flugplätzen starten und landen heute zehnmal so viele Flugzeuge wie im Jahre 1950.
Zirka 20 Millionen Autos fahren auf den Straßen und Autobahnen der Bundesrepublik.

In keinem Land der Welt – außer Japan – ist die Luft so schmutzig und giftig wie in der Bundesrepublik.
Auch das Land an den Autobahnen ist vergiftet.

Die deutsche Industrie produziert etwa 4 Millionen Tonnen Kunststoff im Jahr.

Zweieinhalb Millionen Tonnen Ruß und Staub fallen jährlich auf das Gebiet der Bundesrepublik Deutschland.
8,7 Tonnen im Monat auf jeden Quadratkilometer im Zentrum Münchens – »der Weltstadt mit Herz«! Verglichen mit München ist die Luft Londons und Tokios sauber.

Im Bundesland Nordrhein-Westfalen – einem der großen Industriegebiete Deutschlands – können die biologisch wichtigen Anteile des Sonnenlichts nicht mehr durch die Staubwolken dringen, weil diese sie zu ungefähr 40–50 Prozent absorbieren. Die Menschen leben dort in einer Atmosphäre von Staub und Gas.

Deutschland ist ein Industriestaat. Aber Industrie und Technik bringen das Problem der Umweltverschmutzung.

Produktionszahlen oder Artikel mit dem Titel »Deutschland ist schön« tun nichts gegen den Schmutz und das Gift im Wasser und in der Luft, da sie die Realität beschönigen.

(selektives Lesen)
Aufgabe 1:
Welches Wort drückt alle Probleme aus, die der Text behandelt?

Aufgabe 2:
Welche der folgenden Überschriften paßt am besten zum Text?
Umweltplanung in der Industriegesellschaft
Die Verschmutzung des Wassers durch Abwässer
Deutschland ist schön
Industriegesellschaft und Umweltverschmutzung

(globales Lesen)
Aufgabe 3:
Lesen Sie den Text noch einmal und achten Sie auf seine Struktur.
a) In wie viele Abschnitte könnte man ihn unterteilen?
b) Ordnen Sie die folgenden Zwischentitel in der richtigen Reihenfolge an!
  - Ruß und Staub auf deutschen Städten
  - Chemische Industrie und Wasserverschmutzung
  - Sonnenlicht für Nordrhein-Westfalen
  - Mehr Autos, mehr Flugzeuge – weniger saubere Luft

(selektives Lesen)
Aufgabe 4:
Unterstreichen Sie die Tatsachen, die durch Zahlenangaben markiert sind und sich auf die Themen:
  a) Fortschritt und Produktion,
  b) Umweltverschmutzung
beziehen.

(globales Lesen)
Aufgabe 5:
Welche der folgenden Themen werden im Text behandelt? Kreuzen Sie an!

- Die Verschmutzung der Flüsse und Küsten der Bundesrepublik durch die Abwässer der chemischen Industrie ☐
- Das Leben der Süßwasserfische in den Flüssen und Seen ☐
- Die Programmierung und Rationalisierung der Produktion der Autoindustrie ☐
- Die Luftverschmutzung in den großen Industriegebieten und Städten durch Abgase, Ruß und Staub ☐
- Die Lebensmöglichkeit des Menschen in einer von Ruß und Staub vergifteten Atmosphäre ☐
- Das durch die rasche und unkontrollierte Industrialisierung großer Gebiete nach dem 2. Weltkrieg entstandene Problem der Umweltverschmutzung ☐
- Die Rolle der nuklear-thermischen Elektrizitätserzeugung für die Industrie ☐
- Das Projekt einer neuen chemischen Fabrik der Bayer-Werke in Leverkusen ☐
- Die Vorteile und Nachteile der Konzentration von Wirtschafts- und Bevölkerungspotential in begrenzten Gebieten ☐

(Hajny/Wirbelauer 1984: 48–49; eigene Übersetzung der Aufgaben)

Damit ein Test zum Hörverstehen oder Leseverstehen valide ist, muß darauf geachtet werden, daß die Testaufgaben nicht nur Wortschatz und/oder Strukturen überprüfen, sondern ein umfassendes Textverständnis. Multiple-choice-Aufgaben zum Globalverstehen zu entwerfen mit Distraktoren, die plausibel, aber dennoch eindeutig falsch sind, ist nicht einfach.

Tests zur Überprüfung produktiver kommunikativer Fähigkeiten

Schriftlicher Ausdruck

Will man produktive Fähigkeiten prüfen, dann stehen sich die Grundsätze des Lernzielbezugs und der Objektivität entgegen. Bei einem kommunikativen Test gebührt jedoch dem ersteren der Vorzug vor der Forderung nach Objektivität. Diese muß durch hohe Transparenz der Kriterien und weitgehende Standardisierung der Durchführungsbestimmungen so weit wie möglich sichergestellt werden.

So können z. B. für die Abfassung eines Briefes Leitpunkte und Hinweise zum Umfang gegeben werden, was die inhaltliche Ausfüllung der Aufgabe steuert und ein gewisses Maß an Objektivität ermöglicht, da alle Arbeiten nach Inhalt und Umfang an den Vorgaben gemessen werden können. Gleichzeitig verdeutlichen diese den kommunikativen Rahmen, den Schreibanlaß, Situation, Rollen, die Intention. Ein Beispiel aus dem *VHS-Zertifikat* soll das verdeutlichen. Es handelt sich bei der Aufgabe um einen halbformellen Brief.

> »In den nächsten Sommerferien möchten Sie in Deutschland arbeiten. Sie haben gehört, daß die Firma Karl Weiß, 5 Köln 23, Maxstr. 8, Stellen besorgen kann. Schreiben Sie einen Brief an die Firma mit folgendem Inhalt:
>
> a) Informationen zu Ihrer Person
> b) Art der gewünschten Arbeit
> c) Mögliche Zeit
> d) Gehaltswünsche
> e) Wünsche für die Freizeit
>
> *Schreiben Sie bitte etwas zu allen 5 Punkten!*
> *Vergessen Sie auch nicht Adresse, Datum, Anrede, Gruß und Unterschrift!*«
>
> (PAS/DVV 1979: 10)

Die Leitpunkte müssen knapp und präzise formuliert sein; sie sollten nicht wörtlich in den Brief zu übernehmen sein.

Mündlicher Ausdruck

Für Tests zur Überprüfung des Sprechens ergibt sich folgendes:

- Die Aufgaben müssen lernzielorientiert sein; für das Lernziel ›interaktive Kommunikationsfähigkeit‹ bedeutet das:
  das Sprachverhalten muß dem in realen Situationen möglichst weitgehend entsprechen;
  Situation, Rolle, Thema und Sprechintention müssen klar festgelegt sein, da sie das sprachliche Handeln weitgehend bestimmen.
- Die Aufgaben sollten normiert sein, um einigermaßen objektiv bewertet werden zu können, aber ohne die Kreativität des Lerners zu sehr einzuschränken. Eine Möglichkeit wäre ein gelenktes Gespräch.
- Die Aufgaben sollten auch die Fähigkeit des Lerners überprüfen, Fragen zu stellen, Meinungen zu äußern, eigene Vorstellungen einzubringen.

- Der Prüfer sollte sich ganz auf das Gespräch einstellen können und die Bewertung einem zweiten Prüfer überlassen können.
- Eine Prüfungszeit von 7–10 Minuten ergibt genügend sprachliches Material für die Bewertung.

S. Bolton schlägt vor, von Themen und Sprechintentionen auszugehen. Sie lehnt Rollenspiel und Interview als zu problematisch ab, da mangelnde Identifikationsmöglichkeiten mit der vorgeschriebenen Rolle oder mangelndes schauspielerisches Talent die sprachliche Leistung erheblich beeinträchtigen können; beim Interview könnte evtl. bewertet werden, mit wieviel Geschick und Einfallsreichtum der Lerner das Interview durchführte, d. h. mehr persönliche Momente des Lerners als sein sprachliches Können.

Sie schlägt ein gelenktes Gespräch vor, bei dem sich Prüfer und Lerner an vorgegebene Punkte halten, zu denen zuerst der Lerner Fragen an einen Gesprächspartner (den Prüfer) stellen soll; anschließend stellt der Gesprächspartner die Fragen und der Lerner antwortet. Ein Beispiel:

> Bei einem Empfang in Ihrer Heimatstadt zu Ehren von deutschen Gästen kommen Sie mit einem Deutschen/einer Deutschen ins Gespräch. Sie beginnen das Gespräch und möchten von Ihrem Gesprächspartner folgendes erfahren:
>
> 1. Seit wann er/sie in der Stadt X ist.
> 2. Ob es das 1. Mal ist, daß er in dem Land X ist.
> 3. Ob er sich die Stadt schon angesehen hat.
> 4. Ob er schon weitere Pläne für seinen Aufenthalt hat.
> 5. ...
>
> Dann möchte Ihr Gesprächspartner auch einiges von Ihnen erfahren:
>
> 6. Leben Sie schon lange in dieser Stadt?
> 7. Was kann man hier abends machen?
> 8. Können Sie mir einige typische Gerichte empfehlen? Woraus bestehen sie?
> 9. ... (vgl. Bolton 1985: 89–100)

Bewertung kommunikativer Leistungen

Aus dem Lernziel ›kommunikative Kompetenz‹ ergibt sich ein Dilemma für die Bewertung mündlicher und schriftlicher Leistungen. Kommunikative Leistungen können nicht nach nur formalsprachlichen Kriterien beurteilt werden. Eine an sich ›fehlerhafte Äußerung‹ kann u. U. ohne Schwierigkeiten verstanden werden, ein an sich korrekter Satz aber völlig fehl am Platz und unverständlich sein. Deshalb müssen nicht nur die Korrektheit, sondern auch die Verständlichkeit und die Angemessenheit einer Äußerung bewertet werden.

Diese funktionalen Kriterien können jedoch subjektiv unterschiedlich interpretiert werden. Fehlerklassifikationen und die Beschreibung von Leistungsniveaus müssen daher festlegen, unter welchen Aspekten eine Leistung beurteilt werden soll und den Prüfer dazu zwingen, jeden Lerner nach dem gleichen Verfahren zu bewerten.

Um eine Bewertungsanleitung geben zu können, müssen erst einmal die Lernziele festgelegt und das Kompetenzniveau bestimmt werden.

Bewertet werden können die Äußerungen unter dem Aspekt: sind sie kommunikativ angemessen, und sind sie formal korrekt? Wenn man lexikalische Fehler dabei zur

Kategorie der ›formalen Richtigkeit‹ zählt, kann man die kommunikative Wirksamkeit der schriftlichen Äußerungen getrennt vom Aspekt der auftretenden Fehler bewerten. Es ist ratsam, Leistungsstufen zu beschreiben.

Bei der Bewertung mündlicher Leistungen kommt noch der Aspekt Aussprache und Intonation hinzu.

Wie eine entsprechende Bewertungsskala aussehen könnte, soll an einem Beispiel gezeigt werden. Für die Bewertung kommunikativer mündlicher Leistungen schlägt S. Bolton vor:

> »*A. Angemessenheit der Äußerung*
>
> 3 Punkte: Die Antwort ist inhaltlich der Aufgabenstellung angemessen. Die Wahl des Ausdrucks ist ganz oder mit wenigen Ausnahmen sicher und treffend und erlaubt somit eine ungestörte Kommunikation.
>
> 2 Punkte: – Die Antwort ist inhaltlich der Aufgabenstellung noch angemessen – und/oder die Wahl des Ausdrucks ist an mehreren Stellen (aus der Sicht eines *native speaker*) ungewöhnlich, sie verhindert jedoch nicht ein Zustandekommen der Kommunikation.
>
> 1 Punkt: Die Wahl des Ausdrucks ist so ungewöhnlich, daß beim Hörer erhebliche Unsicherheit darüber besteht, ob er die Äußerung richtig verstanden hat oder nicht (d. h. ob der inhaltliche Bezug zur Aufgabenstellung gegeben ist).
>
> 0 Punkte[1]: Die Kommunikation kommt auch ansatzweise nicht zustande.
>
> *B. Formale Richtigkeit*
>
> 3 Punkte: Die Antwort ist morphosyntaktisch völlig oder bis auf wenige Ausnahmen korrekt (die vereinzelten Fehler stören nicht das Verständnis).
>
> 2 Punkte: Morphosyntaktische Fehler stören an einigen Stellen das Verstehen der Äußerung, verhindern ein Verstehen jedoch nicht völlig.
>
> 1 Punkt: Das Verstehen der Äußerung ist durch morphosyntaktische Fehler so gestört, daß in der Realsituation eine Rückfrage unbedingt erforderlich wäre.
>
> *C. Aussprache und Intonation* (globale Bewertung für das Prüfungsgespräch)
>
> 3 Punkte: In Aussprache und Intonation treten keine Verstöße bzw. nur leichte muttersprachliche Interferenzen auf.
>
> 2 Punkte: Aussprache und Intonation weisen teilweise Verstöße bzw. muttersprachliche Interferenzen auf, stören aber insgesamt nicht das Verständnis.
>
> 1 Punkt: Aussprache und Intonation weisen häufige Verstöße bzw. starke muttersprachliche Interferenzen auf und stören dadurch gelegentlich das Verständnis.
>
> 0 Punkte: Aussprache und Intonation sind so stark verfremdet, daß außergewöhnliche Konzentration bzw. überdurchschnittliche Gewöhnung an den Umgang mit Ausländern für das Verstehen der Äußerung erforderlich ist.
>
> [1] Bei der Vergabe von 0 Punkten in der Kategorie »Angemessenheit der Äußerung« erübrigt sich die weitere Bewertung in der Kategorie B.« (Bolton 1985: 141–142)

Zirkel unterscheidet bei der Bewertung mündlicher Leistungen zwischen der Qualität einer Äußerung (Ist die Äußerung akustisch verständlich? Ergibt sie einen Sinn? Ist sie formal möglich? Ist sie der Sprechsituation* angemessen? Steht sie stilistisch in Einklang mit der Sprechsituation (Zirkel 1979: 197)) und dem sprachlichen Verhalten

---

* S. Bolton rät davon ab, von Sprechsituationen auszugehen, da die sprachlichen Handlungen in den – meistens verwendeten – touristisch relevanten Situationen sehr stereotyp sind.

der Testperson? (Bemüht sich die Testperson, die Sprechsituation zu gestalten? Füllt sie ihre Sprecherrolle angemessen aus? Bewältigt sie sie sprachlich mit Leichtigkeit oder nur unter Schwierigkeiten, flüssig oder nur in sprachlichen Brocken? Wieviel Kommunikation leistet die Testperson in der festgesetzen Zeit effektiv? (Zirkel 1979: 197–198)). Er benotet nach einer Viererskala: sehr gut – gut durchschnittlich – schwach – unzureichend.

Zuordnung von Lernzielen – Aufgabenformen – Bewertungskriterien

Sollen verschiedene Teilbereiche der Sprache in einem gemeinsamen Test geprüft werden, dann muß zuerst geklärt werden, welche Lernziele unter formalen Gesichtspunkten (Korrektheit) zu prüfen sind und welche unter funktionalen (Verständlichkeit, Angemessenheit) bewertet werden sollen. Danach werden Lernziele – Aufgabenformen – Bewertungskriterien miteinander kombiniert.

Im folgenden finden Sie eine Zuordnung von Lernzielen und Bewertungskriterien.

Lernziele	Bewertungskriterien
Erste Stufe: eindeutig meßbare Lernziele Sprachliche Teilsysteme: – Lexis – Grammatik – Phonologie, z. B. Lautdiskrimination – Orthographie Fertigkeitsbereiche: – Hören – Lesen	formale Aspekte ›Korrektheit‹ der sprachlichen Leistung (objektive oder der Objektivität weitgehend angenäherte Verfahren möglich)
Zweite Stufe: auf Grund einer genauen Beschreibung überprüfbare Lernziele Alle komplexeren Sprachleistungen innerhalb der gelenkten Sprachproduktion, d. h. – Sprechen – Schreiben	formale und funktionale Aspekte (›Verständlichkeit‹) nebeneinander – abhängig von der Art und vom Grad der Lenkung
Dritte Stufe: auf Grund eines Globaleindrucks beurteilbare Lernziele Alle Sprachleistungen aus dem Bereich der im weiteren Sinn freien und kreativen Produktion	nur funktionale Aspekte

(Neuner 1979: 209 (d))

Aus dieser Aufstellung geht hervor, daß für die sprachlichen Teilbereiche Grammatik, Lexik usw. sowie für die rezeptiven Fertigkeitsbereiche Hören und Lesen ›Korrektheit‹ gefordert werden muß und daß ›Verständlichkeit‹ und ›Angemessenheit‹ als alleinige Beurteilungskriterien für die freie Produktion im Schriftlichen und vor allem im Mündlichen gelten. In diesen Bereichen ist es notwendig, formale Fehler zu tolerieren, wenn man Kommunikationsfähigkeit erreichen will. Eine solche ›Fehlertoleranz‹ ist keine Nachlässigkeit.

Andererseits zeigt die Tabelle auch, daß man – vor allem im Anfängerbereich – ohne das Kriterium der ›Korrektheit‹ nicht auskommt. Funktionalen Sprachgebrauch lernt man ganz konkret anhand einer sprachlichen Form. Deshalb ist auch vom Lernziel ›Kommunikative Kompetenz‹ her gesehen das Beachten sprachlich korrekter Formen in den in der Tabelle aufgeführten Lernzielbereichen der Stufe 1 und 2 notwendig und sinnvoll, wenn die Aufgaben situativ/kontextuell eingebettet sind (vgl. Neuner 1979: 209 (b)).

In der folgenden Tabelle werden für den Bereich ›Lesen/Schreiben‹ Lernziele, Aufgabenformen und Bewertungskriterien einander zugeordnet:

Lernziele[1] communicative tasks	Übungsformen/ Testverfahren	Fertigkeitsbereich	Beurteilungskriterien
1. einem Text Informationen entnehmen	1. Zuordnungsaufgaben 2. Richtig-Falsch-Aufgaben 3. Auswahlantwortaufgaben (multiple-choice)	Lesen	formal ›Korrektheit‹ ↓
2. wichtige von nebensächlichen Informationen unterscheiden	1. Schlüsselwörter im Text unterstreichen (highlighting) 2. einen Lückentext ergänzen 3. Stichwörter/Notizen aufschreiben (ggf. mit Hilfe von Leitfragen) 4. Falsche Sachverhalte in einem (Provokations-)Text feststellen und ggf. berichtigen	Schreiben	
3. einen Aspekt eines Textes verändert wiedergeben	1. Zusammenfassung eines Sachverhalts (summary) 2. Bericht/Reportage/Protokoll 3. Kommentar 4. Brief 5. ›offener Dialog‹ (eine Gesprächsrolle ist vorgegeben, die andere soll ergänzt werden, z. B. Telefongespräch)		fortschreitende Bedeutung funktionaler Kriterien ›Verständlichkeit‹ ↓
4. einen Sachverhalt erklären	1. einen Sachverhalt definieren/ beschreiben 2. einen Sachverhalt mit eigenen Worten wiedergeben/umschreiben 3. für einen Sachverhalt Gründe angeben/Ursachen darlegen		
5. zu einem Sachverhalt Stellung nehmen	1. Vor- und Nachteile gegeneinander abwägen 2. Argumente sammeln (für und wider) 3. zu einem Sachverhalt die eigene Meinung äußern 4. Analyse der Textgestalt (Auswahl und Anordnung von Information; Absichten des Autors – Wirkung auf den Leser usw.)		nur ›Verständlichkeit‹ entscheidend

(Die Tabelle ist Neuner 1979: 210 (d) entnommen.)

Baden-Württemberg verwendet mit großem Erfolg seit 1975 – wie G. Neuner berichtet (Neuner 1979: 211 (d)) – einen Abschlußtest für Englisch an Realschulen, der aus solchen Überlegungen hervorgegangen ist. Er ist inzwischen auch von anderen Schulformen und anderen Bundesländern übernommen worden. Dieser Test wird als ›Reading Comprehension Test‹ (RCT) bezeichnet, obwohl er nicht nur Leseverstehen prüft, sondern ein integrierter Sprachleistungstest auf Textbasis ist.

»Anlage des ›RCT‹

Text als Ausgangsbasis; ca. 400–500 Wörter lang; im grammatisch-strukturalen Bereich den Anforderungen der Lehrpläne für die 10. Klasse entsprechend und von einem ›Verstehenswortschatz‹ von ca. 3000 Wörtern ausgehend.

Part A: »Lesen«	Part B: »Schriftliche Äußerung«		
Aufgaben zum Leseverstehen (Auswahlantwortaufgaben; auch Zuordnungs- bzw. *true-false* Aufgabentypen verwendbar) Konzentration auf inhaltliche Schwerpunkte (A/I) und ›Schlüsselwörter‹ bzw. wesentliche Grammatikaspekte (A/II)	B/I Aufgaben zu Wortschatz und Gramm. (kontextbezogen) z. B. – Synonymik – Antonymik – einfache Umschreibung – Wortfeldergänzungen – Wortfamilienergänzungen – Umformung – Koppelung – Verkürzung – Wortstellung usw.	B/II reproduktive ——— (gelenkte immer mit situativem Rahmen und auf Sachverhalte des Ausgangstextes bezogen z. B. – Lückentext (Transfer) – Provokationstext (Richtigstellung) – *open dialogue* (Ergänzung) – *guiding questions* (Zusammenfassung) – Interview (Formulierung bzw. Beantwortung von Fragen) – *note taking* – *composition* usw.	B/IV produktive Aufgaben freie Aufgaben) – Brief (ggf. mit inhaltlichen Vorgaben) – Auswertung von Notizen/Stichwörtern – Darstellung unter verändertem Blickwinkel – Beschreibung von Bildern/-geschichten – Auswertung von graphischen Darstellungen – *pros and cons* – *comment* – Stellungnahme – Textanalyse
ca. $^1/_3$ der Gesamtpkte.	ca. $^2/_3$ der Gesamtpunktzahl (= 100)		
13–22 Aufgaben à 1,5–3 Pkte.	6–8 Aufgaben à 1–2 Pkte.	3–5 Aufgaben pro Aufgabenstellung ca. 12–20 Pkte.	
Konzentration auf ›Korrektheit‹ bei Auswertung; die Aufgaben sollen objektiv auswertbar sein		fortschreitende Konzentration auf ›Verständlichkeit‹ (abhängig vom Grad der Lenkung in der Aufgabenstellung)	
Notenschlüssel: (Grobraster)	100 –87 Pkte: 1 86,5–73 Pkte: 2	72,5–60 Pkte: 3 59,5–45 Pkte: 4	44,5–30 Pkte: 5 unter 30 Pkte: 6 «

(Neuner 1979: 212 (d))

Der Test kann Gruppen mit verschiedenem Sprachniveau überprüfen, ohne daß Art und Abfolge der Aufgabenstellungen geändert werden müssen. Dies ist möglich

1. durch Differenzierung nach formalen Aspekten
   Alle Lerner arbeiten mit demselben Test,
   aber der Notenschlüssel wird den unterschiedlichen Niveaus angepaßt;

oder: bei der besseren Gruppe wird stärkeres Gewicht auf die freieren Aufgaben gelegt, bei der schwächeren mehr auf rezeptive und reproduktive Aufgaben,

oder: beim Verstehen werden von der schwächeren Gruppe weniger Details verlangt, und bei den freieren Aufgaben sind die lenkenden Vorgaben unterschiedlich stark.

2. durch Differenzierung nach Schwierigkeitsgrad der Aufgaben
   Zwei verschieden schwere Texte zu demselben Thema werden vorgelegt.
   Die bessere Gruppe bearbeitet den schwierigeren Text, die schwächere den leichteren; im formalen Teil bearbeiten alle dieselben Aufgaben, den schwächeren Lernern werden aber mehr Vorgaben gemacht, so daß der Umfang der Aufgaben geringer wird (z. B. weniger Lücken im Lückentext).
   In den Teilen B/II–B/IV werden zu denselben Fertigkeiten (Brief schreiben, Notizen ausarbeiten, Zusammenfassen) ähnliche Aufgaben
   a) unterschiedlichen Umfangs (was Vorgaben, Lenkung usw. betrifft) oder
   b) mit unterschiedlichem Grad sprachlicher Differenzierung gestellt, die Testteile werden jedoch für alle Gruppen gleich gewichtet und der Notenschlüssel ist derselbe. Entscheidend ist, daß die kommunikative Leistung vergleichbar bleibt, auch wenn die Aufgaben unterschiedlich schwer sind.

Als weiterführende Lektüre wird empfohlen:
Zirkel 1979: 194–205.
Neuner, G. (ed.) 1979: 206–224. (b)
Bolton 1985.

12 Fehler und ihre Korrektur

Im Fremdsprachenunterricht stellt sich für den Lehrer immer wieder die Frage, ob und wie er Fehler korrigieren sollte.

Während bisher im Fremdsprachenunterricht Fehler in der Regel als Abweichungen von der zielsprachlichen Norm und damit als unerwünschte Erscheinungen betrachtet wurden, die es durch entsprechende unterrichtliche Maßnahmen möglichst zu vermeiden galt, die aber, wenn sie dennoch auftraten, unbedingt zu korrigieren waren, geht die neuere lernpsychologische Forschung mehr vom Lerner aus, aus dessen Sicht eine Abweichung von der zielsprachlichen Norm nicht unbedingt als Fehler erlebt werden muß, sondern viel eher ein Hinweis ist auf die vom Lerner erreichte Interimskompetenz und deren Leistungsfähigkeit.

Wir wollen hier einige Fragen, die mit der sog. Fehlerproblematik zusammenhängen, vor dem Hintergrund moderner Fremdsprachenerwerbstheorien diskutieren.

Fehler sind danach vor allem ein psychisches Phänomen. Sie entstehen, wenn Mechanismen der Sprachproduktion oder Sprachaufnahme unzureichend funktionieren. Aus Untersuchungen geht hervor, daß 85% aller Fehler universalen Charakter haben, d. h. weitgehend unabhängig von der Muttersprache des Lerners, den Lern- oder Lehrmethoden und typisch für bestimmte Stufen der Sprachbeherrschung sind (Svartvik 1973 und Valdman 1975).

Deshalb kann man die Fragen stellen: Ist die traditionelle Art der Fehlerkorrektur durch den Lehrer wirklich die richtige für die Beseitigung von Fehlern und für eine angemessene Entwicklung der Fremdsprachenkompetenz? Sollte man Fehler nicht eher dynamisch im Bezug auf den gesamten Fremdsprachenerwerbsprozeß interpretieren statt wie bisher anhand statisch orientierter Modelle? Wie entstehen Fehler? Wie kann man ihnen als Lehrer am besten begegnen?

12.1. Das Entstehen von Fehlern aus fremdsprachenpsychologischer Sicht

Die Fremdsprachenpsychologie bietet zwei Erklärungsmöglichkeiten für das Entstehen von Fehlern an*:

1) Das Modell der Interimsprachen, die ständig komplizierter werden und sich

* Der bisher üblichen Fehleranalyse (linguistischer Art) ist vorzuwerfen, daß sie sich
- auf den Einzelfehler konzentriert und nicht über den Satz hinausgeht,
- die Fehler rein linguistisch zu interpretieren versucht,
- sich nur an der Oberflächenstruktur orientiert,
- sich fast ausschließlich an der Kompetenz eines Muttersprachlers orientiert
- und damit die interimsprachlichen Besonderheiten nicht berücksichtigt.

immer mehr der Zielsprache annähern (vgl. Die Interlanguage-Hypothese, Kap. 1, S. 20–21)

Danach wird gesteuerter Fremdsprachenunterricht verstanden als ein Prozeß, bei dem durch eine Art kommunikativen Druck fortlaufend Hypothesen zur angemessenen Problemlösung gebildet, überprüft und korrigiert werden.

Die Hypothesen werden gebildet einmal auf der Grundlage allgemeiner Regeln der Kommunikation und zum anderen auf der Grundlage der Mutter- oder Mittlersprache des Lerners. Der Lerner schätzt dabei selbst ein, welche muttersprachlichen Mittel der Verständigung in der Fremdsprache dienlich sein könnten. (Diese Zuhilfenahme muttersprachlicher Elemente erfolgt jedoch erst zu einem relativ späten Zeitpunkt der Fremdsprachenbeherrschung.)

2) die kognitive Defizit- oder Entwicklungshypothese

Eine Fremdsprache kann man natürlich nur so gut verwenden, wie man sie beherrscht. Dadurch kommt es beim erwachsenen Fremdsprachenlerner zu einer Art kognitivem Defizit, das sich auf unterschiedliche Art und Weise äußert. So ist die Speicherkapazität des Kurzzeitgedächtnisses für fremdsprachiges Material stark gemindert, die Auswahl und der Abruf von Sprachmitteln aus dem Langzeitgedächtnis nehmen relativ viel Zeit in Anspruch, semantische und syntaktische Klassifikationsprozesse verlaufen fehlerhaft usw. Im Laufe des Fremdsprachenerwerbs vermindert sich dieses Defizit.

Die beiden Theorien ergänzen einander. Wenn ein Fehler nicht eindeutig ein Interferenzfehler ist, muß er nicht unbedingt durch fehlerhafte Hypothesenbildung entstanden sein, sondern kann auch das Ergebnis eines kognitiven Defizits sein. So lassen sich viele Fehler der einfachen Interimskompetenz aus der beschränkten Gedächtnisleistung des Kurzzeitgedächtnisses erklären.

Der Anfänger ist bemüht, solche sprachlichen Oberflächenrealisierungen zu finden, die eine möglichst geringe Kurzzeitspeicherleistung verlangen; mit einem Minimum an sprachlichem und kognitivem Aufwand versucht der Lerner, ein Maximum an kommunikativem Erfolg zu erreichen. So entstehen Fehler durch reduktive Imitation: der Lerner versucht das Gehörte zu imitieren, muß dies aber aufgrund seiner eingeschränkten kognitiven Leistungsfähigkeit durch Weglassen, Umstellen usw. reduzieren.

Bei der fremdsprachigen Produktion werden dann verschiedene Strategien vermischt oder funktionieren fehlerhaft. So kommt es zu Fehlern beim Transfer von früher Gelerntem, zu Fehlern durch Regelverletzungen, Übergeneralisierung, Paraphrasierungsstrategien usw.

Da der reduzierte fremdsprachige Kode des Lerners nicht der Komplexität seiner Gedanken gerecht zu werden vermag, versucht der Lerner mit Hilfe dieser Produktionsstrategien, sich mit den vorhandenen unzureichenden fremdsprachigen Mitteln so gut wie möglich auszudrücken. Welche Strategien dabei auf welcher Lernstufe bevorzugt werden, ist noch weitgehend unerforscht.

12.2. Die Fehlerkorrektur

In der täglichen Praxis steht der Lehrer vor der Frage, ob er Fehler seiner Lerner korrigieren sollte. Dazu sollen hier die folgenden Überlegungen angestellt werden:

- Im traditionellen Klassenunterricht erfährt der Lerner fast ausschließlich über die Fehlerkorrektur, wann er die Fremdsprache falsch verwendet hat.

- Nach der Lerntheorie Galperins (vgl. Kapitel 1, S. 14–16) scheint das Verhältnis von Bewußtem und Unbewußtem in der Fremdsprachenverwendung bei der Fehlerkorrektur sehr wichtig zu sein, und begründete Fehlerkorrekturen verlangen einen hohen Grad an Bewußtmachung.
- Wenn man den Fremdsprachenerwerb als eine Art Problemlösungsprozeß betrachtet, bei dem beim Aufbau der Interimsprachkompetenz Hypothesen gebildet, geprüft und korrigiert werden, ist die Fehlerkorrektur insofern von Bedeutung, als sie dem Lerner hilft, gebildete Hypothesen zu akzeptieren oder zu ändern. Zur Lernsteuerung und Lernstimulierung scheint die Fehlerkorrektur also wichtig zu sein.
- (Andererseits:) Wenn beim Fremdsprachenerwerb eigenständige, sich dauernd verändernde Interimsprachen einander ablösen, sind Regelabweichungen für den Lerner keine Fehler und werden von ihm – auch bei entsprechender Begründung – nicht als Fehler erlebt. Bei den Abweichungen handelt es sich dann vielmehr um Besonderheiten der jeweiligen Interimsprache, die, auch ohne Korrektur, auf der nächsten Entwicklungsstufe durch die richtige Form ersetzt werden können.

Es ist schwierig hier eine gültige Entscheidung zu treffen.

Uns geht es aber nicht so sehr um die Frage, ob man überhaupt korrigieren sollte, als um die Frage, wie man korrigieren sollte:

1 – Sollte – bei der freien Sprachproduktion – ein Fehler sofort korrigiert werden oder nicht?

2 – Sollte bei der Korrektur eine Begründung gegeben werden oder nicht?

3 – Sollte der Lehrer den Fehler korrigieren oder den Lerner sich selbst korrigieren lassen?

4 – Sollten jeweils alle Fehler korrigiert werden oder sollte man eine gewisse Fehlertoleranz üben?

Ad 1 – Es ist auch heute noch im Fremdsprachenunterricht durchaus üblich, daß der Lehrer einen Fehler unmittelbar korrigiert, indem er den Lerner direkt nach dem Fehler – dazu oft noch mehrmals – unterbricht.

Gegen ein solches Vorgehen sprechen die verschiedensten Gründe. Bei der Sprachproduktion wirken verschiedene Prozesse ineinander: außersprachlich komplizierte kognitive Prozesse der Planung sowie sprachlich exekutive Prozesse der Sprachproduktion einschießlich der entsprechenden Auswahlprozesse für grammatische und lexikalische Einheiten. Durch ständige Korrekturen werden diese komplizierten mentalen Prozesse fortwährend gestört. Je höher die kognitiven Anforderungen in der Kommunikation sind, desto störender und hemmender wirkt die direkte Fehlerkorrektur durch den Lehrer.

Man kann deshalb beobachten, daß bei Lehrern, die ständig sofort korrigieren, die Lerner verunsichert werden und Hemmungen zeigen, sich zu äußern, daß sie vermeiden, mehrfach korrigierte sprachliche Muster weiterhin zu benutzen, daß sie auf möglichst einfache Sprachmuster zurückgreifen, um Fehler zu vermeiden oder sehr langsam und stockend sprechen, weil sie vor jeder Äußerung erst die entsprechenden Regeln abrufen und den Äußerungsplan überprüfen. Unter Umständen brechen sie die Kommunikation ganz ab. Dies zeigt, daß die ständige Korrektur eine Lernhemmung ist und das Gegenteil ihrer eigentlichen Absicht erreicht.

Bedenkt man dazu, daß nach Ausführung eines Äußerungsplans der alte Plan zugunsten eines neuen gelöscht wird, so wird klar, daß die direkte Korrektur nicht hilft, da sie ja erst nach Beendigung der fehlerhaften Äußerung einsetzen kann (Wagner 1983: 190).

Den geringen Nutzen der direkten Korrektur zeigt auch die im Fremdsprachenunterricht häufig zu beobachtende Tatsache, daß in einer kommunikativen Situation ein gerade korrigierter Fehler im nächsten Satz erneut gemacht wird. Oft wird der Einwand erhoben, ein nicht direkt korrigierter Fehler werde vom Lerner als richtige Form aufgefaßt. Dagegen ist zu sagen, daß Lerneräußerungen oft mehrere Fehler enthalten, der Lehrer aber in der Regel nur einen korrigiert. Gerade dann aber müssen im Kontrast zu dem korrigierten Fehler die anderen, nicht korrigierten Fehler als korrekte Formen aufgefaßt werden (Wagner 1983: 190). Die direkte Korrektur durch den Lehrer hat den weiteren Nachteil, daß sie den Lerner daran hindert, Fähigkeiten der Selbstkorrektur zu entwickeln.

Es ist deshalb wirkungsvoller, wenn der Lehrer sich die Fehler notiert und sie erst dann korrigiert, wenn der entsprechende Teilplan im Prozeß der Sprachproduktion ausgeführt ist. Zeitverschobene Korrekturen haben einen höheren Effekt als unmittelbare.

Ad 2 – Dem Lerner muß der Fehler begründet werden; reine Imitation der korrekten Form hilft ihm nicht viel weiter. Kann die Korrektur sprachkontrastiv begründet werden, ist sie noch effektiver. Bei der Korrektur muß der Lerner erkennen können, welche Art von Fehlern der Lehrer auf welche Weise korrigiert (was voraussetzt, daß der Lehrer einen entsprechenden Plan hat und nicht weitgehend zufällig ihm gerade auffallende Fehler korrigiert).

Ad 3 – Die Fehlerkorrektur durch den Lerner selbst – mit entsprechenden Hinweisen des Lehrers – ist effektiver als die Korrektur durch den Lehrer. Der Lerner ist grundsätzlich in der Lage, die eigenen Fehler zu bemerken und zu korrigieren. Je einfacher der Inhalt der Äußerung ist, desto wahrscheinlicher ist die Selbstkorrektur durch den Lerner. Bei stärkerer Konzentration auf den Inhalt der Aussage und zunehmenden kognitiven Anforderungen an die Planung der Äußerung nimmt die Selbstkorrektur ab (desto störender ist aber auch, wie wir bereits festgestellt haben, die direkte Korrektur durch den Lehrer).

Ad 4 – Die Antwort ist abhängig von der Unterrichtsphase. In einer Grammatikübung, die bestimmte Strukturen automatisieren will, wird man jeden entsprechenden Strukturfehler korrigieren müssen, um nicht Fehler einzuschleifen. Bei der freien Sprachproduktion ist für die Kommunikation jedoch wichtig, was funktioniert und was mißglückt. Wenn man deshalb von einer Interimsprachkompetenz ausgeht, wird man nur die Fehler korrigieren, die für die jeweilige Sprachstufe relevant sind. So hat sich eine die Interimsprachkompetenz berücksichtigende Korrekturstrategie bewährt, die auf der

Stufe 1 (bei Anfängern) nur die Fehler korrigiert, die die Kommunikation beeinträchtigen; auf der

Stufe 2 (einem mittleren Niveau) allmählich weitere Fehler korrigiert, die auf dieser Interimsprachstufe nicht mehr vorkommen sollten, und die Korrektur nachträglich begründet, wobei der Anteil der begründeten Selbstkorrekturen des Lerners langsam steigt; und schließlich auf der

Stufe 3 (Fortgeschrittenenstufe) die Fehlerkorrektur fast ausschließlich der begründeten Selbstkorrektur des Lerners überläßt.

Zusammenfassend können wir feststellen:

- Bei der Fehlerbewertung sollte man die jeweilige Stufe der Interimsprache berücksichtigen. Fehler ausschließlich an den Normen der Zielsprache zu messen, bedeutet, die Besonderheiten des Fremdsprachenlernprozesses außer Acht zu lassen.
- Fehler sollten nach dem Grad der Kommunikationsbeeinträchtigung beurteilt und korrigiert werden.
- Um den bestmöglichen Lernerfolg zu erreichen, sollte der Fremdsprachenunterricht eine Progression beachten, die sich an den Interimsprachen ausrichtet und sollte die Vereinfachungsstrategien der Lerner miteinbeziehen.
- Die Imitation sollte als Korrekturstrategie stärkere Beachtung finden.

Eine stärkere Beachtung der Interimsprachkompetenzen setzt aber voraus, daß der Lerner die Möglichkeit erhält, eine Serie von Hypothesen über die Zielsprache aufzustellen und diese zu überprüfen; zu diesem Zweck müssen auch fehlerhafte Äußerungen zugelassen werden. Der Unterricht muß stärker als bisher problemorientiert sein, wobei der Lehrer die Probleme stellt und die Lerner sie unter seiner Anleitung zu lösen versuchen.

Der Fremdsprachenunterricht muß die Begrenzungen des Gedächtnisses stärker berücksichtigen.

Als weiterführende Lektüre wird empfohlen:
Esser 1984: 151–159.
Zawadzka 1986: 24–32.
Dietrich 1982: 120–149.

13 Die Interaktion Lerner-Lehrer und ihre Bedingungen

13.1. Der Lehrer als Partner

Als Lehrer stehen Sie vor der Aufgabe, einen meist vorgegebenen Stoff einem Lerner zu vermitteln, der durch Alter, Geschlecht, Schulbildung, soziale Situation, seine muttersprachliche Kultur, Vorkenntnisse in anderen Sprachen, bestimmte Lerngewohnheiten (vgl. auch Kap. 3 ›anthropogene Voraussetzungen‹) vorgeprägt ist und mit bestimmten Erwartungen und Wünschen in Ihren Unterricht kommt.

Sie müssen deshalb nicht nur möglichst genau mit dem Lehrplan und Lehrstoff vertraut sein, sondern Ihre Lernergruppe auch gut kennen und wissen, was diese von Ihrem Unterricht erwartet. Es ist deshalb empfehlenswert, mit den Lernern vor Beginn des Kurses über deren Erwartungen an Ihren Unterricht zu sprechen und ihnen zu erklären, welche Lernziele Sie als Lehrer erreichen wollen und welche Unterrichtsverfahren Sie dazu einzusetzen gedenken. Gerade beim erwachsenen Lerner trägt die Einsicht in die Ziele und Methoden des Lehrers zur Lernbereitschaft und damit zur Steigerung des Lernerfolgs bei. Darüber hinaus sollte man dem erwachsenen Lerner ein Mitspracherecht bei der Gestaltung des Unterrichts (z. B. bei der Text- und Themenauswahl, bei der Wahl der Übungsformen) einräumen, um Spannungen zwischen den Forderungen der Institution und den Wünschen und Erwartungen der Lerner auszugleichen.

Vor allem im Anfängerunterricht befindet sich der Lerner durch den Wissensvorsprung des Lehrers und die eigenen begrenzten Sprachkenntnisse in einer Rolle, die man in der Pädagogik als asymmetrisch bezeichnet. Manche Lerner finden sich auch zu leicht mit ihrer ›Schüler-Rolle‹ ab, besonders, wenn sie von der Schule oder von anderen Lehrfächern her lehrerzentrierte Arbeitsweisen gewohnt sind. Von solchen Lernern wird dann auch oft lehrerzentrierter Unterricht entgegen allen Einsichten moderner Pädagogik als erfolgreich – da gewohnt – bewertet.

Es ist für den Lehrer schwer, einen Kompromiß zwischen den eigenen Vorstellungen und den Wünschen und Vorstellungen der Lerner zu finden. Besonders, wenn der Kurs sich nur über kurze Zeit erstreckt, ist es nicht leicht, eine Gruppe mit lehrerzentrierten Lerngewohnheiten zu lernerzentriertem Arbeiten zu führen, da solche Arbeitsweisen Eigenschaften wie Spontaneität, Aktivität, Risikobereitschaft vom Lerner verlangen, Eigenschaften, die durch jahre- oder jahrzehntelangen lehrerzentrierten Unterricht verschüttet wurden. Trotzdem darf der Lehrer jetzt nicht resignieren und alle Unterrichtsvorgänge über sich laufen lassen, sondern sollte geduldig versuchen, bei seinen Lernern langsam lernerzentrierte Gewohnheiten aufzubauen, indem er z. B. von Anfang an möglichst viele Aktivitäten an die Lerner delegiert. So kann er alle Aufgaben und Fragen, die an ihn gerichtet werden, zuerst einmal an die Gruppe weitergeben und sie nur dann lösen oder beantworten, wenn niemand in der Gruppe ist, der sie lösen oder beantworten kann.

13.2. Das emotionale Klima

Wichtig ist, daß der Lehrer ein Vertrauensverhältnis zu seiner Gruppe schafft, das auch gegenseitige konstruktive Kritik aushält. Im Unterricht muß sachliche Kritik vorsichtig geübt und auch ausgehalten werden. Übertriebene Kritik ist oft ein Zeichen von Angst. Deshalb sollte der Lehrer durch einen partnerschaftlichen Unterricht von vornherein das Aufkommen von Angst verhindern. Lob, Unterstützung und Anerkennung helfen, Hemmungen zu überwinden und ein Gefühl der Geborgenheit in der Gruppe zu schaffen, das für den Lernerfolg so wichtig ist.

Von Bedeutung für ein positives emotionales Klima in der Gruppe sind auch folgende Faktoren:

- Angemessenheit der Anforderungen. Überforderungen rufen Lernunlust hervor, Unterforderungen Langeweile; das Lerntempo sollte dem Gruppendurchschnitt angemessen sein. Gruppenarbeit, Medien, Differenzierungen im Schwierigkeitsgrad der angebotenen Übungen können dazu genutzt werden, Niveauunterschieden in der Gruppe gerecht zu werden;
- kooperatives Lernen statt wettbewerbsbetontes Lernen. Dazu eignen sich Aufgaben, die in Partner- oder Gruppenarbeit gelöst werden können;
- Hilfestellungen des Lehrers bei der Entdeckung von Fehlern durch den Lerner selbst;
- ausreichend Zeit bei der Formulierung von Antworten. Der Lehrer darf nicht sofort den nächsten Lerner aufrufen, wenn jemand mit der Antwort zögert.

Diese Überlegungen zeigen, wie sehr die Persönlichkeit des Lehrers motivationsfördernd oder -hemmend sein kann. Der Lehrer muß sich als Partner des Lerners verstehen und ihm zu helfen versuchen und ihm vor allem Spaß an der Erlernung der Fremdsprache vermitteln.

13.3. Die Sitzordnung

Für das Gruppenklima wichtig ist auch die Sitzordnung. Die Tische sollten am besten kreisförmig angeordnet sein, damit die Lerner sich gegenseitig sehen können. Günstig ist es, wenn die Tische für Gruppenarbeit leicht umgestellt werden können. Der Lehrer sollte sich, wenn immer es möglich ist und er nicht an der Tafel oder am Tageslichtprojektor etwas erklären muß, in die Gruppe integrieren. Ungeeignet für einen modernen Sprachunterricht ist eine Sitzordnung, bei der die Tische oder Bänke hintereinander angeordnet sind.

13.4. Arbeitsformen

Neben den Unterrichtsinhalten muß die Art der Unterrichtsgestaltung interessant und abwechslungsreich sein. Dazu gehört, daß der Lehrer die Übungsformen vielseitig einsetzt sowie zwischen Einzel-, Partner-, Gruppen- und Plenumsarbeit abwechselt.

Gruppen-, Partner- und Einzellernen sind dem gemeinsamen Lernen, der Plenumsarbeit, untergeordnet. Der Lehrer steuert in diesen Phasen die Lerner nur indirekt. Bei Partner- und Gruppenarbeit lösen zwei bzw. mindestens drei Lerner gemeinsam eine Aufgabe; beim Einzellernen bearbeitet jeder Lerner allein die Aufgabe. Der Lehrer setzt diese Arbeitsformen ein, wenn er

- möglichst alle Lerner aktivieren will,
- sich vorübergehend auf bestimmte Lerner/-gruppen konzentrieren will,
- die Lerner zu selbständiger und kooperativer Arbeit anregen will,
- den Unterrichtsprozeß durch Differenzierung abwechselungsreicher gestalten will.

Partner- und Gruppenarbeit eignen sich besonders

- zur gemeinsamen Vorbereitung schwieriger Aufgaben, die den einzelnen Lerner überfordern würden,
- zur Vorbereitung und Durchführung kommunikativer Aufgaben (z. B. Frage-Antwortspiel, Diskussion, Rollenspiel).

Einzelarbeit bietet sich an

- beim stillen Lesen und beim Schreiben,
- zur Überprüfung von Verstehensleistungen.

Die Aufgaben können jeweils für alle Gruppen/ Partner/ Lerner gleich oder verschieden sein.

13.5. Lehrerskills in bestimmten Unterrichtssituationen

In Anlehnung an Clemens-Lodde/Jaus-Mager/Köhl (1978) sollen im Folgenden einige Anleitungen zum Lehrerverhalten in Unterrichtssituationen gegeben werden. Wir wollen nur einige der wichtigsten besprechen. Das sind:

1. – die Lerner für einen Lerngegenstand motivieren;
2. – Eingehen auf Teilnehmerbeiträge;
3. – sich über Lernfortschritte während des Unterrichts informieren;
4. – Vorkenntnisse im Gespräch erfassen;
5. – verbal Informationen vermitteln;
6. – zum Üben anleiten;
7. – Gespräche leiten (konvergierende und divergierende Gespräche).

Die möglichen Vorgehensweisen wiederholen sich zum Teil. Sie werden dann nur einmal besprochen; sonst wird auf das erste Vorkommen verwiesen.

Die Lerner für einen Lerngegenstand motivieren

Diese Situation steht am Beginn einer Unterrichtseinheit. Sie führen einen neuen Lerngegenstand ein und wollen das Interesse der Lerner dafür wecken.

Motivation ist bekanntlich ein wichtiger Faktor des Lernens. Ohne Motivation gibt es keinen Lernerfolg. Auf die Frage jedoch, wie man jemanden für etwas motivieren kann, gibt es keine eindeutige Antwort. Jemand, der dem Sprachenlernen zum Beispiel von vornherein uninteressiert oder ablehnend gegenübersteht, wird sehr viel schwerer für die damit verbundenen Anstrengungen zu motivieren sein als jemand, der am Sprachenlernen interessiert ist. Der Lehrer muß vermeiden, die vorhandene Motivation durch sein Fehlverhalten zu schädigen und sich bemühen, durch interessante Unterrichtsgestaltung dem Lerner die Arbeit zu erleichtern und schmackhafter zu machen.

Dazu wird er sich die folgenden drei Fragen stellen:

a. Wie kann ich eine Atmosphäre schaffen, in der die Teilnehmer gerne lernen?
b. Wie kann ich den Lerngegenstand am interessantesten für die Lerner darstellen?
c. Welche zusätzlichen Anreize kann ich geben?

Zu a: Bei einem Lehrer, der sich den Lernern gegenüber freundlich und verständnisvoll zeigt, lernt man lieber als in einer bedrohlichen, angstauslösenden Atmosphäre. Aber auch die Beziehungen der Lerner untereinander sind wichtig. Zu starkes Konkurrenzdenken wirkt sich negativ aus.

Zu b: Der Lerngegenstand muß von mittlerem Schwierigkeitsgrad sein. Wichtig ist, die Vorkenntnisse und Eigenerfahrungen der Lerner einzubeziehen, Widersprüchliches und Überraschendes hervorzuheben usw.

R. Göbel schlägt in diesem Zusammenhang vor,

- im Zweifelsfall solle der Lehrer sich mehr nach den Interessen, der Neugier der Lerner richten als nach dem Programm,
- statt vorgefertigten Stoff zu präsentieren, solle der Lehrer echte Fragen stellen, die mit der Situation des Lerners zu tun haben und auf die auch der Lehrer keine fertige Antwort hat,
- Stofflernen, das in vielen Fällen notwendig ist, um echte Fragen zu beantworten oder bestimmte Tätigkeiten ausführen zu können, als solche Notwendigkeit zu erklären und kenntlich zu machen. (Göbel 1981: 14)

Göbel stellt dazu fest: »Die *Notwendigkeit* des Lernens ergibt sich nicht nur aus gesellschaftlichen (Sach-)Zwängen (z. B. lebenslanges Lernen zur Sicherung des Arbeitsplatzes), sondern ganz offensichtlich vor allem aus der Natur des Menschen, den allenfalls eine schwere Krankheit daran hindern kann, neugierig zu sein.« (Göbel 1981: 14)

Zu c: Daneben können Sie auch sachfremde Lernanreize geben, z. B. indem Sie einen Lerner für geleistete Arbeit loben, obwohl diese Art von Lernanreiz nicht unproblematisch ist. So könnte jemand, der nur aufgrund dieser Anreize lernt, mit dem Lernen aufhören, sobald sie wegfallen. Allerdings können Lerner damit auch zuerst Interesse am Lerngegenstand gewinnen und schließlich, wenn sich der Erfolg einstellt, echtes Interesse am Gegenstand entwickeln.

Besonders wichtig ist Ihre eigene Einstellung zum Unterricht. Merken die Lerner, daß Ihnen der Unterricht Spaß macht und Sie am Lernerfolg interessiert sind, werden sie lieber mitarbeiten als bei einem desinteressierten Lehrer. Nicht möglichst viele Tricks zur Motivierung der Teilnehmer sind die wesentliche Voraussetzung, sondern Ihre Einstellung und Haltung den Lernern und dem Unterricht gegenüber.

Mögliche Verhaltensweisen

1. die Ziele der Unterrichtsstunde nennen und besprechen

z. B.: Sie sollen nach dieser Unterrichtsstunde in der Lage sein, einen deutschen Fahrplan zu lesen und sich eine Fahrkarte zu kaufen.

Die Lernaufgabe sollte dem Lerner möglichst klar und genau definiert werden. Die einzelnen Lernschritte dürfen nicht zu groß sein, um den Lerner nicht zu entmutigen.

2. erklären, warum es für den Lerner wichtig ist, diesen bestimmten Lerngegenstand zu behandeln

z. B.: Die Entwicklung von Lesestrategien ist wichtig für Sie, da Sie während Ihres Studiums viele Fachtexte lesen müssen.

Sie wollen den Lerner über Sinn und Zweck des Lerngegenstandes informieren, um dadurch seine Lernbereitschaft zu erhöhen.

Praxisrelevante Ziele, die für den Lerner bedeutend sind, führen zu den besten Lernerfolgen.

3. Vorkenntnisse sammeln

z. B.: Wir wollen uns heute mit der Presse in der Bundesrepublik befassen. Wer von Ihnen liest öfters eine Zeitung? Welche Zeitungen kennen Sie? ...

Die Lerner werden sofort aktiv am Unterricht beteiligt. Es besteht echte Kommunikation zwischen Lehrer und Lernern. Es ist sicher motivierender, wenn man seine eigenen Kenntnisse einbringen kann in ein Gespräch, als wenn einem längst Bekanntes vom Lehrer noch einmal vorgetragen wird.

Das Vorgehen ist zeitintensiv, wird deshalb nicht bei jedem neuen Lerngegenstand eingesetzt werden können.

4. bekannte Informationen aktivieren und systematisieren

z. B.: Wir wollen heute das erweiterte Attribut behandeln. Können Sie zuerst noch einmal zusammenfassen, welche Bedeutung die Partizipien I und II haben?

Falls es zu lange dauert, die Vorkenntnisse durch die Lerner zusammenfassen zu lassen, kann der Lehrer das auch selbst tun.

5. die Lerner zum Thema Fragen stellen lassen

z. B.: Wir werden heute etwas über die Bundesrepublik als Reiseland lesen. Was interessiert Sie an diesem Thema besonders?

Zu einzelnen Themen haben die Lerner spontan Fragen. Auf diese Art kommt man schnell zu einer Auseinandersetzung über das Thema. Man kann die Fragen an der Tafel sammeln und im Laufe des Unterrichts beantworten/lassen. Der Lehrer kann ein Beispiel für eine mögliche Frage geben, um anzudeuten, wie solche Fragen aussehen könnten.

6. ein brainstorming durchführen

z. B.: Wir werden heute etwas über das Thema ›Umweltverschmutzung‹ hören. Was fällt Ihnen zu diesem Thema ein?

Jeder darf alles sagen, was ihm einfällt. Kein Beitrag wird bewertet. Man kann die Beiträge (z. B. in Form eines Assoziationenbündels) an der Tafel sammeln. Diese Phase sollte nicht zu lange dauern.

Dann können die Einzelbeiträge besprochen werden.

7. einen Überblick über das Thema geben

z. B.: Wir wollen heute über das Thema ›Medien in der Bundesrepublik‹ sprechen. Ich werde dabei vor allem auf folgende Aspekte eingehen: ...

Der Überblick gibt den Lernern eine Orientierungshilfe. Damit können sie das Neue besser in das bereits Gelernte eingliedern, was den Behaltenseffekt erhöht.

8. mit den Lernern die Vorgehensweise planen

z. B.: Das Lehrbuch schlägt das Projekt vor: ›Umfrage bei Deutschen über ihre Wohnvorstellungen‹. Sie haben gesagt, das Projekt würde sie interessieren. Schlagen Sie vor, wie wir der Reihe nach vorgehen sollten. Bis zum ... müßten wir das Ergebnis vorliegen haben.

Die Lerner müssen eine gewisse Erfahrung in Gruppenarbeit haben. Sie können hier lernen, auch schwierige Aufgaben im Team zu planen und die Planung bei Durchführung zu überprüfen.

9. mit einem Witz oder einem Gag beginnen

z. B.: Ich habe gehört, Sie sind Lottokönig geworden.

Der Einstieg bietet eine Menge von Möglichkeiten, man sollte ihn aber nicht zu oft anwenden, da er sonst zur ›Masche‹ wird. Auch besteht die Gefahr, daß der Gag, der zum Thema hinführen sollte, besser behalten wird als dieses selbst.

10. Widersprüche herausstellen – provozierende Thesen aufstellen

z. B.: Ordnung muß sein. – Ordnung ist Unterdrückung.

Widersprüche oder provozierende Thesen fordern die Teilnehmer zur Auseinandersetzung mit einem Thema und zu seiner Diskussion heraus. Im Verlauf der Diskussion können wesentliche Informationen und Meinungen erarbeitet werden.

11. an ein aktuelles Ereignis anknüpfen

z. B.: Gestern wurde in den Nachrichten gemeldet, ...
oder: Heute steht ein Artikel über ... in der Zeitung.

Eine Verbindung zwischen dem im Unterricht behandelten Thema und aktuellen Ereignissen wirkt motivierend, weil dadurch die praktische Bedeutung des Themas deutlich wird.

Eingehen auf Teilnehmerbeiträge

Dieses Lehrerverhalten tritt punktuell fast in jeder Unterrichtsstunde auf. Der Lehrer reagiert auf alle sachbezogenen Beiträge der Lerner, seien diese mündlicher Art (Fragen, Antworten, Kommentare) oder schriftlicher (Klausuren, Hausarbeit).

Unmittelbar erhält der Lerner damit

- eine Rückmeldung über seine erbrachte Leistung,
- Hilfe, seine Leistungen zu verbessern oder zu korrigieren,
- Informationen über den Stellenwert seiner Leistung;

langfristig

- kommt der Lerner damit zu einer realistischen Einschätzung seines Niveaus (diese ist Voraussetzung dafür, daß er hinzulernt),
- wird motiviert und zu aktiver Teilnahme ermutigt.

Angemessenes Eingehen des Lehrers auf Lernerbeiträge können diesem zu einer realistischen Selbsteinschätzung verhelfen, sein Selbstvertrauen stärken und seine Motivation erhöhen. Dazu muß der Lehrer

- bei mündlichen Beiträgen genau zuhören, um den Beitrag richtig in den Unterricht einordnen zu können,
- den Beitrag des Lerners in Bezug auf dessen eigenes Niveau und auf das der übrigen Lerner einschätzen können, um a) dessen Mühe richtig bewerten und honorieren zu können und um ihm b) – wenn er das will – den Stellenwert seines Beitrags im Hinblick auf die Lernergruppe zu zeigen;
- wissen, welche Lerner sich eher über- oder unterschätzen, um auf ihre Beiträge angemessen eingehen zu können,
- die augenblickliche Gefühlslage der Teilnehmer richtig einschätzen können, um die Motivation nicht negativ zu beeinflussen.

Zu Beginn des Fremdsprachenunterrichts ist es wichtig, dem Lerner oft Ermutigungen zu geben und Rückmeldungen. Später können das die anderen Lerner oder er selbst übernehmen, der Lehrer hält sich mehr im Hintergrund. So lernen die Teilnehmer, ihre Beiträge selbst korrekt einzuschätzen und werden vom Lehrer unabhängiger.

Mögliche Verhaltensweisen

1. eine einfache Rückmeldung geben

z. B.: verbal: Ja, Richtig, Nein, Falsch!
nonverbal: Nicken, Kopfschütteln.

Diese globale Bewertung ist am ehesten bei leistungsstarken Lernern angebracht, die keine genaue Rückmeldung mehr benötigen.

Die negative Form sollte mit Vorsicht angewandt werden, da sie dem Lerner keine Auskunft über seine Fehler oder über Verbesserungsmöglichkeiten gibt.

2. eine präzise Rückmeldung geben

z. B.: Sie haben die Mitteilung inhaltlich exakt und sprachlich korrekt zusammengefaßt.
oder: Ja, das ist richtig, weil ...

Der Lerner erhält hier präzise Auskunft über die Art seines Beitrags. Das kann als Verstärkung wirken, weil die positiven Aspekte des Beitrags noch einmal hervorgehoben werden. Bei Lernern, die fast immer richtige Beiträge liefern, genügen meist auch einfache Rückmeldungen (vgl. 1). Bei falschen Beiträgen kann sich der Lerner anschließend selbst korrigieren.

3. einen gezielten Hinweis geben

z. B.: Sehen Sie sich den ersten Abschnitt Ihres Aufsatzes noch einmal an.
Achten Sie besonders auf die Stellung des Verbs im Nebensatz!

Der gezielte Hinweis hilft dem Lerner oft, seinen Beitrag selbst zu korrigieren. Die Hilfestellung sollte zuerst so gering wie möglich sein, und dann nach Bedarf detaillierter werden.

4. den Beitrag präzisieren lassen

z. B.: Ich verstehe nicht genau, was Sie ... sagen wollen. Können Sie das noch einmal genauer erklären?
oder: Könnten Sie noch einmal die für Sie wichtigsten Punkte nennen?

Weitschweifige oder ungenaue Lernerbeiträge können so in ihren Hauptgedanken zusammengefaßt und präzisiert werden. Der Lerner sollte das möglichst selbst tun, denn andere könnten etwas hineinlegen, was er nicht gemeint hat.

5. den Lösungsweg erklären lassen

z. B.: Können Sie noch einmal erkären, wie Sie die Lösung gefunden haben? Was haben Sie zuerst überlegt? Und dann? Ja, und danach? . . .

Der Lerner vollzieht den Lösungsweg noch einmal nach. Diese Verhaltensweise ist empfehlenswert, wenn

- die anderen Lerner die richtige Lösung nicht gefunden haben,
- es mehrere Lösungswege gibt,
- ein komplizierter Gedankengang eingeübt werden soll, z. B. um die Selbstkontrolle eines schwierigen grammatischen Phänomens zu ermöglichen (vgl. auch Kap. 1, Lerntheorie Galperins).

Bei falschen Beiträgen kann der Lerner so den Fehler selbst finden.

6. zur Weiterarbeit ermutigen

z. B.: Ja, gut, machen Sie so weiter.

Der Lehrer erkennt die gezeigte Leistung damit an und ermuntert zur Weiterarbeit, wenn

- die Lösung richtig oder doch im wesentlichen richtig war,
- der Lerner sich sehr bemüht hat und dieses Bemühen verstärkt werden soll.

7. den Lernfortschritt anerkennen

z. B.: Diesmal war Ihr Test sehr viel besser.
oder: Ihr Aufsatz ist dieses Mal sehr viel flüssiger geschrieben als letztes Mal.

Hier wird die persönliche Leistung anerkannt. Diese Verhaltensweise ist auch bei geringem Lernfortschritt empfehlenswert, wenn der Lerner sich Mühe gibt und Ermutigung braucht.

8. das Bemühen anerkennen

z. B.: Sie haben sich wirklich große Mühe gegeben.

Dieses Verhalten ist empfehlenswert bei Lernern, die große Mühe aufwenden müssen, um die gezeigten Ergebnisse zu erzielen.

9. eine persönliche Stellungnahme abgeben

z. B.: Ich finde Ihren Beitrag sehr gut, weil . . .
oder: Ich bin mit Ihrer Leistung nicht zufrieden, weil . . .

Mit dieser Stellungnahme betonen Sie einen persönlichen Bezug zum Lerner. Sie sollten Ihre Stellungnahme jedoch auch begründen, damit der Lerner weiß, was Sie gut fanden. Eine Begründung ist besonders dann notwendig, wenn Sie mit der Leistung nicht zufrieden waren.

10. den Beitrag paraphrasieren/ umschreiben

z. B.: Wenn ich Sie recht verstehe, wollen Sie sagen, daß . . .

Der Lerner hat seinen Beitrag etwas unklar formuliert. Sie geben seinen Beitrag noch einmal mit anderen Worten für alle klar verständlich wieder. Sie zeigen damit dem betreffenden Lerner Ihr Interesse an seinem Beitrag und klären, ob Sie ihn richtig verstanden haben. Mit der Umschreibung können Sie Beiträge gleichzeitig korrigieren.

11. den Beitrag weiterverwenden

z. B.: Das was Sie gesagt haben, würde bedeuten, daß ...

Sie zeigen dem Lerner, daß er etwas Wesentliches zum Unterricht beigetragen hat.

12. eine Verbindung zum Leistungsstand der übrigen Lerner herstellen

z. B.: Doch, natürlich können Sie das. Sie können das genauso gut wie die anderen.
oder: Die anderen haben die gleichen Schwierigkeiten wie Sie.

Der Lerner soll ermutigt werden. Die Leistung des Lerners muß bei dieser Aussage natürlich dem Gruppenstand in etwa entsprechen. (Durch diesen Vergleich darf keine Konkurrenzsituation für den Lerner entstehen.)

13. die Bedeutung des Beitrags für das Lernziel der Stunde betonen

z. B.: Ja, mit dem, was Sie gesagt haben, kommen wir der Lösung ein gutes Stück näher.

Der Lerner erfährt, daß sein Beitrag wichtig für die Erreichung des Lernziels ist und damit der ganzen Gruppe dient.

14. den Beitrag zur Diskussion stellen

z. B.: Was meinen die anderen zu dem, was Frau X gesagt hat?

Damit wird die Gruppe zur Beurteilung eines Beitrags aufgefordert. Der Lehrer gibt seine Rolle als Beurteiler an die Lerner weiter.
Hier besteht die Gefahr, daß unsachliche Kritik geübt wird, die den Lerner verletzt.
Die Fähigkeit zu sachlichem Beurteilen kann bei den Lernern nicht einfach vorausgesetzt werden, sie muß geübt werden.

Sich über Lernfortschritte während des Unterrichts informieren

In dieser Situation, die mehrmals in einer Stunde auftreten sollte, stellt der Lehrer kurz durch Verständnisfragen oder Aufgaben fest, ob die Lerner etwas verstanden haben und wie ihr Lernstand ist.

Lernkontrollen werden meist in der Form von Tests oder Klausuren durchgeführt. Diese Formen der Lernkontrolle sind zeitaufwendig und können deshalb nur in gewissen Abständen durchgeführt werden. Sie als Lehrer möchten aber schon während des Unterrichts feststellen, ob der gerade behandelte Stoff verstanden wurde oder ob Sie etwas noch einmal wiederholen, erneut erklären, besser darstellen müssen. Dazu brauchen Sie kurze Kontrollformen, die gleichzeitig Ihren Lernern Rückmeldung geben über ihren Kenntnisstand bzw. über die Notwendigkeit, bestimmte Lücken zu schließen. Wenn die Lerner die Kontrollen bewältigen, bedeutet dies für sie gleichzeitig ein Erfolgserlebnis. Lernkontrollen sind Wiederholungen und tragen dazu bei, den Lernstoff besser im Langzeitgedächtnis zu behalten.

Lernkontrollen zeigen Ihnen als Lehrer, wo im Unterricht Sie nicht erfolgreich waren. Dieser Mißerfolg kann verschiedene Ursachen haben: vielleicht war der Unterricht nicht angemessen geplant oder gestaltet, vielleicht haben Sie etwas nicht verständlich erklärt. Die Lernkontrolle gibt Ihnen Aufschluß darüber, wie Sie ihr Lehrverhalten korrigieren können.

Wahrscheinlich wird von der Möglichkeit der unmittelbaren Rückmeldung für das eigene Unterrichtsverhalten zu selten Gebrauch gemacht. Vor der Lernkontrolle sollten Sie Ihren Lernern den Zweck erklären und ihnen klarmachen, daß die Kontrolle nicht der Benotung, sondern der Information dient.

Schon bei der Unterrichtsplanung sollten Sie kleinere Kontrollaufgaben mit einplanen. Die Aufgaben sollten unterschiedlich schwierig sein, damit Sie einen Überblick darüber bekommen, was die Lerner verstanden haben. Die Aufgabenstellung muß klar verständlich sein. Abzulehnen sind Mehrfachfragen, bei denen der Lerner nicht weiß, wo er anfangen soll, Suggestivfragen und unechte Fragen, auf die der Lerner nur mit ja oder nein antworten kann. Die Lernkontrolle sollte abwechselungsreich in der Durchführung sein, kann z. B. auch teils in Gruppen- oder Partnerarbeit erledigt werden.

Mögliche Verhaltensweisen

1. über den Zweck der Lernkontrolle sprechen

z. B.: Die folgende Aufgabe lösen Sie bitte allein. Ich möchte wissen, was Sie verstanden haben und wo wir evtl. etwas noch einmal wiederholen müssen.

Dem Lerner muß klar werden, daß es Ihnen nicht ums Notengeben geht, sondern daß Sie Lernschwierigkeiten erkennen wollen.

2. wichtige Lerngegenstände wiederholen lassen

z. B.: Fassen Sie bitte noch einmal zusammen, was wir gesagt haben. Sie müssen diesen Gedankengang verstanden haben, sonst hat es keinen Zweck weiterzumachen.

Eine Wiederholung bestimmter Lerninhalte durch die Lerner ist sinnvoll, wenn sie wichtig sind, z. B. als Grundlage des weiteren Unterrichts dienen sollen, oder wenn sie kompliziert sind.

3. Verständnisfragen stellen

z. B.: Warum kann man dieses Partizip II nicht als Attribut verwenden?

Es hat wenig Sinn zu fragen: ›Haben Sie das verstanden!‹ Auch wenn der Lerner mit ›Ja‹ anwortet, ist keineswegs sicher, daß er verstanden hat. Oft zeigt eine einzige Verständnisfrage, ob der Lerner dem Unterricht folgen kann. Verständnisfragen müssen gut durchdacht sein. Fragen Sie möglichst wenig nach Fakten. Diese Fragen langweilen die Lerner meist und werden den Lernanforderungen nicht gerecht.

Hier einige Beispiele für Fragen, die unterschiedliche Denkleistungen von den Lernern verlangen:

1. Gedächtnis (möglichst wenig verwenden)	Aus wie vielen Ländern besteht die Bundesrepublik Deutschland?
2. Übertragung	Das Parlament der Bundesrepublik heißt Bundestag. Wie heißt wohl das Parlament eines Bundeslandes?
3. Interpretation	Handelt es sich bei diesem Text Ihrer Ansicht nach um einen Bericht oder eine Reportage?
4. Anwendung	Welche Überlegungen müssen Sie gemäß der Regel der Reihe nach anstellen?
5. Analyse	In diesem Text finden wir achtmal das Verb ›werden‹. Stellen Sie bitte fest, welche Bedeutung ›werden‹ im jeweiligen Fall hat.
6. Synthese	Welche Komponenten können für den Ausgang der Wahlen ausschlaggebend gewesen sein?

7. ›unechte Bewertung‹ (möglichst vermeiden)	Gefällt Ihnen diese Arbeit?
8. Bewertung	Wer möchte beurteilen, ob die Weigerung des Geschäftes, die fehlerhafte Ware zurückzunehmen, rechtlich zulässig ist?

4. zu Zwischenfragen ermutigen

z. B.: Unterbrechen Sie mich bitte sofort und stellen Sie Fragen, wenn Sie etwas nicht verstehen.

Zwischenfragen zeigen, wo die Lerner etwas nicht verstanden haben. Die Lerner müssen an Ihrer Reaktion erkennen, daß Ihnen Zwischenfragen nicht lästig sind, sonst wird ihre Fragebereitschaft gehemmt.

5. zu Rückfragen ermutigen

z. B.: Lassen Sie sich den letzten Abschnitt noch einmal durch den Kopf gehen. Vielleicht fallen Ihnen noch Fragen dazu ein.

Die Lerner erhalten damit Gelegenheit, noch einmal über einen zurückliegenden überschaubaren Unterrichtsabschnitt nachzudenken und zu Punkten Fragen zu stellen, die ihnen noch nicht ganz klar sind. Die Art der Fragen zeigt dem Lehrer, wo der Stoff noch einmal genauer erklärt oder wiederholt werden muß. Sie sollten die stereotypen, oft nicht ernst gemeinten Redewendungen: »Hat jemand noch eine Frage?«, »Haben Sie alles verstanden?« vermeiden.

6. die Lerner auffordern, sich gegenseitig Fragen oder Aufgaben zu stellen

z. B.: Arbeiten Sie mit Ihrem Nachbarn zusammen. Stellen Sie sich gegenseitig Fragen zu dem Text, den wir gerade gelesen haben.

oder: Stellen Sie in Gruppen einige Fragen zusammen, die wir dann im Plenum beantworten wollen.

Dadurch werden die Lerner stark aktiviert. Jeder hat bei der Partner- oder in der Gruppenarbeit Gelegenheit, Fragen zu formulieren. Der Lehrer gibt damit die Rolle des Fragenden an die Lerner weiter.

7. Aufgaben schriftlich bearbeiten lassen

z. B.: Sie haben den Text gehört. Jetzt bearbeiten Sie bitte die Fragen auf diesem Papier. Ich möchte sehen, was Sie verstanden haben.

Wenn die Lerner kleinere Aufgaben schriftlich bearbeiten, erfolgt meist eine intensive Auseinandersetzung. Außerdem sind solche Aufgaben meist sorgfältig ausgearbeitet und formuliert.

8. leistungsschwache Lerner miteinbeziehen

z. B.: Stellen Sie ruhig auch einfache Fragen. Manchmal merkt man erst später, daß sie doch schwierig zu beantworten sind.

Auch leistungsschwache Lerner müssen die Gelegenheit erhalten, sich im Unterricht zu äußern. Sie fühlen sich sonst vernachlässigt und bemühen sich gar nicht mehr um Mitarbeit. Wenn immer nur die leistungsstarken Lerner zu Wort kommen, besteht die Gefahr, daß Sie den Leistungsstand der Gruppe falsch einschätzen und später enttäuscht sind, wenn ein Test zeigt, daß die Leistungen nicht Ihren Erwartungen entsprechen.

Wenn Sie leistungsschwache Lerner ansprechen, achten Sie darauf, daß Sie sie nicht bloßstellen.

9. zum Tun auffordern

z. B.: Ergänzen Sie bitte das Schema.
oder: Füllen Sie bitte das Formular aus.

Zur Lernkontrolle kann man auch bestimmte Tätigkeiten ausführen lassen. In diesen Fällen würde eine rein mündliche Lernkontrolle dem Lernziel widersprechen.

10. Lösungshilfen anbieten

z. B.: Beginnen Sie doch erst einmal. Wir helfen Ihnen dann, wenn Sie nicht weiterkommen.

Manche Lerner scheuen sich, eine Aufgabe in Angriff zu nehmen, weil sie befürchten, sie nicht perfekt lösen zu können oder weil sie sie für zu umfangreich und schwierig halten. Durch ein Hilfsangebot kann man den Lerner ermutigen, es doch zu versuchen.

11. Lösungshilfen geben/geben lassen

z. B.: Handelt es sich hier um einen Vorgang oder ein Ergebnis? Welche Passivform ist das also?

Die Lernhilfe sollte so gegeben werden, daß der Lerner selbständig weiterarbeiten kann. Auf keinen Fall sollten komplette Antworten oder Lösungswege gegeben werden, da man damit dem Lerner die Möglichkeit zu selbständigem Arbeiten nimmt.

12. die Arbeitsformen wechseln

z. B.: Zuerst sollte sich jeder einmal die Lösung allein überlegen. Dann diskutieren Sie die Lösung mit Ihrem Nachbarn.

Ein Frage- und Antwortspiel zwischen Lehrer und einem Lerner langweilt die anderen Lerner meist. Bei Partner- oder Gruppenarbeit kann jeder Lerner aktiv werden, fühlen sich die einzelnen Lerner nicht so unter Druck gesetzt und können sich gegenseitig helfen.

13. weitere Informationsmöglichkeiten aufzeigen

z. B.: Lesen Sie dazu auch den Text auf Seite ...
oder: Machen Sie dazu auch die Übung ... auf Seite ... Wir besprechen sie dann in der nächsten Stunde.

Wenn sich bei der Lernkontrolle Lücken zeigen, die während der regulären Unterrichtszeit nicht geschlossen werden können, bleibt nur der Hinweis auf weitere Informationsmöglichkeiten.

Vorkenntnisse im Gespräch erfassen

In dieser Situation sollen die Lerner ihre Vorkenntnisse zum jeweiligen Thema sammeln und aktivieren.

Zur Einführung in ein Thema ist es oft notwendig, daß der Lehrer feststellt, über welches Vorwissen die Lerner bereits verfügen, damit er seine Informationsvermittlung danach ausrichten kann. Denn will der Lehrer über ein Thema sprechen, zu dem den Lernern die notwendigen Vorkenntnisse fehlen, wird aus dem Gespräch ein mühsames Ratespiel. Da der Mensch lernt, indem er Neues bereits Bekanntem zuordnet und damit verknüpft, ist ein solches Gespräch zur Erfassung von Vorkenntnissen in vielerlei Hinsicht wichtig. Um über Vorkenntnisse sprechen zu können, müssen diese bei mehreren Lernern vorhanden sein; sonst ist kein konstruktives Gespräch möglich.

Ein solches Gespräch erfordert natürlich mehr Zeit, als wenn der Lehrer oder einer der Lerner den Gegenstand kurz und prägnant darstellen. Trotzdem ist gerade im Sprachunterricht eine solche Gesprächssituation wichtig, da hier

- mehrere Lerner sich äußern können,
- es mehr Spaß macht, sein Wissen selbst darlegen zu können als vom Lehrer etwas Bekanntes noch einmal präsentiert zu bekommen,
- das Interesse der Lerner am Gegenstand leichter geweckt wird als durch einen Lehrervortrag.

Für den Lehrer ist es wichtig, sich dabei so weit zurückzuhalten, daß die Lerner wirklich ihre Beiträge einbringen können; Fragen sollten so gestellt werden, daß sie zu Antworten ermutigen. Die Beiträge müssen von möglichst vielen Lernern kommen, damit der Lehrer nicht aus den Beiträgen weniger Lerner auf Vorkenntnisse aller schließt.

Mögliche Verhaltensweisen

1. das Gesprächsthema vorgeben oder aufgreifen

z. B.: Wir wollen erst einmal zusammentragen, was Sie zu diesem Thema bereits wissen.

Damit wird klar, über welches Thema gesprochen werden soll. Am besten schreibt der Lehrer das Thema an die Tafel. Das nachfolgende Gespräch setzt voraus, daß dessen Inhalte zum Wissens- oder Erfahrungsbereich der Lerner gehören.

2. über das Vorgehen sprechen

z. B.: Bei welchem Punkt wollen Sie beginnen?

Bei umfangreichen Themen ist es sinnvoll, die Reihenfolge einzelner Gesprächspunkte abzusprechen, damit sich die Lerner gezielt Gedanken machen.

3. das Gespräch in Kleingruppen führen lassen

z. B.: Unterhalten Sie sich zuerst in Gruppen darüber und machen Sie Notizen. Dann berichten Sie dem Plenum Ihre Ergebnisse. Sie haben 15 Minuten Zeit dazu.

Diese Vorgehensweise bietet sich besonders bei großen Gruppen an. Auf diese Weise haben mehr Lerner die Möglichkeit sich zu äußern. Die zurückhaltenden Lerner werden in der Kleingruppe eher sprechen als im Plenum. Allerdings kostet diese Vorgehensweise mehr Zeit.

4. Zeit zum Nachdenken geben

z. B.: Bevor wir uns über das Thema unterhalten, haben Sie ... Minuten Zeit, darüber nachzudenken.

Eine kurze Zeit des Nachdenkens vor dem Einstieg in das Gespräch kann nützlicher sein als pausenlose Gesprächsaktivitäten.

5. offene Fragen stellen

z. B.: Was möchten Sie dazu sagen?
oder: Was sehen Sie auf diesem Bild?

Offene Fragen regen die Lerner dazu an, eigene Gedanken zu äußern und Vorschläge zu machen. Solche Fragen sind z. B. angebracht, wenn Sie mit Hilfe einer Zeichnung in ein Thema einführen wollen.

6. enge Fragen stellen

z. B.: Wann war das genau?
oder: Wie war das im einzelnen?

Enge Fragen beschränken die Anwortmöglichkeiten der Lerner. Sie sind angebracht,

- wenn Details, bestimmte Lösungsschritte herausgearbeitet werden sollen,
- wenn Sie die Gedanken der Lerner in eine bestimmte Richtung lenken wollen.

7. Gesprächshilfen geben

z. B.: Denken Sie einmal an unser gestriges Thema. . . .

Durch Hinweise kann ein Gespräch angeregt oder in neue Bahnen gelenkt werden.

8. Beiträge festhalten/festhalten lassen

z. B.: Können Sie das noch einmal wiederholen, damit ich es an die Tafel schreiben kann?

Die Lerner können sich an dem Beitrag, der an die Tafel geschrieben wurde, orientieren und ihn als Strukturhilfe benutzen. Für den Lerner, von dem der Beitrag stammt, ist dies gleichzeitig eine Verstärkung.

9. Beiträge zur Diskussion stellen

z. B.: Was meinen die anderen dazu?
oder: Sind Sie auch dieser Meinung?

Die Diskussion wird so in die Gruppe verlagert und diese dazu angeregt, sich mit einem Beitrag auseinanderzusetzen.

10. Fragen an die Gruppe zurückgeben

z. B.: Wer kann die Frage beantworten?

Alle Fragen, die die Lerner selbst beantworten können, sollten auch von ihnen beantwortet werden. Der Lehrer kann damit die Aktivität von sich selbst weg in die Gruppe verlagern.

11. Vertiefungsfragen stellen

z. B.: Wie meinen Sie das?
oder: Können Sie ein Beispiel geben?
oder: Was hat das mit . . . zu tun?

Vertiefungsfragen veranlassen die Lerner dazu, über einen Beitrag noch einmal nachzudenken, weitere Informationen zu geben und diese zu begründen.

12. Beiträge weiterverwenden

vgl. Seite 229

13. Beziehungen zwischen Beiträgen herstellen lassen

z. B.: Wenn man das, was Herr X und Frau Y gesagt haben, miteinander vergleicht, ergeben sich interessante Aspekte.

Sie können Beziehungen zwischen Beiträgen herstellen lassen, indem Sie die Aussagen vergleichen und Gemeinsamkeiten und Unterschiede herausarbeiten lassen. Die Lerner, deren Beiträge aufgegriffen werden, fühlen sich bestätigt.

14. auf die Zielsetzung verweisen
z. B.: Ja, aber wir wollten doch zuerst nur über ... sprechen.
Wenn ein Gespräch längere Zeit vom Thema abweicht, können Sie es so zum Thema zurückführen. Vielleicht ergeben sich aber durch die Abweichung neue, interessante Aspekte; dann können Sie auch die ursprüngliche Zielsetzung ändern.

15. Beiträge zurückstellen
z. B.: Wir werden darauf gleich noch einmal zurückkommen. Zuerst wollen wir ...
Manchmal möchte ein Lerner, der über sehr gute Vorkenntnisse verfügt, das Gesprächsergebnis schon sehr früh sagen. Wenn es Ihnen aber darauf ankommt, mit den übrigen Lernern das Ergebnis schrittweise zu erarbeiten, können Sie seinen Beitrag zurückstellen und ihn – um ihn nicht zu enttäuschen – zu gegebener Zeit wieder zu Wort kommen lassen.

16. das Ergebnis zusammenfassen/zusammenfassen lassen
z. B.: Wer kann das Ergebnis noch einmal kurz zusammenfassen?
Eine Zusammenfassung gibt den Lernern das Gefühl, daß das Gespräch zu einem Ergebnis geführt hat. Die Lerner, die nicht ganz folgen konnten, können sich mit Hilfe der Zusammenfassung wieder orientieren.

Verbal Informationen vermitteln

Wie erklärt man einen etwas komplizierteren Sachverhalt verständlich? Das ist gar nicht so einfach. Es handelt sich hier nicht darum, etwas durch Definition oder Beschreibung zu erklären, sondern darum, Zusammenhänge aufzuzeigen. Dazu ist es zuerst einmal notwendig, daß Sie selbst verstanden haben, was Sie erklären wollen (d. h. Sie brauchen fachliche Kenntnisse), dann, daß sie so erklären können, daß andere Sie verstehen (dazu brauchen Sie didaktische Fähigkeiten). Uns interessieren hier nur die didaktischen Fähigkeiten.

Wichtig für eine verständliche Erklärung sind:

- Einfachheit in der sprachlichen Formulierung (kurze, einfache Sätze; die benutzten Wörter müssen den Lernern bekannt sein);
- Gliederung – Ordnung (sachlogischer Aufbau, Sichtbarkeit des ›roten Fadens‹);
- Kürze und Prägnanz (auf das Lernziel konzentriert, auf das Wesentliche beschränkt);
- Weckung des Interesses der Lerner (den Zuhörer direkt ansprechen, anschauliche Beispiele benutzen).

Die Kürze darf allerdings nicht auf Kosten der Verständlichkeit gehen. Im Fremdsprachenunterricht, besonders bei Anfängern, deren Wort- und Strukturenschatz noch beschränkt ist, ist es ratsam, daß Sie sich vorher genau überlegen und formulieren, was Sie sagen wollen, da sonst die Gefahr besteht, daß Sie ›ins Schwimmen geraten‹ und einen Redeschwall auf Ihre Zuhörer loslassen, der über deren Köpfe hinweggeht.

Mögliche Verhaltensweisen

1. begründen, warum der Sachverhalt erklärt wird
vgl. Seite 225

2. fragen, ob ein Lerner selbst die Erklärung übernehmen kann

z. B.: Kann jemand von Ihnen erklären, was man unter ... versteht?

So können die Lerner ihre Vorkenntnisse in den Unterricht einbringen, was motivierend auf sie wirkt. Problematisch könnte es werden, wenn in der Gruppe starkes Konkurrenzdenken herrscht und immer die gleichen Lerner Erklärungen übernehmen können. Dies könnte auf die anderen entmutigend wirken.

3. Lerner auffordern, die Erklärung selbst zu übernehmen

z. B.: Wie würden Sie die Sache erklären? Überlegen Sie kurz und machen Sie sich eventuell dazu Notizen.

Die Lerner müssen sich so selbst Gedanken machen, werden aktiviert und üben, Sachverhalte verständlich zu erklären. Dieses Vorgehen erfordert allerdings mehr Zeit, als wenn Sie oder ein Lerner die Sache erklären.

4. Vorkenntnisse der Lerner erfragen

z. B.: Wer von Ihnen weiß, warum die Verfassung der Bundesrepublik ›Grundgesetz‹ heißt?

Der Lehrer stellt damit fest, was die Lerner schon wissen, um seine Erklärungen danach auszurichten. Wenn allerdings nur einige der Lerner über diese Vorkenntnisse verfügen, muß der Lehrer trotzdem noch einmal detailliert erklären. Er kann auch einzelne Lerner ihre Vorkenntnisse den anderen mitteilen lassen.

5. das übergeordnete Prinzip oder die Regel darstellen

z. B.: Es heißt nicht ›des Menschs‹, sondern ›des Menschen‹. Alle maskulinen Substantive, die den Plural auf -n oder -en bilden, haben alle Formen außer dem Nominativ Singular auf -n bzw. -en.

Das Behalten wird gefördert, wenn man nicht nur einen bestimmten Sachverhalt erfährt, sondern das Prinzip oder die Regel, die ihm zugrunde liegt.

6. wichtige Elemente der Erklärung betonen

z. B.: Er macht die Tür auf.
Er möchte eine Fahrkarte nach Frankfurt kaufen.

Konjug. Verb Stelle II im Satz

trennbarer Teil / Infinitiv Satzende

Die Hervorhebung hilft den Lernern, Wichtiges von Unwichtigem zu unterscheiden. Sie kann zusätzlich noch optisch erfolgen, durch Unterstreichung, Farbe, Klammern, besondere Anordnung. Was ins Auge fällt, bleibt besser im Gedächtnis haften.

7. die Erklärung gliedern und die Gliederungspunkte angeben

z. B.: Wir wollen heute über die wesentlichen Merkmale von X sprechen. Dann will ich Ihnen einige Anwendungsbeispiele vorstellen.

Eine Gliederung erleichtert den Überblick, damit das Verstehen und Behalten. Die Gliederung sollte möglichst optisch dargestellt werden (Tafelanschrieb, Folie, Blatt).

8. unbekannte Begriffe definieren/definieren lassen

z. B.: Attribut bedeutet in der Grammatik eine Beifügung, die meist ein Substantiv näher bezeichnet.

Unbekannte Begriffe in Erklärungen können die gesamte Erklärung unverständlich machen. Fordern Sie die Lerner auf, bei unbekannten Begriffen immer sofort nachzufragen.

9. Beispiele bringen/bringen lassen

z. B.: Können sie einige Beispiele dazu geben?

Beispiele erklären und veranschaulichen. Bei abstrakten Sachverhalten sollte deshalb die Erklärung durch Beispiele veranschaulicht werden.

10. an Bekanntes anknüpfen

z. B.: Eine Zuordnungsaufgabe haben Sie gestern gelöst, als Sie ...

Der Mensch lernt, indem er Neues in bereits Bekanntes einbettet und damit verknüpft. Dadurch wird auch die Behaltensleistung verstärkt.

11. Vergleiche anstellen/anstellen lassen

z. B.: Das Problem ist ähnlich bei ...

Einzelinformationen werden damit in einen größeren Zusammenhang gebracht. Die Lerner können dadurch Neues mit bereits Bekanntem verknüpfen. Ihre Fähigkeit zum Transfer wird entwickelt.

12. die Lerner auffordern, Zwischenfragen zu stellen

vgl. Seite 231

13. gezielte Fragen stellen

vgl. Seite 230

14. die Erklärung wiederholen lassen

z. B.: Erklären Sie bitte noch einmal mit Ihren Worten, was ... bedeutet.

Wenn Sie den Lernern noch einmal Gelegenheit geben, die Erklärung selbst zu wiederholen, können sie damit einerseits den Lernerfolg kontrollieren, andererseits dient die Wiederholung der Festigung des Gelernten.

15. das Gelernte anwenden lassen

z. B.: Wir haben in dieser Stunde die Modalwörter kennengelernt. Sehen Sie sich jetzt diese Zeichnung an und äußern Sie Ihre Vermutung, was da wohl (sicher, wahrscheinlich ...) passiert ist.

Die Teilnehmer wenden das Gelernte aktiv an; nur dies garantiert erfolgreiches Lernen. Je aktiver und selbständiger die Lerner sich Wissen und Können aneignen, desto erfolgreicher ist das Lernen.

Zum Üben anleiten

Beim Üben handelt es sich darum, bereits Verstandenes zu festigen und unter veränderten Bedingungen anwendbar zu machen. Die Behandlung einer Übung im Unterricht erfolgt in drei Schritten:

I. die Aufgabe wird erklärt,
II. die Übung wird durchgeführt,
III. die Ergebnisse werden besprochen.
Um die Lerner zum Üben zu motivieren, ist es wichtig, angemessene Übungen auszuwählen, sie am richtigen Ort einzusetzen, sie verständlich zu erklären, in angemessenen zeitlichen Abständen zu üben und auf das Verhalten der Lerner während der Übung und danach angemessen einzugehen.

Bevor Sie eine Übung einsetzen, müssen Sie entscheiden, welchen Zweck Sie mit der Übung erreichen wollen, wann Sie üben lassen wollen, wie die Übung aussehen soll und wie Sie die Übung einführen und durchführen wollen. Als erstes müssen Ihre Lerner wissen, was sie üben sollen. Sie als Lehrer müssen dies verständlich erklären oder auch demonstrieren.

Die Erstfestigung durch eine Übung sollte erfolgen, unmittelbar nachdem etwas neu gelernt wurde, sonst wird das Neugelernte ziemlich schnell wieder vergessen. Zur Festigung werden gehäufte Wiederholungen über einen längeren Zeitraum hinweg verteilt erforderlich, wobei die Abstände der Wiederholungen immer größer werden. Um Langeweile durch die Wiederholungen zu vermeiden, ist es wichtig, die Übungsformen zu variieren und zwischen Kleingruppen-, Partner-, Einzelarbeit, Rollenspiel, Simulationsspiel abzuwechseln.

Bei der Auswahl der Übungen sollten folgende Aspekte berücksichtigt werden:

- die Übungen sollten auf die spätere Praxis ausgerichtet sein,
- durch Aufteilung in sinnvolle Abschnitte wird ein komplexer Übungsgegenstand überschaubarer für den Lerner,
- der Schwierigkeitsgrad der Übungen sollte allmählich gesteigert werden. Je nach Lernergruppe kann eine schematische Übungsform zu Beginn des Übungsgeschehens sinnvoll sein, bevor der Lerngegenstand z. B. in Situationen geübt wird.
- Die Übungsaufgaben sollten variiert werden, um damit eine möglichst breite Anwendung zu gewährleisten.

Bei Grammatikübungen müssen – im Gegensatz zum freien Sprechen – Fehler sofort korrigiert werden, damit sie nicht automatisiert werden.

Mögliche Verhaltensweisen

I. Einführung in die Übungsaufgabe

1. die Notwendigkeit der Übung begründen
vgl. Seite 225
Sie können die Lerner aber auch selbst erfahren lassen, daß Üben notwendig ist.

2. die Übungsziele angeben
vgl. Seite 225
Wenn die Lerner das Thema der Stunde erfahren, können Sie sich darauf einstellen und den Übungserfolg selbst erkennen. Ein komplexer Übungsvorgang sollte in Teilziele untergliedert werden, um ihn durchschaubarer zu machen und den Lernern schneller Teilerfolge zu bringen.

3. klären, ob die Lerner die Übung ohne vorherige erneute Bewußtmachung durchführen können

z. B.: Wissen Sie noch, wie das Passiv im Perfekt gebildet wird, oder sollen wir das noch einmal wiederholen?

Dadurch können Sie feststellen, ob die Lerner verstehen, was sie üben sollen und welcher Schwierigkeitsgrad für sie angemessen ist. Ist die Form noch frisch in Erinnerung, ersparen Sie Ihren Lernern unnötige Erklärungen, erinnern sie sich nicht mehr genau, können Sie noch einmal die notwendigen Voraussetzungen wiederholen. Ob diese Verhaltensweise notwendig ist, hängt davon ab, ob es sich um eine Wiederholungsübung für früher Gelerntes handelt – dann sollten die Voraussetzungen geklärt werden –, oder ob direkt im Anschluß an etwas neu Gelerntes geübt wird.

4. die Übungsaufgabe geben und erklären

z. B.: Geben Sie Ihrem Gesprächspartner einen Rat. Sagen Sie ihm, was Sie an seiner Stelle täten oder nicht täten.
Er sagt: Ich gehe nie in den Unterricht.
Sie sagen: Ich an deiner Stelle ginge immer in den Unterricht.
Er sagt: Ich schlafe immer im Sprachlabor.
Was sagen Sie?

Die Übungsaufgabe muß klar formuliert sein. Sie können die anzuwendende Regel deutlich machen oder ein Beispiel geben, nach dem die Übung durchgeführt werden soll. Sie können aber auch die Übung vormachen, so daß die Lerner durch Beobachtung erkennen, was sie tun sollen.

Durch ein Beispiel oder durch Vormachen wird eine abstrakt formulierte Aufgabe deutlicher.

Sie können auch auf eine bekannte ähnliche Übung verweisen.

5. über das Vorgehen sprechen

z. B.: Diskutieren Sie die Frage bitte in der Gruppe. Anschließend soll einer aus der Gruppe das Ergebnis in Form eines mündlichen Berichts wiedergeben. Sie haben 30 Minuten Zeit. Wenn Sie Hilfe brauchen, können Sie mich fragen.

Die Lerner erhalten einen Überblick über das Vorgehen im Verlauf der Stunde. Die Angaben können sich beziehen auf:

- die Art der Zusammenarbeit (Einzel-, Partner-, Gruppen-, Plenumsarbeit),
- die zur Verfügung stehende Zeit,
- Hilfsmittel (Wörterbuch, Nachschlagwerke usw.),
- Arbeitstechniken (globales Lesen, detailliertes Lesen usw.),
- Hilfe durch den Lehrer.

6. fragen, ob die Aufgabe klar ist

z. B.: Haben Sie verstanden, was Sie tun sollen?
oder: Soll ich die Aufgabe noch einmal wiederholen?

Die Lerner müssen wissen, was sie tun sollen. Sie können das durch eine Frage abklären. Die Frage muß allerdings so gestellt sein, daß sich die Lerner nachzufragen trauen.

II. Durchführung der Übung

7. Schwierigkeiten klären

z. B.: Wo kommen sie nicht weiter?
oder: Können Sie mir sagen, wie Sie bis jetzt vorgegangen sind. Vielleicht finden wir dann das Problem schneller heraus.

Um einem Lerner zu helfen, müssen Sie wissen, wo seine Schwierigkeiten liegen. Sie können die Schwierigkeiten feststellen, indem Sie ihn entweder danach fragen oder ihn beim Arbeiten beobachten. Wenn der Lerner selbst seine Schwierigkeiten benennt, kann ihm das helfen, seine Schwächen besser zu erkennen.

8. Rückmeldung über Teilergebnisse geben

z. B.: Ja, so ist es richtig.
oder: Die Adjektivendungen sind falsch. Achten Sie auf den Artikel vor dem Adjektiv.

Für den Übungserfolg, besonders bei komplexen Aufgaben, ist eine sofortige und genaue Rückmeldung nötig, weil der Lerner dann gegebenenfalls im Verlauf der Übung sich entsprechend korrigieren kann. Wenn für den Lerner eindeutig ist, was er richtig oder falsch gemacht hat, kann die Rückmeldung global sein, andernfalls muß sie detailliert sein.

9. auf die Aufgabenstellung verweisen

z. B.: Sie sollen nur den Text links oben lesen.

Dies wird notwendig, wenn der Lerner dauernd von der Aufgabenstellung abweicht. Dadurch wird verhindert, daß das Übungsziel nicht erreicht wird.

10. Hilfen geben

z. B.: Denken Sie einmal daran, was wir über die Bedeutung von -bar gesagt haben.

Sie sollten nur Hilfen geben, wenn der Lerner von alleine nicht mehr weiterkommt und dann nur soweit, daß er anschließend selbständig weiterarbeiten kann.

11. zum Weiterarbeiten ermutigen

z. B.: Versuchen Sie's noch mal. Das wäre doch gelacht, wenn Sie das nicht schaffen!

Besonders Lerner, die sich zu wenig zutrauen, brauchen Ermutigung.

III. Besprechen der Übungsergebnisse

12. Übungsergebnisse vortragen lassen/ nennen

z. B.: Wer von Ihnen möchte seine Ergebnisse vortragen?
oder: Richtig muß es heißen ...

Der Lehrer kann entweder die richtigen Ergebnisse selbst vortragen und dabei den Weg zur Erlangung der Ergebnisse demonstrieren; die Lerner können dann ihr eigenes Vorgehen und ihre Ergebnisse damit vergleichen und ihre eigene Leistung realistischer einschätzen lernen. Um hinzuzulernen, muß man die eigene Leistung realistisch einschätzen können.

Oder aber ein Lerner stellt sein Ergebnis vor; der Lehrer erfährt, wie der Lerner zu seinem Ergebnis gekommen ist und kann ihm Rückmeldung geben.

13. den Übungsweg erklären lassen

z. B.: Sie haben festgestellt, ›die gearbeitete Maschine‹ ist nicht korrekt. Man kann das Partizip II in diesem Zusammenhang nicht attributiv verwenden. Können Sie erklären, wie Sie zu diesem Ergebnis gekommen sind?

Auf diese Art können der Lehrer und die übrigen Lerner den Gedankengang des Lerners nachvollziehen. Aus dem Lösungsweg werden etwaige Fehler ersichtlich.

14. Fehleranalyse durchführen

z. B.: Wir werden noch einmal gemeinsam den Lösungsweg durchgehen, um zu entdekken, wo der Fehler steckt.

Wenn der Lerner nicht erkennt, wo sein Fehler steckt, kann er anhand der Fehleranalyse den eigenen Lösungsweg mit dem richtigen vergleichen und seine Schwachstelle selbst entdecken.

15. nach Unklarheiten fragen

z. B.: Welche Fragen haben Sie noch zu dieser Übung?

Auch wenn Sie eine Fehleranalyse durchgeführt haben, können bei einzelnen Lernern noch Unklarheiten bestehen. Sie sollten sie dann zum Nachfragen ermutigen.

16. korrigieren lassen

z. B.: Korrigieren Sie jetzt bitte Ihre Ergebnisse.

Die Lerner korrigieren ihre Fehler, damit diese nicht gefestigt werden.

17. über die Übung sprechen

z. B.: Wir wollen jetzt über den Ablauf der Übung sprechen, darüber, was Ihnen schwergefallen ist und was wir das nächste Mal anders machen könnten.

Besonders wenn es Probleme beim Übungsablauf gab, sollte man anschließend darüber sprechen, wo die Schwierigkeiten lagen, ob die Lerner die Aufgabe verstanden hatten, ihnen genügend Zeit zur Verfügung stand, ob die Zusammenarbeit in der Gruppe klappte. Daraus ergeben sich für den Lehrer Anregungen für die Durchführung der nächsten Übungen.

Gespräche leiten

Zu den Aufgaben eines Lehrers gehört auch, Gespräche im Unterricht zu leiten. Man kann unterscheiden zwischen Gesprächen, die eine Fragestellung behandeln, für die es nur *eine* Lösung oder *ein* Ergebnis gibt (man spricht von ›konvergierenden Gesprächen‹) und Gesprächen, deren Ergebnis weitgehend offen ist (›divergierende Gespräche‹).

Im ersten Fall gilt es, zu einem Problem eine bestimmte Lösung mit den Lernern zu erarbeiten, im zweiten Fall, die Lerner dazu anzuregen, möglichst viele verschiedene Lösungen zu einem Problem zu finden.

Konvergierendes Gespräch

Von den Lernern wird konvergierendes Denken im Problemlösungsprozeß gefordert,

d. h. 1. die Fähigkeit zum Benennen, z. B. Begriffe, Kategorien,
2. die Fähigkeit zum Ableiten (Deduzieren), z. B. einer Regel aus einem Satzbeispiel,
3. die Fähigkeit zum Ordnen: Ergebnisse logisch ordnen, Ereignisse chronologisch einordnen,
4. die Fähigkeit zum Übertragen: von einer Situation auf andere Situationen.

Da das konvergierende Denken eine anspruchsvolle Denkoperation im Problemlösungsprozeß ist, muß es ein Hauptziel des Unterrichts sein und dort häufig geübt werden.

Für die Führung eines konvergierenden Gesprächs ist es notwendig, daß

- die Problemstellung konvergierendes Denken erfordert, z. B. aus Textbeispielen soll induktiv eine grammatische Regel erschlossen werden,
- die Lerner gewisse Vorkenntnisse zum Thema haben, jedoch nicht so gut vertraut damit sind, daß sie die Lösung sofort sagen können,
- Sie als Lehrer über den Gesprächsgegenstand so gut Bescheid wissen, daß Sie Gesprächshilfen geben können.

Mögliche Verhaltensweisen

1. die Fragestellung vorgeben bzw. aufgreifen

z. B.: In unserem Text sind einige Stellen unterstrichen. Bei den unterstrichenen Stellen handelt es sich um ›Appositionen‹. Sie sollen jetzt selbst aus den Beispielen erschließen, was die Funktion einer Apposition ist und welches ihre Charakteristika sind.

Die Aufgabenstellung muß von den Lernern konvergierendes Denken verlangen, d. h. das Problem muß relativ neu für sie sein, und es darf nur *eine* richtige Lösung geben.

2. die notwendigen Vorkenntnisse erarbeiten

z. B.: Bevor wir zum erweiterten Attribut kommen, müssen wir noch einmal wiederholen, wie die Partizipien gebildet werden, welche Bedeutung sie haben und wie man sie verwenden kann.

Es muß sichergestellt werden, daß die zur Problemlösung notwendigen Vorkenntnisse vorhanden sind.

3. die Organisationsform festlegen

z. B.: Lesen Sie zuerst den Text noch einmal allein und überlegen Sie sich, was Ihnen an den unterstrichenen Teilen auffällt. Diskutieren Sie dann darüber mit Ihrem Nachbarn oder in Gruppen. Später sollen Sie dem Plenum Ihre Ergebnisse mitteilen. (vgl. Seite 233)

Bei Einzelarbeit ist nachteilig, daß kein Gedankenaustausch mit anderen stattfindet.

4. zum Ableiten auffordern

z. B.: Stellen Sie fest, was die unterstrichenen Satzteile zwischen den Kommata inhaltlich ausdrücken. Was erklären Sie? Vergleichen Sie den Kasus des Bezugsnomens und des Nomens, das es erklärt.

Zum konvergierenden Denken gehört Ableiten bzw. Deduzieren. Die Lerner sollen hier üben, aus vorhandenen Informationen neue Informationen abzuleiten, z. B. von einem Beispiel auf die zugrunde liegende Regel zu schließen.

5. zum Ordnen auffordern

z. B.: Versuchen Sie dann das, was Sie gefunden haben, in eine logische Reihenfolge zu bringen.

Denkschritte in logischer Reihenfolge zu vollziehen, ist eine Grundvoraussetzung des Problemlösens.

6. zum Übertragen auffordern

z. B.: Das Modalverb bildet im Hauptsatz zusammen mit dem Infinitiv eine sog. Satzklammer. Tritt diese Satzklammer noch in anderen Fällen auf?

Die Fähigkeit der Lerner zum Transfer soll entwickelt werden. Neue Erkenntnisse werden auf andere Bereiche übertragen. Diese Verhaltensweise kann auch am Ende eines konvergierenden Gesprächs stehen, wenn dessen Resultate auf andere Bereiche/ Situationen übertragen oder angewendet werden sollen.

7. bei Abweichungen auf die Zielsetzung verweisen
vgl. Seite 235

8. sachlich unrichtige Beiträge korrigieren/ korrigieren lassen
z. B.: Herr X hat gesagt, die Apposition steht immer im Akkusativ. Sind Sie damit einverstanden?
Auch sachlich unrichtige Beiträge zeigen, daß der Lerner sich bemüht hat und sollten deshalb nicht abgelehnt werden. Wie Sie die Korrektur vornehmen, d. h. ob Sie selbst korrigieren, andere Lerner korrigieren lassen, den Lerner zur Selbstkorrektur auffordern oder das Gespräch weiterlaufen lassen, bis der Lerner seinen Fehler selbst entdeckt, müssen Sie im Einzelfall entscheiden.

9. wichtige Beiträge festhalten/festhalten lassen
vgl. Seite 234

10. den Beitrag eines Lerners weiterführen/weiterführen lassen
vgl. Seite 229

11. den Beitrag diskutieren lassen
z. B.: Was meinen die anderen dazu?
Die Lerner werden damit aktiviert und erfahren, daß sie durch ihre Beteiligung das Gespräch beeinflussen können. (vgl. auch Seite 234)

12. den Beitrag umschreiben
vgl. Seite 228–229

13. das Gesprächsergebnis zusammenfassen/zusammenfassen lassen
z. B.: Wer von Ihnen kann das Ergebnis unseres Gesprächs jetzt einmal kurz zusammenfassen?
Eine Zusammenfassung ist besonders wichtig beim konvergierenden Gespräch, da hier ja nur eine richtige Lösung bzw. nur ein Ergebnis möglich ist. Um zu kontrollieren, ob die Lerner dem Gespräch folgen konnten, können Sie die Zusammenfassung auch von ihnen geben lassen.

Divergierendes Gespräch

Divergierendes Denken verlangt von den Lernern

1. Flüssigkeit, d. h. ihnen müssen in einem bestimmten Zeitraum möglichst viele Ideen kommen,
2. Flexibilität, d. h. es müssen möglichst verschiedene Kategorien der Problemlösung gefunden werden,
3. Originalität, die Lösungen sollen möglichst einzigartig sein.

Divergierendes Denken ist eine wichtige Voraussetzung für anspruchsvolle, kreative Denkleistungen. Da in der Schule oft nachvollziehendes Denken gefordert wird, verkümmern die kreativen Fähigkeiten leicht.

Um divergierendes Denken anzuregen, sind offene Fragestellungen nötig, aber auch eine lockere, angstfreie Atmosphäre, da Druck welcher Art auch immer kreatives Denken behindert.

Mögliche Verhaltensweisen

1. die Fragestellung nennen/ aufgreifen

z. B.: Ich bin zu Gast bei Bekannten, die mir ein fremdartiges Essen servieren, das ich unmöglich essen kann (z. B. gebratene Singvögel, einen Hund usw.). Was mache ich? (Häussermann et al. 1982: 139 (a))
Machen Sie Vorschläge, wie man das Problem lösen kann.

Jedes divergierende Gespräch geht von einem Problem, einer Frage aus. Diese sollte offen sein, keine vorbestimmten Antworten haben und nicht durch bloßes Nennen von Tatsachen beantwortbar sein.

2. über die Gesprächsregeln sprechen

z. B.: Bevor wir mit dem Gespräch beginnen, wollen wir einige Gesprächsregeln festlegen, an die wir uns halten sollten.

Man könnte für den Beginn des Gesprächs die Regeln des brainstorming anwenden (vgl. Seite 225). Dadurch wird die Atmosphäre locker, und es werden wahrscheinlich originelle Vorschläge gemacht werden.

Man kann aber auch die Lerner der Reihe nach Vorschläge machen lassen. Durch die Mitteilung der Gesprächsregeln weiß jeder Lerner, was von ihm erwartet wird.

3. die Sozialform festlegen
vgl. Seite 233 und Seite 242

4. die Lerner auffordern, alles zu sagen, was ihnen zu diesem Thema einfällt
vgl. Seite 225

5. die Beiträge sammeln/sammeln lassen
vgl. Seite 234

Oft genügt es nicht, nur offene Fragen zu stellen, weil Sie damit nicht die Gedanken der Lerner in neue Bahnen lenken können. Manchmal empfehlen sich deshalb die folgenden Verhaltensweisen, um das Gespräch etwas zu steuern.

6. die Beiträge präzisieren lassen
vgl. Seite 227–228

7. auf die Gesprächsregeln verweisen

z. B.: Wir hatten ja vereinbart, daß . . .

Bei Abweichungen von den Gesprächsregeln sollte man kurz auf diese verweisen.

8. dazu auffordern, einen Lernerbeitrag weiterzuführen

z. B.: Herr X hat vorgeschlagen, Antek sollte . . . tun. Was wäre wohl die Folge, wenn er das täte?

Bei einem originellen Beitrag oder einer Gesprächsstockung können Sie dem Gespräch einen neuen Verlauf oder einen Anstoß geben, wenn Sie einen Lernerbeitrag zum neuen Ausgangspunkt wählen.

9. zwischen einzelnen Beiträgen Verbindungen herstellen lassen

z. B.: X hat vorgeschlagen, Antek solle farbige Besen herstellen und Y meint, Antek solle in den Nachbardörfern Reklame für seine Besen machen. Was meinen Sie, ergeben sich daraus neue Möglichkeiten für Antek?

Durch solche Verknüpfungen schaffen Sie eine neue Gesprächsgrundlage und regen die Lerner zum Weiterdenken an. Die Lerner, von denen die Beiträge kommen, fühlen sich ermutigt.

10. dazu auffordern, die Beziehungen umzukehren/ die Eigenschaften zu verändern/ etwas hinzuzufügen oder wegzunehmen

z. B.: Stellen Sie sich vor, Antek macht in Zukunft nur noch schlechte Besen. Was wäre wohl die Folge?

Auch das ist eine Möglichkeit, zu neuen Beiträgen zu kommen. Es regt die Lerner an, einmal in ›neuen‹ Bahnen zu denken.

11. Problemlösungen aus anderen Bereichen/Gesellschaften heranziehen lassen

z. B.: Wie geht man denn das Problem der Jugendarbeitslosigkeit bei Ihnen an?

Man kann Problemlösungen auch aus anderen Gesellschaften oder Bereichen, z. B. der Pflanzen- oder Tierwelt heranziehen.

12. Kriterien zur Bewertung bestimmen/bestimmen lassen

z. B.: Wie sollen wir die einzelnen Beiträge bewerten?

Gegen Ende des Gesprächs kann man die Lerner auffordern, Bewertungsmaßstäbe festzulegen und die Beiträge zu bewerten (z. B. Originalität, Praktikabilität, Effektivität usw.). Man sollte dies aber erst gegen Ende des Gesprächs tun, um nicht die Spontaneität der Gedanken zu beeinträchtigen. Die Bewertungskriterien sollten deshalb auch von Gespräch zu Gespräch variieren.

Als weiterführende Lektüre wird empfohlen:
Clemens-Lodde/Jaus-Mager/Köhl 1978: Kap. 2.
Grell 1977.
Wagner (ed.) 1982.
Wagner 1983: 35–42.

14 Lehrwerkbeurteilung für die Unterrichtspraxis

In der Unterrichtspraxis kommt dem Lehrwerk große Bedeutung zu.

Wenn Sie in Ihrem Heimatland die Fremdsprache unterrichten wollen und kein bestimmtes Lehrwerk vorgeschrieben ist, stellt sich für Sie die Frage: Welches Lehrwerk sollte ich in meinem Sprachunterricht einsetzen? Sicher sind regionale Lehrwerke auf dem Markt; ihnen stehen in Deutschland erschienene Lehrwerke gegenüber.

Um zu entscheiden, welches Lehrmaterial für Ihre Adressaten angemessen ist, müssen Sie Kriterien für deren Beurteilung zur Hand haben.

Lange Zeit wurde die Lehrwerkforschung vernachlässigt; erst in den 70er Jahren begann man damit, Lehrwerke zu untersuchen und sie einer systematischen Analyse und Kritik zu unterwerfen. Seit 1975 ist die Zahl der relevanten Untersuchungen sprunghaft angestiegen. Dabei wurden viele Einzelaspekte analysiert. Einen Überblick über die betroffenen Aufgabenfelder und die beteiligten Wissenschaften und Forschungsbereiche gibt G. Neuner in dem folgenden Raster:

	Forschungsbereich	Wissenschaft	Für LW-analyse relevante Fragestellungen (synchronisch oder diachronisch):
Ebene 1: allgemeine fächerübergreifende Faktoren	Gesellschaft	Soziologie	z. B. – Inhaltsanalyse, bezogen auf Fragen nach implizierten Normen, Werten, Verhaltensweisen (Rollenzuweisungen/Hilfen zur Identitätsentwicklung und sozialen Mitverantwortung) – Bedingungen der Lehrwerkproduktion und der Lehrwerkanalyse – Bildungspolitische Bedingungen (Schulpolitik/ Zulassung von Lehrwerken)
	Schule	Allgemeine Didaktik Curriculumtheorie Schulpädagogik Allg. Lerntheorie	– fächerübergreifende Unterrichtsprinzipien/ Ziele – Lehrplan und Lehrwerk – allg. curriculare Fragen (›offenes‹ oder ›geschlossenes‹ Curriculum; + ›heimlicher‹ Lehrplan) – Lern- und Entwicklungspsychologie – Lehrer/Schüler und Lehrwerk

	Forschungsbereich	Wissenschaft	Für LW-analyse relevante Fragestellungen (synchronisch oder diachronisch):
Ebene 2: allgemeine, fachbezogene Faktoren	Fach (Didaktik)	Linguistik Landeskunde Literatur/Texttheorie	- Zielsetzung des Fachunterrichts - linguistische Grundlagen - Anordnung und Aufbau sprachlicher Systeme - literarische Inhalte/Formen/Textsorten - landeskundliche Inhalte
Ebene 3: spezielle, fachbezogene Faktoren	Fachunterricht (Methodik)		- Prinzipien des Fremdsprachenunterrichts (Methodik) - Organisationsformen des Unterrichts und des Lernstoffes im Lehrwerk (Gliederung/ Phasen) - Fremdsprachenlernpsychologische Untersuchungen

(Neuner 1979: 14 (a))

14.1. Kriterien für die wissenschaftliche Beurteilung von Lehrwerken

Eine wissenschaftlich fundierte Lehrwerkkritik muß möglichst viele Ergebnisse wissenschaftlicher Analyse auf allen Ebenen berücksichtigen. Da aber nur ein Teil der Befunde objektivierbar ist, muß der Lehrwerkkritiker zunächst seine eigene Position und seine Bewertungsmaßstäbe festlegen und begründen.

Die erste größere, für Deutsch als Fremdsprache relevante Untersuchung war das *Mannheimer Gutachten (1 und 2)* (Engel et al. 1977; Engel et al. 1979). 1974 wurden neun Wissenschaftler von der Kulturabteilung des Auswärtigen Amtes aufgefordert, DaF-Lehrwerke unter den Aspekten: Fremdsprachendidaktik, Linguistik und Deutschlandkunde zu prüfen. Im allgemeinen Teil des *Mannheimer Gutachtens 2,* das acht Lehrwerke untersucht*, erläutern die Verfasser ihre grundsätzlichen Positionen. Ihre Kriterien haben sie in einer Kriterienliste zusammengefaßt.**

Die grundsätzlichen Positionen, auf denen die Kriterienliste basiert, sollen hier zusammenfassend wiedergegeben werden:

Didaktische Kriterien

Erkenntnisse und Theorien der Linguistik und allgemein-didaktische Modelle lassen sich nicht einfach auf den Fremdsprachenunterricht übertragen. In den letzten Jahren hat deshalb das Interesse der Forschung am Lerner und am Lernprozeß zugenom-

* Das *Mannheimer Gutachten 1* untersucht 16 Lehrwerke, das *Mannheimer Gutachten 2* acht Lehrwerke, wobei vier der bereits im *Mannheimer Gutachten 1* behandelten noch einmal aufgenommen wurden. Alle untersuchten Lehrwerke richten sich an Lerner des sekundären und tertiären Bildungsbereichs, sind im Inland produziert für den Unterricht im In- und Ausland bzw. werden auch im Ausland gebraucht. Kontrastive und regional geltende Lehrwerke sind nicht berücksichtigt worden.

** Die Kriterienliste des *Mannheimer Gutachtens 1* rief wegen ihres Umfangs sofort Proteste hervor. Deshalb wurde im *Mannheimer Gutachen 2* eine auf circa die Hälfte gekürzte Kriterienliste vorgestellt.

men. Lernen ist viel stärker abhängig von den Lernvoraussetzungen und Unterrichtsbedingungen des Lerners als etwa vom Unterschied zwischen dem mutter- und dem zielsprachlichen System. Zu den Lernvoraussetzungen gehören die Beherrschung der Muttersprache (und die Fähigkeit, diese zu reflektieren) wie auch die allgemeineren Sprach-, Verhaltens- und Kommunikationsstrategien des Lerners, z. B. seine Lernbereitschaft, seine kulturellen Erfahrungen und die Art und Weise des vorhergehenden Unterrichts.

Wenn Lehrwerke sich am Lerner und am Lernprozeß orientieren sollen, dann wäre es unsinnig, ein konkretes didaktisches Modell zu präsentieren oder detaillierte Forderungen an die Unterrichtsorganisation zu stellen und für jede Form von Unterricht zu empfehlen, also für Unterricht im In- und Ausland, bei Lernern aus unterschiedlichen Kulturen, mit unterschiedlichen sozialen Erfahrungen. Um dem Lerner gerecht zu werden, müßte es zumindest regionale, kulturspezifische und kultur- und sprachkontrastive Lehrwerke geben. (Dagegen sprechen allerdings ökonomische Gründe.)

Von einem Lehrwerk muß verlangt werden, daß es Zielsetzungen, Grundlagen und Zielgruppen sowie die Voraussetzungen zur Arbeit mit dem Lehrwerk und die Lernziele angibt und es nicht dem Benutzer überläßt, sie erst mühsam selbst herauszufinden. Ebenso sollte es Hinweise für den Selbstunterricht enthalten.

Nicht ein einzelnes Lernziel wie beispielsweise ›Kommunikation‹ oder ›Emanzipation‹ sollte absolut gesetzt werden; das Lehrwerk sollte vielmehr – besonders wenn es für den Einsatz im Ausland bestimmt ist – differenzierte Schwerpunktsetzungen möglich machen. Soweit ein Lehrwerk nicht für besondere Verwendungszwecke wie Fachsprachenkurse oder z. B. einen reinen Lesekurs konzipiert ist, sollte es folgende Forderungen erfüllen:

1. Es sollte Kommunikationsfähigkeit als Fähigkeit vermitteln, Sprache zur Realisierung von Sprech- und Schreibabsichten zu verwenden; diese Kommunikationsfähigkeit schließt alle sprachlichen Fertigkeiten ein. Dabei soll durchaus in Rechnung gestellt werden, daß Lernen schrittweise über Systematisierung und Wiederholung erfolgt. Prinzipiell müssen die Übungen und Dialoge des Lehrwerks jedoch kontextualisierbar sein.
2. Da Lehrwerke DaF meist im Erwachsenenunterricht eingesetzt werden, sind kognitive Lernstrukturen zu berücksichtigen; Themen und Sprechintentionen müssen erwachsenengerecht ausgewählt werden. Der Lerner muß seine sozialen Erfahrungen in den Unterricht einbringen können.
3. Aus motivationalen Gründen müssen Bedürfnisse und Interessen der Adressaten des Lehrwerks berücksichtigt werden. Die äußere Gestaltung, die Kombination von spielerischen Übungen und Lernhilfen spielt dabei eine wichtige Rolle. Das Lehrwerk muß eine Variation der Lernwege zwischen Plenumsarbeit, Einzel-, Partner- und Kleingruppenarbeit anbieten, schon um die vorhandenen unterschiedlichen Lernstrategien erwachsener Lerner zu berücksichtigen.

Aus lernpsychologischer Sicht sollte ein Lehrwerk berücksichtigen, daß der Mensch lernt, indem er vorhandenes Wissen und Können durch neue Erfahrungen – auch im Unterricht – erweitert und verändert. Beim Fremdsprachenlernen baut er sich durch ständig neues Systematisieren und Überprüfen sprachlicher Phänomene sein eigenes Sprachsystem auf (Interimsprache), das sich ständig in Richtung Zielsprache verändert. Der Sprachunterricht sollte dem Lerner ›kognitives‹ Vorgehen erlauben, indem er ihm Hilfestellung gibt, eigene Einsichten in die Strukturen der Sprache zu finden. Über eine geeignete Text- und Themenwahl soll das Lehrwerk dem Lerner ermöglichen, seine eigenen Vorkenntnisse in der Muttersprache, einer anderen Fremdsprache sowie außerunterrichtlich erworbene Deutschkenntnisse einzubringen, im Unterricht anzuwenden und weiterzuentwickeln. Dies geschieht über Material, das Differenzierung, Individualisierung und Eigenkontrolle ermöglicht.

Linguistische Kriterien

Der Grammatik kommt eine feste Stelle im Lernprozeß zu. Der Fremdsprachenunterricht vermittelt die Fähigkeit, fremdsprachige Texte zu verstehen und zu erzeugen. Sprachliche Texte beruhen aber auf Texterzeugungsregeln. Die Vermittlung dieser Regeln und der Begriffe, auf die sie angewandt werden, ist Aufgabe der Grammatik. Nun gibt es eine ganze Reihe divergierender Grammatiken, je nach linguistischer Richtung, der sie verpflichtet sind: generative Grammatik, funktionale Grammatik, kategoriale Grammatik, Kasusgrammatik, Dependenzgrammatik, um einige der heute meistdiskutierten zu nennen. Verwendbar für den Lehrer ist nur eine Grammatik, die erlaubt, alle korrekten Äußerungen, die in einer Sprache vorkommen können – und nur diese – zu erzeugen.

Die Frage ist daher nicht, ob Grammatik überhaupt einen Platz im Fremdsprachenunterricht haben sollte, sondern ob und inwieweit sie im Unterricht explizit gemacht werden sollte, inwieweit man also grammatische Terminologie, Grammatikteile usw. im Lehrwerk braucht.

Auch hier hängt es wieder von der Zielgruppe ab, wie groß der Anteil der Grammatik am Unterricht und wie die Art ihrer Präsentation wird sein müssen, ebenso von der Vorbildung des Lehrers. Ein Lehrwerk wird also alternative Angebote machen müssen. Wichtig ist, daß die Grammatikdarstellung ausreichend ist, nicht lückenhaft, so daß sie – etwa in dem Bestreben zu vereinfachen – zu falschen Analogiebildungen und zu Fehlern führt. Das Mehrwissen, das der Lehrer gegenüber dem Lerner braucht, muß ihm das Lehrwerk vermitteln, oder es muß ihn auf eine Referenzgrammatik verweisen.

Keine der bestehenden grammatischen Theorien kann als optimale Grundlage für den Sprachunterricht bezeichnet werden, zumal keine ohne Mängel ist oder den Gesamtbereich der Sprache abdeckt. Ein Theorienverbund ist denkbar. Bedingungen sind:
- die theoretische Grundlage muß widerspruchsfrei sein,
- Vollständigkeit gewährleisten,
- eindeutige Definitionen liefern.

Allen diesen Forderungen wird die traditionelle Grammatik nicht gerecht, da sie
- die Begriffe nicht klar genug definiert,
  (So definieren manche Grammatiken und Lehrwerke Pronomen als ›Begleiter und/oder Stellvertreter des Substantivs‹ und bezeichnen Wörter wie ›er‹ oder ›jemand‹ als Pronomen. Der Widerspruch ist offensichtlich: ein Pro-nomen, ein Wort also, das statt eines Nomens steht, kann nicht als dessen Begleiter auftreten. Es fungiert aber auch nicht als ›Stellvertreter‹ nur des Substantivs, sonst müßte man sagen können:
  anstatt: *Der verstorbene Onkel meines Freundes* war reich.
  * *Der verstorbene er/jemand meines Freundes* war reich.

  Ein Pronomen (›er‹, ›jemand‹) vertritt vielmehr die gesamte Nominalphrase:
  Er war reich.)

- die Beschreibungsebenen nicht klar unterscheidet,
  (So werden Adjektiv und Adverb als Wortklassen definiert, in den beiden folgenden Beispielen jedoch wird ›schnell‹ einmal als Adjektiv, einmal als Adverb, als sog. ›Adjektivadverb‹ bezeichnet:
  Der Zug ist schnell. (Adjektiv)
  Der Zug fährt schnell. (Adjektivadverb)
  Hier verwechselt man Wortart und Funktion auf Satzgliedebene. Nach der Wortart ist ›schnell‹ ein Adjektiv, auf Satzgliedebene kann es aber unterschiedliche Funktionen einnehmen.)
- die Ergebnisse der neueren Linguistik nicht oder nur unzureichend berücksichtigt. Das gilt für den Bereich der Valenz, der Wort- und Satzgliedstellung, den Bereich der Semantik und den gesamten Bereich der Pragmatik.

Grammatiken ausschließlich traditioneller Art sind heute kaum noch auf dem Markt, man kann aber Grammatiken mit mehr oder weniger traditionellen Zügen unterscheiden. Eine ideale, allen Bedürfnissen gerecht werdende Grammatik gibt es bis jetzt noch nicht. Der Lehrer muß deshalb diejenige Grammatik auswählen, die ihm für seine Zielgruppe am besten geeignet erscheint.

Neben der Grammatik ist die Aneignung der Inhalte und Verwendungsweisen der Lexik für den Lerner von Bedeutung. Das Lehrwerk muß ersichtlich machen und begründen, welche Semantisierungsarten es bevorzugt.

Wenn – wie wir bereits festgestellt haben – die Vermittlung texterzeugender Kompetenz die Hauptaufgabe des Fremdsprachenunterrichts ist, spielen Texte eine zentrale Rolle im Unterricht. Unter linguistischem Aspekt sind dabei folgende Punkte zu beachten:

Texte in Lehrwerken müssen authentisch sein in dem Sinne, daß sie nicht schulbuchhaft und künstlich wirken, sondern dem Lerner als Produkte von Textkonstitutionsregeln erkennbar sind. Sie können situativ oder situationsneutral sein, je nach Lernziel. Die Vielfalt der Textsorten eines Lehrwerks hängt auch wieder vom Lernziel ab. Die Textsortenauswahl muß jedoch durchschaubar sein.

Kriterien der Themenwahl

Sprache und damit Texte transportieren Inhalte. Jeder Sprecher oder Leser spricht oder liest von seinem eigenen Wertsetzungshorizont aus. Neben den Aspekten der Authentizität und Situativität muß der Lehrwerkautor deshalb auch die inhaltliche Qualität von Texten (und Beispielsätzen) prüfen. Er muß die textwissenschaftlichen Erkenntnisse der Literaturwissenschaft zur Kenntnis nehmen und Texte auch als funktionale Einheiten begreifen und deutlich machen; er muß den Lerner als lernenden Leser verstehen, der kognitive und affektive, sozio-kulturell vermittelte Bedürfnisse hat.

Darüber hinaus sollen die Texte den Lerner befähigen, sich mit Hilfe bestimmter Verständigungsstrategien in einer fremden Welt zurechtzufinden, sich in Lebenssituationen zu bewähren. Dazu gehört auch, daß der Lerner seine Kritikfähigkeit entwickelt und inhaltlich Stellung nimmt, die Stituation selbst bewertet. Damit der Lerner kritische Kompetenz – Kritik im Sinne von Unterscheidung, Differenzierung – entwickeln kann, müssen die Inhalte von verschiedenen Gesichtspunkten aus, d. h. perspektivisch vermittelt werden. Weiterhin ist es nötig, die ausgangskulturelle Vorprägung des Lernhabitus mit einzubeziehen. Dies ist eine Forderung nicht nur der

Lernpsychologie, sondern auch der Texthermeneutik. Dieser Einbezug kann exemplarisch erfolgen, um dem Lerner zu zeigen, wie wichtig es für ihn ist, sich seiner Vorgeprägtheit bewußt zu werden. Er kann aber auch thematisch erfolgen. Dabei kann die fremde Kultur mehrperspektivisch dargestellt werden, aus verschiedener Rollenoptik, verschiedener sozialer Sicht, von historischen Positionen aus, die man mit Gegebenheiten der Gegenwart vergleicht (so wie ein Lehrwerk zwei Büroordnungen vergleichen läßt, die 100 Jahre auseinanderliegen).

Ein Lehrwerk kann interessant sein, wenn es seine Textauswahl nach diesem Prinzip der Multiperspektivität trifft, und seine Informationen als ausgewählt unter vielen möglichen und damit als Ergebnis einer vorausgegangenen Bewertung kenntlich macht. Um eine bloße Bestätigung vorhandener Praxisformen zu vermeiden, sollten Themen bzw. Situationen abstrakter als bisher üblich gefaßt und zugleich problematisiert werden, so daß ihre Behandlung den Lerner zum Vergleich zwischen eigenen und fremdkulturellen Strukturen herausfordern kann. Kulturanthropologische Fragestellungen sind dabei dringend erwünscht.

Die Autoren des *Mannheimer Gutachtens* fordern, Landeskunde zu verstehen als Umfeldkunde und nicht als Institutionenkunde. Der Lerner soll über die sozio-ökonomischen Umfelder einschließlich seiner kulturell bedingten Bewertungsschemata aufgeklärt werden, er soll die Bedeutung und Relevanz der fremdkulturellen Gegebenheiten für sich selbst erkennen lernen und die Fähigkeit ausbilden, selbstbewußt darüber zu argumentieren. Die landeskundlichen Inhalte sollen danach ausgewählt werden, was sie für die Orientierung des Lerners innerhalb der fremden Kultur leisten. (vgl. auch Kap. 5 ›Landeskunde‹)

14.2. Kriterienliste für die unterrichtspraktische Lehrwerkanalyse

Für den Lehrer, der ein Lehrwerk auf seine Verwendungsfähigkeit in seiner Zielgruppe hin prüfen will, ist wahrscheinlich auch die überarbeitete und gekürzte Kriterienliste des *Mannheimer Gutachtens 2* noch zu umfangreich.

Kürzer, leichter zu handhaben für die Praxis ist die Kriterienliste, die D. Eggers vorschlägt. Untersucht werden sollen wieder didaktische, linguistische und deutschlandkundliche Aspekte eines Lehrwerks. Eggers verteilt die Untersuchung auf sechs Gruppen, die jeweils wieder auf vier Fragestellungen eingehen. Die Liste soll hier wiedergegeben werden.

»Lehrwerkanalyse in Gruppenarbeit. ...

Gruppe 1: Lernziele und Methoden

1. Welche Hinweise zu Lernzielen und Methoden enthält das Lehrwerk für den Lehrer, welche Hinweise für den Lerner?
2. Welche Zielsetzungen werden für die Bereiche Didaktik, Linguistik und Themenplanung bzw. Deutschlandkunde angegeben?
3. Welche methodische Konzeption liegt dem gesamten Lehrwerk zugrunde?
4. Zu welchem Abschluß kann/soll dieses Lehrwerk führen und welchen Stellenwert hat dieser Abschluß verglichen zu anderen Zeugnissen oder Diplomen (Zertifikat Deutsch als Fremdsprache des Deutschen Volkshochschulverbands, Sprachdiplome der Kultusministerkonferenz, Sprachdiplome des Goethe-Instituts, Deutschprüfung nach der Rahmenordnung für Studienkollegs, Sprachprüfung nach der Rahmenordnung der Westdeutschen Rektorenkonferenz)?

Gruppe 2: Struktur des Lehrwerks

1. Wie ist das Lehrwerk aufgebaut?
2. Wie sind die einzelnen Lektionen, Kapitel oder Reihen aufgebaut?
3. Wie sind die Teile innerhalb einer Lektion, eines Kapitels oder einer Reihe aufeinander bezogen?
4. Ist der Stellenwert der einzelnen Teile – vor allem auch der Medienteile – angegeben?

Gruppe 3: Fertigkeiten und Übungen

1. Welche Fertigkeiten werden über das Lehrwerk ausgebildet (Hörverständnis, Sprechen, Leseverständnis, Schreiben)?
2. Welche Übungsformen enthält das Lehrwerk?
3. Sind die Übungsteile auf den Transfer hin angelegt und wie geschieht dies?
4. Stimmen Übungsteile und Lernzielangaben überein?

Gruppe 4: Medienverbund

1. Welchen Stellenwert haben die Medien im Gesamtkonzept des Lehrwerks?
2. Welchen Stellenwert haben die visualisierten Medienteile?
3. Welche Arten von Struktur-Übungen enthält das Sprachlaborprogramm (mechanische Drillarten: Veränderung, Ergänzung, Erweiterung, Satzverbindung; kommunikative Sprachlaborübungen: isolierte Stimulus-Response-Einheiten, kontextualisierte Stimulus-Response-Einheiten)?
4. Was leistet das Medienprogramm für die Hör- und Ausspracheschulung (Hör- und Lauterkennungsübungen, Ausspracheübungen, Hörverständnisübungen)?

Gruppe 5: Linguistische Kriterien

1. In welcher Weise wird Grammatik in diesem Lehrwerk präsentiert und vermittelt?
2. Wird in diesem Lehrwerk von einer bestimmten Grammatiktheorie ausgegangen?
3. Wie werden Morphologie, Syntax und ggf. Textgrammatik vermittelt?
4. Um welchen Ausschnitt aus der deutschen Sprache handelt es sich in den Texten und Übungen?

Gruppe 6: Themenplanung/Deutschlandkunde

1. Werden adressatenspezifische Sprechanlässe thematisiert?
2. Welche Ausschnitte aus der gesellschaftlichen Wirklichkeit der Bundesrepublik werden – wie – vermittelt?
3. Wie werden aktuelle und kulturhistorische Themen angeboten?
4. Welches Deutschlandbild ergeben diese Texte?« (Eggers 1978: 159–160)

14.3. Kriterienliste für die Lehrwerkanalyse aus der ganz persönlichen Sicht des Lehrers

Ein anderes, sehr brauchbares Verfahren, das jedoch von den Interessen des jeweiligen Unterrichts und der Position des Lehrers ausgeht, schlägt G. Neuner vor. Er empfiehlt u. a.:

1. Versuchen Sie zuerst, sich Klarheit über Ihre eigene Position zu verschaffen:
   1.1. Welche Ziele sind *Ihnen* in Ihrem Unterricht besonders wichtig? Nach welchen Prinzipien gestalten Sie Ihren Unterricht?
   1.2. Was erwarten *Sie* von einem guten Fremdsprachenlehrwerk?
   1.3. Was braucht Ihre Klasse?
2. Lehrwerke sehen ›an der Oberfläche‹ einander recht ähnlich. Verschaffen Sie sich durch den allgemeinen Teil des Lehrerhandbuchs deshalb zuerst einen Überblick über

– Zielgruppe und Lernzielangaben der einzelnen Kapitel.
Stimmen diese Zielangaben mit *Ihren* Vorstellungen überein?
– die methodische Konzeption des Lehrwerks. Stimmen Sie dieser zu?
– die angebotenen Lehrwerkteile, deren Kosten.
Wenn Medien integrierter Bestandteil des Lehrwerks sind, können Sie ohne diese keinen sinnvollen Unterricht mit dem Buch allein gestalten. Sie brauchen also Medienträger wie Tageslichtprojektor, Tonbandgerät. Stehen Ihnen diese Geräte ständig zur Verfügung?
(Es müssen neben dem Schülerbuch zumindest das *Lehrerhandbuch* und die wichtigsten Medien wie Tonbänder, Folien vorliegen, wenn die Einführung des Lehrwerks in Betracht kommen soll. Ohne Lehrerhandbuch kann man die – neue – Konzeption eines Lehrwerks nicht verstehen und nicht im Unterricht verwirklichen.)

Welchen Gesamteindruck macht das Lehrwerk auf Sie (Layout, Bilder und Fotos, Übersichtlichkeit, Anhänge)? Gefällt es Ihnen? Könnte es Ihren Lernern gefallen?

3. Sehen Sie sich dann im Schülerbuch das *Inhaltsverzeichnis* an! Was ist den Autoren so wichtig, daß sie es ins Inhaltsverzeichnis aufnehmen? Was steht an erster Stelle? Daraus kann man Schlüsse ziehen auf die Schwerpunktsetzung des Programms. Sehen Sie sich besonders gut die angebotenen Themen/ Situationen/ Sprechrollen an, da die Art, wie die Grammatik ›verpackt‹ ist, sehr aufschlußreich für die Gesamtkonzeption des Lehrwerks ist und hier die größten Unterschiede zwischen den einzelnen Lehrwerken bestehen.
   – Sind die Themen und Sprechsituationen für Ihre Klasse interessant, motivierend?
   – Kann sich der Schüler mit den angebotenen Rollen wirklich identifizieren? Sind sie für seine spätere Fremdsprachenverwendung sinnvoll?
4. Vergleichen Sie anhand einiger Kapitel, wie neuer Lernstoff eingeführt wird.
   – Sind die Themen nur ›konstruiert‹, um die neue Grammatikstruktur möglichst oft anzubringen, oder sind sie für den Schüler *an sich* interessant?
   – Welche Verstehenshilfen werden bei der Einführung gegeben? Welche Qualität haben die Medien?
   – Läuft die Einführungsphase/die Lektion immer nach demselben Schema ab? Zeigt das Lehrerhandbuch alternative Vorgehensweisen auf?
   – Kann der Schüler an irgendeiner Stelle erkennen, was er lernen soll/ worum es geht? (Lektionsüberschriften)
5. Sehen Sie sich dann die *Übungsteile* verschiedener Lektionen an. Sie zeigen am deutlichsten, was im Programm als *eigentlich wichtig* angesehen wird (und welche Bedeutung es der Grammatik beimißt).
   – Sollen die Schüler vor allem korrekte Sätze bilden? Wenn die Übungen nach einem Stimulus-Response-Schema ablaufen, werden vor allem formalsprachliche Elemente geübt.
   – Laufen die Übungen in einem situativ und kontextuell sinnvollen Zusammenhang ab?
   – Laufen die Übungen immer nach demselben Schema ab? (Das ermüdet.) Ist das Übungsangebot reichhaltig? Bietet es Möglichkeiten der Individualisierung in der Klasse?
   – Wie können die Übungen zur Hausaufgabenstellung verwendet werden?
6. Gehen Sie dann zum *Anwendungsteil.*
   – Soll der neugelernte Stoff nur noch einmal in neuen situativen Zusammenhängen geübt werden, oder wird der Lerner *als er selbst* angesprochen?
   – Ist dieser Teil abwechselungsreich und interessant gestaltet oder vorwiegend schematisch? (z. B. vorwiegend Bildergeschichten, die versprachlicht werden sollen? Vorwiegend Dialoge, die nachgespielt werden sollen?)
7. Zu den *Anhängen* im Lehrbuch
   – Ist das Wörterverzeichnis einsprachig oder zweisprachig, wird kontextuell eingebettetes Vokabular oder werden Einzelwortgleichungen angeboten? Enthält es Aussprachehilfen? Ist es lektions- oder sachfeldbezogen? Gibt es eine Wörterliste, in der man ein Wort nachschlagen kann (alphabetisch/ mit Angabe des erstmaligen Vorkommens im Lehrwerk)? Welcher Konzeption geben Sie den Vorzug?

- Wie wird die Grammatik dargestellt? Bei den einzelnen Lektionen oder als System im Anhang? Einsprachig oder zweisprachig? Mit visuellen Hilfen? Mit lektionsbezogenen oder lektionsunabhängigen Beispielen? Welche Konzeption erscheint Ihnen am überzeugendsten?

8. *Lernerfolgskontrollen – Tests*
   - Worauf konzentrieren sie sich (sprachliche Systeme/Sprechabsichten usw.)?
   - Wann werden sie eingesetzt (nach jeder Lektion? Nach größeren Lernabschnitten?)?
   - Kann man mit ihrer Hilfe feststellen, wie die Lerner ein Pensum verarbeitet haben? Gibt es Hinweise bei den Tests, wie man Lernschwächen aufarbeiten kann?
   - Können die Schüler selbständig mit den Tests ihren Lernstand überprüfen?
9. Kann man die einzelnen Bände auch wirklich in der zur Verfügung stehenden Zeit durcharbeiten? (Neuner 1979: 16–22 (a))

Oft ist es nun allerdings so, daß man ein Lehrwerk vorgeschrieben bekommt. Wenn Sie mit diesem Lehrwerk nicht zufrieden sind, sind Sie gezwungen, es so lange zu ›bearbeiten‹, bis es Ihren Vorstellungen entspricht. Das setzt beim Bearbeiter eine klare Konzeption für die Bearbeitung voraus. Es setzt aber auch voraus, daß von dem zu bearbeitenden Material mehr als nur der thematische Rahmen und das lexikalische oder grammatische Inventar verwendbar sind. Ist das nicht der Fall, eignet sich das vorliegende Material nicht für eine Bearbeitung. So dürfte es unmöglich sein, eine Lektion eines Lehrwerks nach der Grammatik-Übersetzungs-Methode für den Gebrauch im kommunikativen Unterricht zu bearbeiten. Hier ist völlige Neugestaltung am Platz. Gut geeignet in diesem Zusammenhang ist jedoch Unterrichtsmaterial, das nach der audiolingual/audiovisuellen Methode erstellt wurde (wie ja die kommunikativ-pragmatische Methode eine Weiterentwicklung der AV-Methode ist). Überzeugende Beispiele dafür bringt H.-E. Piepho (Piepho 1980).

14.4. Aufbereitung vorgefundenen Materials für den eigenen Unterricht

In der Mittelstufe arbeitet man oft mit Texten, die man in Materialsammlungen findet und als Textgrundlage für den eigenen Unterricht einsetzen möchte.

Im Folgenden sollen ein paar Überlegungen festgehalten werden, wie man vorhandenes Lehrmaterial auf seine Verwendbarkeit hin einschätzen und für seine Lernergruppe aufbereiten kann.

Dazu ist es nützlich, einige Punkte aufzulisten, mit deren Hilfe man das gefundene Material beurteilen und evtl. zusätzliche eigene Übungen zusammenstellen kann.

Checklisten für die Auswahl und Aufbereitung vorgefundenen Materials

Die Listen sollten Überlegungen enthalten zur
1. Einschätzung der didaktischen Qualität des Textes,
2. Vorbereitung von Verstehenshilfen,
3. Art und Umfang benötigter Verstehensstrategien beim Lerner,
4. Übungsfolge bei der Textarbeit.

Liste 1: Einschätzung der didaktischen Qualität eines Textes
1. Länge und Gliederung des Textes
   - Wieviel Zeit braucht man, um die Hauptgedanken des Textes zu erarbeiten?
   - Ist der Text bereits optisch gut gegliedert (Absätze) oder läßt sich das leicht nach-

holen? Welche weiteren Momente tragen zu seiner Gliederung bei (Überschriften, Bilder, drucktechnische Hervorhebungen usw.)?

2. Eignung des Themas für die Lerner
   - Ist das Thema interessant und für die Lerner verständlich behandelt?
   - Welche Vorerfahrungen kann man bei der Gruppe erwarten? Gibt es Anknüpfungsmöglichkeiten? Ist die Behandlung des Themas eher abstrakt/konkret, trokken/anschaulich, global oder an einem Detail angelegt?
3. Textsorte
   - Kann der Lerner die Textsorte abschätzen?
   - Welche besonderen sprachlichen Schwierigkeiten bietet die Textsorte (Syntax, Lexik ...)?
4. Sprachliche Schwierigkeiten
   - Wieviel neuer Wortschatz muß bewältigt werden, um den Text global zu verstehen?
   - Ist der Satzbau einfach und übersichtlich oder verschachtelt?
   - Gibt es im Text Abweichungen von der Standardsprache?
   - Wie ist der Text aufgebaut? Läßt sich die innere Logik des Textes leicht durchschauen?
5. didaktische Eignung
   - Bietet der Text Anlässe für weiterführende sprachliche Tätigkeiten des Lerners (Text fortsetzen, Rollenspiel, Diskussion, Bericht erstellen ...)?
   - Eignet sich der Text für Übungen zur Sprachverarbeitung und Herausbildung der Mitteilungsfähigkeit?

Liste 2: Vorbereitung von Verstehenshilfen
Je nach Leistungsstand der Gruppe und Schwierigkeitsgrad des Textes wird es eventuell nötig sein, Verstehenshilfen anzubieten wie:
Vereinfachung
Verkürzung
Aufgliederung
visuelle Verdeutlichung
Aktivierung des Vorwissens
Verwendung der Muttersprache.
(vgl. dazu Kap. 8.5, S. 110–111)

Liste 3: Art und Umfang beim Lerner benötigter Verstehensstrategien
Der Lehrer wird weiter überlegen, welche Verstehensstrategien zur Entschlüsselung des Textes verlangt werden, wie weit diese von seinen Lernern beherrscht werden und welche bevorzugt geübt werden sollten. (vgl. dazu Kap. 8.5, S. 112 ff.)

Liste 4: Übungsfolge bei der Textarbeit
Sodann wird er Überlegungen zu einer wünschenswerten Übungsfolge anstellen und entscheiden müssen, welche Übungen er aus dem gefundenen Material übernimmt und wo er neue Übungen erarbeiten muß.

Einige Möglichkeiten dazu soll die folgende Aufstellung zeigen (vgl. auch Kap. 8.6. und 8.7.):

Hilfen zum Textverständnis
- Schlüsselwörter unterstreichen
- vereinfachten Paralleltext erstellen
- Informationen aufgliedern
- Zeichnungen, Fotos zum Text

Spracharbeit am Text
- Notizen machen
- aus Stichwörtern eine Zusammenfassung erstellen
- alles Unwichtige ausklammern
- Zwischenüberschriften erarbeiten

freie Sprachanwendung
- Rollen ausgestalten
- Argumentationsspiel
- den Sachverhalt aus einem anderen Blickwinkel darstellen
- Kommentar schreiben
- eigene Meinung darlegen und begründen

– Sammeln des Vorwissens im Gespräch, als advance-organizer – Zusammenfassung in der Muttersprache ...	– eine Strukturskizze erarbeiten – Sammeln, Ordnen, Auswerten eines sprachlichen Phänomens (Wortfeld, Grammatik ...) – Merkmale der Textkohärenz besprechen* – textsortenspezifische Merkmale besprechen – Anlegen einer Redemittelkartei ...	– fremdkulturelle und eigenkulturelle Erfahrung vergleichen – Interview machen und auswerten ...

(vgl. auch Koenig/Neuner 1984: 364)

Oft wird gegen die vorgeschlagene Art der eigenen Textbearbeitung mit Zeitmangel argumentiert. Der Arbeitsaufwand ist jedoch nicht so groß und lohnt sich, wenn der Lernprozeß dadurch an Qualität gewinnt.

Wenn man öfters zusätzliches Übungsmaterial erstellt, bekommt man einen Blick für die Übungsmöglichkeiten, die in einem Text stecken. Hilfreich sind Übungstypologien, Checklisten und die zunehmende eigene Erfahrung.

Nicht zuletzt ermöglicht man dadurch einen motivierenden und sinnvollen Unterricht, der Lernern und Lehrer mehr Spaß macht.

Als weiterführende Lektüre wird empfohlen:
Engel/ Krumm/ Wierlacher 1979.
Eggers 1978: 157–162.
Neuner 1979: 5–39. (a)
Piepho 1980: 87 ff.

* Übungen zur Textgrammatik finden Sie bei Funk et al. 1986: 97–104.

Zur Weiterarbeit: Fachzeitschriften und andere einschlägige Veröffentlichungen

Zum Schluß sollen noch einige Hinweise auf einschlägige Publikationen gegeben werden, mit deren Hilfe Sie das in diesem Buch vermittelte Wissen vertiefen bzw. sich in Ihrem Fachgebiet auf dem Laufenden halten können.

Fachzeitschriften Deutsch als Fremdsprache sowie un/regelmäßig erscheinende Veröffentlichungen

Zielsprache Deutsch. Zeitschrift für Unterrichtsmethodik und angewandte Sprachwissenschaft. Herausgegeben vom Max-Hueber Verlag, Max Hueber-Straße 4, D 8045 Ismaning bei München in Verbindung mit dem Goethe-Institut, München, der Pädagogischen Arbeitsstelle des Deutschen Volkshochschul-Verbandes, Frankfurt a. M. und der Zentralstelle für das Auslandsschulwesen, Köln.

Deutsch als Fremdsprache. Zeitschrift zur Theorie und Praxis des Deutschunterrichts für Ausländer. Herder-Institut der Universität Leipzig (eds.): 7022 Leipzig. Lumumbastr. 4.

Deutsch lernen. Zeitschrift für den Sprachunterricht mit ausländischen Arbeitnehmern. Sprachverband Deutsch für ausländische Arbeitnehmer (eds.): Mainz.

Jahrbuch Deutsch als Fremdsprache. Wierlacher, A. et al. (eds.): München: iudicium. (Das Jahrbuch erscheint seit 1975 einmal jährlich. Es enthält neben Aufsätzen zum Bereich DaF einen Dokumentationsteil mit einer Jahresbibliographie DaF, Hinweise auf Kurse an Universitäten und Goethe-Instituten in der Bundesrepublik Deutschland und einen Rezensionsteil.)

Materialien Deutsch als Fremdsprache. Didaktische und methodische Beiträge Deutsch als Fremdsprache. Arbeitskreis Deutsch als Fremdsprache beim DAAD (AKDaF) (eds.) Regensburg: DAAD. Zu beziehen über Dr. Armin Wolff. 8400 Regensburg. Universitätsstraße 31.
(Die Reihe veröffentlicht neben Beiträgen auf dem Gebiet Deutsch als Fremdsprache Vorträge und Ergebnisberichte der Jahrestagungen DaF des AKDaF. Sie erscheint seit 1978.)

Informationen Deutsch als Fremdsprache. Deutscher Akademischer Austauschdienst in Zusammenarbeit mit dem Arbeitskreis Deutsch als Fremdsprache beim DAAD (eds.) Bonn: DAAD. Zu beziehen bei DAAD, Kennedyallee 50, 5300 Bonn 2.
(Die Reihe veröffentlicht Aufsätze zum Fachgebiet, Auswahlbibliographien von Neuerscheinungen für das Fach Deutsch als Fremdsprache, Rezensionen, Kurzdarstellungen von Examensarbeiten im Fach Deutsch als Fremdsprache, Protokolle der Sitzungen des AKDaF u. a.)

Einführungen in die Didaktik und Methodik des Deutschen als Fremdsprache

Henrici, G.: *Studienbuch.* Grundlagen für den Unterricht im Fach Deutsch als Fremdsprache (und anderer Fremdsprachen). Eine Auswahl. Paderborn/München/Wien/Zürich: Schöningh 1986. (Studienbücher zur Sprach- und Literaturdidaktik 4.)

Neuner, G./Krüger, M./Grewer, U.: *Übungstypologie zum kommunikativen Deutschunterricht.* Berlin/München/Wien/Zürich: Langenscheidt 1981. (Fremdsprachenunterricht in Theorie und Praxis.)

Piepho, H.-E.: *Deutsch als Fremdsprache in Unterrichtsskizzen.* Heidelberg: Quelle & Meyer 1980.

Strauss, D.: *Didaktik und Methodik Deutsch als Fremdsprache.* Eine Einführung. Berlin/München/Wien/Zürich/New York: Langenscheidt 1984.

Autorenkollektiv unter Leitung von Desselmann, G. und Hellmich, H.: *Didaktik des Fremdsprachenunterrichts (Deutsch als Fremdsprache).* Leipzig: VEB Verlag Enzyklopädie 1981.

Fachzeitschriften, die vor allem andere moderne Fremdsprachen behandeln (wie Englisch oder Französisch)

Der fremdsprachliche Unterricht. Friedrich Verlag in Velber in Zusammenarbeit mit Klett. Zu beziehen bei Erhard Friedrich Verlag GmbH. & Co. KG. Postfach 100 150. 3016 Seelze 6.

Die neueren Sprachen. Zeitschrift für Forschung, Unterricht und Kontaktstudium auf dem Fachgebiet der modernen Fremdsprachen. Frankfurt a. M. 63: Diesterweg. Postfach 63 01 80. Wächtersbacher Straße 89.

Neusprachliche Mitteilungen aus Wissenschaft und Praxis. Bielefeld: Cornelsen-Verlag & Klasing Verlagsgesellschaft m. b. H. & Co. KG. Postfach 8729. Kommeratsheide 66.

Praxis des neusprachlichen Unterrichts. Didaktik. Methodik. Curriculum. Technologie. Psychologie. Linguistik. Textanalyse. Dortmund: Lambert Lensing GmbH. Postfach 875. Kampstr. 42.

Fremdsprachenunterricht. 1086 Berlin: Volk und Wissen VEV. Postfach 1213. Krausenstr. 50.

Fachzeitschriften zur Linguistik und Didaktik

Linguistik und Didaktik. München und Paderborn: Fink und Schöningh. Zu beziehen bei: Verlag Ferdinand Schöningh. Jühenplatz 1–3. 4790 Paderborn.

Linguistische Berichte. Forschung Information Diskussion. Wiesbaden 1: Westdeutscher Verlag GmbH. Postfach 5829. Faulbrunnenstr. 13.

Andere Veröffentlichungen zu modernen Fremdsprachen

Fremdsprachen und Hochschule (FuH) – AKS-Rundbrief. Arbeitskreis der Sprachenzentren, Sprachlehrinstitute und Fremdspracheninstitute (AKS) (eds.): Bochum. Zu beziehen über: Clearingstelle des AKS Ruhr-Universität Bochum, Universitätsstraße 150. Postfach 102 148. 4630 Bochum 1.
(Der AKS-Rundbrief erscheint seit 1981 dreimal jährlich. Er versteht sich als Diskussionsforum für Neuentwicklungen in der Sprachlehrforschung und in der Sprachvermittlung an der Hochschule.)

Quetz, J./Bolton, S./Lauerbach, G.: *Fremdsprachen für Erwachsene.* Eine Einführung in die Didaktik und Methodik des Fremdsprachenunterrichts in der Erwachsenenbildung. Berlin: Cornelsen & Oxford University Press 1980.

Bibliographie moderner Fremdsprachenunterricht IFS. Informationszentrum für Fremdsprachenforschung der Philipps-Universität Marburg unter Leitung von R. Freudenstein (eds.). München: Hueber.
(Die Bibliographie erscheint vierteljährlich und erfaßt alle Buchveröffentlichungen und Zeitschriftenaufsätze zum Fremdsprachenunterricht, zu denen sie Kurzrezensionen erstellt.)

Raasch, A./Heinzmann, U. (eds.): *Fremdsprachenunterricht für Erwachsene.* Spezialbibliographie 5. Erstellt am Lehrstuhl für Angewandte Linguistik und Sprachlehrforschung Französisch. Romanistisches Institut, Universität des Saarlandes in Zusammenarbeit mit dem Informationszentrum für Fremdsprachenforschung (IFS), Marburg und mit Unterstützung der Universität des Saarlandes, Saarbrücken. München: Hueber 1984.
(Die Bibliographie erfaßt Veröffentlichungen zum Gegenstandsbereich ›Fremdsprachenunterricht für Erwachsene‹ aus den Jahren 1973–1983. Sie schließt unmittelbar an die von dem ›Informationszentrum für Fremdsprachenforschung‹ (IFS) Marburg 1973 herausgegebene »Spezialbibliographie 1: Fremdsprachenunterricht in der Weiterbildung.« (München: Hueber) an.)

Anhang

Erklärungen zu Fachbegriffen

advance organizer (engl.)
besondere Form der Organisation von Lexik; z. B. als Organisationshilfe für das Vorwissen; s. auch S. 94

Algorithmus (m.)
Verfahren zur eindeutigen und mechanischen Lösung von Aufgaben, das durch eine bestimmte Folge von Operationen durchgeführt wird

Ambiguitätstoleranz (f.)
die Fähigkeit, Gegensätze zu erkennen und auszuhalten

Analogie (f.)
Ähnlichkeit, Entsprechung, sinngemäße Anwendung
Man spricht von Analogiebildung, wenn Wörter und Formen nicht nach den Sprachregeln, sondern nach dem Muster ähnlicher Wörter gebildet sind, z. B. ›morgendlich‹ mit sekundärem ›d‹ analog ›abendlich‹.

Analogiebildung kann die Spracherlernung positiv oder negativ beeinflussen. Analogien zwischen Mutter- und Fremdsprache wirken lernerleichternd. Analogien innerhalb der Fremdsprache können lernerleichternd, aber auch lernerschwerend wirken, wenn der Lerner auf der Grundlage bekannter lautlicher, grammatischer und lexikalischer Modelle zu falschen Verbindungen verleitet wird:
z. B. hören – gehört
sehen – geseht

anthropogen
vom Menschen geschaffen, von ihm beeinflußt

Antwort-Auswahl-Aufgabe s. → multiple choice

Artikulation (f.)
Lautbildung, Aussprache → Lautung

Artikulationsbasis (f.) vgl. Kap. 7.3, S. 67–68

Assoziation (f.)
(Psych.) (unwillkürliche) Aneinanderreihung, Verknüpfung von Vorstellungen

Assoziationenbündel (n.)
besondere Form der Organisation von Lexik, z. B. als Organisationshilfe für das Vorwissen

Wecker — [Uhr] — gehen
Armbanduhr — stehen
... — aufziehen
Minute — ...
Sekunde

audiolinguale Methode
Bei der audiolingualen Methode stehen das Hörverstehen und Sprechen im Mittelpunkt der Spracherlernung; der Schüler soll die Sprache in alltäglichen Situationen gebrauchen lernen. Die Ausbildung von Gewohnheiten soll mittels → pattern drill im Sprachlabor erreicht werden.

audiovisuelle Methode
Lehrweise, die Ohr und Auge gleichermaßen anspricht. Bild und Ton werden zusammen präsentiert und vom Lerner als Einheit aufgenommen. Sie sollen sowohl die Information übermitteln als auch die Situation von Hörer und Sprecher sowie den Gesprächsinhalt veranschaulichen.

Ein audiovisuell gestützter Fremdsprachenunterricht setzt nicht nur Unterrichtsmittel wie Tonfilm und Fernsehen ein, sondern kombiniert auditive mit optischen Hilfsmitteln, z. B. Dias oder eine Standbild-Filmschleife mit Tonband.

bad habits (engl.)
›schlechte Gewohnheiten‹, im Fremdsprachenunterricht Fehler. Es gilt, sie zu vermeiden. → Behaviorismus

Behaviorismus (m.)
eine Richtung der Psychologie, die aufgrund von meßbaren Tatsachen zu einer objektiven Beobachtung und Beschreibung des menschlichen Verhaltens unter wechselnden Umweltbedingungen zu gelangen sucht. Er geht aus von dem Grundmodell von Stimulus (Reiz) und Response (Reaktion), beschreibt die verschiedenen Beziehungen von Reiz und Reaktion (Reflexe, Instinkte, Gewohnheiten), untersucht ihre gegenseitigen Abhängigkeiten und erforscht die Möglichkeiten der Veränderung durch → Konditionierung.

Der russische Physiologe Pawlow machte Experimente mit Hunden. Wenn er sie fütterte, ließ er gleichzeitig eine Glocke ertönen. Wenn die Hunde das Futter erblickten, sonderten ihre Speicheldrüsen Speichel ab. Nach einigen Wochen setzte dieser Speichelfluß auch dann ein, wenn nur das Glokkenzeichen ertönte, die Hunde aber kein Futter bekamen; d. h. durch den Reiz ›Glockenzeichen‹ erfolgte der Reflex ›Speichelfluß‹ nun auch, ohne daß der eigentliche Verursacher des Speichelflusses, das Futter, vorhanden war.

Die in Laborversuchen mit Tieren gewonnenen Verhaltensgesetze wurden von den Forschern dieser Richtung auf den menschlichen Bereich, z. B. auf das Sprachenlernen, übertragen. Danach ist Sprache ein reaktives Verhalten; beim Auftreten von Reizen treten zwangsläufig die mit ihnen durch Lernen gekoppelten Reaktionen ein. Durch Konditionierung (stimulierende Impulse lenken die Schülerreaktionen) soll der Lerner Sprachgewohnheiten erwerben.

Der reine Behaviorismus hat heute kaum noch Einfluß als psychologische Forschungsrichtung; er hat jedoch die moderne Lernforschung stark beeinflußt.

Bewußtmachung
Erklärung der Zusammenhänge, der Regel, so daß sie vom Verstand bewußt aufgenommen werden

Brainstorming (n.)
eine Gesprächsmethode, bei der möglichst viele Ideen aktiviert und gesammelt werden, um Probleme oder Aufgaben in kurzer Zeit zu bearbeiten. Der Begriff wurde von dem Amerikaner A. F. Osborne 1957 geprägt.

classroom discourse (engl.)
Gespräch, das während des Unterrichts um der Information willen in der Fremdsprache geführt wird – und nicht aus methodischen Gründen: z. B. die Erkundigung des Lehrers nach dem Befinden eines Lerners, der krank gewesen ist, oder die Bitte eines Lerners an den Lehrer, ihm etwas zu erklären.

Cloze-Test s. S. 203–204

Collage (f.)
aus verschiedenen Teilen zusammengeklebtes Bild

comprehensive input (engl.)
verständliches Sprachangebot; das Sprachangebot, das der Lerner zu verstehen in der Lage ist

Curriculum (n.)
geordnete Folge von Lernsituationen; als solche enthält es, idealtypisch betrachtet, in der Form von Programmen, Plänen, Texten, Materialien, Arbeitsanweisungen, Testformen und Erläuterungen zu allen diesen Punkten Aussagen in den folgenden Kategorien: a) Zielangaben, b) Auswahl und Organisation der Inhalte, c) Auswahl und Organisation der Arbeitsformen, d) Beschreibung der Lehrstrategien, e) Aussagen und Evaluationsverfahren (vgl. auch Stifterverband für die Deutsche Wissenschaft 1972)

deduktiv
Weg, bei dem im Fremdsprachenunterricht Wörter und Regeln vorgegeben und danach die zugehörigen Beispiele konstruiert werden (Gegensatz → induktiv)

Diphthong (m.)
Zwielaut, z. B. ei, au

Diskurs (m.)
Rede, Unterhaltung (über etwas)

diskursives Sprechen
Sprechen über etwas (im Gegensatz zum partnerbezogenen Sprechen)

Drill (m.)
Einübung von Lauten, Wörtern und Strukturen der Fremdsprache durch Imitation und Wiederholung. Durch Drillübungen (Einschleifen) werden bestimmte Sprechabläufe automatisiert und damit feste Sprachgewohnheiten (habits) herausgebildet. Drillübungen bewirken eine → sensorisch-motorische Fixierung der Sprachabläufe und fördern die Sprechgeläufigkeit. Satzstrukturen (→ Satzbaumuster) werden – auch im Sprachlabor – durch Drill eingeübt.

einschleifen vgl. → Drill

Ellipse (f.) elliptisch
Satz, in dem nur die Hauptbegriffe ausgedrückt sind, z. B. »Früh gewohnt, alt getan.«

Empathie (f.)
Fähigkeit, sich in die Einstellungen anderer Menschen einzufühlen und zu prüfen, welche Verhaltensformen sich unter gegebenen Situationsbedingungen noch mit den gängigen Normen vereinbaren lassen

Engelaut
Reibelaut, Frikativlaut, Spirans; ein Laut, der durch Verengung des Mundkanals hervorgebracht wird: f, v, w, s, sch, ch

Fähigkeiten und Fertigkeiten
Unter Fähigkeit versteht man in der Psychologie gewöhnlich das Vermögen eines Menschen, eine Tätigkeit auszuführen, die er vorher noch nie ausgeführt hatte und die keine stereotype Wiederholung einer von ihm bereits früher ausgeführten Tätigkeit darstellt.

Eine solche Fähigkeit kann durch ständige Wiederholung (Automatisierung) in eine Fertigkeit verwandelt werden, die Aufmerksamkeit und Denken nicht mehr beansprucht und daher für andere Tätigkeiten freistellt.

So muß man sich beim Gespräch auf den Inhalt seiner Aussage konzentrieren, kann das aber nur tun, wenn die technische Seite (Aussprache, Strukturen usw.) automatisiert ist. Andernfalls muß man der technischen Seite einen so großen Teil seiner Aufmerksamkeit schenken, daß kein richtiges Gespräch zustandekommt.

Nun kann und muß aber nicht jede Fähigkeit in eine Fertigkeit umgewandelt werden. So findet jedes neue Gespräch in einer anderen Sprechsituation mit neuen Inhalten statt, erfordert Nachdenken. Es kann deshalb keine automatisierte Sprachtätigkeit sein, obwohl es automatisierte Komponenten (Aussprache usw.) enthält.

Wir unterscheiden deshalb zwischen einer Fähigkeit, die voll automatisiert werden muß, einer primären Fähigkeit, und einer , die ihrer Natur nach keine stereotype Wiederholung früherer Tätigkeiten sein kann und sowohl automatisierte Komponenten (Fertigkeiten) als auch schöpferische Momente enthält, einer sekundären Fähigkeit.

fiktiv
nur angenommen, nicht wirklich

fiktive Situation
vorgestellte Situation

Fossilierung
Verfestigung bestimmter Formen/Strukturen beim Lerner, die durch äußere Einwirkungen nicht mehr zu beeinflussen/zu verändern sind

funktional
das Funktionieren der sprachlichen Mittel im Kommunikationsprozeß betreffend

Funktionswort
Wort, das eine bestimmte Aufgabe im Satz hat, z. B. Präposition, Konjunktion usw. und Relationen angibt

generative Transformationsgrammatik (f.)
Die zentrale Idee der g. T. ist die Annahme einer von der → Oberflächenstruktur einer Sprache verschiedenen Tiefenstruktur. Die Oberflächenstruktur wird dabei durch bestimmte → Operationen/Transformationen auf Einheiten einer elementaren Stufe erzeugt (generiert). Die Tiefenstruktur wird durch Formationsregeln erzeugt und stellt die Eingabe für den Transformationsteil dar.

globales Verstehen vgl. S. 81

Graphem (n.)
graphischer Vertreter des → Phonems. So wie dem Laut ein Phonem entspricht, entspricht dem Buchstaben ein Graphem.

habit (engl.)
Gewohnheit, vgl. → Drill

Hermeneutik (f.)
Kunst der Auslegung, Deutung von Texten

Identitätsdarstellung vgl. S. 31

Idiom (n.) vgl. S. 75

Imitation (f.)
Nachahmung, Wiederholung vorgegebenen Sprachmaterials

expandierte Imitation
Der Lehrer wiederholt im Unterricht die vereinfachte, reduzierte Form des Lerners, indem er sie gleichzeitig möglichst korrekt ausweitet.

reduktive Imitation
Der Lerner versucht das Gehörte zu imitieren. Auf der Anfängerstufe ist seine kognitive Leistungsfähigkeit jedoch noch eingeschränkt; daher muß er das zu Imitierende durch Weglassen, Umstellen usw. reduzieren.

induktiv
Weg, bei dem im Fremdsprachenunterricht Äußerungen zuerst durch Imitation und Analogiebildung hervorgerufen werden. Anschließend wird aus den Beispielen eine Regel abstrahiert, auf die aus den gemeinsamen Merkmalen der Beispiele geschlossen wird. (Gegensatz: → deduktiv)

Inhaltswort
Wort, das keine bestimmte Funktion im Satz übernimmt (wie es zum Beispiel Konjunktionen tun: Satzverbindung: Nebenordnung, Unterordnung usw.), sondern eine vorwiegend lexikalische Bedeutung und ein außersprachliches Korrelat hat

Interaktion (f.)
gegenseitige Beeinflussung, Wechselwirkung
Wenn zwei oder mehr Personen sich unterhalten, spricht man von Interaktion, da sie sich in ihrem sprachlichen Handeln gegenseitig beeinflussen (Frage, Antwort darauf; Behauptung, Reaktion darauf usw.).

Interferenz (f.) s. → Transfer

Interimsprache, Interimkompetenz vgl. Kap. 2, S. 20–21 (Interlanguage-Hypothese)

Interlanguage vgl. Kap. 2, S. 20–21 (Interlanguage-Hypothese)

interlingual
zwischen verschiedenen Sprachen

Intonation (f.)
Sprechmelodie, Satzmelodie einer Sprache, Veränderungen der Grundfrequenz der menschlichen Stimme, die in jeder sprachlichen Äußerung auftreten und in der Kommunikation Bedeutung vermitteln können.

intralingual
innerhalb derselben Sprache

Kategorie (f.)
Begriffsklasse, Sorte

Kode (m.)
hier: das aus Lexikon und Syntax (im Sinne von Grammatik) bestehende System einer Hochsprache

kognitiv
die Erkenntnis betreffend, auf ihr beruhend

kognitives Lernen
Lernprozeß, bei dem die Einsicht des Lerners beteiligt ist. Beim Aufbau fester Sprachgewohnheiten ist die Einsicht in den Regelapparat einer Sprache ebenso wichtig wie die Nachahmung sprachlicher Vor-

bilder. Einige Vorteile des kognitiven Lernens: die Lösung kann in anderen, abweichenden Situationen wiederholt werden (→ Transfer); der Lerner kann sich selbst korrigieren, da er die Regel kennt; der Lernvorgang wird abgekürzt, da der Lerner nicht genötigt ist, in einem langwierigen trial-and-error-Prozeß (Versuch- Irrtum- neuer Versuch) die Regel selbst herauszufinden; die geistige Durchdringung eines Problems kommt den Lerngewohnheiten eines erwachsenen Lerners entgegen; die Behaltensleistung steigt.

Die Bewußtmachung sprachlicher Erscheinungen ist jedoch nur Lernhilfe. Ständige Fixierung auf die Regel behindert die Spontaneität der Aussage und die Geläufigkeit des Sprechens sowie die Sprachausübung allgemein. Nach ihrer Bewußtmachung muß deshalb eine Regel durch Automatisierung in eine → Fertigkeit umgewandelt werden.

Kollokation (f.)
eine feste Wortkombination (ein Sonderfall des Syntagmas) vgl. auch S. 75

Kommunikation (f.)
zwischenmenschliche Verständigung, Informationsaustausch mit Hilfe von Signalen, Zeichen, vor allem durch Sprache. Kommunikation ist immer Kommunikation über etwas, dabei partnerbezogen dialogisch und funktional mit Handlungen und Einwirkungen auf die Umwelt verbunden. In der Kommunikation werden Denken und Handeln aufeinander bezogen. Die Kommunikationspartner müssen dazu über einen gleichen/ähnlichen Kode und ein Vorwissen verfügen, das im Text oder in der Redefolge selbst nicht enthalten ist, sondern vorausgesetzt wird.

Kompetenz (f.)

Kommunikative Kompetenz (f.)
Fähigkeit einer Person, sich in jeder Sprechsituation mit Hilfe gemeinsamer sprachlicher und außersprachlicher Symbole angemessen verständlich machen zu können

Konditionierung
das Ausbilden bedingter Reaktionen bei Mensch oder Tier, wobei eine Reaktion auch dann eintritt, wenn an Stelle des ursprünglichen Auslösereizes ein zunächst neutraler Reiz tritt. (vgl. auch → Behaviorismus – Pawlow)

Konnektor (m.)
Verbindungsteil zwischen zwei Sätzen; verbindet Sätze zu Texten (z. B. früher, einige Zeit später, infolgedessen ...)

Konnotation (f.)
Mit-, Nebenbedeutung

Kontext (m.)
der umgebende Text einer gesprochenen oder geschriebenen Einheit

kontextualisieren
in einen Kontext bringen

Kontextualismus (m.)
Richtung innerhalb der modernen Linguistik, die bei der Text- bzw. Satzanalyse den situativen und sprachlichen Kontext berücksichtigt

kontrastiv
synchron-vergleichend, Strukturen zweier verschiedener Sprachen vergleichend gegenüberstellend mit dem Ziel, die Gemeinsamkeiten und Unterschiede der beiden Sprachsysteme auf phonologischer, morphologischer und syntaktisch-semantischer Ebene aufzudecken

Kurzzeitgedächtnis
Fähigkeit des Gehirns, wenige Inhalte schnell und für kurze Zeit zu speichern. Nur eine zufällige Auswahl der Inhalte fließt in das

Langzeitgedächtnis,
das ein größeres Fassungsvermögen hat, aber wesentlich langsamer aufnimmt.

Lautphysiologie (f.)
Lehre von den biologischen Vorgängen bei der Lautbildung

Lautung
die Art und Weise, die Laute zu sprechen, das Formen von Lauten, die → Artikulation

Lexik (f.)
Wortschatz

Linguistik (f.)
die moderne Sprachwissenschaft

linguistische Kompetenz (f.)
sprachtheoretische Abstraktion, die sich auf den idealen Sprecher-Hörer bezieht (→ generative Transformationsgrammatik): die sprachlichen Fähigkeiten des Muttersprachlers, sein inneres, unreflektiertes Wissen von seiner Sprache. Er besitzt damit die Fähigkeit, beliebig viele Sätze zu bilden und zu verstehen, zu erkennen, wenn zwei Äußerungen identisch sind, kann entscheiden über Mehrdeutigkeit, Abweichungen, Zugehörigkeit eines Ausdrucks zu seiner Sprache usw.

Medienverbund (m.)
Verbindung mehrerer Medien zu einem bestimmten Ziel, z. B. Lehrbuch plus Tonband plus Dias für einen Sprachkurs

Mitteilungsgrammatik
Sie umfaßt die grammatischen Erscheinungen, die der Lerner produktiv gebrauchen kann. (Gegensatz: → Verstehensgrammatik)

Monitor (m.) vgl. S. 17–18 – Monitortheorie

Morphem (n.)
die kleinste bedeutungshaltige Einheit einer Sprache, wobei die Bedeutung auch eine grammatische Funktion sein kann

Morphologie (f.)
Formenlehre, Lehre von der Formenbildung der Wörter

morphosyntaktisch
die Formen der Wörter und den Satzbau betreffend

Motivation (f.)
Gesamtheit der Beweggründe, die nicht unmittelbar aus äußeren Reizen abgeleitet sind

motivieren
jemanden dazu bringen, daß er etwas tut, indem man sein Interesse dafür weckt

motorisch
gleichmäßig, regelmäßig ablaufend (z. B. Bewegung)

multiple choice (engl.) (=Antwort-Auswahl-Aufgabe)
Aufgabenform, bei der der Lerner aus einer Reihe vorgegebener (teils falscher) Antworten die richtige/n auswählen muß. Da der Lerner durch Zufall die richtige Antwort ankreuzen kann, ist das Ergebnis nicht unbedingt eindeutig. (vgl. auch S. 85 und S. 197–199.)

native speaker (engl.)
der Muttersprachler

Nominalphrase (f.)
eine morphologisch-syntaktische Kategorie, die im Satz als Subjekt oder Objekt erscheinen kann. (Beispiel: *Der Verkäufer bringt das Buch: Der Verkäufer* und *das Buch* sind Nominalphrasen, *bringt* die Verbalphrase.)

Notion (f.)
Begriff, Idee, Vorstellung

Oberflächenstruktur
die konkrete bzw. aktuelle Form oder kommunikative Realisierung des Satzes. Sie wird aus der Tiefenstruktur mit Hilfe von Transformationen abgeleitet. (vgl. → generative Transformationsgrammatik)

Operationen
Umformungen bzw. Veränderungen sprachlichen Materials auf Wort-, Satz- und Textebene. Dazu gehören u. a.:
  die Paraphrase (Bedeutungswiederholung durch Umschreibung)
  die Permutation (Umstellen, Verschieben)

Orthophon vgl. Kap. 7 S. 66

overlearning (engl.) (= Überlernen)
Form des verstärkten und wiederholten Lernens (Wiederholung) über den Zeitpunkt hinaus, in dem das als Nahziel geforderte Lernresultat erreicht ist. Da auf die Dauer nur der Stoff haften bleibt, der häufig gebraucht wird, müssen bereits beherrschte sprachliche Erscheinungen sowohl durch immanente Wiederholung als auch durch gezielte, breit gestreute Wiederholungen weiter gefestigt werden.

Paradigma (n.)
Musterbeispiel, Flexionsmuster

parasprachliche Signale
beim Sprechen auftretende Erscheinungen wie Intensität (zu laut-zu leise), Tonhöhe, Sprechtempo, Silbenverschlucken, Atmung, Sprechpausen usw.

pattern (engl.) (= Satzbaumuster, Strukturmuster)
eine wiederholte Anordnung von Mustern, die die charakteristische Verknüpfung von Satzteilen im Satz der Zielsprache wiedergeben. Im modernen Fremdsprachenunterricht nehmen die *sentence patterns* (Satzbaumuster) einen wichtigen Platz ein, die durch → Drill (pattern practice) zu *Sprachgewohnheiten* (habits) verfestigt (eingeschliffen) werden sollen.

Charakteristisch für das pattern ist, daß in Anologie zu ihm weitere Sätze mit gleicher Bauform, aber neuen Inhalten gebildet werden können. Durch drills prägt sich der Lerner die Satzbaumuster als Ausdrucksmodelle ein, so daß sie ihm später beim Sprechen wieder einfallen und ihm erlauben, ohne bewußtes Konstruieren sprachlich zu reagieren. Mit Hilfe des patterns ist der Lerner bereits im Anfangsunterricht in der Lage, vollständige Sätze zu gebrauchen. (Beisp. s. Tonbandübungskomplex Kap. 9.2., S. 171–173 sowie Vierphasenübung S. 191–192)

pattern drill s. → pattern, s. → Drill

pattern practice s. → pattern, s. → Drill

Phonem (n.)
kleinste, bedeutungsunterscheidende sprachliche Einheit, z. B. /r/ : /f/ in rein : fein

Phonetik (f.)
Lautlehre, Lehre von der Art der Laute und ihrer Erzeugung, vom Vorgang des Sprechens

phonetische Umschrift
Lautschrift, die mehr oder weniger getreu die Laute der gesprochenen Sprache wiedergibt (im Gegensatz zur Buchstabenschrift), z. B. [ɛ:nliç] für ähnlich.

Phonologie (f.)
die Lehre von den Lauten und Lautgruppen im Hinblick auf ihre Bedeutung für die Wörter

Pragmalinguistik (linguistische Pragmatik) (f.)
ein stark soziologisch orientierter Zweig der Linguistik, der Äußerungen weitgehend als Folgen situativer Gegebenheiten auffaßt und gesellschaftliche Bedingtheiten und Konsequenzen berücksichtigt.

Pragmatik (f.)
derjenige Aspekt der Semiotik (der Lehre von den Zeichensystemen), der die Beziehungen zwischen den Zeichen und den Menschen (als biologische, soziologische und psychologisch orientierte Lebewesen), die sie vereinbaren und anwenden, betrifft

programmierter Unterricht
durch Programme in Form von Lehrbüchern, Karteien o. ä. oder durch Lehrmaschinen bestimmtes Unterrichtsverfahren, bei dem ein Lehrer nicht direkt beteiligt ist

Prosodie (f.)
die Gesamtheit der Mittel, die zur Redegliederung dienen: Akzent, Betonung, Intonation, Pausen, Erhöhung und Senkung des Grundtons; alle Erscheinungen, die Dauer, Tonhöhe, Tonstärke betreffen

Psycholinguistik (f.)
integrative Teildisziplin der Linguistik im weiteren Sinne; interpretiert linguistische Kategorien und Konzeptionen psychologisch

Redundanz (f.)
derjenige Teil einer Nachricht, der über das kommunikativ nötige Minimum hinausgeht. Dadurch, daß in einem Satz Signale ähnlicher oder gleicher Funktion mehrfach auftreten, entsteht Redundanz, die gewährleistet, daß auch bei verstümmelten Sätzen die Eindeutigkeit und Verständlichkeit erhalten bleibt.

Redundanz fördert meist das Verständnis, da derselbe Inhalt auf verschiedene Weise mehrfach wiedergegeben wird. Die gesprochene Sprache ist auf Redundanz angewiesen, da die akustischen Verhältnisse selten perfekt sind. Die geschriebene Sprache dagegen kann weniger redundant sein; der Leser hat Zeit, alle gegebenen Signale in Ruhe aufzunehmen und kann gegebenenfalls einen Satz, einen Absatz mehrfach lesen.

Regel, grammatische s. S. 78–79; 164–166

Register (n.)
Stil; eine der Situation angemessene Sprache

Regularisierung vgl. S. 17

Rhema (n.) vgl. S. 124

Rolle
Bündel von Erwartungen, die sich in einer Gesellschaft an den Träger/ das Verhalten der Träger von Positionen knüpfen; z. B. Rolle als Käufer, als Vorgesetzter usw.

Rollendistanz (f.)
Fähigkeit, die eigene Rolle zu reflektieren, zu interpretieren und evtl. abzulehnen

Rollenspiel
spielerische Erprobung sozialen Verhaltens in realitätsnahen (Sprech-)Situationen, wobei soziale und persönliche Erfahrungen (Hineinversetzen in die Bedingungen anderer sozialer Rollen und entsprechende Verhaltensvorwegnahme, Selbstkontrolle → Rollendistanz) gewonnen werden; fördert die Kommunikations- und Sprachfähigkeit; vgl. auch Kap. 8.7., Seite 156–157

Rollentraining (n.)
Einübung in eine soziale Rolle

Rückmeldung
Information über den Wert/ die Korrektheit der erbrachten Leistung

Satzbaumuster s. → pattern

Satzgrammatik
Grammatik, die sich mit dem korrekten Bau von Sätzen befaßt (→ Textgrammatik)

Schlüsselinformation
für das Verständnis wichtige Information

Schlüsselwort
für das Verständnis eines Textes wichtiges Wort

Segment (n.)
Einzelglied einer komplexen sprachlichen Einheit (z. B. Groß – stadt)

Segmentierung
das Zerlegen komplexer sprachlicher Einheiten in einzelne Segmente (z. B. eines Satzes in seine Teile)

selektives Verstehen vgl. S. 81

Semantik (f.)
Lehre von der Bedeutung der Wörter und ihren Wandlungen

sensorisch
die Aufnahme von Sinnesempfindungen betreffend

sensorisch-motorische Fixierung
Sie wird erwartet von der pattern practice. Bei der pattern practice werden analoge Sätze desselben Strukturmusters wiederholt rhythmisch und intonatorisch exakt gesprochen. Dadurch

- lagert sich das Sprachmaterial als Klangvorstellungen im sensorischen Teil des Gehirns ab,
- verbinden sich beim Reproduzieren diese Klangvorstellungen (sensorischer Vorgang) funktionell mit den beim Sprechen erfolgenden Bewegungen der Artikulationsorgane (motorischer Vorgang).
- Damit verbunden sind Sprechbewegungsvorstellungen, die im motorischen Teil der Sprachregion des Gehirns repräsentiert sind.
- Beim Sprechen überwachen dann die Bewegungs- und Tastempfindungen der Sprechorgane die Lautbildung.
- Diese Empfindungen wiederum unterliegen den durch Gewohnheit entstandenen kinästhetischen Leitschemata.

Situation
die Gesamtheit der äußeren Bedingungen des sozialen Handelns und Erlebens

fiktive Situation
vorgestellte Situation

situatives Lernen
Prinzip der modernen Fremdsprachendidaktik, nach dem sich Fremdsprachenunterricht nicht am System der Grammatik oder anderen formalen Gegebenheiten orientiert, sondern am Funktionieren der Sprache in Situationen.

Man versucht, die Bedingungen des Lernens dadurch zu verbessern, daß man den sprachlichen Kontext in Beziehung zu lebendigen Situationen setzt und geeignete Sprechanlässe schafft.

Dem situativen Unterricht in der Methodik entspricht die kommunikative Zielsetzung in der Didaktik.

skills (engl.)
Fertigkeiten

Lehrerskills
Lehrtechniken

Spracherwerbsmechanismus (m.) (Spracherlernungsmechanismus)
(language acquisition device: LAD)
ein angeborener Mechanismus, den das Kind nutzt, um seine Muttersprache zu erwerben. Er bildet einen Teil eines bei der Problemlösung und Begriffsbildung ins Spiel kommenden Gesamtsystems intellektueller Strukturen.

Sprachkompetenz (f.)
die sprachliche Fähigkeit einer Person, mit Hilfe der Sprache mit ihrer Umwelt in Kontakt zu treten

Die Sprechakttheorie (Sprechtätigkeit, Sprechhandlung)
beschäftigt sich mit der Funktion von geäußerten Sätzen. Sie geht davon aus, daß beim Sprechen bestimmte Handlungen (Akte) wie ›Fragen‹, ›Auffordern‹ ausgeführt werden und daß es konventionelle Regelungen für diese Sprechakte gibt. Die Beteiligten kennen diese Konventionen und wissen, daß die Einhaltung oder Nichtbeachtung Folgen nach sich zieht. So muß jemand, der etwas behauptet, damit rechnen, daß er nach Gründen für seine Behauptung oder nach Beweisen gefragt wird.

Das Charakteristische der Sprechakttheorie ist die Trennung nicht nur zwischen propositionalem Akt (die realistische Bedeutung eines Satzes betreffend) und illokutivem (die Art des Vollzugs einer Sprechhandlung als Fragen, Informieren usw. betreffend), sondern auch zwischen illokutivem und perlokutivem Akt (Wirkungen auf die Gefühle, Gedanken oder Handlungen des Hörers betreffend). So kann man jemanden, wenn man ihn etwas fragt, (absichtlich oder nicht) in Verlegenheit bringen. Das Fragen ist dabei der Illokutionsakt, das In-Verlegenheit-Bringen der Perlokutionsakt.

Nach der Sprechakttheorie im Sinne Austins und Searles ist nur der Illokutionsakt konventionell geregelt, nicht jedoch der Perlokutionsakt.

Stimulus-Response-Theorien des Lernens
Für die S-R-Theorien ist jedes Lernen die Herstellung einer Verbindung (Assoziation) zwischen einem von außen kommenden Sinnesreiz (Stimulus) und einer bestimmten Reaktion (Response) des Organismus.

Danach ist Sprache ein reaktives Verhalten, und beim Auftreten von Reizen treten zwangsläufig die mit ihnen durch Lernen gekoppelten Reaktionen ein. Durch Konditionierung soll der Lerner sprachliche Gewohnheiten erwerben.

Strategie (f.)
Plan zur Verwirklichung eines Ziels mittels aufeinander einwirkender dynamischer Systeme (Kommunikations-, Lern-, Problemlösungs-, Verstehensstrategien)

Strukturalismus (strukturale Linguistik; strukturelle Sprachwissenschaft; linguistischer Strukturalismus) entstanden 1928
Richtung der Linguistik, die Sprache als Struktur (bzw. als System) beschreibt und nicht-sprachliche Phänomene (z. B. Situation, Rolle des Sprechers usw.) aus ihrer Betrachtung ausschließt.

Zu den Grundsätzen strukturalistischer Sprachbetrachtung vgl. Kapitel 2, S. 27 unter → audiolinguale-audiovisuelle Methode.

Strukturmuster s. → pattern

synchronisch
den Sprachzustand eines bestimmten, kurzen Zeitraums beschreibend

Syntagma (n.)
syntaktisch zusammenhängende Gruppe von Wörtern, die erst durch die Zusammenstellung ihren Wert erhalten (z. B. ›mit euch‹, ›eine kurze Zeit‹)

syntagmatische Strukturen
Strukturen in Form eines Syntagmas, vgl. auch S. 75

Syntax (f.)
Lehre vom Satzbau

systemlinguistisch ausgerichteter Fremdsprachenunterricht
Fremdsprachenunterricht, der hauptsächlich die Sprache als System vermittelt (im Gegensatz zu: Sprache als Kommunikationsmittel)

Systemtheorie (f.) vgl. S. 79

Taxonomie (f.)
die Wissenschaft von der Klassifikation, die Systematik, das Klassifikationsschema eines Fachgebietes; das Inventar von Gesetzen und Prinzipien, die einen Objektbereich klassifizieren und systematisieren

Testbatterie
Kombination mehrerer Einzeltests, die ihre Eigenständigkeit aufgeben und zusammen bestimmte Merkmale möglichst genau erfassen wollen

Textgrammatik
geht vom Text (nicht vom Satz) als oberster Einheit aus. Sie erforscht die zugrunde liegenden Textstrukturen (Satzverflechtung). vgl. → Satzgrammatik

Texthermeneutik (f.)
Kunst der Auslegung und Deutung von Texten

Textsorten
Texte mit bestimmten Eigenschaften; Klassen von Texten, z. B. Gebrauchsanweisung, Fahrplan, Brief, Bericht usw.

Thema vgl. S. 124

Transfer (m.)
die Übertragung erworbener Kompetenz von einem Bereich (z. B. von einer Situation) auf andere (Situationen). Der audiovisuelle Fremdsprachenunterricht versucht, möglichst viele Sprechsituationen bereitzustellen, um den Transfer des Gelernten auf neue Bereiche sicherzustellen und damit den Anwendungsbereich der Sprache zu erweitern.

Sprachgewohnheiten der Muttersprache beeinflussen unbewußt den Fremdsprachenerwerb. Dieser Einfluß kann als positiver oder negativer Transfer wirken. Bei wirklicher Ähnlichkeit zwischen sprachlichen Erscheinungen von Ziel- und Ausgangssprache wirkt der positive Transfer lernerleichternd. Negativer Transfer (= Interferenz) dagegen wirkt lernerschwerend. Er tritt auf bei nur scheinbarer Ähnlichkeit von Mutter- und Fremdsprache oder infolge von Abweichungen von den bisherigen Sprachgewohnheiten.

Transkription (f.)
das Umwandeln einer Schrift in eine andere, z. B. Buchstabenschrift in Lautschrift; die andere Schrift selbst

Übergeneralisierung
die zu weitgehende Verallgemeinerung einer Regel, so daß sie auch in Fällen angewendet wird, in denen sie nicht mehr gilt; z. B. kaufen – gekauft, hören – gehört; danach: essen – *geeßt.

Überlernen s. → overlearning

Variante (f.) Sprachvarianten
die Sprachverwendung, die charakteristisch ist für bestimmte Situationen, Schichten, Gruppen; auch die Register-Variationen. Sprachvarianten werden untersucht von der Soziolinguistik und der linguistischen Pragmatik, die die Fragen beantworten wollen: wer zu wem spricht, in welcher Absicht, mit welchen Folgen, wann und wo, über welche Themen.

Vermeidungsstrategien
Kommunikationsstrategien, die der Lerner anwenden kann, wenn ihm zu einer geplanten Äußerung die entsprechenden Redemittel noch fehlen oder nicht einfallen, z. B. kann er
- Gesprächsthemen vermeiden, zu denen er noch nicht über die nötigen Redemittel verfügt,
- eine geplante Äußerung abbrechen,
- sich stark vereinfacht ausdrücken.

Verschlußlaut
Explosivlaut; ein Konsonant, der durch Sprengung der verschlossenen Mundhöhle entsteht; stimmlose Verschlußlaute: p, t, k, stimmhafte: b, d, g

Verstehensgrammatik
umfaßt die Strukturen, die der Lerner nicht selbst gebrauchen, jedoch wiedererkennen und verstehen kann, wenn sie ihm im Text begegnen (Gegensatz: → Mitteilungsgrammatik)

Wortschatz, aktiver
umfaßt die Wörter, die der Lerner produktiv verwenden kann

Wortschatz, passiver
umfaßt die Wörter, die der Lerner einmal gelernt hat, die er aber nur wiedererkennt und versteht, wenn sie ihm im Text begegnen, die er also produktiv (beim Sprechen oder Schreiben) nicht verwenden kann.

Der passive Wortschatz ist immer umfangreicher als der aktive.

Wortschatz, potentieller s. S. 91

Althaus, H. P./ Henne, H./Wiegand, H. E.: *Lexikon der Germanistischen Linguistik.* Tübingen: Niemeyer 1973.

Ankerstein, H. S.: »Das visuelle Element im Fremdsprachenunterricht.« Ankerstein, H. S. (ed.): *Das visuelle Element im Fremdsprachenunterricht.* Stuttgart: Klett 1972: 7–24.

Autorenkollektiv unter Leitung von Desselmann, G. und Hellmich, H.: *Didaktik des Fremdsprachenunterrichts (Deutsch als Fremdsprache).* Leipzig: VEB Verlag Enzyklopädie 1981.

Autorenkollektiv unter Leitung von Pohl, L./Schlecht, G./Uthess, S.: *Methodik Englisch- und Französischunterricht.* Berlin: Volk und Wissen VEV 1978.

Bacheller, F.: »Communicative effectiveness as predicted by judgements of the severity of learner errors in dictations.« Oller, J. W./Perkins, K. (eds.): *Research in Language Testing.* Rowley, Mass.: Newbury House 1980: 66–71.

Bahns, J.: »Schülerspezifische vs. entwicklungsspezifische Fehler.« *Linguistische Berichte 95* (1985): 4–18.

Baldegger, M./Müller, M./Schneider, G. in Zusammenarbeit mit Näf, A. ed. Europarat – Rat f. kult. Zusammenarbeit: *Kontaktschwelle Deutsch als Fremdsprache.* Berlin/München/Wien/Zürich: Langenscheidt 1982.

Baur, R./Grzybek, P.: »Neuropsychologische Grundlagen des Fremdsprachenerwerbs.« Donnerstag, J./Knapp-Potthoff, A. (eds.). 1985: 173–182.

Bausch, K.-R./Kasper, G.: »Der Zweitsprachenerwerb: Möglichkeiten und Grenzen der ›großen‹ Hypothesen.« *Linguistische Berichte 64* (1979): 3–35.

Beile, W.: »Methodische Überlegungen zur Entwicklung der Hörverstehensfähigkeit.« *Zielsprache Deutsch 2* (1980): 7–15.

Bolton, S.: *Die Gütebestimmung kommunikativer Tests.* Tübingen: Narr 1985. (Tübinger Beiträge zur Linguistik 258.)

Bufe, W.: »Prosodie und Fremdsprachenunterricht. Unter besonderer Berücksichtigung des Deutschen und Französischen.« Arbeitskreis Deutsch als Fremdsprache beim DAAD (AKDaF) (eds.): *Deutsch als Fremdsprache und Germanistik im Aus- und Inland.* Studienprobleme ausländischer Studierender im Fachstudium. Regensburg: DAAD 1984. (Materialien Deutsch als Fremdsprache 23): 249–314.

Buscha, H.-J./ Specht, E.: »Zur Arbeit mit Sprachmustern bei Fortgeschrittenen.« *Deutsch als Fremdsprache 3* (1970): 171–179.

Butzkamm, W.: *Aufgeklärte Einsprachigkeit.* Zur Entdogmatisierung der Methode im Fremdsprachenunterricht. Heidelberg: Quelle & Meyer 1973.

Butzkamm, W.: »Grammatik bilingual. Fragment einer Theorie des Grammatikerwerbs.« Rall, D./Schepping, H./Schleyer, W. (eds.): *Didaktik der Fachsprache.* Beiträge zu einer Arbeitstagung an der RWTH Aachen vom 30. September bis 4. Oktober 1974. Bonn-Bad Godesberg: DAAD 1976: 83–96.

Butzkamm, W.: »Über Sinnverstehen und spontane Sinngebung. Sprachpsychologische und sprachdidaktische Überlegungen zum Problem des Verstehens.« *Linguistik und Didaktik 38* (1979): 133–141.

Butzkamm, W.: *Praxis und Theorie der bilingualen Methode.* Heidelberg: Quelle & Meyer 1980.

Christ, H.: »Der Fremdsprachenunterricht als gesellschaftliche Institution.« Zapp, F. J./Raasch, A./Hüllen, W. (eds.) 1981: 230–235.

Clemens-Lodde, B./Jaus-Mager, I./Köhl, K. unter wissenschaftlicher Beratung von Becker, G.: *Situatives Lehrtraining in der Erwachsenenbildung.* Braunschweig: Westermann 1978. (Westermann Tb 188. Theorie und Praxis der Erwachsenenbildung.)

collectif d'alphabétisation: *l'alphabétisation des travailleurs immigrés.* Paris: Maspero 1975. (textes à l'appui. Serie pédagogie françois maspero.)

Desselmann, G.: »Übungsfolge bei der Einübung grammatischer Strukturen mit Hilfe von Mustern.« *Deutsch als Fremdsprache 6* (1969): 203–211.

Desselmann, G.: »Zur Kontext- und Situationsgebundenheit in Grammatikübungen.« *Deutsch als Fremdsprache 3* (1973): 161–169.

Desselmann, G.: *Übungsgestaltung im Sprachlabor.* Leipzig: VEB Verlag Enzyklopädie 4/1977. (Zur Theorie und Praxis des Deutschunterrichts für Ausländer.)

Deutscher Volkshochschulverband e. V. und Goethe-Institut (eds.): *Das Zertifikat Deutsch als Fremdsprache.* Bonn-Bad Godesberg/München: Deutscher Volkshochschulverband und Goethe-Institut. 2. neubearb. und erw. Aufl. 1977.

Dietrich, R.: »Selbstkorrekturen. Fallstudie zum mündlichen Gebrauch des Deutschen als Fremdsprache durch Erwachsene.« *Zeitschrift für Literaturwissenschaft und Linguistik LiLi 45* (1982): 120–149.

Donnerstag, J./Knapp-Potthoff, A. (eds.): *Kongreßdokumentation der 10. Arbeitstagung der Fremdsprachendidaktiker.* Tübingen: Narr 1985.

Doyé, P.: *Systematische Wortschatzvermittlung im Englischunterricht.* Hannover und Dortmund: Schroedel und Lensing 4/1975. (Moderner Englischunterricht. Arbeitshilfen für die Praxis 7.)

Dufeu, B.: »Die phonologisierte Ausspracheschulung.« Kelz, H. P. (ed.): *Phonetische Grundlagen der Ausspracheschulung I.* Hamburg: Buske 1977. (forum phoneticum. Bd. 4.): 147–162.

Eggers, D.: »Übungen zur Didaktik des Deutschen als Fremdsprache.« Arbeitskreis Deutsch als Fremdsprache beim DAAD (AKDaF) (eds.): *Studienbegleitende Lehrveranstaltungen Deutsch als Fremdsprache.* Mündliche Leistungen und deren Beurteilung. Vorträge und Materialien der Jahrestagung Deutsch als Fremdsprache an der Johannes Gutenberg-Universität Mainz vom 9.–11. Juni 1977. Regensburg: DAAD 1978. (Materialien Deutsch als Fremdsprache 11.): 157–162.

Eggers, D.: »Suprasegmentalia und Prosodie und ihre kommunikative Funktion bei der lautlichen Gestaltung von Äußerungen.« Arbeitskreis Deutsch als Fremdsprache beim DAAD (AKDaF) (eds.): *Deutsch als Fremdsprache und Germanistik im Aus- und Inland.* Studienprobleme ausländischer Studierender im Fachstudium. Regensburg: DAAD 1984. (Materialien Deutsch als Fremdsprache 23.): 235–247.

Engel, U./Halm, W./Krumm, H.-J./Ortmann, W. D./Picht, R./Rall, D./Schmidt, W./Stickel, G./ Vorderwülbecke, K./Wierlacher, A.: *Mannheimer Gutachten zu ausgewählten Lehrwerken Deutsch als Fremdsprache.* Heidelberg: Groos 1977.

Engel, U./ Krumm, H.-J./Wierlacher A. unter Mitarbeit von Ortmann, W.-D.: *Mannheimer Gutachten zu ausgewählten Lehrwerken Deutsch als Fremdsprache Band 2.* Heidelberg: Groos 1979.

Esser, U.: »Fremdsprachenpsychologische Betrachtungen zur Fehlerproblematik im Fremdsprachenunterricht.« *Deutsch als Fremdsprache 3* (1984): 151–159.

Evans, G./Pastor, E.: *Communication 121/2.* Field survey of language skills und real job needs. Stockholm: Swedish International Development Authority 1972.

Felix, S. W.: »Kreative und reproduktive Kompetenz im Zweitsprachenerwerb.« Hunfeld, H. (ed.): *Neue Perspektiven der Fremdsprachendidaktik.* Eichstätter Kolloquium zum Fremdsprachenunterricht. Kronberg/Ts.: Scriptor 1977. (Monographien Fremdsprachen – Theorie und Praxis ihrer Didaktik 4.): 25–34.

Förster, U.: »Der Fernsehkurs ›Sprechen Sie Deutsch?‹ Teil II.« *Deutsch als Fremdsprache 6* (1971): 360–363.

Foppa, K.: *Lernen, Gedächtnis, Verhalten.* Ergebnisse und Probleme der Lernpsychologie. Köln: Kiepenheuer & Witsch 6/1970.

Frenzel, J.: »Elementardeutsch. Materialien zum Zweitsprach- und Zweitschrifterwerb für Lerner aus arabischen Ländern.« Arbeitskreis Deutsch als Fremdsprache beim DAAD (AKDaF) (eds.): *Interkulturelles Lernen am Beispiel von Korea und dem frankophonen Afrika.* Bildungsziel Zweisprachigkeit? Zur Erziehung ausländischer Kinder in der Bundesrepublik Deutschland. Forum Deutsch als Fremdsprache. Vorträge und Materialien der 13. Jahrestagung Deutsch als Fremdsprache an der Universität Saarbrücken vom 30. Mai bis 1. Juni 1985. Regensburg: DAAD 1986. (Materialien Deutsch als Fremdsprache 25.): 391–438.

Fuchs-Brüninghoff, E./Kreft, W./Waldmann, D.: *Alphabetisierung – Arbeitshilfen für die Praxis: Lernen – Sprache – Übungen.* PAS/DVV (eds.): Frankfurt a. M. 1985.

Freudenstein, R./Gutschow, H. (eds.): *Fremdsprachen Lehren und Erlernen.* München: Piper 2/1974. (Erziehung in Wissenschaft und Praxis 16.)

Galperin, P. J.: »Die geistige Handlung als Grundlage für die Bildung von Gedanken und Vorstellungen.« Galperin, P. J./Leontjew, A. N. u. a.: *Probleme der Lerntheorie.* Berlin: Volk und Wissen VEV 4/1974: 33–49.

Göbel, R.: *Verschiedenheit und gemeinsames Lernen.* Kooperative Binnendifferenzierung im Fremdsprachenunterricht. Königstein i. Ts.: Scriptor 1981.

Goethals, M.: *Role Play in Foreign Language Teaching.* A Description of the Teaching Strategy. Trier 1977. (L.A.U.T.)

Graumann, C. F./Heckhausen, H./Weinert, E./ Hofer, M. (eds.): *Funkkolleg Pädagogische Psychologie.* Studienbegleitbrief 12. Tübingen und Weinheim 1972 ff.

Grell, J.: *Techniken des Lehrerverhaltens.* Weinheim/Basel: Beltz 7/1977. (Beltz-Bibliothek 28.)

Guinness-Buch der Rekorde. Berlin/Frankfurt a. M. 1983.

Gutschow, H.: »Übungstypologie und Übungssystematik.« Freudenstein, R./Gutschow, H. (eds.) 1974: 208–218.

Gutschow, H.: »Zum Problem der theoretischen Begründung der Didaktik des Fremdsprachenunterrichts.« Hüllen, W. (ed.). 1979: 400–423.

Gutschow, H.: »Kommunikativer Unterricht – Alter Wein in neuen Schläuchen.« Zapp, F. J./Raasch, A./Hüllen, W. (eds.). 1981: 62–68.

Hebel, J. P.: *Kalendergeschichten.* Für Ausländer ausgewählt, bearbeitet und mit Anmerkungen versehen von Werner Schmitz. München: Hueber 5/1973.

Heimann, P./Otto, G./Schulz, W.: *Unterricht.* Analyse und Planung. Hannover: Schroedel 1972.

Heins, J. F.: »Texte, Textgrammatik und Textbehandlung.« Funke, B. G. (ed.): *Grundfragen der Methodik des Deutschunterrichts und ihrer praktischen Verfahren.* Ergebnisse der 4. Internationalen Deutschlehrertagung in Kiel 5.–9. August 1974. München: Hueber 1975: 121–129.

Henrici, G.: *Studienbuch: Grundlagen für den Unterricht im Fach Deutsch als Fremdsprache (und anderer Fremdsprachen).* Eine Auswahl. Paderborn/München/Wien/Zürich: Schöningh 1986. (Studienbücher zur Sprach- und Literaturdidaktik 4.)

Heuser, I./Messelken, H.: »Leistungskontrolle im Fremdsprachenunterricht.« Osieka, H. Hessisches Insitut für Lehrerfortbildung (ed.): *Probleme Prioritäten Perspektiven des fremdsprachlichen Unterrichts.* Informationen des hessischen Instituts für Lehrerfortbildung. Frankfurt a. M./Berlin/München: Diesterweg 1972: 231–260.

Hirschfeld, U.: »Zum Problem: Phonetischer Einführungskurs.« *Deutsch als Fremdsprache* 5 (1986): 297–302.

Hüllen, W. (ed.): *Didaktik des Englischunterrichts.* Darmstadt: Wissenschaftliche Buchgesellschaft 1979. (Wege der Forschung 513.)

Hüllen, W.: »Dauer und Wechsel in 100 Jahren Fremdsprachenunterricht.« Zapp, F. J./Raasch, A./Hüllen, W. (eds.) 1981: 20–32.

Hymes, D. H.: »On communicative competence.« Pride, J. B./Holmes, J. (eds.): *Sociolinguistics.* Harmondsworth: Penguin 1972: 269–293.

Ionesco, E.: *Notes et contre-notes.* Paris 1962.

Jungblut, M.: »Wie Arbeitnehmer am Gewinn beteiligt werden.« DIE ZEIT (9. 6. 1972)

Kamratowski, J./Penné, K. J./Schneider, J.: *Informelle Fremdsprachentests für die Schulpraxis.* Berlin: Cornelsen Velhagen & Klasing 2/1973.

Klein, W.: *Zweitspracherwerb.* Eine Einführung. Königstein i. Ts.: Athenäum 1984. (Athenäum Taschenbücher Linguistik AT 2171.)

Klein-Braley, C./Raatz, U. (eds.): *C-Tests in der Praxis.* Bochum: Arbeitskreis der Sprachenzentren, Sprachlehrinstitute und Fremdspracheninstitute (AKS) 1985. (Fremdsprachen und Hochschule 13/14.)

Kochan, B.: »Funktion und Verwendung des Rollenspiels im Sprachunterricht.« Kochan, B. (ed.) 1974: 249–259.

Kochan, B. (ed.): *Rollenspiel als Methode sprachlichen und sozialen Lernens.* Ein Reader. Kronberg i. Ts.: Scriptor 1974. (Scriptor Tb S 34. Literatur + Sprache + Didaktik.)

Köhring, K. H./Beilharz, R.: *begriffswörterbuch fremdsprachendidaktik und -methodik.* München: Hueber 1973.

Koenig, M./Neuner, G.: »Textarbeit in der Mittelstufe. Binnendifferenzierung und Gruppenarbeit in einer heterogenen Lerngruppe.« Arbeitskreis Deutsch als Fremdsprache beim DAAD (AKDaF) (eds.): *Deutsch als Fremdsprache und Germanistik im Aus- und Inland.* Studienprobleme ausländischer Studierender im Fachstudium. Regensburg: DAAD 1984. (Materialien Deutsch als Fremdsprache 23.): 353–393.

Krappmann, L.: »Lernen durch Rollenspiel.« Kochan, B. (ed.) 1974: 173–192.

Krashen, S. D./Terrell, T. D.: *The Natural Approach.* Language Acquisition in the Classroom. Oxford/New York/Toronto/Sydney/Paris/Frankfurt and San Francisco: Pergamon Press and Alemany Press 1983.

Krusche, D.: »Anerkennung der Fremde. Thesen zur Konzeption regionaler Unterrichtswerke." Wierlacher, A./Eggers, D./Engel, U./Krumm, H.-J./Krusche, D./Picht, R./Bohrer, K.-F. (Dokumentation) (eds.): *Jahrbuch Deutsch als Fremdsprache 9.* München: Hueber 1983: 248–258.

Leont'ev, A. A. übersetzt und ed. v. Schulz, G./Seyfahrt, G.: *Psycholinguistik und Sprachunterricht.* Stuttgart/Berlin/Köln/Mainz: Kohlhammer 1974. (Urban Tb 194.)

Lewandowski, Th.: *Linguistisches Wörterbuch Bd. 3.* Heidelberg: Quelle & Meyer verb. und erweit. Aufl. 1980.

Lexikon-Institut Bertelsmann (eds.): *Tatsachen über Deutschland.* Die Bundesrepublik Deutschland. Gütersloh: Bertelsmann Lexikothek Verlag 4/1984.

Löffler, R.: »Über Bild und Rolle zum Sprachhandeln. Überlegungen und praktische Beispiele zur Arbeit mit Rollenspiel und Bildergeschichte im Deutschunterricht mit ausländischen Studenten.« *Zielsprache Deutsch 2* (1979): 23–33.

Löschmann, M.: »Zum Aufbau eines Übungssystems zur Entwicklung des selbständigen Erschließens unbekannter Wörter.« *Deutsch als Fremdsprache 2* (1971): 93–99.

Löschmann, M./Petzschler, H.: *Übungsgestaltung zum verstehenden Hören und Lesen.* Leipzig: VEB Verlag Enzyklopädie 1979. (Zur Theorie und Praxis des Deutschunterrichts für Ausländer.)

Lompscher, J.: *Probleme der Ausbildung geistiger Handlungen.* Berlin 1972.

Mindt, D.: »Probleme des pragmalinguistischen Ansatzes in der Fremdsprachendidaktik.« *Die Neueren Sprachen 3/4* (1978): 340–356.

Mohr, P.: »Gibt es wertneutrale Lehrbuchinhalte?« *Zielsprache Englisch 4* (1973): 1–4.

Müller, B.-D.: »Interkulturelle Verstehensstrategien – Vergleich und Emphatie.« Neuner, G. (ed.): *Kulturkontraste im DaF-Unterricht.* München: iudicium 1986. (Studium DaF – Sprachdidaktik.): 33–84.

Neuner, G.: »Lehrwerkanalyse und -kritik als Aufgabenfeld der Fremdsprachendidaktik – Zur Entwicklung seit 1945 und zum gegenwärtigen Stand.« Neuner, G. (ed): *Zur Analyse fremdsprachlicher Lehrwerke.* Frankfurt a. M./Bern/Las Vegas: Lang 5/1979. (Kasseler Arbeiten zur Sprache und Literatur. Anglistik – Germanistik – Romanistik 5.): 5–39. (a)

Neuner, G. (ed.): *Pragmatische Didaktik des Englischunterrichts.* Beiträge zur theoretischen Grundlegung und praktischen Unterrichtsgestaltung. Paderborn/München/Wien/Zürich: Schöningh 1979. (Informationen zur Sprach- und Literaturdidaktik 17.) (b)

Neuner, G.: »Soziologische und pädagogische Dimensionen der Kommunikation und ihre Bedeutung für eine pragmatische Fremdsprachendidaktik.« Neuner, G. (ed.) 1979. (b): 95–113. (c)

Neuner, G.: »Überlegungen zur Integration pragmatischer Lernziele in Abschlußtests für die Sekundarstufe I im Bereich ›Lesen/Schreiben‹.« Neuner, G. (ed.). 1979 (b): 206–224. (d)

Neuner, G./Krüger, M./Grewer, U.: *Übungstypologie zum kommunikativen Deutschunterricht.* Berlin/München/Wien/Zürich: Langenscheidt 1981. (Fremdsprachenunterricht in Theorie und Praxis.) (b)

Neuner, G.: »Überlegungen zur Didaktik und Methodik des Textverständnisses im Unterricht Deutsch als Fremdsprache.« *Zielsprache Deutsch 1* (1984): 6–27.

Nold, G./Dines, P.: »Lernerfolg im Fremdsprachenunterricht. Spracherwerbsforschung zwischen Empirie und theoretischer Modellbildung.« Donnerstag, J./Knapp-Potthoff, A. (eds.) 1985: 259–269.

Oakeshott-Taylor, A.: »Dictation as a Test of Listening Comprehension.« Dirven, R. (ed.): *Hörverständnis im Fremdsprachenunterricht.* Listening Comprehension in Foreign Language Teaching. Kronberg i. Ts.: Scriptor 1977. (Monographien Fremdsprachen – Theorie und Praxis ihrer Didaktik 3.): 131–154.

Olbert, J./Schneider, B.: »Möglichkeiten der Organisation von Transfer im fremdsprachlichen Unterricht.« Olbert, J./Schneider, B. (eds.): *Gesammelte Aufsätze zum Transfer.* Einige Beispiele zur Fremdsprachendidaktik. Frankfurt a. M.: Diesterweg 1973. (Schule und Forschung 20. Schriftenreihe für Studium und Praxis.): 52–77.

Otto, V. u. a.: *Materialien zur Arbeit mit Medien.* Beispiele für Theorie und Praxis von Unterrichtsmedien in der Erwachsenenbildung. Grafenau 1/Württ.: Lexika-Verlag 2/1976. (Arbeitshilfen zur Erwachsenenbildung.)

Pelz, H.: »Pragmatik.« Pelz, M. (ed.): *Pragmatik und Lernzielbestimmung im Fremdsprachenunterricht.* Mit Texten von Pelz, H./Raasch, A./Piepho, H.-E./Weber, H./Debyser, F./Schlieben-Lange, B. Heidelberg: Quelle & Meyer 1977: 114–137.

Piepho, H.-E.: »Ableitung und Begründung von Lernzielen im Englischunterricht.« Bundesarbeitsgemeinschaft Englisch an Gesamtschulen (eds.): *Kommunikativer Englischunterricht.* Prinzipien und Übungstypologie. München: Langenscheidt/Longman 1979: 6–22.

Piepho, H.-E.: *Deutsch als Fremdsprache in Unterrichtsskizzen.* Heidelberg: Quelle & Meyer 1980.

Plauen, E. O.: *Vater und Sohn.* Konstanz: Südverlag 1949.

Portele, G: »Arbeit, Spiel, Wettbewerb.« Lehmann, J./Portele, G. (eds.): *Simulationsspiele in der Erziehung.* Weinheim 1976: 115–133.

Pürschel, H.: »Ein Silberstreifen am Horizont: Plädoyer für ein C-Test Institut.« Klein-Braley, C./Raatz, U. (eds.) 1985: 161–165.

Raatz, U.: »Tests of reduced redundancy – the C-Test, a practical example.« Klein-Braley, C./Raatz, U. (eds.) 1985: 14–19.

Raatz, U./Klein-Braley, C.: »The C-test – a modification of the cloze-procedure.« Culhane, T./Klein-Braley, C./Stevenson, D. K. (eds.): *Practics und Problems in language testing IV.* Colchester: University of Essex 1982: 113–138.

Raatz, U./Klein-Braley, C.: »How to develop a C-Test.« Klein-Braley, C./Raatz, U. (eds.) 1985: 20–22.

Rattunde, E.: »Sprachlern- und Spracherwerbsphasen im Fremdsprachenunterricht.« *Die Neueren Sprachen 81* (1982): 611–624.

Reisener, H.: »Lernziel: Rezeptive Kompetenz im Fremdsprachenunterricht.« Neuner, G. (ed.) 1979. (b): 137–145

Richterich, R./Stott, A. M. J./Dalgalian, G./Willeke, O.: *Handbuch für einen aktiven Sprachunterricht.* Heidelberg: Groos 1969.

Rivers, W. M.: *The Psychologist and the Foreign-Language Teacher.* Chicago: University of Chicago Press 1964.

Rohrer, J.: »Lernpsychologische Aspekte der Wortschatzarbeit.« Arbeitskreis Deutsch als Fremdsprache beim DAAD (AKDaF) (eds.): *Lexik im Fremdsprachenerwerb.* Regensburg: DAAD 1985. (Materialien Deutsch als Fremdsprache 24.): 35–39.

Salistra, I. D.: *Methodik des neusprachlichen Unterrichts.* Berlin: Volk und Wissen VEV 1962.

Schäfer, H. W.: »Zum Begriff der Übertragung.« *Linguistik und Didaktik 7* (1976): 38–40.

Schiffler, L.: *Einführung in den audio-visuellen Fremdsprachenunterricht.* Heidelberg: Quelle & Meyer 2/1976.

Schmidt, S. J.: »Landeskunde als Kontextwissen.« Kummer, M./Picht, R. (eds.): *Curriculare Fragen einer sozialwissenschaftlich orientierten Landeskunde.* Bielefeld o. J. (1975): 16–29.

Schrand, H.: »Stand und Entwicklung des technologischen Fremdsprachenunterrichts.« Freudenstein, R. (ed.): *Focus '80: Fremdsprachenunterricht in den siebziger Jahren.* Berlin: Cornelsen & Oxford University Press 1972: 131–137.

Schulz, W.: »Unterricht – Analyse und Planung.« Heiman, P./Otto, G./Schulz, W.: *Unterricht.* Analyse und Planung. Hannover: Schroedel 1972. 6. bearb. Aufl. (Auswahl Reihe B.): 13–47.

Schuster, E.: »Die Lerntheorie Galperins – ein Beitrag zur Überwindung behavioristischer Auffassungen im Fremdsprachenunterricht.« *Deutsch als Fremdsprache 3* (1973): 169–176.

Sirch, K.: *Der Unfug mit der Legasthenie.* Stuttgart: Klett 2/1975.

Steinchen, R.: »Methodische Organisation des Rollenspiels.« Kochan, B. (ed.) 1974: 273–280.

Stifterverband für die Deutsche Wissenschaft (eds.): *Schulreform durch Curriculumrevision.* Dokumentation des XIV. Gesprächs zwischen Wirtschaft und Wissenschaft über ›Schulreform durch Lehrplanrevision‹ mit Beiträgen von Huber, L./Thomas, D. C./Husén, T./Robinsohn, S. B./von Hentig, H. Stuttgart: Klett 1972. (Bildungspolitische Initiativen I.)

Strauss, D.: »Zur Entwicklung des Leseverstehens im Unterricht von Anfängern.« *Zielsprache Deutsch 4* (1984): 3–15.

Svartvik, J. (ed.): *Errata.* Papers on error analysis. Lund 1973.

Tietgens, H./Weinberg, J.: *Erwachsene im Feld des Lehrens und Lernens.* Braunschweig 1971.

Tönnes, F./Scheibner-Herzig, G.: »Das Diktat als Meßinstrument mündlicher Leistung im Englischunterricht.« *Linguistische Berichte 95* (1985): 38–45.

Valdman, A.: *Error analysis and pedagogical ordering.* Trier 1975.

van Ek, J. A.: *The threshold level in a European unit/credit system for modern language learning by adults.* Council of Europe. Strasbourg: 1975.

Wagner, A. C. (ed.): *Schülerzentrierter Unterricht.* Beiträge von Wagner, A. C./Uttendorfer-Marek,

I./Uttendorfer, J. Mitwirkung von de Lacasse, M. München/Wien/Baltimore: Urban und Schwarzenberg 1982. 2. neubearb. Aufl. (U-&-S-Pädagogik.)
Wagner, J.: *Kommunikation und Spracherwerb im Fremdsprachenunterricht.* Untersuchung zu einer spracherwerbstheoretischen Fundierung vor allem des schulischen Fremdsprachenunterrichts. Tübingen: Narr 1983. (Kommunikation und Institution 7.)
Weber, Hans: »Von der didaktischen Interpretation zum Unterrichtsentwurf.« Hüllen, W. (ed.) 1979: 269–287.
Weber, Horst (ed.): *Landeskunde im Fremdsprachenunterricht.* Kultur und Kommunikation als didaktisches Konzept. München: Kösel 1976.
Wienold, G.: *Die Erlernbarkeit der Sprachen.* Eine einführende Darstellung des Zweitsprachenerwerbs. München: Kösel 1973.
Wierlacher, A./Eggers, D./Engel, U./Krumm, H.-J./Picht, R./Bohrer, K.-F. (Dokumentation) (eds.): *Jahrbuch Deutsch als Fremdsprache 7.* Heidelberg: Groos 1981.
Wierlacher, A./Eggers, D./Engel, U./Krumm, H.-J./Picht, R./Bohrer, K.-F. (Dokumentation) (eds.): *Jahrbuch Deutsch als Fremdsprache 8.* Heidelberg: Groos 1982.
Wunderlich, D.: »Referenzsemantik.« *Funk-Kolleg Sprache.* Eine Einführung in die moderne Linguistik. Bd. 2. Frankfurt a. M.: Fischer Tb. 1974 (Fischer Tb. 6112.): 102–112.
Zabrocki, L.: »Kodematische Grundlagen der Theorie des Fremdsprachenunterrichts.« *Glottodidactica I* (1966): 3–42.
Zapp, F. J./Raasch, A./Hüllen, W. (eds.): *Kommunikation in Europa.* Probleme der Fremdsprachendidaktik in Geschichte und Gegenwart. Frankfurt a. M./Berlin/München: Diesterweg 1981. (Schule und Forschung. Schriftenreihe für Studium und Praxis.)
Zawadzka, Elzbieta: »Psycholinguistische Probleme der Selbstkontrolle in der Fremdsprache.« *Zielsprache Deutsch 2* (1986): 24–32.
Zimmermann, G.: »Integrierungsphase und Transfer im neusprachlichen Unterricht.« Freudenstein, R./Gutschow, H. (eds.). 1974: 90–107.
Zimmermann, G.: *Planung und Analyse von Fremdsprachenunterricht in der Volkshochschule.* Frankfurt a. M.: PAS/DVV 1976.
Zimmermann, G.: *Grammatik im Fremdsprachenunterricht.* Frankfurt a. M.: Diesterweg 1977. (Schule und Forschung. Schriftenreihe für Studium und Praxis.)
Zirkel, M.: »Beitrag zu einer Theorie des Testens kommunikativer Kompetenz.« Neuner, G. (ed.) 1979 (b): 194–205.

Zitierte Lehrwerke und Unterrichtsmaterialien DaF

Adler, K./Steffens, B.: *Deutsch für die Mittelstufe.* Texte und Übungen. München: Hueber 4/1978.

Arbeitsgruppe der DAAD-Lektoren in Jugoslawien (eds.): *Spiele für den Sprachunterricht.* Eine Sammlung von 32 Lernspielen. Informationen Deutsch als Fremdsprache hrsg. vom DAAD. Bonn: 2. Nr. 1982.

Aufderstraße, H./Bock, H./Gerdes, M./Müller, H. Projektbegleitung: Piepho, H.-E.: *Themen 1.* Lehrwerk für Deutsch als Fremdsprache. Kursbuch. München: Hueber 1983.

Aufderstraße, H./Bock, H./Müller, H./Müller, J. Projektbegleitung: Piepho, H.-E.: *Themen 2.* Lehrwerk für Deutsch als Fremdsprache. Kursbuch. München: Hueber 1984.

Aufderstraße, H./Bock, H./Müller, J. Projektbegleitung: Piepho, H.-E.: *Themen 2.* Lehrwerk für Deutsch als Fremdsprache. Arbeitsbuch Inland. München: Hueber 1986.

Bechtel, C./Simson, E.: *Lesen und Verstehen.* Analyse von Sachtexten. Dortmund: Lensing 1980. (Studienreihe Deutsch als Fremdsprache 3.)

Behme, H. unter Mitarbeit von Koenig, M. als Illustrator: *Miteinander reden lernen.* Sprechziele im Unterricht. München: iudicium 1985. (Studium Deutsch als Fremdsprache – Sprachdidaktik.)

Drochner, K.-H./Föhr, D.: *Eindrücke – Einblicke.* Ein Programm für die Mittelstufe Deutsch als Fremdsprache. Textbuch. Berlin/München/Wien/Zürich/New York: Langenscheidt 1985. (a)

Drochner, K.-H./Föhr, D.: *Eindrücke – Einblicke.* Ein Programm für die Mittelstufe Deutsch als Fremdsprache. Hörtexte und Diktate. Berlin/München/Wien/Zürich/New York: Langenscheidt 1985. (b)

Ebert. A. et al.: *Alphabetisierung.* Handreichungen für Kursleiter. PAS/DVV (eds.): Frankfurt a. M. 1985.

Eisfeld, K.-H./Holthaus, H./Schütze-Nöhmke, U./Bock, H. Projektbegleitung: Piepho, H.-E.: *Themen 1.* Lehrwerk für Deutsch als Fremdsprache. Arbeitsbuch Inland. München: Hueber 1986.

Friedrich, T./von Jan, E.: *Lernspielekartei.* Spiele und Aktivitäten für einen kommunikativen Sprachunterricht. München: Hueber 1985.

Funk, H./Gerighausen, J./Neuner, G./Scherling, T./Schmidt, R./Wilms, H.: *Deutsch aktiv 3.* Ein Lehrwerk für Erwachsene. Materialien für die Mittelstufe. Teil 2. Berlin/München/Wien/Zürich/New York: Langenscheidt 1986.

Göbel, R.: *Lernen mit Spielen.* Lernspiele für den Unterricht mit ausländischen Arbeitern. Frankfurt a. M./Bonn: Pädagogische Arbeitsstelle des Deutschen Volkshochschul-Verbandes 1979. (Fremdsprachenunterrichtsplanung. Arbeitshilfen für Kursleiter an Volkshochschulen.)

Griesbach, H./Schulz, D.: *Deutsche Sprachlehre für Ausländer.* Grundstufe in einem Band. München: Hueber 1977.

Hajny, P. F./Wirbelauer, H.: *Lesekurs für Anfänger.* Eine Einführung in die Texterschließung. Lehrerhandreichungen. Berlin/München/Wien/Zürich/New York: Langenscheidt 1983.

Hajny, P. F./Wirbelauer, H.: *Lesekurs Deutsch.* An introduction to understanding German texts. Workbook. Berlin/München/Wien/Zürich/New York: Langenscheidt 1984.

Häussermann, U./Woods, U./Zenkner, H. unter Mitarbeit von Wängler, H.-H.: *Sprachkurs Deutsch 1.* Unterrichtswerk für Erwachsene. Frankfurt a. M./Wien/Aarau: Diesterweg/Österreichischer Bundesverlag für Unterricht, Wissenschaft und Kunst/Sauerländer 1978.

Häussermann, U./Woods, U./Zenkner, H. unter Mitarbeit von Wängler, H.-H.: *Sprachkurs Deutsch 2.* Unterrichtswerk für Erwachsene. Frankfurt a. M./Wien/Aarau: Diesterweg/Österreichischer Bundesverlag für Unterricht, Wissenschaft und Kunst/Sauerländer 1979.

Häussermann, U./Dietrich, G./Tralau, T./Woods, U./Zenkner, H. unter Mitarbeit von Baltzer, R./Feix, I./Hall, I./McEwen, R./Schmid Noerr, H./Sturm, D./Voit von Kirschten, H./Wachs, E./Wängler, H.-H.: *Sprachkurs Deutsch 3.* Unterrichtswerk für Erwachsene. Frankfurt a. M./Wien/Aarau: Diesterweg/Österreichischer Bundesverlag für Unterricht, Wissenschaft und Kunst/Sauerländer 1982. (a)

Häussermann, U./Dietrich, G./Tralau, T./Woods, U./Zenkner, H. unter Mitarbeit von Baltzer, R./Feix, I./Hall, I./McEwen, R./Schmid Noerr, H./Sturm, D./Schneider, R./Wängler, H.-H.: *Sprachkurs Deutsch 4.* Unterrichtswerk für Erwachsene. Frankfurt a. M./Wien/Aarau: Diesterweg/Österreichischer Bundesverlag für Unterricht, Wissenschaft und Kunst/Sauerländer 1982. (b)

Häussermann, U./Dietrich, G.: *Sprachkurs Deutsch.* Unterrichtswerk für Erwachsene. Lehrerheft zu

Teil 3 und 4. Unterrichtsvorschläge. Informationen. Materialien. Diktate. Tests. Frankfurt a. M./Wien/Aarau: Diesterweg/Österreichischer Bundesverlag/Sauerländer 1983.
Häussermann, U./Woods, U./Zenkner, H. unter Mitarbeit von Wängler, H.-H.: *Sprachkurs Deutsch.* Unterrichtswerk für Erwachsene. Hinweise für Kursleiter zu Teil 1 und 2. Frankfurt a. M./Wien/ Aarau: Diesterweg/Österreichischer Bundesverlag für Unterricht, Wissenschaft und Kunst/Sauerländer 2/1985.
Heyd, G./Szelényi, R.: *Deutsch durch Landeskunde.* Ein Lehrwerk für Fortgeschrittene. Teil 1: Texte und Übungen. Heidelberg: Hausdruck Universität Heidelberg 1973.
Hog, M./Müller, B.-D./Wessling, G.: *Sichtwechsel.* Elf Kapitel zur Sprachsensibilisierung. Ein Deutschkurs für Fortgeschrittene. Stuttgart: Klett 1984. (a)
Hog, M./Müller, B.-D./Wessling, G.: *Sichtwechsel.* Elf Kapitel zur Sprachsensibilisierung. Ein Deutschkurs für Fortgeschrittene. Handbuch für den Unterricht. Stuttgart: Klett 1984. (b)
Lechner, M.: *Tonbandübungen für Fortgeschrittene.* Deutsche Grammatik in Sprechsituationen. München: Hueber 1981.
Lohfert, W.: *Kommunikative Spiele für Deutsch als Fremdsprache.* Spielpläne und Materialien für die Grundstufe. München: Hueber 1983.
Neuner, G./Schmidt, R./Wilms, H./Zirkel, M.: *Deutsch aktiv.* Ein Lehrwerk für Erwachsene. Lehrbuch 1. Berlin/München/Wien/Zürich: Langenscheidt 1979. (a)
Neuner, G./Ortmann, W.-D./Schmidt, R./Wilms, H.: *Deutsch aktiv.* Ein Lehrwerk für Erwachsene. Lehrerhandbuch 1. Berlin/München/Wien/Zürich: Langenscheidt 1979. (b)
Neuner, G./Schmidt, R./Wilms, H./Edelhoff, C./Gerighausen, J./Scherling, T.: *Deutsch aktiv.* Ein Lehrwerk für Erwachsene. Lehrbuch 2. Berlin/München/Wien/Zürich: Langenscheidt 1980.
Neuner, G./Schmidt, R./Wilms, H./Edelhoff, C./Gerighausen, J./Scherling, T.: *Deutsch aktiv.* Ein Lehrwerk für Erwachsene. Lehrerhandbuch 2. Berlin/München/Wien/Zürich: Langenscheidt 1981. (a)
Neuner, G./Scherling, T./Schmidt, R./Wilms, H.: *Deutsch aktiv Neu.* Ein Lehrwerk für Erwachsene. Lehrbuch 1 A. Berlin/München/Wien/Zürich/New York: Langenscheidt 1986.
Neuner, G./Scherling, T./Schmidt, R./Wilms, H.: *Deutsch aktiv Neu.* Ein Lehrwerk für Erwachsene. Lehrbuch 1 B. Berlin/München/Wien/Zürich/New York: Langenscheidt 1987.
Pädagogische Arbeitsstelle. Deutscher Volkshochschul-Verband (eds.): *Das Zertifikat Deutsch als Fremdsprache.* Modelltest 2. Bonn-Bad Godesberg: PAS/DVV 1978.
Pädagogische Arbeitsstelle. Deutscher Volkshochschul-Verband (eds.): *Das Zertifikat Deutsch als Fremdsprache.* Modelltest 1. Bonn/Frankfurt/München: PAS/DVV 1979.
Paleit, D.: *Themen.* Lehrwerk für Deutsch als Fremdsprache. Materialienbuch für die Bände 1 und 2. München: Hueber 1986.
Plauen, E. O.: *Vater und Sohn.* Band 1. Bildgeschichten für den Konversations-und Aufsatzunterricht. Ausgewählt und mit dem notwendigen Sprachmaterial versehen von Franz Eppert. München: Hueber 1971.
Schmitt, U.: *Buchstabensalat.* 60 Lernspiele für Deutsch als Fremdsprache. München: Verlag für Deutsch 1981.
Sibler, P.: *Spiele ohne Sieger.* Ravensburg: Maier 1976.
Simson, E./von der Handt, G.: *Übungen zur Entwicklung des Leseverständnisses.* Deutsch als Fremdsprache. Frankfurt a. M.: Deutscher Volkshochschulverband PAS/DVV 1974.
Spielesammlungen s. Kap. 8 Seite 162
Stalb, H.: *Deutsch für Studenten.* Text- und Übungsbuch. München: Verlag für Deutsch 1981.
Volkmar, C.: *Projekt Alphabet.* Ein Vorkurs zum Anfangsunterricht. München: Langenscheidt 1984.
Vorderwülbecke, A./Vorderwülbecke, K.: *Stufen 1.* Kolleg Deutsch als Fremdsprache. Kontaktaufnahme. Erste Orientierung. Handbuch für den Unterricht. Stuttgart: Klett 1987.
Wagner, J.: *Spielübungen und Übungsspiele im Fremdsprachenunterricht.* Arbeitskreis Deutsch als Fremdsprache beim DAAD (AKDaF) (eds.): Spielübungen und Übungsspiele im Fremdsprachenunterricht. Regensburg: DAAD 1979. (Materialien Deutsch als Fremdsprache Heft 10.)
Zirkel, M.: *Deutsch aktiv.* Ein Lehrwerk für Erwachsene. Tests 1. Berlin/München/Wien/Zürich/ New York: Langenscheidt 1984.